PASSION

Massimo Cotto

Rock Bazar

575 storie rock

VOLO libero

ISBN 978-88-97637-33-2

Prima edizione maggio 2014

Copertina di Marco Tonelli
Impaginazione Agenzia X

Stampato in Italia presso GECA Industrie Grafiche

www.vololiberoedizioni.it

Prefazione

Virgin Radio

Il bazar è un intreccio di strade e piazze sulle quali si affacciano negozi che vendono qualsiasi cosa, spesso spezie, dolci, frutta. A Virgin Radio abbiamo voluto creare un bazar completamente dedicato a ciò che per noi è nutrimento quanto l'aria che respiriamo. Il nostro bazar vende musica rock.

L'idea del programma – intitolato appunto *Rock Bazar* – risale ai primi mesi del 2012 quando ci siamo imbattuti, dopo un'accurata ricerca della persona giusta, in Massimo Cotto e nella sua smisurata conoscenza del rock e di quello che al rock ruota intorno: gli aneddoti che Massimo raccontava hanno divertito e incuriosito tutti noi al punto che abbiamo voluto trasformarli subito in contenuti per la nostra radio. Sono nate così le pillole che raccontano, con entusiasmo e dovizia di particolari, eccessi e follie, storie vere e leggende, insomma tutte le pazzie dei grandi artisti del rock con le quali, da quel giorno, Massimo appassiona i nostri ascoltatori.

È fantastico che da un programma di successo sia nato un libro che raccoglie quel materiale, insieme a molto altro, e lo mette a disposizione di tutti. Questo libro in qualche modo consacra il lavoro quotidiano che, per chi si occupa di radio, è, per natura, impalpabile.

Siamo sicurissimi che *Rock Bazar* avrà lo stesso successo del suo omonimo radiofonico.

A Francesco Danilo, nella speranza che impari ad amare il rock vero e continui a tifare Toro e, nonostante questo, si possa sentire un vincente. Perché in fondo lo sei, se ami il rock vero e tifi Toro.

Rock Bazar

Preludio

Diceva meravigliosamente Lord Byron che il ricordo della felicità non è più felicità, il ricordo del dolore è ancora dolore. Il ricordo del rock che fu, tramite i suoi eccessi e i suoi miti, è felicità e dolore. Perché quel mondo oggi sopravvive solo nelle pagine di un libro. Nessuna nostalgia (avere rimpianto del tempo andato non è rock: è stupidamente pop), ma semplice verità: sono finiti gli anni delle tre J e della *Swinging London*, di Bonzo e Keith Moon, di Barrett, Brian Jones e Plaster Caster, del sesso prima e dopo i pasti e magari anche durante, di Ozzy che sniffa le formiche, delle feste dei Queen con vassoi colmi di cocaina da offrire agli ospiti e prestazioni orali gratuite. Oggi sopravvivono taluni eccessi, ma non quel mondo dove gli eccessi erano sempre la regola e mai l'eccezione, la provocazione un modo di vivere e non di atteggiarsi, le follie una valvola di sfogo e non una miseria per mettersi in vetrina. Rimane la voglia di rileggere, di raccontare, di evocare altri sapori.

Ecco perché è nato *Rock Bazar*, il programma su Virgin Radio dove racconto le storie più strane degli ultimi 60 anni di rock. Ecco perché è nato *Rock Bazar*, il libro che raccoglie i 575 momenti più significativi del programma. Nasce per tenere insieme le cose, per essere un libro da comodino che apri e chiudi quando vuoi, perché non esiste altra trama che quella della musica e quindi puoi anche leggerlo a caso, aprendo il volume come si tira un dado.

La domanda che ogni lettore ha sulla punta delle labbra è: queste storie sono vere oppure leggenda? Difficile, nel rock, distinguere la realtà dall'invenzione. Mi è capitato più volte di ascoltare dalla viva voce di alcune rockstar lo stesso aneddoto raccontato in modi diversi, segno non credo di una cattiva memoria, ma della voglia di aggiungere sempre nuovi elementi. Patty Pravo e Alberto Marozzi mi hanno raccontato l'avventura di loro due con Jimi Hendrix (storia 412) in modo diametralmente opposto, eppure erano insieme. Che importa sapere dove stia la verità? Come si diceva nel film *L'uomo che uccise Liberty Valance*: "Qui siamo nel West, dove se la leggenda diventa realtà, vince la leggenda" – valga per tutti la storia 282, che ha per protagonisti Frank Zappa e Alice Cooper. In generale, ho comunque cercato di distinguere, ricostruendo le storie come si sono realmente svolte, specificando chiaramente quando si trattava di leggende o pura invenzione.

Impossibile citare in modo esaustivo le fonti, in quanto pressoché infinite. Di base, poco Internet, un mare di libri (a partire dalle autobiografie dei singoli artisti), oceani di interviste e materiale d'archivio. Alcuni aneddoti mi sono stati raccontati direttamente dagli artisti o da chi era presente. Dalla voce di Robert Plant ho ascoltato l'incontro con Jim Morrison in aereo (storia 386), da Vittorio De Scalzi dei New Trolls il litigio nei camerini degli Stones nel loro primo tour italiano (storia 225), da Slash e Duff McKagan il concerto violento dei Clash (storia 511), da Noel Gallagher la storia di *Wonderwall* (storia 444), da Roger Daltrey alcuni aneddoti su Keith Moon e così via.

Il linguaggio è volutamente "radiofonico", per questo mi sono concesso la licenza poetica di disinvolti passaggi dal passato remoto al presente e viceversa. Mi piace pensare che siano storie da ascoltare anche senza sentire la mia voce. Della serie: silenzio, parla il rock.

Massimo Cotto

001 • EHI, DOV'È IL MIO BATTERISTA?

"Ma che ore sono? Le cinque del mattino? Ma chi cazzo è che telefona a quest'ora della notte?"

Ottobre del 1984, siamo ad Amsterdam. Charlie Watts, il batterista dei Rolling Stones è nella sua stanza d'albergo quando riceve una telefonata. Accende la luce, guarda l'ora e si stupisce.

Lui non è come gli altri Stones. Sempre fedele alla moglie Shirley, è l'unico a rifiutare le groupies, anche se Mick Jagger e Keith Richards continuano a ripetergli che è pazzo, che la vita è una sola e quella degli Stones è la migliore delle vite possibili. Persino quando sono stati invitati nella villa di Hugh Hefner, il boss di "Playboy", durante il tour americano del 1972, Watts è stato l'unico a trascorrere tutto il tempo nella sala giochi invece che con le conigliette.

Insomma, non è normale che qualcuno lo chiami alle cinque del mattino, a meno che sia successo qualcosa di grave.

Così va a rispondere.

È Mick Jagger.

Lui e Keith Richards, ma questo Charlie Watts lo saprà soltanto in seguito, sono appena tornati da una notte di alcol ed eccessi vari ed eventuali.

"Perché non chiamiamo Charlie?", dice a Keith.

"Be', lo conosci. A quest'ora dorme."

"Chiamiamolo lo stesso", dice Mick.

Jagger fa il numero della stanza di Watts.

"Ehi, dov'è il mio batterista?", chiede. "Perché non trascini il tuo culo fino a qui?"

Charlie Watts non dice una parola, appende la cornetta, va in bagno, si fa la barba, si mette lo smoking, lucida le scarpe, le indossa. Esce dalla stanza, raggiunge Jagger nella camera di Keith, si avvicina e gli sferra un sensazionale pugno in faccia.

Jagger finisce sopra un piatto di salmone affumicato, Keith Richards lo afferra per una gamba impedendogli così di precipitare dalla finestra aperta al ventesimo piano.

Jagger non accenna a rialzarsi, guarda Charlie Watts con aria interrogativa.

E Charlie Watts gli dice: "Non mi chiamare mai più *il mio batterista.* Sei tu il mio fottuto cantante del cazzo!".

♪♪♪

002 • PER FAVORE, SPENGA QUEL RUMORE

Midwest americano. Interno giorno. Un hotel. Dentro c'è Keith Moon, stranamente calmo. Sta ascoltando a tutto volume l'ultimo disco degli Who da un ghetto blaster. È nella reception. Moon ascolta e guarda fisso gli impiegati davanti a lui. Sembra catatonico. La musica è assordante.

Il manager dell'hotel ne ha abbastanza. Fissa anche lui Keith, poi visto che non ottiene niente in cambio, urla: "Per favore, spenga quel rumore!".

Keith lo ignora.

"Spenga quel rumore!"

Keith lo ignora.

"Se non spegne immediatamente quel rumore, chiamo la polizia."

Keith Moon preme il tasto stop, poi dice: "Facciamo un patto: se viene con me nella mia stanza, lo tengo spento, altrimenti riaccendo".

Il manager accetta e lo segue fino al nono piano.

Moon lascia il ghetto blaster davanti alla porta, entra e chiede al manager di aspettare fuori.

Esce dalla stanza due minuti dopo, si mette un dito sulla bocca come fanno i bambini e dice: "Ssst, zitto".

Pochi secondi dopo si sente un'esplosione, il corridoio si riempie di fumo.

Keith guarda il manager atterrito: "Vede, *questo* è rumore. *Questa* invece è la musica degli Who".

E riaccende il ghetto blaster a tutto volume, mentre tutti, atterriti, scappano dalle loro stanze.

♪♪♪

003 • OZZY SNIFFA LE FORMICHE

Il divertimento è assicurato, puoi starne certo. Sul palco e lontano dal palco. 1984, si imbarcano in un tour congiunto i Motley Crue e Ozzy Osbourne, due mondi diversi di enorme successo che hanno in comune la voglia di eccessi e di follia. I ragazzi sono sul bus, completamente ubriachi e fatti, dopo aver bevuto l'impossibile ed essersi sniffati una tonnellata di cocaina, almeno secondo la testimonianza di Tommy Lee. Arrivano in Florida, nel loro bellissimo resort. I musicisti scendono dal bus. Barcollano. Fuori sta albeggiando, ma nella loro testa è ancora notte fonda. Ozzy vede che sul marciapiede c'è il bastoncino di un ghiacciolo e attaccato a esso una lunga fila di formiche. Ozzy si piega sulle ginocchia e si sniffa le formiche. I Motley Crue si guardano e commentano: "Pensavamo di essere fuori, ma lui è davvero oltre".

Si è molto romanzato su questo episodio e, come spesso accade, ognuno ha aggiunto del suo. Una versione sosteneva che fosse in atto una sfida tra Tommy Lee e Ozzy Osbourne a chi faceva la cosa più schifosa. E che, dopo aver sniffato le formiche, Ozzy avesse pisciato per terra e poi leccato la sua urina. Falso, ma la voce continuava a diffondersi, così un giornalista è andato direttamente da Ozzy e ha chiesto: "È vera quella storia delle formiche, dell'urina e della sfida durante il tour del 1984 con i Motley Crue?".

E Ozzy ha risposto: "Quale tour?".

♪♪♪

004 • COCAINA NEL SEDERE

Una delle storie più folli, riportata anche dall'autorevole giornale inglese "The Guardian" in un articolo sulle più grandi bufale del rock, riguarda Stevie Nicks, la voce femminile dei Fleetwood Mac, che nei suoi giorni migliori (be', peggiori), consumava dosi di cocaina giudicate eccessive persino dai suoi compagni, anch'essi drogati marci. Alla fine, il naso di Stevie Nicks era diventato quasi insensibile, dunque inservibile, ma siccome la voglia di coca era sempre alta, Stevie Nicks decise di assumere un assistente che le infilava la cocaina non nel naso, ma in un altro buco. Sì, quello. Del sedere.

♪♪♪

005 • I DOLCETTI DI FREDDIE MERCURY

Freddie Mercury era già Freddie Mercury prima ancora di diventarlo. Nel senso che prima ancora di formare i Queen aveva le stigmate da star. Era teatrale e drammatico, aveva presenza scenica e carisma. Tutti sapevano che sarebbe diventato una stella. Tutti quelli che assistevano alle prove dei futuri Queen. Forse lo sapevano anche i poliziotti, ma erano costretti ogni tanto a intervenire, a bussare alle porte del garage per chiedere a Freddie di abbassare il volume degli strumenti o, almeno, di cambiare gli orari delle prove.

Erano poliziotti educati e disponibili, così anche Freddie volle ricambiare quella loro gentilezza. Quando sentì bussare alla porta, pensò oh, oh, questa volta non ce la faranno passare liscia. Così prima di aprire, andò in cucina e prese alcuni dolci fatti in casa, li mise su un vassoio e aprì la porta con un grande sorriso e il vassoio in mano. Sorrisero anche i poliziotti, che accettarono i dolcetti, ma dissero che quella era l'ultima volta, poi sarebbero scattate le multe.

Freddie salutò i poliziotti e poi tornò dagli altri membri della band.

"Tutto bene", disse.

"Tutto bene?", risposero loro. "E come hai fatto?"

"Gli ho dato un po' dei dolcetti che avete portato voi."

Il silenzio fu lungo. Poi finalmente uno parlò: "Freddie, vuoi dire gli space cake alla marijuana?".

♪♪♪

006 • ANDY WARHOL AI PIEDI DELLA LUCERTOLA

Nico era la più bella di tutte, amava il sesso in tutte le sue forme, soprattutto orale. Era la numero uno anche in quello e Jim poteva permettersi la numero uno. A volte lo facevano davanti a tutti, altre volte in camera. Questa volta è in camera.

Jim e Nico escono.

Davanti alla porta c'è Andy Warhol.

"Oh, avete finito, speravo di poter assistere."

Nico ride: "Andy, tu vuoi sempre assistere".

Jim interviene: "Troppo tardi biondino, devi aspettare la prossima volta".

Andy Warhol è eccitato all'ipotesi. Comincia a supplicare.

"Jim, per favore, non darò fastidio."

"Non so, dovrai comunque stare seduto in un angolo."

"Jim, te lo assicuro."

"E non dovrai dire una parola, Andy."

"Non fiaterò, Jim."

Jim Morrison è alterato dall'alcol e dalla droga. I suoi occhi brillano.

Dice a Andy Warhol: "E dovrai supplicarmi. In ginocchio. Ora".

Andy Warhol si getta ai piedi del Re Lucertola, che ha ancora la cerniera aperta. Comincia a implorare, ma per Morrison non è mai abbastanza. Continua a chiedere di più.

Andy piagnucola: "Per favore Jim, lasciami guardare. Ti prego, Jim. Farò tutto quello che vuoi, ti scongiuro".

Jim Morrison si chiude la cerniera davanti alla bocca di Andy, bacia Nico, guarda Andy, ride, dice: "Vaffanculo Andy. La risposta è no".

E se ne va, mentre Andy Warhol rimane in ginocchio a dire no, no, no, ti prego, Jim, ti prego...

♪♪♪

007 • A BOCCA PIENA

Siamo in un college americano. Greg Kihn non è ancora famoso, non ha ancora inciso *Jeopardy*, però è felice perché ha l'onore di aprire i concerti di Chuck Berry. Ha finito il suo breve set e adesso deve andare nei camerini ad avvisare la star che il palco è pronto.

Bussa, non ottiene risposta, apre e s'imbatte in una scena che rimarrà impressa a lungo nella sua memoria: il pioniere del rock and roll è seduto su una poltrona, sta masticando un triplo club sandwich al pastrami, ha i pantaloni abbassati alla caviglia e c'è una ragazza, a giudicare dall'età e dal luogo probabilmente una studentessa, che gli sta facendo un pompino.

Seguono secondi di silenzio in cui Chuck Berry continua a mangiare, la ragazza a fare quel che aveva iniziato a fare e Greg Kihn a rimanere a bocca aperta.

Kihn è il primo a parlare, forse perché è l'unico che non ha la bocca piena.

"Mr. Berry, fra cinque minuti in scena."

Chuck strabuzza gli occhi e dice: "Oh, avanti, ragazzo, un po' di comprensione. Lasciami almeno finire il sandwich".

♪♪♪

008 • RAGAZZE CATTOLICHE

La ragazza è giovane e ha i colori dell'arcobaleno. Ha i capelli biondo platino stile Marilyn Monroe, le labbra di un rosso quasi accecante, le ciglia nere e lunghe come il Mississippi.

Siamo a New Orleans, i Red Hot Chili Peppers hanno appena terminato il concerto. Anthony Kiedis vede la ragazza, si avvicina, la prende per mano e domanda: "Hai voglia di tenermi compagnia mentre mi faccio una doccia?".

La ragazza non ha niente in contrario. Mentre Kiedis si dà una rinfrescata, si esibisce in una stupefacente versione di *Happy Birthday* che la fa davvero sembrare Marilyn.

Quando Kiedis esce, la ragazza è già nuda e in attesa. Scopano sul pavimento, poi passano la notte insieme. Lei gli dice che frequenta la scuola cattolica, lui prende mentalmente appunti che gli serviranno per *Catholic School Girls Rule*.

L'indomani Kiedis chiede alla ragazza se ha voglia di seguirlo a Baton Rouge dove si terrà il prossimo concerto dei Peppers.

La ragazza non ha niente in contrario.

Alla fine del concerto si avvicina a Kiedis e dice: "Ho un po' di cose da dirti. La prima: mio padre è il capo della polizia di New Orleans. La seconda: l'intero stato della Louisiana mi sta cercando perché non sono tornata a casa. Ah, dimenticavo la terza: ho solo quattordici anni".

♪♪♪

009 • NUDA SUL VIALE DEL TRAMONTO

Tom Zutaut era convinto al mille per mille. La band che aveva appena visto esibirsi al Troubadour di Los Angeles aveva le palle quadre. Quei Guns N'Roses, se guidati bene, potevano conquistare il mondo. E lui sapeva come guidarli bene. Lavorava per la Geffen, era un direttore artistico dei più stimati. Quando si muoveva lui, i colleghi fiutavano l'aria. Così, per evitare di avere troppi concorrenti, Tom sparse la voce che i Guns facevano schifo. "Andate pure a vederli", diceva, "ma perderete una serata della vostra vita."

Tutti abboccarono, così Tom poté contattare i Guns con calma e offrir loro un contratto.

Axl Rose non volle nemmeno ascoltare la proposta. "Voglio 75.000 dollari di anticipo", disse.

Tom non si scompose. "Firmate e avrete i vostri 75.000 dollari."

Axl Rose non sembrava comunque particolarmente contento. Tom non capiva. In fondo aveva avuto quello che voleva. Fu il cantante dei Guns a spiegare le ragioni del suo imbarazzo: "Ho promesso a una discografica della Chrysalis che avrei firmato per la sua etichetta se avesse accettato di camminare nuda lungo il Sunset Boulevard".

Tom e gli altri Guns non volevano credere a quello che avevano sentito, ma sapevano bene che era molto difficile far cambiare idea a Axl. Così Tom disse: "Okay, le lascio tre giorni".

Per tre giorni guardò ansiosamente fuori dalla sua finestra per vedere se passava una ragazza nuda.

Al quarto giorno, i Guns firmarono per la Geffen.

♪♪♪

010 • LED ZEPPELIN: THE SHARK EPISODE

Questa è una delle storie più famose e leggendarie del rock. E io ve la sto per raccontare come è effettivamente accaduta.

Siamo a Seattle, è il 28 luglio 1969, la sera precedente i Led Zeppelin si sono esibiti al Seattle Pop Festival, nel Gold Creek Park.

Gli Zep alloggiano all'Edgewater Inn, l'unico hotel di Seattle che si affaccia sulla Elliott Bay. In quegli anni ai clienti dell'albergo era anche permesso pescare direttamente dal balcone delle proprie stanze.

Il road manager della band, Richard Cole, sta proprio pescando, dalla sua stanza, con John Bonzo Bonham. Come sempre accade quando ci sono gli Zeppelin di mezzo, la stanza si riempie presto di ragazze, molto belle, molto disinibite. I vestiti presto finiscono per terra, le ragazze sul letto con Bonzo e Cole. A un certo punto Cole vede che tra i pesci pescati c'è anche un dentice di tipo particolare, rosso fuoco. In inglese si chiama *red snapper*. Tutti notano che il colore del pesce è identico a quello dei capelli e dei peli pubici di una delle ragazze. Così

Cole decide di inserire il pesce nelle parti intime della ragazza, con Mark Stein dei Vanilla Fudge che filma il tutto.

Ognuno si diverte, nessuno è costretto, amen.

La voce si sparge veloce e, come sempre accade, si sparge incontrollata. Il dentice diventa uno squalo, la ragazza da consenziente diventa legata al letto e stuprata dal branco. I Led Zeppelin decidono che è meglio non parlare più dell'accaduto, ma proprio per questa ragione, le voci e le esagerazioni aumentano.

La realtà, come detto, è molto più normale, ammesso che possa essere considerato normale inserire un pesce in una prugna. Però nessuna violenza, niente stupri, nessuna lacrima.

I Led Zeppelin torneranno all'Edgewater Inn tre anni dopo, nel 1973, ma sarà l'ultima volta. Saranno banditi per sempre dall'hotel dopo aver buttato nella baia tutto il contenuto delle loro stanze – letti, materassi, televisori, specchi, candelabri – e dopo che il personale avrà scoperto trenta squali ficcati ovunque: nei cassetti, negli ascensori, negli angoli della hall, nei corridoi. Ogni tanto arrivava un cliente e diceva: "Scusate, ho trovato uno squalo...".

♪♪♪

011 • DUE SORELLINE PER I RAMONES

I Ramones sono in tour in Europa, tappa tedesca. Stanno fumando erba, bevendo e facendo casino. Arrivano due ragazzine. Dee Dee le squadra per bene. Pensa che non c'è nemmeno una possibilità su un milione che siano maggiorenni.

Una di loro ha una minigonna così corta che non sembra vera. Si siede sulle gambe di Dee Dee e comincia a strusciarsi e a toccarlo in mezzo alle gambe. Poi lo bacia sulla bocca e, secondo le parole dello stesso Dee Dee, si avvicina all'orecchio e sussurra: "Ti voglio da impazzire. Non ti andrebbe di scopare? Dimmi che ti piaccio. O preferisci la mia sorellina?", aggiunge indicando l'altra ragazza. "Anche a lei piaci da morire. E fa grandi pompini. Non ti andrebbe proprio di averci tutte e due insieme?"

A Dee Dee andava. E anche al resto dei Ramones.

Due ore più tardi, sempre secondo le parole di Dee Dee, rimanevano quarantaquattro bottiglie di birra vuote, sette bottiglie di vino vuote e due pacchi di preservativi. Pieni.

♪♪♪

012 • BACKSTAGE PASS

Courtney Love è andata via di casa. Vuole arrivare a Portland in autostop. Sa che è pericoloso, perché è da quelle parti che agisce il serial killer Ted Bundy, quello che si dice abbia un giorno cercato di violentare Debbie Harry. Come non bastasse, sulle strade lungo la costa dell'Oregon colpisce anche un altro killer. Lo chiamano il killer della Interstate 5. Ma Courtney Love non ha paura di niente.

La prima cosa che fa quando arriva a Portland è andare a vedere i Cheap Trick al Coliseum. Fuori dal palazzetto incontra un gruppetto di ragazze che sembrano saperne una più del diavolo. Hanno giubbotti di pelliccia di lapin e tacchi a spillo dai quali è pericoloso scendere. Le scollature sono ostentate. Nell'incavo del seno, in bella mostra, ondeggiante, ci sono i pass per il concerto.

Courtney Love si avvicina. "Come siete riuscite a ottenerli?"

Le ragazze ridono. "Abbiamo fatto pompini a tutti i tecnici. Rivolgiti a loro."

Courtney Love non è convinta. Pensa: perché devo fare pompini a tutti quando ne basta uno?

Chiede di parlare con il manager.

Lui la riceve.

"Dimmi, in cosa posso esserti utile?"

Lei, come risposta, si inginocchia.

Cinque minuti dopo lui pensa che è lei a essergli stata utile. Sa cosa cerca, apre il cassetto e tira fuori un pass backstage.

Courtney Love guarda il concerto e poi si prepara al dopo-concerto. In fondo, i Cheap Trick sono meglio del loro manager.

♪♪♪

013 • GROSSO COME UN CAVALLO

Gayle O'Connor era uno strano tipo di groupie. Le sue colleghe andavano a letto una volta, massimo due, con i *roadies* per poi arrivare alle rockstar ed è con loro e solo con loro che accettavano di avere un rapporto duraturo, di seguirli in tour, di essere a disposizione giorno e notte.

Gayle O'Connor, invece, con i *roadies* ci usciva anche, come fossero fidanzati. E se le rockstar non piacevano, diceva no, grazie, non ci pensare nemmeno.

In una notte qualunque del 1977 accaddero le seguenti cose: a una festa in onore degli Who, prima mandò a stendere David Lee Roth, perché si comportava in maniera arrogante; poi, a Roger Daltrey che le chiedeva: "Perché non fai un cazzo di spogliarello per noi?", rispose: "E tu perché non canti una cazzo di canzone per me?".

Quindi passò un po' di tempo con Keith Moon, che le cantò come serenata una canzone di Randy Newman *(Beware Of The) Naked Man*, ovvero Attenta all'Uomo Nudo, ma quando lui le mise in mano la chiave della sua camera, lei disse: no grazie.

Scelse invece Pete Townshend, da cui si fece trascinare in camera, togliere tutto eccetto gli stivali rossi che aveva comprato da Nordstrom e poi infilare sotto la doccia, dove fecero l'amore per ore fino a rovinare completamente gli stivali rossi comprati da Nordstrom.

Gayle O'Connor aveva però una sola passione: Gene Simmons dei Kiss. Con lui era diverso. Almeno fino a quando scoprì che il batterista dei Kiss Peter Criss, sono parole sue, ce l'aveva grosso come un cavallo.

Se ne accorse a casa di Gene, in cucina, mentre Simmons e la moglie di Peter li aspettavano a tavola.

Fecero in fretta. La cena si raffreddava.

♪♪♪

014 • NO HANDS

Vacanze ai Caraibi, nella meravigliosa piccola isola di Saint Martin. Steven Tyler vuole fare una sorpresa alla sua nuova fiamma, Cyrinda Foxe, modella e attrice dalla bellezza magnetica. Nata da genitori armeni a Santa Monica, in California, si era trasferita da ragazzina a New York, dove aveva lavorato come assistente di Greta Garbo prima di cominciare a frequentare il Max's Kansas City. Il debutto sul grande schermo era arrivato nel 1977, con *Bad*, il film di Andy Warhol; poi, si era fidanzata con David Bowie e dopo aveva sposato David Johansen, il mitico cantante dei New York Dolls. Mentre era insieme a lui, aveva conosciuto Steven Tyler, che si era subito innamorato di lei. Lei aveva tentennato, poi aveva capito di avere un debole per tutti gli uomini belli che avevano le labbra carnose come quelle di Mick Jagger e che cantavano il rock. Così aveva lasciato Johansen e si era messa con il leader degli Aerosmith.

Steven Tyler era davvero perso, al punto di considerarla certi giorni persino più importante della cocaina. E quella volta, ai Caraibi, aveva pronta la sorpresa. Un favoloso braccialetto tempestato di diamanti e smeraldi. Tyler aveva pensato a un modo originale per consegnare il regalo. Si spogliò nudo, allacciò il braccialetto alla base del suo membro ed entrò nella stanza dove c'era Cyrinda. Lei strabuzzò gli occhi, lui disse: "È per te, dolcezza. Ma vieni a prenderlo. E senza usare le mani".

♪♪♪

015 • DIFFIDATE DELLE IMITAZIONI

Mick Jagger sembrava davvero innamorato di Babe Buell, attrice, modella, groupie e playmate di "Playboy" nel mese di novembre 1974.

Mick Jagger non riusciva a capire come Babe, che pure in quel periodo stava principalmente con lui, potesse essere attratta anche da altri uomini, con i quali apriva piccole parentesi tonde nella vita di coppia.

"Come fa a piacerti Todd?", chiese, riferendosi a Todd Rundgren, con cui Babe aveva iniziato una relazione tipo prendere e lasciare, nel 1972, e che sarebbe durata fino al 1979.

Babe rise a quella domanda e non rispose.

Poi Mick Jagger fece un'altra domanda: "E come fa a piacerti Steven?", riferendosi a Steven Tyler, il cantante degli Aerosmith.

Babe stavolta rispose: "Be', Mick, Steven è un bel tipo, dai. Ha delle labbra grosse come le tue. Ti assomiglia".

Mick Jagger disse: "Appunto. Cosa te ne fai di una copia quando hai già l'originale?".

♪♪♪

016 • OZZY IN PISCINA

Anni Ottanta. Esterno giorno. Piscina dell'hotel. Ozzy Osbourne, senza farsi il minimo problema, si fa un gran tiro di cocaina. È felice, c'è il sole e la vita è bella. Si guarda intorno. La piscina è piena di gente, ma nessuno sembra guardare lui, a parte un signore, seduto sotto l'ombrellone vicino al suo.

Ozzy non sembra preoccuparsi, anzi, offre un po' di cocaina al suo vicino.

"Ne vuole un po'?"

Il vicino rifiuta educatamente con un gesto della mano, poi aggiunge: "Non posso, sono della Squadra Narcotici".

Ozzy salta terrorizzato sulla sdraio.

"Sta scherzando, vero?"

Il signore sorride: "Non sto scherzando, ma non si preoccupi. Sono l'uomo che le procura la cocaina".

♪♪♪

017 • NESSUNO MUORE NELLA MIA AMBULANZA

È il 14 febbraio 1986, Nikki Sixx è a Londra, a casa di uno spacciatore. Consuma la droga subito dopo averla comprata e va in overdose. Lo spacciatore è terrorizzato. Cerca di farlo rinvenire colpendolo con una mazza, poi, vista l'inutilità dei suoi sforzi, getta Nikki in una vicina discarica. Qualche ora dopo, Nikki si sveglia nell'immondizia e torna in hotel, tranquillo come un bimbo. Quell'episodio farà da spunto per il brano dei Motley Crue *Dancing On Glass*, dove uno dei versi dice: "Valentine's in London, found me in the trash", ovvero "il giorno di san Valentino mi ha trovato nell'immondizia a Londra".

Nemmeno due anni dopo, il 23 dicembre 1987, Nikki Sixx va nuovamente in overdose nella stanza d'albergo di Slash. Slash non c'è, è la sua ragazza a chiamare i soccorsi. Il cuore di Nikki smette di battere per due minuti, viene dichiarato clinicamente morto, arriva l'ambulanza, uno dei paramedici è un fan dei Motley Crue. Non si scompone, si limita a dire, secondo leggenda: "Nessuno muore nella mia ambulanza" e gli infila una siringa nel cuore riportandolo in vita. Questo fatto diventerà poi lo spunto per *Kickstart My Heart.*

Nikki Sixx vive, sono parole sue, un'esperienza extra-corporea. Quando si sveglia, in ospedale, si strappa via i tubi dal naso e corre nel parcheggio dove incontra due ragazze sue fan che gli danno un passaggio a casa. Ha addosso solo un paio di pantaloni di pelle. Arriva a casa, si butta sul letto e si fa nuovamente di eroina. Il mattino dopo si sveglia con la siringa ancora nel braccio.

Follie da evitare, e di cui pentirsi. Oggi Nikki si ritiene un sopravvissuto. Giustamente.

♪♪♪

018 • LA CHITARRA DEI ROLLING STONES PER UN PO' DI COCA

Sono le quattro e mezzo del mattino di una notte qualunque per tutti gli abitanti di Los Angeles, meno che per uno: Anthony Kiedis. È in piena crisi di astinenza e non ha abbastanza contanti per rifornirsi di eroina. È già ricco e famoso, ma non ha il bancomat, perché nessun milionario pensa al bancomat, e a quell'ora di notte non può certo puntare la pistola al direttore della sua banca per farsi aprire o svaligiare gli uffici dell'American Express.

Tutto quello che ha è una bellissima Stratocaster bianca autografata da tutti i membri dei Rolling Stones. Gliel'ha data Tony Mottola, il presidente della Sony, quando cercava di mettere i Red Hot Chili Peppers sotto contratto.

Anthony Kiedis è disperato. Esce con la chitarra. Trova uno spacciatore messicano.

"Quanto mi dai per questa chitarra?"

"Niente, *señor*."

"Come, niente?", dice Kiedis. "Ma non vedi? È autografata da tutti i Rolling Stones."

Lo spacciatore è imperturbabile. "*Dinero, señor, dinero*."

Alla fine, lo spacciatore prende la chitarra e dà a Kiedis la più piccola quantità di droga che abbia mai utilizzato. Una dose minima di eroina per una chitarra autografata dai Rolling Stones.

♪♪♪

019 • NEIL YOUNG E LA COCAINA ATTACCATA AL NASO

Elliott Roberts, il manager di Neil Young, era tenero e dolcemente patetico. Continuava a ripetere che quella polvere bianca che Neil aveva ai bordi del naso era il rimasuglio della glassa di un cioccolatino M&M. Martin Scorsese sorrideva e dava al buon Elliott delle amichevoli pacche sulla spalla. "Elliott", diceva Scorsese, "come fa una glassa ad arrivare dalla bocca al naso?" Tutti sapevano che era cocaina.

Se n'era vista a fiumi nel backstage di *The Last Waltz*, l'ultimo valzer della Band di Robbie Robertson, l'ultimo atto di una carriera straordinaria celebrata con un signor concerto con mille star che poi sarebbe diventato album triplo e film, diretto appunto da Martin Scorsese.

Tutti ne avevano consumato in abbondanza, ma nessuno si era accorto che Neil aveva suonato e cantato con un po' di cocaina attaccata ancora al naso. Solo ora, mentre guardavano le registrazioni, se ne rendevano conto. Che fare? Scorsese era propenso a lasciare tutto così com'era, in uno splendido realismo. Elliott Roberts, timoroso delle conseguenze per la carriera di Neil Young, voleva eliminare chirurgicamente quel bianco. Scorsese continuava a ridere: "Elliott, dimmi il nome di un fan di Neil convinto che non tiri cocaina".

Alla fine, fu il regista a cedere. Con un sistema tecnologico all'avanguardia e costosissimo, fu possibile ridurre l'effetto della coca nel naso di Neil Young, ma non fu possibile eliminarla del tutto. Andate a vedervi il film, se non ci credete.

♪♪♪

020 • NON PIÙ DI UNA BOTTIGLIA DI HEINEKEN

Nel 1977, alla vigilia del loro album più celebrato, *Rumours*, i Fleetwood Mac erano al massimo della dipendenza da droghe. Non riuscivano a farne a meno, nessuno di loro, solo che spesso esageravano con le dosi e salivano sul palco strafatti. Così, un giorno, il loro road manager disse: "Ora basta. Sarò io a gestire la quantità giornaliera giusta per ognuno di voi". I Fleetwood Mac prima reagirono male, poi convennero che era l'unica soluzione.

"Sì, ma qual è la quantità giusta?", chiesero.

Il manager ci pensò un attimo, poi disse: "Non più di una bottiglia di Heineken".

Così, dal concerto successivo, si presentò a ogni musicista con una bottiglia di Heineken colma fino al bordo di cocaina. Per la gioia del loro spacciatore, che a un certo punto pretese addirittura di vedere il proprio nome inserito nei crediti dell'album *Rumours*. "Con tutti gli sconti che vi faccio, è il minimo che potete fare per me."

I Fleetwood dissero: "Ok, che problema c'è?".

I discografici, però, non apprezzarono la richiesta e presero tempo. Non sapevano come fare a dirglielo ai Fleetwood Mac senza innervosirli troppo.

A togliere tutti dai problemi ci pensò lo spacciatore stesso, che morì prima del previsto, ucciso con colpi di arma da fuoco, sembra da un cocainomane o in un regolamento di conti.

♪♪♪

021 • MA CHE CAZZO HO SCRITTO?

I Depeche Mode hanno appena terminato un concerto vicino a casa. Siamo nel 1981. Si riposano nei camerini, poi escono e firmano qualche autografo. È passato un bel po' di tempo e attorno a loro non c'è più nessuno. Vince Clarke decide di tornare a casa da solo, a piedi. Scelta coraggiosa, ma è sicuro che nessuno lo riconosca, anche perché si intabarra ben bene.

Nella strada che sta percorrendo c'è un gruppetto di ragazzi dall'aria poco raccomandabile, ma Vince sa benissimo che fare dietrofront sarebbe più dannoso che utile. Continua a camminare e pensa che l'aspetto non è tutto e che un vero rocker non deve giudicare gli altri dall'aspetto, perché questo è quello che gli altri fanno con i rocker. Pensa a quante ne hanno dette a Martin Gore.

Vince Clarke supera i ragazzi, tira un sospiro di sollievo, poi, dopo qualche decina di metri, riprende a preoccuparsi. Perché lo stanno seguendo. Sono dietro a lui, stanno accelerando e sono sempre più vicini.

Vince non sa se voltarsi e affrontarli, anche se è da solo contro tanti, oppure cominciare a correre. Sente quasi il loro fiato addosso. Sente anche qualcos'altro. Sente quei ragazzi cantare il ritornello di *New Life*, l'ultimo singolo dei Depeche Mode scritto proprio da lui, da Vince Clarke, come quasi tutti del resto.

Vince si ferma, si volta, sorride. E mentre sente i ragazzi cantare, si chiede: "Ma cosa cazzo significa quello che ho scritto?".

♪♪♪

022 • IL DENTISTA DI GEORGE HARRISON

Fu il suo dentista a lasciare George Harrison e John Lennon a bocca aperta, ma non per un'otturazione. Il dentista era fidanzato con la capo-coniglietta del Playboy Club, che faceva uso di Lsd perché glielo procurava il suo direttore, Victor Lownes. Dentista e fidanzata decisero di farlo provare anche a John e George.

È il 27 marzo 1965. I due preparano la cena e offrono il caffè a John, Cynthia, George e Patty Boyd, ma solo dopo averlo tutti bevuto ammettono di aver messo quattro gocce di Lsd sulle zollette di zucchero. Lennon va fuori di testa, si convince che i due vogliono fare un'orgia e pretende di andarsene subito. Il dentista lo sconsiglia, perché guidare in quelle condizioni è pericoloso. Cynthia comincia a urlare. È convinta che il dentista si sia trasformato in un diavolo. I quattro si precipitano nella Aston Martin DB6 di George con il dentista preoccupato che li insegue con la sua macchina. Prima vanno al Pickwick Club, poi, sempre più spaventati, all'Ad Lib Club, il locale al 7 di Leicester Place che era diventato il loro quartier generale. Lì si sentono a casa. Ma ecco che in ascensore la luce rossa diventa un incendio e il dentista un maiale. Escono quasi subito, Patty Boyd sfoga la sua rabbia sfasciando un paio di vetrine. Si dirigono a casa di George Harrison. Ed è lì che John Lennon si mette alla guida del sottomarino che vede davanti a lui e lo conduce fuori in giardino. E ride quando Cynthia gli dice che non c'è nessun sottomarino.

È la prima esperienza dei Beatles con l'Lsd. Non sarà l'ultima.

♪♪♪

023 • IL SEDERE CAMPIONATO DI CHRISSIE HYNDE

Chrissie Hynde ha un brutto carattere, si dice in giro. Forse ha semplicemente un carattere, perché bisogna avere le palle quadre per essere leader donna di un gruppo al maschile. Insomma, su di lei circolano storie strane, esplosioni d'ira improvvise, cattiverie gratuite. Chissà se sono vere. I Garbage sono comunque preoccupati, perché hanno scritto una canzone per il loro secondo album, *Special*, che è un dichiarato omaggio a Chrissie Hynde, addirittura alla fine ripetono "talk of the town", titolo di una canzone dei Pretenders, e Shirley Manson lo canta come lo canterebbe Chrissie. Il problema è che non sanno come dirglielo e non vogliono trovarsi un avvocato in casa con una bella causa.

Alla fine Shirley si decide a chiamare Chrissie Hynde. Le spiega come tutti nei Garbage siano suoi grandi fan e di quella canzone che è un omaggio al suo modo di cantare e ai Pretenders. Shirley chiede se può mandarle il brano, così magari lei ascolta e dà il permesso di utilizzarlo.

Chrissie, quella che si dice in giro abbia un brutto carattere, dice semplicemente: "Ma siete matti? Non dovete mandarmi nulla. Mi piacete, siete forti e potete fare quello che volete, anzi è un piacere".

Il giorno dopo, ai Garbage arriva un fax che dice: "Io sottoscritta Chrissie Hynde autorizzo i Garbage a campionare le mie canzoni, la mia voce e, se necessario, anche il mio culo".

♪♪♪

024 • È STATO IL CAMION

Johnny Cash non cantava solo di outlaws, ribelli e fuorilegge. Era lui stesso un outlaw, ribelle e fuorilegge. Soprattutto quando era sotto l'effetto di alcol e droghe. Anfetamine, che prendeva per avere più forza durante i tour. E poi tutto il resto. "Ho provato tutte le droghe che esistono sulla terra", ha detto una volta durante il suo show televisivo. E poi ha capito che c'era una sola alternativa: o si smette o si muore. E lui ha smesso, perché le droghe non aiutano la creatività e non aiutano a vivere meglio. Aiutano solo a diventare pazzi prima.

Lui pazzo lo era stato a lungo.

Una volta è andato a comprare della vernice nera e ha pitturato tutti i muri della sua stanza d'hotel, e quando gli hanno chiesto perché, ha risposto che lui era The Man In Black, l'uomo in nero. E un'altra volta ancora ha provocato un incendio alla Los Padres National Forest, in California, dando fuoco al suo camion. Quando il giudice gli chiese perché l'avesse fatto, lui rispose: "Non sono stato io, è stato il camion, chiedete a lui, però adesso è morto".

♪♪♪

025 • SUPPOSTE DI COCAINA

L'ha confessato lui stesso, nella sua autobiografia. Fin dai tempi dei Faces, Rod Stewart era un appassionato di cocaina, ma dopo esserne diventato consumatore abituale fu assalito da una paura incontrollata: che la polvere bianca potesse alterare il suo timbro vocale e danneggiare le cavità nasali.

Uno dei suoi più cari amici era Ron Wood, all'epoca compagno di merende nei Faces e non ancora nei Rolling Stones. Wood aveva iniziato a farsi di coca molto tempo prima di Rod e cominciava a notare un indebolimento delle pareti del naso. I due pensarono a lungo a una soluzione che consentisse di non rinunciare alla cocaina, ma nemmeno alla propria integrità fisica e artistica. Alla fine, giunsero a una bella conclusione. Ecco lo stratagemma: acquistavano in farmacia supposte contro il raffreddore, le aprivano, svuotavano e rimpiazzavano il contenuto con la cocaina. Poi le assumevano come si assumono normalmente le supposte. La cocaina entrava quasi subito in circolazione. Naso e voce erano salvi.

♪♪♪

026 • LA CENA DELLE SORPRESE

Sono passati solo cinque anni, ma sembra una vita intera. Sono di nuovo insieme, anche se per ora solo a cena. C'è anche Joe Perry, che se n'era andato dagli Aerosmith nel 1979. Si mangia, si beve, si sogna. La reunion è alle porte. Come sempre accade in questi casi, si ascoltano un po' di vecchi brani, per aiutare a ritrovare i vecchi stimoli, per ricordare quello che si è fatto insieme, per aprire le porte al futuro e alla magia.

Qualcuno mette su *You See Me Crying*, una straordinaria power ballad dall'album *Toys In The Attic*, che gli Aerosmith pubblicarono nel 1975.

Steven Tyler smette di mangiare. È esaltato. Si alza in piedi. Urla: "Cazzo! Ma sentite che roba?".

Gli altri Aerosmith sorridono. Ognuno di loro pensa: "Sì, ne abbiamo fatte di cose da ricordare, di brani da tramandare".

Steven Tyler è sempre più su di giri. A un certo punto chiede: "Dovremmo fare una cover di questo brano. Ma di chi è?".

Gli Aerosmith si guardano sconvolti.

Il primo a parlare è Joe Perry: "Siamo noi, coglione. Eri così imbottito di droghe da non ricordarlo? E nemmeno da accorgerti che quella che senti è la tua voce?".

♪♪♪

027 • CINQUE DOLLARI DI ERBA

New York, 16 aprile 1993. David Lee Roth è in Washington Square, l'ora è tarda. David si avvicina a un gruppetto di persone. Acquista un sacchetto di marijuana del costo di cinque dollari. O almeno sta per farlo, perché arriva la Narcotici e lo arresta, insieme ad altre ventiquattro persone. Tutti su un cellulare fino alla stazione di polizia sulla Decima Strada, al 233 West. Lo rilasciano dopo mezz'ora e dopo avergli consegnato un mandato di comparizione davanti al giudice, il prossimo 21 maggio. David se la caverà con poco, anche perché poco rischiava, un massimo di 250 dollari di multa e quindici giorni in galera. Invece fu graziato, a patto che rimanesse per un anno lontano dai guai.

Quando Howard Stern lo intervistò nel suo show, la prima domanda fu: "David, stavi cercando un po' di popolarità a buon mercato?", riferendosi al periodo non troppo positivo di Roth.

David rispose: "A buon mercato era la marijuana: cinque dollari. Se avessi voluto attirare l'attenzione su di me, caro Howard, avrei cagato sul marciapiede".

♪♪♪

028 • BALLA BALLA BALLERINA (NUDA)

Questo sarà l'ultimo tour.

Bill Wyman è stato chiaro. Basta così, non ne voglio più sapere di Rolling Stones, datemi una vita normale.

Così il tour di *Steel Wheels* sarà quello finale.

Che strano. Quando manager, promoter e sponsor avevano cercato di mettere in piedi la tournée, la prima dopo sette anni di assenza, tutti si aspettavano di faticare per convincere Mick Jagger e Keith Richards, il cui rapporto aveva toccato i minimi storici, persino più bassi di quelli sindacali. Nessuno immaginava che il nodo più grosso da sciogliere fosse quello del bassista.

Alla fine, Bill Wyman si convinse. Ma la sua faccia era quella di chi partecipa a un funerale.

Mick e Keith prima provarono con le buone, poi s'incazzarono di brutto.

"La gente non è felice se vede il bassista che suona come prima di un'esecuzione capitale", dissero.

Niente da fare.

Poi, ecco l'idea.

Proprio davanti alla sua postazione, in un'area invisibile al pubblico perché posizionata sotto il livello del palco e protetta dai *roadies*, il management degli Stones fece costruire una piccola piattaforma dove una ragazza completamente nuda, e ogni sera diversa, ballava per tutto il concerto degli Stones.

Leggenda vuole che Bill Wyman abbia sorriso felice addirittura due volte.

♪♪♪

029 • IL MOSTRO MARINO DEI PINK FLOYD CHE URINA SULLE PRIME FILE

Il concerto dei Pink Floyd del 14 aprile 1969 alla Royal Festival Hall di Londra ha il sapore della rivincita. Soltanto due anni prima erano stati cacciati dalla sala gemella, la Queen Elizabeth Hall, colpevoli di aver lanciato petali e bolle di sapone che, secondo gli austeri proprietari, avevano sporcato e rovinato le poltrone di velluto.

I Pink Floyd hanno preparato ogni cosa alla perfezione. Tutto deve essere perfetto.

Il concerto ha inizio. La sala è piena. Ci sono 2.900 posti a sedere, uno spettacolo.

I Pink Floyd danno vita a una rappresentazione di suoni, voci e rumori mai così perfetta. Si sentono respiri affannosi, porte che sbattono, onde che si infrangono e gabbiani che alzano il loro verso. A un certo punto, i membri della band prendono seghe, martelli e chiodi e costruiscono in tempo reale un tavolo, quindi è la volta dei *roadies* a salire sul palco con dei piccoli fornelli a gas sui quali scaldano l'acqua e poi servono il tè ai Floyd.

Meraviglioso. Ma il meglio deve ancora venire. L'amico Peter Dockley sale sul palco indossando una maschera antigas e un costume da mostro marino, poi urina acqua sulle prime file.

Il pubblico è sbalordito ed entusiasta. Tutto scorre liscio fino a quando una messa a terra difettosa trasferisce a David Gilmour una potente scarica elettrica che lo scaraventa giù dal palco. Niente di grave. Il pubblico fatica ad accorgersi del rischio corso. Pensa che anche quella è una diavoleria dei Pink Floyd.

♪♪♪

030 • I SEX PISTOLS CONTRO I REDNECKS

Il tour dei Sex Pistols in America era nato sotto una cattiva stella: le autorità americane non volevano concedere i permessi necessari e il tour, previsto nel dicembre del 1977, aveva subito uno slittamento; il 6 gennaio, mentre l'aereo si dirigeva verso Memphis, fu colpito da un fulmine, spaventando anche l'anima punk; il pubblico era scarso e ostile, perché nessuno conosceva i Sex Pistols e i rednecks conservatori che s'intrufolavano ai concerti insultavano i musicisti e lanciavano di tutto sul palco. Nonostante ciò, Johnny Rotten non rinunciava a sfidarli: "Non sono qui per il vostro divertimento, siete voi qui per il mio".

Sid Vicious era completamente fuori controllo. Si incise sul petto con un rasoio le parole: "Gimme a fix", datemi una sistemata, e cercò di inutilmente di suonare il basso. Dopo il primo concerto, uscì fuori dall'Holiday Inn dove era alloggiato e fu circondato da un gruppo di hippie che lo pestarono a sangue. Fu ricoverato in ospedale, ma firmò per uscire immediatamente. La sera successiva cominciò a parlare nel suo difficile slang britannico a una sosia di Dolly Parton, che era venuta al concerto con il suo compagno, un improbabile cowboy che dopo qualche minuto disse a Syd: "Credo che lei abbia insultato mia moglie!". Era chiaramente una provocazione, e Syd, anziché negare, ci andò a nozze e rilanciò con una risata: "Mi pare che il tuo parrucchino sia già di per sé un insulto".

Finiva sempre a botte e l'indomani tutto veniva riportato dai giornali. I Sex Pistols continuavano a domandarsi come mai i rednecks andassero ogni sera a vedere un gruppo punk. Solo molti anni dopo seppero che li portava Malcolm McLaren. Andava a cercarli e proponeva loro di andare a dirne due a quello stupido gruppo inglese. Tutto per fare in modo che la fama sui Sex Pistols peggiorasse sempre più. Eccola, *the great rock and roll swindle.*

♪♪♪

031 • MORTE AL CONCERTO DEI CURE

Jonathan Moreland sapeva come farsi strada, se non nella vita almeno tra i 18.000 che si trovavano al Forum di Los Angeles per il concerto dei Cure, ultima data del tour. Il suo umore era più nero dei capelli di Robert Smith. Era appena stato respinto senza possibilità di appello dalla ragazza che amava, Andrea. E ora stava pensando a qualcosa di strano, per lasciare un segno del suo passaggio. Per questo aveva portato con sé un grosso coltello da caccia e aveva ben interpretato il fatto che gli addetti alla sicurezza non si fossero accorti della sua presenza.

Poco prima che i Cure salissero sul palco, l'illuminazione. Ora Jonathan Moreland sapeva bene cosa fare. Morire. Doveva morire. Si alzò in piedi, estrasse il coltellaccio e cominciò a pugnalarsi allo stomaco. La gente cominciò a urlare, allora lui salì sulla poltroncina in modo che in molti potessero vederlo, continuando a pugnalarsi con veemenza.

Il pubblico, convinto si trattasse di una messinscena della band, gli gridava di continuare, ma furono i più vicini a Jonathan Moreland a far capire che era tutto assurdamente, tragicamente vero.

La polizia, gli addetti alla sicurezza e i medici arrivarono velocemente, ma la situazione era disperata.

Jonathan Moreland morirà all'ospedale, pochi minuti dopo quella follia.

I Cure saliranno sul palco egualmente, forse pensando a quanto la storia della band fosse sempre stata folle e drammatica, fino a provocare incolpevolmente follia e dramma.

♪♪♪

032 • FRUSTE E MERDA SULLE MANI

Si facevano chiamare Exploding Plastic Inevitable, per gli amici EPI. Erano uno straordinario ensemble che comprendeva i Velvet Underground di Lou Reed e John Cale, Nico e un drappello di accoliti della Factory di Andy Warhol, capitanato da Gerard Malanga e Mary Woronov.

Portavano in scena uno spettacolo dalle forti pulsioni sadomasochiste che culminavano nell'interpretazione di *Venus In Furs*, quando un uomo, solitamente Malanga o Eric Emerson, si inginocchiava ai piedi di Mary, le leccava a lungo gli stivali e poi si faceva frustare.

Nei primi giorni di settembre del 1966, la EPI si trasferì a Provincetown, nel Massachusetts, per due serate al Chrysler Art Museum. Fu un'esperienza molto borderline, che si chiuse come si chiudevano in genere le esibizioni dei Velvet: tra insulti e fischi.

Tutto l'entourage si nutriva di poco cibo e molta anfetamina e questo rendeva incontrollabili le cose.

Rubarono in un negozio molte fruste e cinture, così la sera la polizia fece irruzione nel locale, liberò Eric Emerson dal palo a cui era stato legato in attesa di essere frustato da Mary e portò via il maltolto. Per vendicarsi Eric rubò dal museo un'opera d'arte di valore inestimabile e ci volle molta pazienza per convincere i proprietari a non sporgere denuncia anche dopo la restituzione del quadro.

Anche i rapporti con il padrone della casa che l'entourage aveva preso in affitto non erano idilliaci, soprattutto dopo che i Velvet intasarono il cesso e poi, per liberare tutto, decisero di prendere la merda con le mani e buttarla fuori dalla finestra.

Erano la cosa più violenta e assurda, nel suono e nell'atteggiamento, che gli anni Sessanta avessero mai proposto.

♪♪♪

033 • CHI CAZZO TI CREDI DI ESSERE, DAVID BOWIE?

Prima di diventare famosi, l'orizzonte degli U2 era Dublino e poco più, forse anche poco meno. Cercavano di sfruttare tutte le possibilità per suonare e soffrivano quando un'esibizione saltava all'ultimo momento, come quella da McGonagles in South Anne Street, a un passo da Grafton Street. Edge fu informato poche ore prima dell'inizio che al loro posto si sarebbero esibite le Boy Scoutz, un improbabile gruppo femminile.

A Howth, un sobborgo di Dublino, accadde un fatto buffo che però fece soffrire molto Bono. C'erano due ragazze che ballavano davanti al palco, mentre gli U2 suonavano. Tra una canzone e l'altra Bono cercò un contatto. Si avvicinò ai bordi del palco, che era basso come sono bassi i palchi nei locali piccoli. Mise il microfono sotto il naso di una delle due ragazze e chiese: "Come ti chiami?".

Lei, rossa per la vergogna, non rispose nulla. L'amica, più sveglia, rispose per lei: "Vaffanculo, testa di cazzo, continua a cantare. Chi cazzo ti credi di essere, David Bowie?".

Le poche persone sotto il palco risero a quella battuta. Nessuna di esse avrebbe mai potuto immaginare che quel cantante sarebbe diventato molto più famoso di David Bowie.

♪♪♪

034 • LA PROSTITUTA CALVA E SDENTATA DI MARILYN MANSON

Le richieste delle rockstar sono spesso assurde e i promoter sono costretti a faticare le proverbiali sette camicie per assecondarle. Molte delle cose pretese dai musicisti, i cosiddetti *rider*, rimarranno lì, intatte e in bella vista, un po' perché gli artisti non avranno il tempo di usarle o mangiare o berle, un po' perché sostanzialmente inutili o folli. Come potrà mai Elton John usare 74 asciugamani? Cosa se ne faranno i Red Hot Chili Peppers di tutta quella biancheria intima? Per quale ragione Mariah Carey deve avere nei bagni carta igienica di color rosa e Barbra Streisand petali rosa sparsi ovunque? Riuscirà Jamie Cullum a sgolarsi tutte le 43 bottiglie di superalcolici che pretende o James Blunt a bere le sue 120 birre?

I Beastie Boys pretendevano preservativi colorati, Prince un pacchetto di iniezioni di Vitamina b12 pronte all'uso, i Van Halen negli anni Ottanta volevano i cioccolatini colorati M&M ma non quelli marroni. Madonna pretende ancora oggi che le tavolette igieniche dei sanitari siano nuove e confezionate. Fa quasi tenerezza, in questo bailamme, sapere che la richiesta più stramba dei Coldplay è sei pacchetti di Marlboro Light o quella dei vecchi grandi Led Zeppelin un asse e un ferro da stiro. Poi ci sono le leggende. Stando a queste, Marilyn Manson pretenderebbe un pacchetto di orsetti gommosi Haribo, una bottiglia di assenzio e una prostituta calva e senza denti. James Brown una volta avrebbe chiesto due ragazze sotto i ventun anni e una parrucchiera. E i Motley Crue? Per loro non possono mai mancare un fucile subacqueo e un boa constrictor.

♪♪♪

035 • QUELLO SENZA LA B

Prego?

Ryan Adams, quello senza la B, è sicuro di aver sentito giusto, ma non vuole fare errori. È sul palco del Ryman Auditorium di Nashville. Dal pubblico è arrivata una richiesta. Capita sempre durante i concerti. Gli spettatori paganti sono convinti di avere il diritto di trattare la star come fosse un juke-box e di avere in cambio di un'invocazione il loro brano preferito.

Solo che quella richiesta è davvero strana.

Ryan Adams, quello senza la B, la sente una seconda volta. Il pubblico si divide in due. C'è chi ride e chi rumoreggia e lancia qualche fischio. Perché lo spettatore ha gridato il titolo di una canzone che è di Bryan Adams, quello con la B. *Summer of '69*.

Ryan Adams, quello senza la B, chiede ai tecnici luci di illuminare la sala. Non ha ancora capito se lo spettatore si è confuso o se l'ha fatto per gioco. Non importa. Il faro della sala prima rintraccia e poi illumina lo spettatore. Ryan tira fuori dalla tasca 30 dollari, il costo del biglietto, e lo prega di tornare a casa.

Lo spettatore non è convinto, ma esce dalla sala. Sarà intercettato dal manager di Ryan Adams, quello senza la B, che lo farà rientrare per assistere alla fine del concerto ed evitare una possibile causa.

♪♪♪

036 • QUI SIAMO IN PERÙ

Il nome dello stadio è pomposo come si addice a quella parte di Sudamerica: Estacionamiento Sur del Estadio Monumental. Siamo a Lima, in Perù, è il 21 settembre 2003, domenica. È il primo concerto peruviano di sempre di Alanis Morissette. Ci sono 14.000 ragazzi urlanti e adoranti. È il tour di *Feast On Scraps*. Alanis è felice di quell'entusiasmo e ripaga il pubblico con un'esibizione lunga e intensa. Ma anche le cose più belle prima o poi finiscono e così anche il concerto. Alanis saluta e ringrazia.

Lascia il palco e va nei camerini. Si rilassa, poi arrivano manager, discografici, addetti ai lavori. E la domanda è sempre la stessa: "Ma cos'hai fatto?". Alanis non capisce. Poi glielo dicono: "Hai detto: Thank you *Brazil*! E qui siamo in Perù!". O cazzo. Alanis è mortificata a dir poco. Pensa: "Domani mi massacreranno, orgogliosi come sono del loro Paese, com'è giusto che sia". Il martedì, i giornali evidenziano infatti la gaffe, ma minimizzano. In fondo, dicono tutti, è stato un grande concerto.

Mercoledì 24 settembre Alanis arriva a San Paolo, in Brasile, dove ovviamente sono tutti felici di quell'errore. Nella conferenza stampa lei ammette lo sbaglio, dice di non ricordare nulla, confessa di aver bevuto un po' troppo prima dello show e pensa sia quella la causa della tremenda gaffe.

Il giorno dopo, però, stanca di sentirsi accusare, comincia a chiedersi: ma davvero posso aver detto una sciocchezza del genere? Così va ad ascoltarsi la registrazione. E lì si svela l'arcano. Alanis aveva detto, salutando la folla osannante: "Thank you, bless you", che ai peruviani con scarsa dimestichezza con l'inglese era parso invece un "Thank you Brazil".

♪♪♪

037 • NON PISCIATE NEL MIO GIARDINO

È il 9 ottobre 1977, siamo a Kontich, Belgio. Concerto degli AC/DC in un locale chiamato Thier Brau Hof. Che ci crediate o no, tutto quello che accade in una delle serate più tormentate nella storia della band australiana nasce per colpa di una signora un po' anziana che telefona alla polizia perché ha visto nel suo giardino due ragazzi seminudi che fanno i loro bisogni sull'erba. I poliziotti arrivano, non trovano nessun ragazzo seminudo, ma in compenso sentono una musica assordante provenire dall'altra parte della strada. Entrano. Sono le 23:05, ovvero 65 minuti dopo il previsto coprifuoco. Dopo le 22, infatti, non si può tenere alto il volume della musica, è la legge cittadina. I poliziotti vanno a dirlo ai gestori del locale, i gestori strabuzzano gli occhi e vanno da Bon Scott. Il cantante degli AC/DC ride, si rivolge alla folla: "Ci sono dei pagliacci che vorrebbero farci finire il concerto. Fanculo, non ci ferma nessuno".

I poliziotti salgono sul palco, uno dei *roadies* fa cadere il cappello al poliziotto anziano che spintona il roadie, le due guardie del corpo sollevano di peso due poliziotti e li sbattono giù dal palco. I poliziotti estraggono le armi, una viene puntata contro la testa di Scott. Gli addetti alla sicurezza degli AC/DC fanno cordone per proteggere la band. Il pubblico urla e minaccia. Scoppia una rissa che vede coinvolti musicisti, *roadies*, guardie del corpo e poliziotti. Qualcuno tra il pubblico prova a salire sul palco ma viene ributtato giù.

Alle 23:22 Bon Scott decide che ha voglia di cantare. Prende il microfono e attacca *I'm Gonna Ride On*. Angus esita un attimo, poi lo segue. La folla impazzisce. Due minuti dopo, le luci si spengono. I poliziotti hanno trovato nel seminterrato l'interruttore generale e staccato la corrente, ma un minuto dopo sono costretti a riaccenderla, perché al buio non sono in grado di tornare al piano di sopra. Bon Scott urla e manda tutti al diavolo, ma sembra divertirsi. Per la seconda volta un poliziotto va dritto verso di lui e gli punta una mitragliatrice alla testa, ma stavolta sono i suoi stessi colleghi a disarmarlo. Troppo pericolosa, come mossa. Alle 23.33 il concerto viene dichiarato ufficialmente concluso, dopo soli 37 minuti.

Fuori c'è il delirio.

La signora un po' anziana continua a guardare dalla finestra. Pensa:

"Chissà se quei due ragazzi seminudi torneranno a pisciare nel mio giardino...".

♪♪♪

038 • KURT AL TREES DI DALLAS

Fu al Trees, un locale di Dallas, il 19 ottobre 1991. Primo di tre concerti dei Nirvana in Texas. Kurt è nervoso. Ha l'influenza, ha bevuto molto e non si regge in piedi, anche per l'effetto combinato di antibiotici e sostanze varie. Sale sul palco barcollando. Canta tre pezzi, maledicendo più volte l'impianto di diffusione della sala. A metà del quarto brano, usa la chitarra come ascia e la distrugge sul mixer di palco, ammaccando il fascio dei cavi. I Nirvana scendono dal palco e seguono il loro leader, che si avvia verso i camerini. I tecnici si mettono al lavoro per riconnettere i cavi al mixer di palco. La band torna in scena, ma il proprietario del mixer sfasciato, che per inciso è anche il buttafuori del Trees, prende a pugni nelle costole Kurt Cobain. Va avanti così per cinque canzoni. Per sfuggirgli, Kurt si butta sul pubblico, ma il buttafuori lo afferra per i capelli e lo riporta sul palco, colpendolo altre due volte alla schiena. Kurt ne ha abbastanza. Lo colpisce con la chitarra in piena faccia. Il buttafuori comincia a sanguinare. I Nirvana escono di corsa, il buttafuori li insegue, colpisce Cobain alla nuca, lo prende a calci mentre è a terra.

Il tour manager dei Nirvana, Monty, riesce chissà come a infilare Kurt e Chris su un taxi, ma il buttafuori e dieci suoi amici metallari con le magliette degli Iron Maiden e di Sammy Hagar circondano il taxi e impediscono che si allontani. Il buttafuori infila una mano nel finestrino rimasto stupidamente aperto e prende Cobain alla gola fino a fargli perdere i sensi. Il tassista è terrorizzato, ma riesce a partire. Il traffico è denso, il buttafuori e i suoi amici non mollano, li inseguono, cercano di colpire il taxi.

Venti minuti dopo, il taxi riesce finalmente a seminare gli inseguitori e a portare Kurt Cobain in albergo.

Che notte quella notte.

♪♪♪

039 • DITO NEL CULO

La giornata era iniziata bene per Justin Hawkins, il frontman dei Darkness. Dal Suffolk Wildlife Park di Kessingland, vicino a Lowestoft, gli avevano chiesto se avesse nulla in contrario alla decisione di chiamare una giraffa appena nata con il suo nome. Justin aveva riso e detto di sì, perché gli erano sempre piaciute le donne e gli animali con il collo lungo.

Quella sera salì sul palco più sollevato: ora non era solo una bestia da palcoscenico, ma anche una giraffa.

Quella sera non si fece mancare il suo numero preferito: salì sulle spalle di un roadie e, suonando la chitarra, passò in mezzo al suo pubblico. Il roadie lo teneva in equilibrio e si faceva largo tra la folla. Era quasi alto come una giraffa, ora.

A un certo punto, però, verso metà brano, accadde qualcosa che a una giraffa solitamente non accade: sentì qualcosa di sgradevole, prima una sensazione, poi una certezza. Guardò verso il basso e capì: una ragazza del pubblico gli aveva infilato un dito nel culo.

♪♪♪

040 • JOHN LENNON IN RUE DAKOTA

Nell'agosto del 1980 David Sheff, giornalista di "Playboy", prese un aereo e raggiunse John Lennon e Yoko Ono nel loro appartamento su Central Park, nei famosi Dakota Buildings. Ogni giorno, per tre settimane, avrebbe chiacchierato in profondità con John e Yoko, perché una volta le grandi interviste si facevano così, non come oggi che hai mezz'ora se va bene. L'intervista uscirà nel numero di dicembre, in edicola il giorno 6, due giorni prima che Mark Chapman ponesse fine alla vita dell'ex Beatle e al Grande Sogno dell'eterno campo di fragole.

Leggenda vuole che durante una di queste lunghe sedute, si sia sentito distintamente un urlo che proveniva da poco distante.

John sorrise e disse: "Oh, è soltanto un altro omicidio in rue Dakota".

David Sheff sorrise a sua volta e non ci fece caso. In fondo quella era New York, dove le morti violente erano all'ordine del giorno.

Non poteva sapere che nei Dakota Buildings, o in rue Dakota come amichevolmente chiamava John il suo rifugio, mai nessuno era stato assassinato. Nessuno mai.

Nessuno a parte lui, John Lennon, due giorni dopo.

♪♪♪

041 • IL FANTASMA DI JIM MORRISON

Questa è una delle mie storie preferite, una di quelle a cui voglio credere anche se parla di fantasmi, anzi di un fantasma: quello di Jim Morrison.

Dunque, Brett Meisner è un giornalista rock di dubbia fama, e questa è la riserva principale che ho su questa storia. Dice di aver scritto su "Spin" e "Rolling Stone", ma nell'archivio delle due testate non c'è un solo articolo con la sua firma negli ultimi vent'anni. Tuttavia non sarebbe né il primo né l'ultimo a gonfiare il suo curriculum.

Passiamo oltre. Come molti amanti del rock, quando Meisner va a Parigi fa un salto al Père-Lachaise, dove si trova la tomba di Jim Morrison. E, come accade regolarmente a tutti i fan, vuole una foto ricordo. Chiede al suo amico Tom Petty (sì, proprio quel Tom Petty) di scattare e lui scatta. È il 1997.

Sette anni dopo, quindi nel 2004, mentre riguarda alcune fotografie che ha nel cassetto, ne trova una che, guardando bene bene, ha qualcosa di strano. È proprio quella scattata da Tom Petty. C'è Meisner che posa per la foto ricordo, ma dietro, con le braccia aperte come un uccello e in una posa che ricorda molto quelle del Re Lucertola c'è l'immagine di un uomo, sfocata come appartenesse a un fantasma. Meisner non crede ai suoi occhi. Ha guardato e riguardato quella foto mille volte e non c'era mai stata traccia di un fantasma.

Meisner dà la notizia ai giornali e la mette a disposizione di chiunque metta in dubbio la sua veridicità. Qualche mese dopo, l'Fbi dichiara la foto genuina al cento per cento. Nessun fotomontaggio o anche la minima traccia di alterazione.

Diciamo che potrebbe essere un effetto ottico, ma è improbabile.

Diciamo che Meisner potrebbe essere più abile degli esperti dell'Fbi, ma anche questo è improbabile.

Diciamo che Meisner a volte è poco attendibile – il 9 agosto 2005 dirà di aver ucciso uno squalo tigre che un elicottero dei vigili del fuoco aveva gettato nella sua piscina.

Però la foto è impressionante. Andate in rete a vederla e poi scrivetemi. Ditemi cosa ne pensate del fantasma di Jim Morrison.

♪♪♪

042 • LA MAGIA NERA DI ANITA PALLENBERG

Era per strada, con i vestiti strappati e sanguinante. Brian Jones l'aveva prima pestata e poi sbattuta fuori casa. Anita Pallenberg trovò rifugio da amici. Poi, dopo essersi curata le ferite e pianto le giuste lacrime, decise che vendetta era una parola dolce. Prese della cera, la modellò fino a ricrearne le fattezze di Brian Jones e poi trafisse la statuina con un ago all'altezza dello stomaco. L'indomani decise di tornare a casa del suo uomo. Lo trovò piegato in due, con dolori lancinanti allo stomaco, quasi agonizzante.

Ora Anita sapeva che aveva il potere. Promise a se stessa che non l'avrebbe più usato, se non in circostanze particolari.

La volta successiva fu dopo un viaggio a Marrakesh. Anita era con amici in strada quando s'imbatté in un incidente. Scese per vedere che cosa fosse successo e trovò un uomo anziano che stava per morire dissanguato, investito da un camion. Anita estrasse il fazzoletto dalla tasca e lo immerse nel sangue dell'uomo. Secondo la testimonianza di Tony Sanchez, stretto collaboratore degli Stones nonché loro spacciatore, Anita userà quel fazzoletto per vendicarsi di un uomo che l'aveva ferita.

Un'altra voce incontrollata vuole che sia stata Anita Pallenberg a scagliare una maledizione fatale su Joe Monk, amico di Keith Richards. Anita si era convinta che fosse stato lui a informare la polizia prima di una retata nell'estate del 1973. Monk morirà poco dopo a Maiorca, in un incidente che la polizia definì inspiegabile. Da solo in macchina, senza altri veicoli nei paraggi, su una strada piana, andò a schiantarsi e morire.

Per cui, se siete amici di Anita Pallenberg, occhio. O malocchio.

♪♪♪

043 • IL RAPIMENTO E LA MORTE DI JIMI

Una delle figure più misteriose, controverse e pericolose del music business è stato Michael Jeffrey, fondamentale nel lanciare gli Animals e Jimi Hendrix, ma anche manager difficile da maneggiare. Non si faceva scrupoli per ottenere ciò che voleva.

Nel maggio del 1969, dopo aver appreso che Hendrix aveva dei dubbi sull'opportunità di continuare a lavorare con lui, decise di farlo prelevare da due energumeni che lo condussero in un bordello e lo tennero prigioniero per due giorni, minacciandolo di morte o di spaccargli le dita in modo che non potesse più suonare la chitarra. Stranamente non chiesero mai niente in cambio, soldi o altro. Dopo due giorni Hendrix fu liberato da Jeffrey, il quale si affrettò a dire a Jimi che, con un altro manager, sarebbe probabilmente già morto.

Controverso anche il coinvolgimento di Jeffrey nella morte di Jimi.

Quando Monika Danneman, fidanzata di Hendrix, annunciò alla stampa di voler scrivere un libro per raccontare come erano realmente andate le cose in quelle ultime drammatiche ore, Jeffrey cominciò a tempestarla di chiamate per dirle che se avesse parlato, sarebbe morta da lì a poco. Per tre volte qualcuno si intrufolò nell'appartamento londinese di Monika, ma stranamente lasciò gioielli e denaro e portò via solo lettere, documenti e appunti. Eppure a nessuno risultava che Monika avesse intenzione di accusare Jeffrey di alcunché.

Una sera, mentre si trovava a Düsseldorf con suo fratello per vedere un concerto dei Black Sabbath, il manager della band le si avvicinò e disse: "Monika, devi fare attenzione. Cercati due brave guardie del corpo". E quando lei domandò come facesse a sapere che Jeffrey l'aveva minacciata, lui rispose: "Lo sanno tutti".

Jeffrey morirà di lì a poco, il 5 marzo 1973, in un incidente aereo.

Nel maggio del 2009, James Tappy Wright, un roadie degli Animals e collaboratore di Jeffrey, dichiarò alla stampa che era stato il manager a uccidere Jimi e che era stato lui stesso a confessarglielo prima di morire. Lo aveva fatto per paura di essere licenziato e per cercare di riscuotere l'assicurazione sulla vita, cosa che tentò effettivamente di fare senza tuttavia riuscirci.

Secondo Tappy, Jeffrey avrebbe approfittato dello stato di incoscienza di Hendrix per fargli inghiottire alcune pillole e un paio di bottiglie di vino rosso. Ricostruzione improbabile, anche perché tre persone testimoniarono che Jeffrey si trovava a Maiorca il giorno in cui morì il più grande chitarrista di tutti i tempi.

♪♪♪

044 • IL BAMBINO SOTTO IL PAVIMENTO DEI R.E.M.

Prima che i R.E.M. diventassero i R.E.M., Peter Buck viveva con la sua amica, e solo amica, Kathleen O'Brien in una vecchia chiesa dipinta di rosa, la chiesa episcopale di Santa Maria, su Oconee Street, ad Athens, Georgia, un rudere che sarà poi distrutto nei primi anni Ottanta. Peter e Kathleen dividevano la stessa stanza, al loro fianco viveva una giovane spacciatrice, così Buck si abituò fin da subito al fatto che ogni notte, verso le quattro, la chiesa si riempisse di junkie in crisi d'astinenza. Buck fece un po' più fatica ad abituarsi a un altro inquilino, il fantasma di un bambino che, secondo la leggenda, era sepolto sotto il pavimento. Buck lo sentiva piangere quasi ogni giorno.

Kathleen e Peter andavano d'accordo su tutto, meno che sulla musica. Lei amava il rock sudista degli Allman Brothers, lui il punk rock. Per fortuna di tutti, Kathleen era innamorata di uno studente che sfoggiava un curioso monociglio di nome Bill Berry, che aveva come compagno di musica un tale che si chiamava Mike Mills.

La prima volta che Peter, Mike, Bill e Michael si incontrarono, non andò benissimo, perché Mike era completamente ubriaco e passò tutto il tempo a gridare agli altri di passargli la birra perché era troppo malfermo per prenderla da solo. Così Peter e Michael decisero di formare una band con altri due ragazzi, Paul Butchart e Kit Swartz, che però al primo giorno di prova non si presentarono, rimanendo così fuori dai R.E.M. e dalla storia, a un passo dal sogno, come Pete Best con i Beatles.

♪♪♪

045 • LAVANDA GASTRICA

Questa storia è pura leggenda, ma ha conosciuto un'eco così clamorosa che persino il protagonista si è sentito in dovere di commentarla, in un'intervista a "Rolling Stone" nel 1991.

Parliamo di Rod Stewart, l'uomo che amava e ama le donne, specialmente se sono bellissime, bionde, hanno le gambe lunghe e magre e non lo stressano troppo quando si intrattiene con altre donne bellissime, bionde e con le gambe lunghe e magre.

Bene, verso la metà degli anni Settanta si sparse incontrollata la voce che il buon Rod fosse stato ricoverato d'urgenza in ospedale per aver ingerito una quantità eccessiva di seme maschile.

Al giornalista di "Rolling Stone" che gli chiedeva ridendo di commentare il pettegolezzo, Rod rispose, sempre ridendo, che, dopo averlo letto sui giornali, si era a lungo interrogato, perché non ricordava più se era stato dopo quella volta che si era intrattenuto con un'intera squadra di calcio o quell'altra in cui si era concesso a quel gruppo di marinai appena sbarcati.

♪♪♪

046 • LA SCHIAVA DI BOWIE

Settembre 1973. David Bowie è in casa con sua moglie Angela. È un rapporto molto libero, aperto. Lui, che l'anno precedente ha dichiarato la sua bisessualità, ama frequentare i club per gay e tornare a casa con qualcuno che reputa adatto a un rapporto a tre; la stessa cosa fa Angela nei locali per lesbiche. Provano qualsiasi cosa. Come dirà anni dopo, "forse non ero bisessuale, ma trisessuale, perché ho provato ogni cosa almeno una volta".

Hanno solo paura delle fan, perché quelle non le puoi controllare.

Eccone una. Si è arrampicata sul muro esterno ed è entrata in casa Bowie dalla finestra lasciata stoltamente aperta.

Bowie non si muove, Angela nemmeno. Nessuno vuole sbagliare mossa, perché, se quella fan fosse una squilibrata, un gesto inconsulto potrebbe risultare dannoso per tutti.

La ragazza va davanti a Bowie, si inginocchia e supplica: "Ti posso baciare i piedi?".

David Bowie indurisce la voce, come nei rapporti sadomaso: "No, ma puoi baciarmi gli stivali".

Mentre la ragazza bacia più volte gli stivali di Bowie, Angela chiama la polizia.

♪♪♪

047 • LITTLE RICHARD E BUDDY HOLLY

L'appetito sessuale di Little Richard era, secondo leggenda, insaziabile. Amava le orge, anche se, il mattino dopo, costringeva i partecipanti a sorbirsi la lettura di alcuni passi della Bibbia. Una volta, insieme a cinque amici maschi, invitò una donna bellissima nel suo camerino, le ordinò di spogliarsi, la fece sdraiare completamente nuda, poi estrasse una busta di cocaina e gliela versò su tutto il corpo. Lui e i cinque amici sniffarono tutta la cocaina dal corpo della donna, poi, totalmente fatti, si dimenticarono persino di scoparla. Lei sorrise e si rivestì.

Ma l'episodio passato alla storia è quello che vede protagonisti Little Richard, la sua fidanzata Angel e Buddy Holly. Una delle cose che eccitava maggiormente Richard era guardare, così pregò Buddy Holly di farsi la sua ragazza davanti a lui, nei camerini, prima di salire sul palco. Buddy Holly non se lo fece dire due volte. Fece l'amore con Angel e poi corse sul palco, mentre Little Richard estraeva la Bibbia.

♪♪♪

048 • LA PRIMA VOLTA DI ANTHONY KIEDIS

Anthony Kiedis aveva undici anni e si era convinto che quella fosse l'età giusta per perdere la verginità. Certo, il fatto di essere quotidianamente a contatto con le bellissime ragazze che suo padre, piccolo spacciatore, ospitava a casa sua, lo aveva aiutato a convincersi della validità delle sue teorie. La più bella di tutte era proprio la fidanzata di suo padre, Kimberly, diciotto anni, rossa di capelli, carnagione color latte e due seni enormi e perfetti. Qualche giorno prima del suo dodicesimo compleanno, mentre erano tutti al Rainbow e Anthony era completamente fatto di metaqualone, trovò il coraggio di scrivere un biglietto a suo padre: "Papà, so che è la tua ragazza, ma se per te va bene, possiamo organizzare una situazione in cui io finisco per fare sesso con Kimberly, stasera?".

Il padre di Anthony andò subito a riferire tutto alla sua fidanzata, lei disse che non c'erano problemi, così, una volta tornati a casa, Anthony fu guidato nella camera di suo padre, dove c'era un letto strano formato da quattro materassi uno sull'altro. Suo padre gli disse: "Qui c'è un letto, qui una ragazza, fai quello che vuoi".

Anthony Kiedis fece quel che poté, più che quel che volle, ma fu abbastanza.

Fu così che Anthony Kiedis perse la verginità con la fidanzata di suo padre.

♪♪♪

049 • COURTNEY LOVE E IL MAGNATE FILIPPINO

Courtney Love era stufa di Taiwan. Non se la passava male, anzi guadagnava bene, viveva di frutta fresca e sushi e la sera si spogliava per i clienti di un locale con il nome d'arte di Crystal. Tutto procedeva, ma non vedeva grandi possibilità di sviluppo. Era andata in

Asia non per diventare una spogliarellista di professione, ma per mettere da parte abbastanza soldi per tornare in America e formare un suo gruppo.

Bisognava accelerare, così prese un aereo per Hong Kong, dove affittò una stanza minuscola e senza finestre, con una poltrona più floscia di un preservativo usato, però con anche un bellissimo letto rotondo con le lenzuola a pois. Trovò subito lavoro in un locale, anche se fu costretta a consegnare il passaporto. Courtney ballava e non si lamentava del suo vestito di satin bianco troppo corto e stretto. In fondo la pagavano per togliersi i vestiti, non per tenerli.

Una sera fece innamorare un magnate filippino, che continuava a metterle nel reggiseno mance consistenti ogni quarto d'ora, per evitare che si alzasse dal tavolo. A un certo punto ordinò della cocaina, una cameriera corse a prenderla e al suo ritorno gettò sul tavolo il sacchetto con la polvere bianca. Il filippino volle che anche Courtney la assaggiasse, e quello fu il battesimo di Love con la droga. Non essendoci abituata, entrò subito in uno stato quasi catatonico, sorrideva al filippino che la stava quasi trascinando di peso verso la suite del suo hotel, dove Courtney svenne.

Quando si riprese, qualche ora dopo, il magnate le disse: "Perché non vieni con me nelle Filippine? Eccoti 10.000 dollari, esci e comprati qualche vestito". Poi, prima di salutarla, aggiunse, come fossero Richard Gere e Julia Roberts: "E mi raccomando, scegli qualcosa di bello ed elegante".

Courtney Love uscì felice come una bimba, fermò un taxi e si fece portare all'aeroporto, dove fece denuncia per smarrimento del passaporto e comprò un biglietto di prima classe per Portland.

Con il suo abito bianco da lavoro troppo corto e troppo stretto, Courtney Love tornava a casa.

♪♪♪

050 • L'AQUILA E LA MINORENNE

Le Aquile hanno smesso di volare, almeno per un po'. È il 1980. Troppe le tensioni che hanno circondato le registrazioni di *The Long Run* ed è curioso che la corsa si arresti proprio dopo aver realizzato un album con quel titolo.

Don Henley è fidanzato con Stevie Nicks, la regina dei Fleetwood Mac, ma non disdegna altri incontri ravvicinati. Stevie Nicks non sa, perché le mogli e le fidanzate sono sempre le ultime a sapere, oppure sa e finge di non sapere. Basta che tutto accada in silenzio.

Ma silenzio non può esserci quando la polizia entra a casa di Don Henley e trova una ragazza di sedici anni nuda e in piena overdose di cocaina e quaalude, una droga che aumenta il piacere nel rapporto sessuale dando inoltre un senso di rilassatezza ed euforia. La ragazza viene prima salvata e poi arrestata, Don Henley incriminato per istigazione a delinquere. Sarà condannato a 2.500 dollari di multa, un periodo di libertà vigilata di due anni e l'obbligo di partecipare a un programma rieducativo antidroga.

Stevie Nicks fa finta di nulla e rimane a fianco di Don Henley. Registreranno anche un singolo insieme, *Leather and Lace*, prima di separare le loro strade.

♪♪♪

051 • WALK THIS WAY

Molti anni dopo essere diventata famosa, Patti Smith accettò di parlare della sua infanzia e adolescenza. Disse che aveva pulsioni masochiste e che non sapeva come ci si masturbasse fino a quando una ragazza glielo fece vedere con l'ausilio di una spazzola per capelli. Mentre molte sue coetanee cercavano di rimanere vergini o di non dare a vedere che non lo fossero più, Patti Smith cercava invece disperatamente di perdere la verginità. Solo che, essendo molto brutta e troppo magra, per usare le sue stesse parole, nessuno si offriva come candidato. Nessuno di quelli belli. Perché questo voleva Patti Smith. Uno giusto, non uno qualsiasi. Uno come Butchie Magic, che a volte le lasciava anche aprire il suo grosso coltello a serramanico.

A sedici anni Patti Smith lesse *Peyton Place*, un romanzo a sfondo sociale ma pieno di pruderie sessuali. In un passaggio, c'è un uomo che dice a Allison McKenzie: "So che sei vergine".

E lei: "Come fai a saperlo?".

"Dal modo in cui cammini."

Patti Smith pensò: "Oh, no! Quindi tutti sanno che sono vergine!". Da quel momento, dirà molti anni dopo, "ho cercato di imparare a camminare come se fossi già stata scopata. Studiavo le camminate di ogni donna che incontravo. Pensate a Jeanne Moreau. Basta guardarla attraversare la strada sullo schermo per capire che ha avuto almeno cento uomini".

♪♪♪

052 • L'UCCELLO DI IGGY POP

Si sa, l'organo riproduttivo di Iggy Pop è sempre stato il membro aggiunto degli Stooges e poi il compagno prediletto della sua carriera solista. Iggy si faceva fotografare nudo o se lo tirava fuori sul palco. Ogni volta, o quasi. Jim Kerr una volta ha raccontato di aver assistito a uno straordinario concerto di Iggy Pop alla City Hall di Glasgow, nel 1977. Il leader dei Simple Minds era stupito dalla carica di energia pazzesca di Iggy, che per tutta la durata del concerto aveva fatto riferimento al suo membro e poi, in chiusura, l'aveva estratto come si estrae il coniglio dal cappello del prestigiatore. Ovviamente nel delirio generale.

Circola una leggenda, alimentata dallo stesso Iggy, sulle modalità con cui è riuscito a evitare il servizio militare. Prima si spogliò e poi si mise in fila con gli altri, per la visita medica. Nudo, mentre gli altri erano in mutande. Mentre si avvicinava il suo turno, cominciò a toccarsi per ottenere quella che lo stesso Iggy definì un'erezione fuori dal comune. Si presentò così davanti al medico militare, con il suo coso in mano e il sorriso stampato in faccia. Fu rispedito a casa immediatamente.

♪♪♪

053 • GEORGE HARRISON SUONA L'UKULELE

Il sesso orale è una delle attività preferite delle rockstar. David Bowie dice che funziona perché è molto meno impegnativo di un rapporto completo. E quasi tutti i musicisti ammettono che hanno cominciato a cantare o suonare anche per arrivare a quello, che è fine e non impegna. Nel maggio del 2002, durante il New Music West Conference a Vancouver, Gene Simmons, il frontman dei Kiss, ha detto che era indeciso tra due carriere: quella di cantante o quella di dentista. Poi ha scelto la prima perché i dentisti faticano molto di più per farsi fare pompini. Anzi, non ci riescono proprio, a meno che ti anestetizzino prima.

Negli anni Sessanta, uno dei più appassionati alla pratica era George Harrison. Una volta, mentre suonava l'ukulele durante una festa a casa di amici, fu avvicinato da una groupie molto avvenente e, come tutte le groupies, molto disponibile. Harrison le disse: "Che ne dici di salire di sopra e prendermelo in bocca?". La groupie obbedì felice, ma una volta terminato il rapporto orale scese a lamentarsi con le amiche. Per tutto il tempo George Harrison aveva continuato a suonare l'ukulele.

Tornando a Gene Simmons, è noto nell'ambiente per i suoi aforismi, per le battute fulminanti. Quando gli domandarono perché non volesse sposare la playmate Shannon Tweed, sua compagna da anni e madre dei suoi figli, disse: "Sono terrorizzato dal matrimonio perché ho scoperto che i mariti muoiono sempre prima delle mogli. E sapete perché? Perché è esattamente quello che vogliono anche le mogli: che i mariti muoiano prima".

♪♪♪

054 • LED ZEPPELIN: THE OCTOPUS INCIDENT

Ci sono due ragazze nella vasca da bagno della suite che ospita Jimmy Page. Sono ovviamente nude, ovviamente affamate, ovviamente disponibili. Jimmy Page esce dalla stanza. Le ragazze si rilassano un attimo. Non si alzano, non si rivestono.

Jimmy Page torna dopo un po'. In mano ha una piovra. Viva. La getta nella vasca. Le ragazze sono poco spaventate e molto eccitate. Utilizzano gli otto tentacoli come solo le groupie sapevano fare: per masturbarsi. Poi, Page utilizza il tentacolo di una piovra per frustare le ragazze.

Questo è passato alla storia come The Octopus Incident. Difficile, stavolta, distinguere la realtà dalla leggenda (secondo alcune versioni le piovre sarebbero state quattro). Non chiediamocelo. Non avrebbe senso. Diciamo solo che, avendo a che fare con i Led Zeppelin, è alquanto verosimile.

♪♪♪

055 • UOMINI E DONNE

Mick Jagger è seduto al tavolo di un ristorante di King's Road, a Londra. Con lui c'è Nick Haslam, un affascinante interior designer che non nasconde la propria omosessualità. Mick Jagger ha i capelli lunghi, biondi e boccolosi, come nei primi anni con gli Stones.

Dal tavolo a fianco si alza una voce. Appartiene a un signore distinto e di mezza età. La voce dice: "Sei un uomo o una donna?".

Nella sala cala il silenzio.

Tutti guardano i due tavoli.

Mick Jagger si alza, va davanti all'uomo seduto all'altro tavolo, si abbassa pantaloni e mutande.

Sì, è un uomo.

♪♪♪

056 • COPERTE ELETTRICHE

Le chiamano coperte elettriche, perché c'è un sistema di riscaldamento che si attiva da una piccola centralina e che garantisce calore durante il sonno.

Phil Collins le ha comprate per i suoi figli, ma non capisce come mai scivolino a terra. È una cosa da non credere. Phil accende il riscaldamento e immediatamente le coperte, neanche troppo lentamente, si muovono e cadono sul pavimento. I bambini sono divertiti: "Papà, è come se le muovesse un fantasma". Phil Collins è invece seccato, non tanto perché sono costate un bel po' di soldi, ma soprattutto perché ogni notte i suoi bimbi rimangono al freddo.

Chiama quindi quelli del negozio dove le ha comprate che vengono a vedere, portano via le coperte e scoprono inorriditi che quelle coperte elettriche hanno un difetto di fabbrica che le rende molto pericolose dopo essersi scaldate. La conclusione degli imbarazzati venditori è: "I bambini avrebbero rischiato la vita se le coperte non fossero inspiegabilmente cadute a terra prima di raggiungere il punto di calore".

Phil Collins è sbalordito e terrorizzato. Ringrazia il destino per aver fatto muovere quelle coperte. Poi capisce che non è stato il destino, ma suo padre Greville, morto nel 1972 e dotato di strani poteri, al confine con il soprannaturale. È stato lui a proteggere i nipotini da una morte sicura.

"So che è incredibile, ma è così", ha detto Phil, "non c'è altra spiegazione. Da allora, se qualcuno mi dice che è in contatto con i defunti, non rido più. E dico che sì, è possibile."

♪♪♪

057 • APPARIZIONI

Anno 2003. Sting è a letto, nel suo castello. Dorme, domani si esibirà, forse, in una delle sue mirabolanti prestazioni di sesso tantrico.

Siamo nel pieno della notte, sono le tre. Sente un rumore. Apre gli occhi. Nella semioscurità vede sua moglie Trudie e suo figlio entrare nella stanza e fermarsi in un angolo. Sting si chiede cosa sia successo, perché Trudie si sia alzata dal letto per andare dal figlio. Forse si è sentito male, ma perché non l'ha avvisato prima? E poi, lui ha il sonno leggero, come ha fatto a non accorgersi che suo figlio chiamava?

Poi si volta e vede che Trudie è ancora nel letto con lui. Sta dormendo. Quella donna che è davanti a lui, dunque, non è sua moglie. Quel bimbo che è davanti a lui, dunque, non è suo figlio. Sente un vento freddo attraversargli il corpo.

In quel momento Trudie si sveglia. Vede anche lei le due figure e dice: "Santo Dio, chi sono?".

Sting e Trudie si stringono, il freddo è sempre più forte. Poi, all'improvviso, i due fantasmi svaniscono nel nulla.

Sting e Trudie tornano a dormire. Un po' agitati, ma non più di tanto. Non era la prima volta che accadevano cose strane, in quel posto. Voci nel nulla, oggetti misteriosi che si muovevano fuori dalla casa. Energie, le chiamava Sting. Non fantasmi, ma vecchie energie di persone che erano vissute lì, un tempo, e che ogni tanto riapparivano.

♪♪♪

058 • VERO O FALSO?

Ci sono concerti che passano inosservati e concerti che diventano leggenda, concerti che sembrano fiaschi di vino acido e concerti che cambiano la tua vita in due, dividendola tra un prima e un dopo. Ma c'è un solo concerto che nessuno può dire con certezza se ci sia stato davvero, o no, ed è il famigerato concerto di Bob Dylan al Folkstudio di Roma nel 1962.

Questa è la ricostruzione di quelli che dicono ci sia stato. Nel 1962 Dylan era fidanzato con Suze Rotolo, la ragazza immortalata mentre cammina abbracciata a Bob sulla copertina di *Freewhelin'*. Nel 1962 Suze Rotolo studiò per qualche tempo all'università di Perugia, così Dylan decise di andarla a trovare. Prima di arrivare in Umbria si fermò per qualche giorno a Roma e una sera, accompagnato da due amici, fece un salto al Folkstudio di Giancarlo Cesaroni, il mitico locale trasteverino dove si formarono De Gregori, Venditti, Cocciante, Rino

Gaetano e una buona fetta della canzone d'autore di scuola romana. Dylan entrò nel locale piuttosto tardi e andò a presentarsi a Cesaroni, che lo fece salire immediatamente sul palco, non credendo ai suoi occhi. Dylan non era ancora famoso, ma era già un nome di culto presso i frequentatori del Folkstudio. In sala c'erano una quindicina di persone, quasi tutte al bar. Dylan cantò qualche brano da solo e qualcuno in jam con altri musicisti.

Il problema è che quell'esibizione, quel passaggio romano di Dylan entrò subito nella leggenda, al punto che sono almeno duemila le persone che giurano di esserci state, di averlo visto su quel palco, magari sbagliando l'indirizzo, perché nel 1962 il Folkstudio era ancora in via Garibaldi e non in quella che sarebbe poi diventata la sede storica di via Sacchi.

Tutti giurano di averlo visto, ma quando chiedi cosa cantò tutti dicono canzoni diverse o che non erano ancora state scritte. Tutti lo descrivono vestito in un modo diverso, chi con e chi senza cappello. Tutti dicono ore diverse e anche giorni diversi. E poi, possibile che Cesaroni non abbia scattato una foto di Dylan?

Insomma: ma Dylan al Folkstudio c'è stato davvero o è una leggenda metropolitana?

♪♪♪

059 • KID ROCK E LA MUSICA DI MERDA

Kid Rock è a Nashville per partecipare a un concerto al Ryman Auditorium in memoria del country singer Merle Kilgore. È il 16 febbraio 2005. Per rilassarsi, fa un salto al Christie's Cabaret, un locale per adulti dove le ragazze sono bellissime e la musica così così. Anzi, fa proprio schifo. Questo, almeno, è quello che pensa Kid Rock, che dopo un'ora ne ha le palle piene, si avvicina al deejay Jay Campos e lo colpisce con una serie di pugni stile Marvin Marvellous Hagler dei tempi d'oro. Jay Campos non ha nemmeno il tempo di accorgersi di quello che accade. Si ritrova pesto e sanguinante mentre Kid Rock esce tranquillo tranquillo dal locale.

Va a dormire e quando la polizia bussa alla porta, apre e si consegna agli agenti. È sereno e felice come un bimbo. "Mi sono divertito moltissimo", dice, "è stata proprio una bella serata."

Sarà condannato a 11 mesi e 19 giorni con la condizionale.

Quando gli chiederanno di commentare la sentenza dirà: "Ragazzi, ma se hanno dato quasi un anno a me, al deejay che metteva quella musica di merda quanto dovrebbero dare, l'ergastolo?".

♪♪♪

060 • LA STANZA DELLA FIGLIA DEL SINDACO

E questo chi è? Così deve aver pensato l'addetto alla security del più che lussuoso ed elegante hotel di Nizza che ospitava i Cure in una delle date francesi del tour del 1984.

Non riusciva nemmeno a immaginare che quel tipo dallo sguardo allucinato, in tuta mimetica tipo Rambo, registratore a tutto volume sulla testa e testa rasata da skinhead potesse essere Andy Anderson, professione batterista dei Cure.

Non appena lo vide entrare nella hall dell'albergo e puntare con fare deciso verso la reception, gli andò incontro poco conciliante. Quando lui accelerò senza degnarlo di uno sguardo, lo afferrò e gli spruzzò addosso del gas urticante. Andy Anderson non la prese bene. Rincorse la guardia urlando e maledicendo. Siccome aveva gli occhi che bruciavano non capì dove la guardia si era nascosta. Convinto che fosse in una data stanza, cominciò a dare colpi sulla porta, salvo scoprire che quella era la camera della figlia del sindaco di Nizza.

Andy Anderson fu arrestato e subito dopo rilasciato, ma ci volle molta pazienza per convincerlo a non tornare in albergo per uccidere la guardia giurata. Tre ore sulla spiaggia di Nizza. Nel frattempo il sindaco fece sapere che non avrebbe sporto denuncia se Anderson avesse lasciato immediatamente la città.

I Cure lo misero di peso sul bus e via verso un'altra data.

♪♪♪

061 • L'ARRESTO DI BEN HARPER

Ben Harper non ha mai visto una cosa del genere. Non in California, almeno. Due elicotteri sopra la testa, posti di blocco ovunque. Staranno cercando qualcuno, pensa. Peccato per quel poveretto. Per evitare rallentamenti, Ben Harper gira a destra e prende una scorciatoia per arrivare allo studio. I tecnici e i musicisti lo aspettano per proseguire le registrazioni di *Burn To Shine*.

Ben Harper arriva al cancello, digita il codice per entrare e prosegue. Si guarda attorno. Altri poliziotti. Una marea. Devono aver appena svaligiato una banca, pensa.

Mentre si avvicina allo studio vede quaranta poliziotti venire contro di lui. Ognuno imbraccia un'arma. Prima di avere il tempo di realizzare cosa stia accadendo si ritrova ammanettato, a terra. Lo accusano di aver rubato un furgone di un vicino. La descrizione che era stata data alla polizia corrispondeva a quella di Ben Harper.

Ben si accorge che anche i musicisti e i tecnici sono in stato di fermo.

Alla fine l'equivoco è spiegato.

I poliziotti capiscono di aver sbagliato.

Ovviamente non chiedono nemmeno scusa.

Non fa parte delle buone maniere.

Ben Harper se la cava con un grosso spavento e forse per la prima volta vive sulla sua pelle cosa significhi essere un nero nei liberi, equi e solidali Stati Uniti d'America.

♪♪♪

062 • L'AUTISTA DI KEITH MOON

Hatfield, Hertfordshire. È il 4 gennaio 1970. Il locale si chiama Red Lion, ma i veri leoni, arrabbiati, feroci e convinti di essere i re della foresta sono gli skinhead che insultano Keith Moon e sputano addosso alle persone che sono con lui, tra cui sua moglie Kim. L'autista di Keith, nonché amico e guardia del corpo, si chiama Neil Boland. Si avvicina con la Bentley il più possibile a Keith, lui sale, ma gli skinhead sono ovunque. Impossibile muoversi. Neil Boland non ha paura, o forse sì, ma non lo dà a vedere. Scende. Scende dalla Bentley di Moon e cerca di convincere i ragazzi a farlo passare con la macchina. In quel momento arrivano i gestori del pub, almeno così pare in una ricostruzione davvero difficile. Prendono a pugni la Bentley, urlano a Moon di scendere. Keith ha paura, è ubriaco, chissà cos'ha combinato in quel pub. Si sposta sul sedile del guidatore e poi mette la prima. Non si accorge che Neil Boland è davanti a lui. Lo travolge. O forse era già a terra, magari colpito da uno skinhead. In ogni caso, Keith non l'ha visto.

Gli skinhead scappano, arriva la polizia. Moon è in stato confusionale. Alla fine delle indagini, molto brevi, verrà prosciolto con formula piena dall'accusa di omicidio colposo.

La figlia di Neil Boland indagherà più a lungo, parlerà con tutti i testimoni di quella sera. E arriverà a una conclusione sconcertante: non era Keith Moon al volante, non era Keith Moon l'uomo che uccise suo padre. Ma chi, allora? Forse la moglie Kim?

Chiunque sia stato, Keith Moon si porterà dentro il rimorso per tutta la vita. La groupie Pamela Des Barres, con cui Keith ebbe una storia lunga tre anni, disse che le sue notti erano abitate da incubi relativi a quella notte e che, dopo ogni risveglio, Moon la guardava e diceva: "Non merito di vivere".

♪♪♪

063 • KURT COBAIN

E poi accade. In un momento indefinito, probabilmente il 5 aprile. Kurt sale nella serra sopra al garage della sua casa sul Lake Washington, al numero 171 di Lake Washington Boulevard East, chiude a chiave la porta, spinge uno sgabello contro la portafinestra, scrive una lettera al suo amico immaginario Boddah, assume 1 milligrammo e 52 di eroina, una dose che avrebbe ammazzato un bue, e si spara in testa con il suo fucile. Muore sul colpo. Accanto a lui, una scatola di sigari con la droga e l'occorrente per farsi. Per terra un portafoglio aperto. Tre giorni dopo, l'8 aprile, Gary Smith, un elettricista incaricato di controllare il sistema d'allarme, mentre si trova sul balcone della serra vede il corpo di Kurt Cobain attraverso i vetri della portafinestra. Prima di chiamare il 911, il numero delle emergenze, contatta il suo capo alla Veca Electronics, che chiama immediatamente la KXRX, la radio di Seattle, che dà dunque per prima la notizia, alle 9.40 del mattino. Kurt Cobain è morto.

Infinite supposizioni, come sempre, circonderanno la morte e si moltiplicheranno all'infinito. Complotti. La Cia, che non manca mai quando muore un artista scomodo. La supposizione più folle è che si tratti di un delitto commissionato da Courtney Love ed eseguito da Allen Wrench, un cantante fallito e simpatizzante del Ku Klux Klan, che per 50.000 dollari avrebbe ucciso Kurt. Poi, essendo alcolizzato, comincia a parlare troppo e dopo l'ultima intervista viene ritrovato morto, legato ai binari della ferrovia, travolto da un treno. Follie. Forse.

Il coinvolgimento di Courtney e l'ipotesi dell'omicidio sono sostenute persino dal padre di Courtney, Hank Harrison, che descrive la figlia come una donna vendicativa e malvagia. E poi c'è Tom Grant, l'investigatore privato assoldato dalla vedova nera per ritrovare Kurt dopo la sua fuga dall'Exodus Medical Center di Los Angeles. Tom Grant ha denunciato il comportamento ambiguo e strambo da parte di Courtney e dell'amico Dylan, ma nessuno gli ha mai creduto. E poi c'è quella lettera di presunto addio, perché sembra essere più un addio alla musica che una lettera di un suicida, se non per le ultime righe, che sembrano però scritte da una mano diversa, o aggiunte in un tempo diverso.

Niente di tutto questo è probabilmente vero, ma tutto è sicuramente verosimile. Quel che è certo è che Courtney ha destabilizzato Kurt Cobain. Senza di lei le cose forse sarebbero andate diversamente. Ma purtroppo, non avremo mai la controprova.

♪♪♪

064 • L'ULTIMA PERSONA CHE HA VISTO BON SCOTT

Alistair Kinnear è l'ultima persona che ha visto vivo Bon Scott. È nella sua macchina, una Renault 5, che il cantante degli AC/DC è stato ritrovato morto, si dice soffocato dal suo vomito. Ma per molti anni, tutti i fan della band, compresi molti biografi, hanno pensato che Alistair Kinnear non esistesse, che fosse uno pseudonimo per nascondere qualcuno che non voleva apparire. Perché nessuno, nemmeno gli amici intimi di Bon Scott, lo conosceva. E nessuno aveva parlato con lui prima o dopo la morte di Bon. Un fantasma, insomma.

Invece no, Alistair Kinnear si era semplicemente trasferito nella Costa del Sol, in Spagna, dove ha vissuto per ventidue anni. E se nessuno lo conosceva è perché il suo rapporto con il cantante degli AC/DC era molto occasionale.

Alistair divideva un appartamento a Kensington con Silver Smith, una fidanzata a tempo di Bon (fidanzata a tempo nel senso che Bon si ricordava di lei quando aveva tempo). Per due settimane vissero tutti e tre sotto lo stesso tetto, poi Silver tornò in Australia per un anno e Alistair si trasferì a Overhill Road.

La sera del 18 febbraio 1980 Alistair decise di andare a vedere un concerto al Music Machine (quello che oggi si chiama Camden Palace) di Camden Town, telefonò a Silver, che nel frattempo era tornata a Londra, per chiederle se volesse andare con lui. Silver rispose che aveva altri impegni, ma che Bon forse sarebbe stato interessato.

Alistair passò a prendere Scott al suo appartamento a Ashley Court, a Westminster, poi andarono al concerto e si ubriacarono ferocemente. Sulla via del ritorno, Bon crollò in macchina. Alistair cercò di svegliarlo e poi di caricarselo sulle spalle, ma era troppo pesante, andò a suonare al campanello della fidanzata di Bon, ma senza ottenere risposta. Chiamò quindi Silver, che gli disse di non preoccuparsi. Bon crollava spesso quando era ubriaco e la cosa migliore era lasciarlo dormire. Alistair Kinnear ingranò la marcia verso casa sua, spostò indietro il sedile del passeggero per farlo dormire più comodo, avvolse Bon in una coperta, scrisse su un foglio il suo indirizzo e numero di telefono e rincasò. Dormì fino alle 7.30 del pomeriggio. Quando scese in strada, fu colto da terrore nel vedere che Bon Scott era ancora in macchina, immobile. Si diresse a tutta velocità verso il King's College Hospital, ma era troppo tardi.

Resta un dubbio: Alistair Kinnear giura di non aver mai visto traccia di vomito nella macchina. E se avesse ragione Ozzy Osbourne quando dice che Bon Scott è morto di ipotermia?

♪♪♪

065 • LA MORTE DELL'IGUANA

Iggy Pop era la follia che fa la barba al palo dell'autodistruzione e della morte. Dannato vero, ribelle pieno, incurante delle conseguenze di ogni suo gesto, in parte perché dettato da infiniti abusi e in parte perché, da vero iconoclasta, non rifletteva nemmeno un secondo sull'opportunità di un suo gesto.

Iggy è stato dunque punk nella musica e nell'anima, meritandosi per questo il rispetto dei punk di fine anni Settanta.

Un giorno, Sid Vicious disse a una giornalista: "La mia natura di fondo mi ucciderà in sei mesi. Voglio essere come Iggy Pop e come lui morire prima dei trent'anni".

Quando la giornalista gli disse che Iggy era vivo e vegeto e viveva nel Lower East Side, Sid si alzò dicendo: "Raccontala a un'altra, bella mia".

♪♪♪

066 • LA SCOMPARSA DI RICHEY JAMES EDWARDS

Richey James Edwards dei Manic Street Preachers uscì all'Embassy Hotel di Londra alle sette del mattino del 1° febbraio 1995, salì sulla propria auto e scomparve agli occhi del mondo. Svanito nel nulla.

Forse morto, chissà. Suicida, dicevano tutti. Ma perché mai un suicida dovrebbe ritirare 200 sterline al giorno dal suo conto corrente per i quattordici giorni precedenti fino a raggiungere un totale di 2800 sterline?

L'unica notizia certa è che, quel giorno, doveva imbarcarsi per l'America in un tour promozionale. Le possibilità, infinite. Pare che il mattino della sua scomparsa si sia diretto in macchina verso il suo appartamento a Cardiff, nel Galles. Incerte anche le testimonianze sugli avvistamenti. Dicono di averlo visto a Newport, all'ufficio passaporti, e poi alla stazione dei bus. Il 7 febbraio un tassista sostiene di averlo prelevato al King's Hotel di Newport, scarrozzato in lungo e in largo per quelle valli, compreso Blackwood, il luogo dove Richey era cresciuto, e di averlo lasciato alla stazione di servizio di Severn View. Probabile, molto probabile, perché il 14 febbraio l'auto di Richey è stata multata per divieto di sosta proprio alla stazione di servizio di Severn View.

Il 17 febbraio la polizia apre la macchina e nota che la batteria è scarica. Di lui nessuna traccia, ma certo sapere che in prossimità di quella stazione di servizio c'è il Severn Bridge, meta preferita di molti suicidi, non è buon segnale. Nel 1994 però, quindi solo un anno prima, Richey aveva dichiarato in un'intervista che il suicidio non era da lui mai stato preso in considerazione, nemmeno come ipotesi. Sono debole, diceva, ma riesco a sopportare il dolore.

Da allora, mai niente, se non quegli avvistamenti che non si negano nemmeno a Elvis, James Dean o Jim Morrison: una ragazzina inglese lo avrebbe visto a Goa, in India, in un mercatino hippie; una barista inglese è certa di averlo incontrato all'Underground Bar di Corralejo, a Fuerteventura; e altri testimoni giurano di averlo visto su una spiaggia di Lanzarote.

Il 23 novembre 2008 è stata rilasciata una dichiarazione di morte presunta per Richey James Edwards. Ma la speranza è l'ultima a morire.

♪♪♪

067 • JERRY GARCIA ESCE DALL'ASTRONAVE

Sono cinque giorni che Jerry Garcia è in coma diabetico. Si era disintossicato, ne era venuto fuori, ma gli eccessi, gli abusi di droghe e le pessime abitudini alimentari lo avevano condotto a quel punto, il 10 luglio 1986.

Sono passati cinque giorni e tutti, dai familiari agli amici ai Deadheads, ovvero i fan dei Grateful Dead, cominciano a temere che non si risvegli più.

Invece accade. Agli amici racconterà che ha passato quei cinque giorni di lotta in una sorta di astronave circondato da alieni che avevano forma di insetto. Gli amici si chiedono se sia davvero fuori dalla dipendenza da droghe, ma non si preoccupano più di tanto. Jerry Garcia è vivo.

Quando riapre gli occhi, attorno a lui c'è entusiasmo come a un concerto dei Dead.

Il medico lo guarda, poi, per accertarsi che le sue funzioni cerebrali siano intatte, domanda: "Sai chi sei?".

Jerry Garcia ci pensa un attimo, poi risponde: "Se ho sentito la domanda vuol dire che non sono sordo. Quindi non sono Beethoven".

♪♪♪

068 • NEIL YOUNG E JIMI HENDRIX RUBANO UN CAMION

Non l'avesse raccontata lui, Neil Young, nessuno ci avrebbe creduto. Certe storie sono così folli che sembrano inventate da una penna originale. Invece no. Sono storie vere.

1969. Festival di Woodstock. Neil Young e Jimi Hendrix sono entrambi attesi sul palco del festival che passerà alla storia per i suoi ideali di meravigliosa utopia. Il charter privato che li dovrebbe condurre a Woodstock, incredibile ma vero, atterra nell'aeroporto sbagliato. L'avvocato Melvin Belli, che accompagna Hendrix e Young, si mette in contatto con gli organizzatori. Questi dicono di stare tranquilli, che manderanno subito un elicottero a prenderli. Il tempo passa. L'elicottero non arriva. L'ora di salire sul palco si avvicina. Melvin Belli vede un camion pick up, di quelli aperti dietro, e prende la decisione.

"Forza", dice a Neil Young e Jimi Hendrix, "andiamo."

"Andiamo dove?", chiedono loro.

"A Woodstock, dove sennò? Salite."

"Ma questo camion non è nostro."

Melvin Belli sorride: "A mali estremi, estremi rimedi".

Questa è la storia vera di quella volta che Jimi Hendrix e Neil Young arrivarono a Woodstock su un camion rubato.

♪♪♪

069 • IL SOSIA DI PETER BUCK

Quando Peter Buck si presentò ai Grammy in pigiama, molti pensarono che quella era la cosa più strana che avesse mai fatto. Poi cominciarono a spargersi voci incontrollate. Che avesse passato sei mesi a letto a mangiare pizza ordinata a domicilio e bere vino rosso. O che fosse diventato eroinomane e che si era ridotto a vivere per strada a San Francisco. Balle. L'unica storia vera era quella più assurda che uno potesse immaginare.

Peter Buck aveva un sosia. Fin qui niente di strano. Il problema era che si spacciava per lui. Aveva conquistato una ragazza dicendo che era il chitarrista dei R.E.M. Lei si era innamorata, era andata a vivere da lui fino a quando, un giorno che era uscito per comprare le sigarette, aveva aperto il suo portafoglio per cercare un indirizzo e aveva visto che sulla sua carta d'identità c'era scritto un altro nome, che non aveva niente a che fare con Peter Buck. Così, dopo aver telefonato all'ufficio dei R.E.M., le avevano consigliato di andare subito alla polizia.

Per molti anni Buck se lo ritroverà sul suo cammino. "Ogni tanto incontravo qualcuno che mi diceva: 'Ehi, quando mi restituisci i 20 dollari per il taxi? O i 50 per le anfetamine?'. Non avevano parlato con me, ma con il mio sosia."

♪♪♪

070 • ALLE SETTE

Nessuno. Sai quando dici nessuno? Dopo dieci minuti di spettacolo, in sala non era rimasto nessuno. Siamo a Venice, in California, il nome del locale è Cheetah Club, ma tra il pubblico nemmeno una scimmia, nemmeno un cane.

Alice Cooper e i suoi musicisti suonano comunque fino alla fine, poi smontano gli strumenti e si apprestano a tornare a casa. Ecco che sbuca un tipo.

Non siete male, dice, e mi piace il fatto che non siete piaciuti a questa gente.

Alice Cooper è perplesso. Ma questo da dove esce?, si chiede.

Il tipo si chiama Shep Gordon, nella vita fa il manager.

Datemi il vostro numero, vi faccio sapere.

Alice Cooper pensa sia pazzo, ma il tipo si fa vivo davvero, dopo qualche giorno.

Dice che ha fissato un incontro con Frank Zappa, per un provino. Zappa è alla ricerca di personaggi strambi per la sua nuova etichetta, la Straight Records.

L'appuntamento è per le sette.

Alice Cooper dice ok ci saremo.

Ovviamente Gordon intendeva le sette di sera, ma Alice pensa invece sia alle sette del mattino.

Quando si presentano all'alba a casa di Zappa, Zappa pensa che non è nemmeno necessario far loro il provino. Sono fuori come un balcone. Nessuno suonerebbe mai quel tipo di musica alle sette del mattino.

Li mette sotto contratto per tre album.

Nasce così la strana favola di Alice Cooper.

♪♪♪

071 • LA MOGLIE DEL PAZZO

Marilyn Rutherford non era bella come l'altra Marilyn, come Norma Jean, ma aveva le palle. Non le avesse avute non sarebbe mai riuscita a vivere così tanto tempo con Brian Wilson, che era un genio assoluto, ma era anche pazzo e schizofrenico. Si erano incontrati nell'ottobre del 1962 al Pandora's Box, il leggendario locale sul Sunset, a Los Angeles. Quella sera si esibivano i Beach Boys; nell'intervallo tra i due set, Wilson scese dal palco, rimase colpito da Marilyn e le chiese un sorso della sua cioccolata. Poi, nervoso com'era, ne rovesciò un bel po' sulla giacca di lei. Non un inizio romantico, ma servì a rompere il ghiaccio. I due cominciarono a frequentarsi e, due anni dopo, si sposarono, il 7 dicembre 1964.

Marilyn aveva le palle perché sopportò il lungo periodo di malattia mentale del marito, gli diede due figlie, lo accompagnò sempre felice alle sedute di psicoterapia e nei centri di disintossicazione, regolò in qualche modo il via vai estenuante di spacciatori, fece mettere un lucchetto al frigorifero per impedire che lui divorasse i consueti quindici dessert giornalieri e assecondò le follie di Brian, comprese le due più assurde: la tenda araba che aveva fatto alzare in un'ala della casa e che gli era costata 30.000 dollari, dove si rifugiava per mangiare sandwich, fumare erba e prendere Lsd, e soprattutto la spiaggia con otto tonnellate di sabbia che aveva invaso la sala. Il leader dei Beach Boys era convinto che scrivere canzoni con i piedi nudi nella sabbia avrebbe aiutato la creatività.

Marilyn aveva le palle, aveva detto sì anche all'idea bizzarra del marito di aprire un negozio di telescopi aperto ventiquattro ore al giorno e sette giorni su sette per consentire a chi volesse guardare le stelle di farlo in qualsiasi momento della giornata – anche se mi chiedo quali stelle si vedano di giorno.

Marilyn aveva le palle, ma non sapeva come fare con il cane di casa. Brian lo voleva sempre vicino a sé quando componeva, ma a lui, al cane intendo, piaceva fare i suoi bisogni nella sabbia, così la sala puzzava in modo insopportabile. Però era l'unico modo per far stare tranquillo il marito.

Resisterà quindici anni, fino al 1979. Poi il divorzio. Verso una vita più normale.

♪♪♪

072 • SMOKE IN THE WATER

La dipendenza più grave, a sentire lui, non era quella dall'eroina, che pure gli costerà la morte, il 5 giugno 2002, un'overdose annunciata nel suo appartamento di Hollywood.

La dipendenza più grave, a sentire lui, non era nemmeno quella del sesso, che pure aveva frequentato in lungo e in largo, come si conviene a una rockstar cui tutto è permesso. Nel suo libro *Chelsea Horror Hotel* e nei suoi scritti, ripeteva spesso, tra il serio e il faceto, che l'unica ragione per cui la dava sempre vinta alla giovanissima e bellissima moglie Barbara Zampini era per continuare ad andarci a letto. L'aveva conosciuta in Argentina quando lei aveva solo sedici anni. Lui era corso fuori dall'hotel dove soggiornava con i Ramones, perché gli avevano rubato il basso. O almeno così pensava. Si era precipitato all'esterno dell'albergo ed era quasi andato a sbattere contro di lei, grande fan del gruppo. Dopo averla testata, come ripeteva sempre, aveva deciso di sposarla. Da allora non si lasceranno più e sarà lei a ritrovare il corpo.

No, la dipendenza più grave, a sentire Dee Dee Ramone era quella da sigarette. Non poteva farne a meno. È più forte di me. Toglietemi tutto, ma non la mia cicca. E se pensate che sia un'esagerazione, ascoltate Richie Ramone, il miglior batterista della band tra i tanti che si sono alternati allo strumento: in un'intervista per il film documentario

End Of The Century, ha detto che per non rinunciare a fumare nemmeno sotto la doccia, Dee Dee aveva fatto modificare i tubi dell'acqua in modo che potesse lavarsi senza spegnere la sigaretta.

♪♪♪

073 • UN VERO UOMO

Arizona, un posto qualunque, una città qualunque, perché in Arizona tutte le città si assomigliano. Roger Waters e David Gilmour stanno scherzando tra loro. Siamo nella fase in cui i Pink Floyd si divertono ancora, siamo negli anni Settanta, i demoni di *The Wall* sono lontani a venire, gli spettri della separazione distanti anni luce.

Waters sta sfottendo Gilmour.

"Secondo me non sei un vero uomo."

"Ah, e lo saresti tu?", risponde Gilmour.

"Lascia perdere, stiamo parlando di te. Tu non sei un vero uomo, lo so."

"E come fai a saperlo?"

Waters attende un attimo prima di parlare, poi piazza l'affondo.

"Vedi quel ristorante laggiù?"

"Sì, lo vedo."

"Quello pieno di gente che non riesci nemmeno a entrare."

"Ti ho detto che lo vedo."

Waters lo sfida. "Scommetto che non hai il coraggio di entrare con la moto nel ristorante. Passando dalla vetrina."

Altra pausa a effetto. Poi Waters aggiunge: "Se lo fai, ti do un pacco di soldi".

Altra pausa a effetto. "Ma non lo farai. Non sei un vero uomo."

David Gilmour sale sulla sua Harley Davidson, la accende e punta alla vetrina. La sfascia, provocando urla e terrore.

Scende.

Quando il proprietario del ristorante gli urla: "Ma cos'ha fatto?", lui risponde tranquillo: "L'uomo".

♪♪♪

074 • NELLE MUTANDINE

Nella leggendaria estate del 1969, mentre lo spirito di Woodstock si diffondeva sull'America, Steven Tyler e gli altri membri della sua band

William Proud dividevano una casa a Southampton, Long Island. Il divertimento era assicurato, anche perché insieme ai musicisti vivevano una coppia di gay e due lesbiche, che si intrufolavano spesso nella camera di Steven.

Dopo un mese, però, Tyler, che all'epoca suonava ancora la batteria, fu imprigionato dalla depressione. Il divertimento era una bella cosa, ma lui era lì per fare rock and roll, non per farsi di speed. Almeno, non solo per quello.

In un giorno in cui la disperazione era più forte che mai, mise due magliette dentro uno zaino, lasciò il resto nella sua stanza e uscì in strada. Autostop, destinazione New Hampshire. Il primo passaggio gli fu dato da un uomo senza denti che guidava un trattore e che gli raccontò il suo progetto: essere cremato e dire a suo figlio di spargere le ceneri sulla spiaggia, così il vento gli avrebbe consentito di entrare nelle mutandine delle donne anche dopo morto. Tyler pensò che non era necessario suonare in una rock band per essere fuori di testa.

♪♪♪

075 • A COSA SERVE UNA PUTTANA SE CI SONO QUI IO?

"Ehi, Jim, credimi, potrebbe funzionare."

Paul Rothchild, produttore del secondo album dei Doors, *Strange Days*, aveva avuto un'idea. Jim Morrison cantava come un dio, anzi come un dio eccitato, ma per raggiungere la perfezione serviva una puttana.

Paul vedeva così la scena: Jim a terra e una ragazza nuda che strusciava il suo corpo contro il suo. Quando il membro di Jim era duro abbastanza, avrebbe dovuto cominciare a cantare. Il risultato, Paul ne era assolutamente certo, avrebbe catturato alla perfezione la lussuria e la dannazione.

Jim era interessato all'idea.

"Perché no, Paul?"

Ma ecco che interviene Pamela, la fidanzata di Jim Morrison.

"A cosa serve una puttana se ci sono qui io?"

Si spoglia nuda, entra in studio e si inginocchia davanti a Jim, sbottona i pantaloni di pelle sotto i quali Jim era abituato a portare nulla.

Paul Rothchild rimane nell'altra stanza.

"Jim, dimmi tu quando devo iniziare a registrare."

"Pochi secondi, Paul. Te lo dico io."

Una ventina di minuti dopo, Jim esce con lo sguardo rabbuiato.

Paul si stringe nelle spalle e con saggezza dice: "Jim, non sempre funziona".

♪♪♪

076 • IO PISCIO

Brian Eno lo desiderava da sempre, ma non sapeva come farlo. Gli piaceva quell'opera e quello che voleva fare non doveva essere interpretato come segno di dileggio o disprezzo, tutt'altro, era un modo, il suo modo, per lasciare il suo marchio sulla storia.

Ma andiamo per ordine. L'opera si chiamava *Fountain*, era stata realizzata da Marcel Duchamp e faceva discutere. Si trattava infatti di un orinatoio di porcellana, che veniva esposto in tutti i musei del mondo. Brian Eno voleva pisciarci dentro (cos'altro si può fare in un orinatoio?), ma non sapeva come fare, anche perché, ogni volta che lo vedeva esposto, notava che era sempre più protetto e quasi inavvicinabile.

Brian Eno prese la decisione. L'avrebbe fatto al MoMa, il Museum of Modern Art di New York. Sapeva di avere poco tempo e quindi non poteva rischiare di arrivare sul posto e non avere lo stimolo giusto, così la fece prima dentro un piccolo contenitore collegato a una pipetta. Poi lo nascose in tasca e si avviò al museo. Si piazzò proprio davanti all'opera e fece quel che aveva in mente di fare. I dettagli dell'operazione li ha raccontati in un libro scritto sotto forma di diario. Quel che conta è che Brian Eno ha pisciato su un'opera d'arte famosa nel mondo, anzi dentro.

Stranezze? Certo. Eno non è un uomo normale. Una volta disse che aveva deciso di lasciare i Roxy Music durante un concerto, quando, anziché pensare al brano che stava suonando, si era scoperto a pensare ai vestiti da portare in lavanderia.

♪♪♪

077 • PIOGGIA DORATA

Siamo al tramonto degli anni Settanta. David Lee Roth è il frontman dei Van Halen, mastica e sputa heavy metal come fosse gomma da masticare. Gli piacciono le ragazze, gli eccessi e il senso di onnipotenza che ti dà il rock and roll. Ti avvicina a Dio, perché tutto quello che vuoi ti viene dato, per ogni cosa che chiedi ci sono mille persone pronte a soddisfarti.

A volte, David si stufa di essere considerato una divinità ed è allora che esce con gli amici, quelli che lo conoscevano quando era semplicemente David, prima di diventare David Lee Roth.

Questo amico gli chiede di accompagnarlo in un famoso locale sadomaso newyorkese. David accetta, anche se non gli va tanto di farsi vedere in giro, troppo a contatto con la gente. Perché la gente lo ama, ma non si sa mai.

La serata scorre liscia, a un certo punto David si alza per andare in bagno. Entra. Accende la luce, ma la luce non si accende. Evidentemente la lampadina è bruciata.

Vabbe', poco male, pensa David.

Si tira giù la lampo e fa quello che si fa in un bagno.

Fino a quando sente una voce in basso che dice: "Un po' più a sinistra, per favore".

♪♪♪

078 • IL MIO AMICO SLEEPY

Copenaghen, concerto dei Green Day agli inizi di carriera, in una casa occupata che festeggiava i dieci anni di barricate. Billie Joe Armstrong è sconvolto da tutta quell'eccitazione. Sul palco, non lontano da lui, ci sono addirittura due ragazzi che stanno scopando.

Il concerto finisce, è tempo di bere qualcosa. Si avvicina un ragazzo. "Ehi, se non sapete dove andare a dormire, potete stare da me. Così vi faccio conoscere il mio amico Sleepy."

I Green Day sono stanchi morti e non vedono l'ora di trovare un posto dove crollare, così accettano.

Vanno nell'appartamento di questo ragazzo e si buttano sul pavimento.

Cercano di addormentarsi, ma arriva il ragazzo con un barattolo in mano.

"Ehi, ragazzi, vi presento il mio amico Sleepy."

I Green Day aprono gli occhi, poi li richiudono, poi li aprono di nuovo. Non credono a quello che vedono.

Dentro quel barattolo trasparente c'è la testa di un uomo sotto spirito.

Il ragazzo è eccitato: "Me l'ha regalato un amico per il mio compleanno. L'ha rubato in un laboratorio. Bello, no?".

♪♪♪

079 • BELLA BELINDA

Intervista a Belinda Carlisle delle Go-Go's. Entra un giornalista tedesco. Ha una lieve balbuzie ed è nervoso perché deve incontrare la sua dea.

La prima domanda esce come non era previsto uscisse. Suoni strani, incomprensibili.

Il giornalista va nel panico, il suo imbarazzo cresce, rotea gli occhi per la frustrazione, annaspa come a cercare l'aria o, meglio, le parole.

Belinda Carlisle prima lo guarda e poi giunge alla sua conclusione, purtroppo sbagliata: quest'uomo è epilettico e sta avendo un attacco. Si lancia su di lui come una lottatrice, lo butta a terra, gli tiene aperta la bocca e tira fuori la lingua per non farlo soffocare. Il giornalista non capisce, poi, a fatica, finalmente si spiega, nell'imbarazzo generale.

Belinda si risiede e balbetta qualche scusa. Sì, balbetta. Ora ridono tutti. Finalmente.

♪♪♪

080 • L'EPILESSIA DI IAN CURTIS

Ian Curtis li chiamava "ritorni di fiamma", ma non avevano niente a che vedere con questioni sentimentali. Erano attacchi improvvisi durante i quali il leader dei Joy Division provava la sensazione di fluttuare, di uscire dal suo corpo. Si manifestavano prima con forti convulsioni e poi smarrimenti che potevano anche culminare nella perdita dei sensi. Come quella volta a Park Green, in un locale vicino alla biblioteca di Macclesfield. Ian aveva fissato a lungo le luci stroboscopiche e poi era caduto a pera. I Joy Division non erano ancora famosi e Ian era stato trascinato via per i piedi e lasciato da solo in una minuscola stanza che chiamavano camerino. Ian era convinto che fossero effetti tardivi dell'assunzione di droghe, ecco perché li chiamava ritorni di fiamma. Pensava che, per qualche ragione, non riuscisse a smaltire per intero la droga, i cui rimasugli rispuntavano all'improvviso.

Ancora non sapeva che erano attacchi epilettici.

Lo scoprì il 27 dicembre 1978. I Joy Division dovevano esordire a Londra, all'Hope and Anchor. Bernard Sumner aveva una forte influenza e fu caricato in macchina infagottato in un sacco a pelo. Il concerto fu una delusione: il locale era poco più di un buco e il pubblico scarso e poco partecipe. Sulla via del ritorno, Ian si abbandonò alle sue amarezze, arrivando a sostenere che la sua storia con i Joy Division era al capolinea, poi cominciò a diventare aggressivo. Strattonò il sacco a pelo di Bernard e cercò di tenerlo per sé. Sumner, febbricitante, reagì violentemente e ne nacque una zuffa in macchina. Ebbe la meglio Ian, che si strinse il sacco a pelo al collo lasciando Sumner al freddo. Poi, all'improvviso, arrivò l'attacco epilettico. Ian Curtis cominciò a tremare, in preda a convulsioni, agitando i pugni come a colpire un nemico immaginario. Steven Morris accostò la macchina e poi, quando capì che non era una sceneggiata, ripartì verso l'ospedale di Luton and Dunstable, dove i medici dissero a Ian Curtis che insieme al male di vivere, aveva anche quella sindrome che si chiama epilessia.

♪♪♪

081 • LE MESTRUAZIONI DELLA FOXY LADY

Jimi Hendrix è abituato a salire tardi sul palco. È sempre andata così. Ti dicono un'ora e poi finisci che sali sul palco il giorno seguente. Come a Woodstock, quando è stato costretto a esibirsi alle 8.40 del mattino. Sono i favolosi anni Sessanta, baby. Ma stavolta è diverso. Intanto perché siamo nel decennio successivo e poi perché è Jimi ad aver sbagliato i tempi. Ma andiamo con ordine.

È il 27 gennaio 1970, siamo al Madison Square Garden di New York, a un benefit intitolato Winter Festival for Peace. Ci sono dodici artisti diversi ad alternarsi sul palco. Il momento di Jimi sembra non arrivare mai. Quando arriva, e sono le tre del mattino, Hendrix si regge a malapena in piedi. Ha assunto troppo Lsd. Conquista a fatica il centro del palco. Chiede al pubblico se vuole dei fiori, poi parlotta con i musicisti. Attacca *Who Knows*. Alla fine del brano, dalle prime file arriva un grido che è una richiesta: *Foxy Lady*. Hendrix dice: "La Foxy Lady è seduta proprio lì con le sue mutandine gialle...". La folla ruggisce entusiasta, ma poi ammutolisce disgustata quando Jimi aggiunge: "... sporche e macchiate di sangue", riferendosi alle mestruazioni della Foxy Lady che hanno fatto cambiare colore alla sua biancheria intima.

Hendrix attacca una versione rabberciata di *Earth Blues*, poi si ferma. Dice: “Questo è quello che accade quando la terra scopa con lo spazio. Tenetelo bene a mente”. Quindi abbandona il palco.

E dire che sono passate solo poche settimane da quel leggendario concerto al Fillmore East con relativo album che ha santificato l’esistenza della Band of Gypsys. Jimi scioglierà immediatamente il gruppo dopo questo concerto che è anche il concerto più breve della storia del rock. Due soli brani.

♪♪♪

082 • MISS TETTE E MISS MOSTRO

Era stata la prima ragazza dell’università del Texas a non indossare il reggiseno. Tutti lo conoscevano piuttosto bene il suo seno, proprio perché si intravedeva alla grande. E lei ci teneva, ci teneva molto. Moltissimo. Non era bella, Janis Joplin, nemmeno quando andava al college. Però voleva essere accettata. Va bene, beveva, fumava, si vestiva in modo strano, parlava peggio di un camionista texano e non portava il reggiseno. Ma tutto quello che chiedeva era di essere accettata e amata. E se per farlo doveva concedersi un po’, l’avrebbe fatto.

Quando si sparse la voce che la confraternita più nota del college avrebbe organizzato due concorsi, Miss Tette e Mister Mostro, la ragazza con il seno più bello e il ragazzo più brutto e disgustoso, Janis ne fu felice. Lei, che con i suoi capezzoli qualche anno dopo avrebbe incantato Monterey, aveva ottime possibilità di vincere. I nomi dei candidati li avrebbero scritti su un grosso cartellone, sistemato bene in vista all’interno dell’università. Non solo. Il concorso fu pubblicizzato anche sui giornali, compreso il “Daily Texan”. A Port Arthur, che è un posto così brutto e anonimo che persino il buco di culo del mondo sembrerebbe un gioiello, a Port Arthur non si parlava che di quei concorsi. Janis non vedeva l’ora che uscissero i nomi, anche se poteva stare tranquilla. Ci sei anche tu, Janis, le aveva detto uno dei ragazzi della confraternita. E lei era felice, anche perché quel tizio lì non le era mai stato molto simpatico. Per cui, se lo diceva lui che era un po’ stronzetto, poteva davvero dormire tra due guanciali. Quando Janis Joplin andò a vedere il cartellone con i nomi ebbe la conferma che il ragazzo non aveva mentito. Ma non ne fu felice. Perché Janis era stata iscritta come finalista al concorso di Mister Mostro, a gareggiare per il titolo di ragazzo più brutto dell’università.

♪♪♪

083 • SHIT IN THE SHOES

John Bonham era strano. Quando era lui a comandare gli eccessi, non si curava di niente e di nessuno, ma quando aveva sonno... Be', quella notte aveva sonno. E i rumori che sentiva provenire dalla stanza a fianco, quella in cui alloggiava il gigantesco manager dei Led Zeppelin Peter Grant, gli impedivano di dormire. Li conosceva bene quei gemiti tipici della scopata, quelle urla di piacere, quei rumori che gli sembravano di sculacciate. Li aveva sperimentati tante volte lui stesso, ma ora, ve l'ho detto, aveva sonno.

Così, Bonham uscì per andare a bussare alla porta di Grant, magari per buttarla giù a calci. Prima di farlo, però, notò due cose rosse davanti alla porta. Erano due scarpe da donna. Tacco altissimo. Bonzo si ricordò di quella volta che, annoiato dalla fidanzata giapponese di Jimmy Page, le aveva sottratto la borsetta e poi pisciato dentro. Questa volta poteva fare di meglio, anzi di più. Un altro tipo di bisogni corporali.

Bonzo si avvicinò alle scarpe e fece quel che aveva in mente, poi tornò a dormire. Era il 1971, durante il tour degli Stati Uniti.

L'indomani, al termine del concerto dei Led Zeppelin, Bonham vide procedere verso di lui una ragazza bellissima, che camminava a fianco di Peter Grant.

Quando furono vicini vicini, lei disse: "Ehi, io sono quella a cui hai cagato nelle scarpe! Grazie per aver reso la mia notte ancora più indimenticabile".

♪♪♪

084 • CHARLIE

Nel 1978 Neil Young comprò una casa a Topanga, un luogo meraviglioso sulle colline di Santa Monica che si affaccia su un delizioso canyon. Non lontano da lui, proprio in cima a Fernwood Pacific, c'era una casa molto più piccola, abitata da Billy Talbot, uno dei membri dei Crazy Horse, la band di Neil. Nella stanza del figlio Chris, proprio sopra al suo lettino, c'era un orribile dipinto sul muro che i vecchi inquilini avevano lasciato in eredità: non era solo brutto, era anche inquietante e Neil si chiese come potesse un bambino dormire sereno sotto un affresco del genere.

In quel periodo, Neil Young frequentava piuttosto assiduamente Dennis Wilson dei Beach Boys, che viveva sul Sunset Boulevard in una gigantesca villa con enorme piscina.

Un giorno, sono lì che suonano la chitarra, quando arriva un tale di nome Charlie. Prende la chitarra dalle mani di Neil e comincia lui a suonare. Dice che ha scritto un sacco di canzoni. "Ti va se te ne faccio sentire qualcuna?"

"Certo", dice Neil, "perché no?"

Charlie comincia a suonare.

Neil è impressionato. Quel tizio gli ricorda Dylan, con la differenza che sembra difficile intravederci un messaggio. Però, indiscutibilmente, quel tizio è bravo forte. Così bravo che Neil Young decide di parlarne a Mo Ostin della Reprise, la sua casa discografica.

"Ehi Mo, dovresti sentirlo, davvero."

Ostin si fa dire il nome, poi scuote la testa: "Se n'è già occupato Terry Melcher *(uno dei produttori più noti dell'epoca, n.d.a.)* e ha detto che è meglio lasciar perdere".

Neil Young insiste: "Sicuro si tratti della stessa persona?".

Ostin risponde: "Sicurissimo. È quello che ha fatto quell'orribile dipinto a casa di Billy. È lui. Manson. Charles Manson".

Charlie.

♪♪♪

085 • KEITH, MICK E BIANCA

Keith Moon aveva voglia di fare un giro sulla sua Rolls Royce. Chiamò l'autista, si spogliò completamente nudo, si sedette sul cofano e poi disse all'autista: "Vai, amico". L'autista non chiese nemmeno dove. Era abituato alle follie del batterista degli Who. Girarono per i distretti di Londra, per fortuna senza incontrare mai un poliziotto. Poi, Keith fece segno all'autista di fermare davanti a un club della zona ovest della città. Scese, infilò un paio di mutande ed entrò nel locale, dove sapeva si trovavano Mick e Bianca Jagger. Arrivò davanti a loro, si abbassò le mutande e sorrise.

Mick Jagger non si scompose: "Keith, ti fermi un po' con noi?".

Moon rispose: "No, grazie, devo andare a fare un giro in macchina".

♪♪♪

086 • PISTOLE E WAL-MART

Strano Paese, l'America.

Chiedete conferma a Robert James Ritchie, meglio conosciuto come Kid Rock, ex marito di Pamela Anderson, rapper e rocker, nonché autore di quella *All Summer Long* che rimanda a un'innocenza antica e quasi del tutto perduta, con abbondante citazione interna di *Sweet Home Alabama*. La base è infatti la stessa dei Lynyrd Skynyrd, mentre l'arrangiamento ricorda *Werewolves Of London* di Warren Zevon.

Siamo nel 2010 e sta per uscire *Born Free*. Kid Rock sta lavorando alla copertina. "Qui metterei due pistole."

La casa discografica non ha nulla da obiettare. "Fai pure come vuoi."

"Allora vada per due."

Qualche giorno dopo gli arriva una telefonata.

"Senti, quelli della Wal-Mart dicono che se metti delle pistole in copertina non ti distribuiscono il disco."

La Wal-Mart è una gigantesca catena di negozi al dettaglio, la più grande al mondo, fondata da Sam Walton nel 1962 e che nel 2010 era la prima multinazionale al mondo per fatturato e numero di dipendenti. È anche il luogo dove per sei settimane va a vivere Natalie Portman nel film *Qui, dove batte il cuore*.

Kid Rock non crede alle sue orecchie.

"E perché mai rifiuterebbero di distribuire il mio disco?"

"Be', sai com'è, le pistole in copertina, in un momento come questo..."

E Kid Rock: "Ma come, Wal-Mart *vende* pistole e io non posso metterne due in copertina? Cioè, chiunque può andare da loro e comprare un fucile a canne mozze ma non può acquistare un disco con due pistole in copertina?".

Strano Paese, l'America.

Comunque Kid Rock decide di non mettere due pistole sulla copertina di *Born Free*. Ne mette molte di più. Alla faccia della Wal-Mart.

♪♪♪

087 • UNA PERSONA PERBENE?

Alba degli anni Ottanta. Siamo in Germania. Ristorante esclusivo. I discografici di Ozzy Osbourne stanno attendendo l'artista. Hanno molte aspettative su di lui, i fan tedeschi dei Black Sabbath sono moltissimi e i discografici sono sicuri che seguiranno il loro Ozzy anche adesso che si è imbarcato in una carriera solista. Ecco che arriva, vestito di nero, come sempre. I capelli lunghi e spazzati dal disordine, come sempre.

Ozzy sorride, stringe le mani ai discografici, si siede, comincia ad ascoltare. Quando è il suo turno, si limita a poche parole: "Mi spiace che sia finita la storia con i Sabbath, ma eravamo arrivati a un punto in cui nessuno di noi pensava più alla musica. Anche per colpa mia. Ogni singolo giorno ero fatto o ubriaco. Ora è tutto diverso".

I discografici sorridono. Il presidente si alza in piedi e gli offre la mano: "Ozzy, siamo orgogliosi che tu sia con noi e che tu sia una persona perbene".

Ozzy si alza, gli si accende qualcosa negli occhi, bacia sulla bocca il discografico, salta sul tavolo imbandito, si sbottona i pantaloni e svuota la vescica in una caraffa di vino.

Ehi, amico, deve aver pensato, va bene tutto ma io una persona perbene?

♪♪♪

088 • NON È MICK JAGGER

Due groupies vanno a letto con Brian Jones.

Escono dalla sua stanza d'albergo e commentano: "È stato grande. Ma non è Mick Jagger".

Qualche ora dopo le due intraprendenti ragazze si concedono a Keith Richards. Si rivestono, si guardano e dicono: "È stato grande. Ma non è Mick Jagger".

Alcuni giorni più tardi, finalmente, le due groupies, bellissime, riescono a entrare in contatto con l'oggetto dei loro desideri, Mick Jagger. Lui, senza tanti preamboli, se le porta a letto. Dopo un lungo rapporto a tre, le due dicono a una sola voce: "È stato grande. Ma non è Mick Jagger".

Incontentabili.

♪♪♪

089 • AVANTI, ASINO

Quel portiere d'albergo non gli piace. Non capisce nulla. Bisognerebbe fargliela pagare, ma come? Johnny Cash ci pensa un po' su, poi ha un'idea. Il motel ha stanze dislocate su due piani, basta sceglierne una al pianterreno. Va dal portiere del motel. Chiede una stanza per un mese. Pagamento anticipato. Un mese in contanti. Sull'unghia.

Arrivederci e grazie.

Grazie un cazzo, pensa Cash. Ora ti faccio vedere io.

Notte fonda. Il portiere dorme. Come in tutti i motel di questo mondo.

Johnny Cash arriva con il suo furgone, da cui fa scendere un asino. Lo tira con la corda fino alla porta della sua stanza, poi torna sul furgone e prende una gigantesca palla di fieno. Saluta asino e fieno, chiude la porta, mette sulla maniglia il cartello "Non disturbare" e va via.

Un mese intero. Immaginatevi la faccia del portiere quando un mese dopo ha aperto la stanza.

♪♪♪

090 • INTERVISTA SENZA VELI

In quel momento Eric Wilson, giornalista di costume del "New York Times", pensò che non era preparato a un inizio così. Courtney Love, l'artista che doveva intervistare, era appena entrata in stanza completamente nuda, sottobraccio a Anselm Kiefer, un artista tedesco neoespressionista, qualsiasi cosa questa definizione significhi.

Eric Wilson era incapace di muoversi, come paralizzato. Courtney, con la voce impastata, domandò: "Mi puoi aiutare?". Kiefer, credendo si rivolgesse a lui rispose immediatamente: "Certo, Courtney".

Lei disse: "No, non tu". E si diresse verso Eric Wilson.

Courtney voleva che il giornalista la aiutasse a calzare degli stivaletti con il tacco a spillo che si chiudevano dietro con una cerniera e davanti con delle sottili stringhe.

Dopo aver completato l'operazione, Courtney cercò di mettersi il rossetto il più possibile vicino alla bocca, raccattò un paio di culotte da 4.000 dollari, infilò un trench che si guardò bene dal chiudere e scese così, praticamente nuda, nella hall del Mercer Hotel di New York.

Eric Wilson pensò che quella era l'intervista più difficile della sua vita. Ma anche una delle più belle.

♪♪♪

091 • UN RICORDINO SUL LETTO

Joe Strummer è stanco morto. Questo Anarchy Tour che i Clash stanno portando avanti con i Sex Pistols è una meraviglia, ma è davvero estenuante. Anche perché si beve come spugne, a volte anche prima di salire sul palco. Come a Cleethorpes, quando Paul Simonon, dopo aver trangugiato di tutto per ore e ore con Steve Jones e Paul Cook, era salito sul palco barcollando e, dopo la prima nota, era andato a sbattere contro l'amplificatore del basso.

Adesso è notte fonda e la carovana è arrivata a Bristol. Check-in in un bed and breakfast, non proprio il massimo della vita. È la stessa cosa che devono aver pensato anche i manager di Clash e Sex Pistols, Bernie Rhodes e Malcolm McLaren, che, dopo mezz'ora, decidono di spostare tutti all'Holiday Inn.

Peccato che si dimentichino di avvertire il cantante dei Clash, che nel frattempo si è addormentato come un sasso.

Quando si sveglia, ore dopo, il bed and breakfast è deserto.

Quando capisce finalmente cosa sia successo, si sposta all'Holiday Inn.

E non crede a quello che vede.

Musicisti e *roadies*, ubriachi persi, sono ai bordi della piscina, cantano e vomitano. Il produttore e ingegnere del suono Micky Foote, il più ubriaco di tutti, decide che è arrivato il momento di tuffarsi. Gli urlano di non farlo, perché l'acqua è troppo bassa, ma non li ascolta.

Si tuffa. Di testa. E se la spacca. Lo portano via, subito, in ospedale.

Joe Strummer va a cercare Bernie Rhodes, il manager. La porta della stanza è aperta, ma lui non c'è.

In compenso c'è qualcosa sul letto. È una merda, il risultato di un bisogno corporale. Un ricordino lasciato da un roadie che pensava di fare una cosa divertente.

Molto meno divertito era Bernie, che scese di corsa nella hall urlando: "Chi ha cagato nel mio letto?".

♪♪♪

092 • UN PHON CON LA SORPRESA

Mike Patton è un grande. Ha sposato un'artista italiana, Titi Zuccatosta, che ha un cognome così bello che sembra inventato. Ha vissuto a

Bologna per un certo periodo. Parla bene la nostra lingua e una volta ha risposto alle domande in inglese di Lucas H. Gordon in perfetto italiano. Ha la mano destra insensibile dopo un incidente avvenuto sul palco con i Faith No More quando erano appena al loro terzo show.

Più di tutto, Mike Patton è un vero rocker. Nella musica e nello stile di vita. Perché il rock è qualcosa di più di un suono. E soprattutto non conosce censure né limiti, giusto o sbagliato che sia.

Una volta, durante un tour con i Faith No More, Mike Patton andò in bagno, cagò, prese i risultati del suo sforzo e ne fece una palla, poi la infilò nell'asciugacapelli, fece il check out e se ne andò via felice e soddisfatto pensando al prossimo cliente che si sarebbe asciugato i capelli con quel phon.

♪♪♪

093 • LE SEGHE DEGLI AEROSMITH

Gli Aerosmith avevano cinque cose per cui valeva la pena vivere.

Primo: la cocaina. Steven Tyler una volta ha detto di aver sniffato una quantità di coca pari alla quantità di neve che imbianca le montagne del Perù.

Secondo: le donne, come prevedibile quando sei uno dei gruppi rock più popolari al mondo e le groupie impazziscono per accontentare ogni tuo desiderio.

Terzo: il rock, perché è la musica che muove tutto, anche gli altri punti.

Quarto: l'alcol.

Quinto: le seghe. Quelle vere, intendo, non fraintendete. Gli attrezzi che tagliano il legno o altri materiali.

Gli Aerosmith se le portavano sempre dietro, in valigia. Serviva loro per fare a pezzi le camere d'albergo con più precisione. Perché gli Aerosmith erano abituati a fare le cose per bene.

Ecco perché, insieme alle seghe, in valigia mettevano sempre tre o quattro corde molto lunghe e resistenti. Servivano per avvolgerci i televisori della stanza e farli atterrare in piscina con quasi matematica certezza. Perché se ti limitavi a scagliarli dalla finestra, magari non riuscivi a centrare bene l'acqua.

Ve l'ho detto che gli Aerosmith erano abituati a fare le cose per bene.

♪♪♪

094 • BLOW JOBS

20 luglio 1994, Wetlands di New York. Vigilia del primo concerto americano degli Oasis.

Liam Gallagher è nella sua stanza d'hotel quando bussano alla porta. Va ad aprire. C'è una ragazza bellissima e giovanissima.

Liam la fa entrare.

Liam si sdraia sul letto e la lascia fare. Lei si toglie le scarpe, sale sul letto, si inginocchia, apre le gambe e comincia a ballare con le mutande all'altezza della faccia di Liam.

"Scrivi tu le *musiche* delle canzoni degli Oasis?"

Liam risponde di no.

La ragazza continua a muoversi. La distanza tra la bocca di Liam e le sue mutande si riduce sempre di più.

"Scrivi tu le *parole* delle canzoni degli Oasis?"

Liam risponde di no.

La ragazza comincia a premere le sue mutande sulla bocca di Liam.

"E chi le scrive?"

Liam riesce a malapena a rispondere: "Mio fratello Noel".

La ragazza si alza, dice Ok, si rimette le scarpe e va a bussare alla porta accanto, dove alloggia Noel Gallagher. Va, come confesserà Liam nella biografia ufficiale, a fargli un pompino. Da allora, Liam comincia a valutare la possibilità di mettersi a scrivere canzoni.

♪♪♪

095 • STIAMO SCOPANDO

Il 31 dicembre 1991 Kurt Cobain si rende conto in modo inequivocabile che i Nirvana sono in cima al mondo. Al Cow Palace di Los Angeles sono tre i gruppi in scena: i Pearl Jam, che accennano i primi accordi di *Smells Like Teen Spirit*, ma poi non vanno oltre, provocando la reazione irritata dei fan dei Nirvana; i Red Hot Chili Peppers, gli headliner, il gruppo di cartello, il primo nome sulle locandine; e i Nirvana. Kurt si rende conto che sono quasi tutti lì per loro. Per quanto ancora meno famosi dei Peppers, sono la moda del momento. Pubblico impazzito. Anche quando si lanciano in una versione irriverente di *Baba O'Riley* degli Who e Cobain urla: "Spero di morire prima di diventare Pete Townshend", parafrasando il verso di *My Generation* che diceva: "Spero di morire prima di diventare vecchio".

Kurt era terrorizzato dall'idea di diventare come lui, uno che era passato da essere un eroe della ribellione Mod ad arrogante e distaccata divinità rock.

Kurt era infastidito anche dalla processione di star del cinema che erano lì a rendergli omaggio in camerino. A parte River Phoenix e Keanu Reeves, gli altri erano per lui noia allo stato puro. Così, quando tornò in albergo, appese alla sua stanza d'hotel un cartello con su scritto: "Niente persone famose, per favore. Io e Courtney stiamo scopando".

♪♪♪

096 • IL TELEVISORE

Alice Cooper. Pazzo come un cavallo imbizzarrito, ma anche dotato di gran senso dell'umorismo. Quella volta che, nei primi anni Settanta, una rivista musicale britannica pubblicò un suo finto necrologio, lui rispose: "Tranquilli, sono vivo. E ubriaco come sempre".

Una sera di qualche anno dopo, Alice Cooper è vivo, ubriaco come sempre. Stanza di hotel. La sua guardia del corpo è fuori. Cooper decide di fargli uno scherzo e di fingersi improvvisamente impazzito, senza rendersi conto che la sua guardia del corpo non avrebbe mai notato la differenza. Comunque sia, decide di scopare il televisore. Alza il volume, si tira giù pantaloni e mutande e comincia a sbattere lo schermo come fosse una donna. È convinto che il volume insopportabilmente alto della tv spingerà la sua guardia del corpo a entrare per vedere cosa succede. Alice Cooper sente qualcuno aprire la porta e pregusta la reazione del suo amico. Comincia a urlare, poi si accascia sul televisore come avesse appena raggiunto l'orgasmo.

Si gira. E vede davanti a lui la donna delle pulizie e un addetto alla sicurezza dell'hotel. La sua guardia del corpo era altrove, sparita chissà dove.

♪♪♪

097 • CORNFLAKES

Niente da fare. L'hotel non solo non permette l'ingresso degli Who nella sala ristorante, ma rifiuta anche il room service. Per colpa di Keith, naturalmente. Pete Townshend, educatamente, fa notare che lui non ha colpe e che vorrebbe solo mangiare una tazza di cornflakes.

Chiede al direttore dell'hotel se può avere una tazza di cornflakes. La risposta è no.

Chiede al direttore dell'hotel se può avere solo i cornflakes. La risposta è no.

Chiede al direttore dell'hotel se può avere solo la tazza. La risposta è no.

Pete Townshend se ne va, sempre educatamente. Esce dall'albergo e va a comprarsi una quantità industriale di cornflakes. Decine di scatole. Poi zucchero e latte. Decine di bottiglie di latte.

Torna nella sua stanza, dove, almeno lì, gli viene ancora consentito l'ingresso, anche se, conoscendo Keith Moon, non si può sapere fino a quando.

Mette il tappo nella vasca da bagno e rovescia scatole su scatole di cornflakes miste a latte e zucchero. Poi, quando la vasca è piena, esce e va a farsi un giro. Quando torna, toglie il tappo per consentire al latte di uscire. La massa di cornflakes, latte e zucchero è notevole, ma non è ancora abbastanza. Townshend ripete l'operazione rovesciando altri cornflakes, altro zucchero, altro latte. Alza la temperatura della stanza al massimo e come tocco finale lavora con l'asciugacapelli.

Il mattino dopo, la vasca da bagno è una gigantesca massa solida, impenetrabile.

Pete Townshend va a fare il check out.

In quella vasca, per un bel po' di tempo non si farà il bagno nessuno.

♪♪♪

098 • IN GINOCCHIO

New Orleans, anno 1978. I Queen decidono di organizzare a spese loro e secondo loro modalità un megaparty costosissimo ed eccentrico che manterrà fede alle promesse e diventerà memorabile. I Queen invitano al New Dreams Fairmount Hotel le loro due case discografiche: la Emi inglese e la Elektra americana. Per non sfigurare una nei confronti dell'altra, entrambe mandano decine di rappresentanti, quindi alla fine, tra discografici, giornalisti provenienti da tutto il mondo e ospiti, ci sono 400 persone. La festa inizia a mezzanotte, l'ora delle streghe e degli eccessi. I Queen hanno pensato a tutto.

Non mancano le follie – nani che corrono per le sale, mangiatori di fuoco, acrobati del monociclo. Non manca la musica – gruppi jazz e band di ottoni si alternano a ballerini zulu. Non manca il sesso, come potrebbe? – splendide ragazze nude lottano nel fango, le spogliarelliste fanno il loro dovere, i travestiti pure.

Non manca neppure il colpo di genio. I Queen conoscono bene i discografici e sanno come conquistarli per sempre. Hanno assoldato due groupies, due meravigliose ragazze. Le hanno sistemate in uno stanzino e hanno chiesto loro di rimanere in ginocchio per tutto il tempo e di soddisfare oralmente i discografici. Brian May ha ricordato quanto era divertente vederli ordinatamente in fila per ricevere il loro pompino.

♪♪♪

099 • PARACADUTISTI

D'accordo, le feste migliori erano quelle dei Queen, non stiamo nemmeno a discutere. Però anche Elton John, quando si metteva di buzzo buono, non era da meno. Leggenda racconta di un party nella sua faraonica villa nelle Home Counties ricca di sorprese ben oltre il riferibile. Mi limito a raccontarvi la conclusione.

Elton preme un bottone piazzato strategicamente sotto il tavolo e magicamente si aprono le tende della parte nord della sala che rivelano un prato all'inglese illuminato a giorno che si estende a perdita d'occhio e al centro un lago sormontato da una luna piena. Gli applausi e le esclamazioni di meraviglia degli invitati vengono presto coperte dal rombo di un aereo. Elton apre le porte e invita tutti all'esterno, in direzione del lago. L'aereo ora è proprio perpendicolare all'acqua ed ecco che si aprono le porte del velivolo, per lasciar cadere alcuni paracadutisti. Gli ospiti impazziscono, ma perdono proprio ogni freno quando si accorgono che attaccato a ogni paracadute c'è un uomo muscoloso e completamente nudo.

♪♪♪

100 • BASTA FESTE A CASA MIA

Eric Burdon non aveva paura. Viveva a Bel Air, dove il 9 agosto 1969 Sharon Tate e i suoi amici erano stati uccisi dalle Bestie di Satana di Charles Manson. Era passato meno di un anno e lui continuava a vivere lì, in quella grande villa sulle colline di Los Angeles, non lontana da quella del massacro, insieme ai suoi musicisti, i sette componenti dei War. Una comune, o qualcosa che ci assomigliava. Jim Morrison andava a trovarlo spesso, senza mai essere stato invitato, e si stonava così tanto che non riusciva poi a trovare la via di casa. Si abbrutiva di additivi, provocava qualcuno per poter fare a botte con lui e quindi crollava nella sala d'ingresso, lui e le sue amiche, stonate come e peggio di lui.

Eric Burdon era stanco di quella situazione. Così un giorno disse a se stesso che era ora di farla finita. Non con Jim, ma con Jim a casa sua. Estrasse dal cassetto la sua 44 Magnum, ci infilò dentro un proiettile, uno solo e andò a svegliare il Re Lucertola. Le amiche dormivano una addosso all'altra, Jim poco distante. Eric superò due corpi addormentati sul pavimento di marmo, alzò gli occhi al soffitto e puntò il gigantesco lampadario che pendeva dall'alto. In quel momento un paio di ragazze aprirono gli occhi e si spaventarono. Si svegliò anche Jim Morrison, che valutò la situazione e poi disse: "Tranquille, non lo farà mai".

Eric Burdon sorrise. E pensò che Jim Morrison proprio non lo conosceva. Perché uno che conosceva Eric Burdon non avrebbe mai detto una simile cazzata.

Jim Morrison interpretò quel sorriso come una conferma alle sue parole e disse di nuovo: "Cosa vi ho detto? Non lo farà mai".

Eric Burdon sparò con la sua 44 Magnum e colpì in pieno il lampadario, che cadde fragorosamente sui corpi di Jim Morrison e delle sue amiche.

Jim Morrison non andò più a fare visita a Eric Burdon.

♪♪♪

101 • TUTTI AL BUIO

Si chiamava "International Times", ma per tutti era "IT", primo giornale underground mai pubblicato in Europa. Fu lanciato il 14 ottobre 1966 al Roundhouse di Londra in un rave party memorabile che è entrato nella leggenda. Gli organizzatori lo presentarono come uno dei due eventi più rivoluzionari nella storia della musica e del pensiero britannico, ma omisero quale fosse l'altro. Il Roundhouse era di per sé una meraviglia: un enorme edificio vittoriano circolare, sito in Camden Town, dove in passato si trovavano gli ingranaggi per far salire i treni a vapore su per la collina di King's Cross. Tutti aspettavano quell'evento, tanto che due ore prima dell'inizio c'erano già 2.500 persone in coda.

Nonostante l'assenza di riscaldamento e il freddo pungente, fu indetto il premio per l'abito corto più nudo, che fu vinto da Marianne Faithfull grazie a un microvestito da suora che non arrivava nemmeno a coprirle il sedere. Paul McCartney arrivò vestito da arabo. Monica Vitti e Michelangelo Antonioni dicevano a tutti che sembrava di essere nel paese delle meraviglie. Yoko Ono fece spegnere le luci e invitò tutti a girare per il locale e toccare il corpo delle persone contro cui andavano a sbattere e riuscì a contrabbandare questa iniziativa come momento artistico importante. Al centro della sala c'era una montagna di marmellata che non si poteva toccare fino a mezzanotte. Sul palco, una moto sempre accesa, con un microfono collegato con la testa del cilindro per avere più rumore.

I Soft Machine suonarono per la prima volta nella loro carriera. Tra un pezzo e l'altro uno di loro saliva sulla moto e scarrozzava le ragazze in giro per il locale. Poi, il gran finale con i Pink Floyd, il cui spettacolo di luci però necessitava di più watt di quanti il Roundhouse ne avesse a disposizione, così fecero saltare la luce nell'intero edificio, lasciando la festa al buio. Poco male. Raccontano le cronache che tutti tornarono all'importante momento artistico invocato da Yoko Ono. Tutti a toccare tutti. In fondo, i Pink Floyd non erano ancora così famosi.

♪♪♪

102 • JOHN LENNON E ALLEN GINSBERG

Le due coppie di Scarafaggi – John Lennon e la sua prima moglie Cynthia, George Harrison e Patty Boyd – avevano accettato con piacere l'invito di Allen Ginsberg a partecipare alla festa per il suo trentanovesimo compleanno, in un appartamento di Chester Square. Amavano il profeta della Beat Generation, quello dell'*Urlo*: "Ho visto le migliori menti della mia generazione / distrutte dalla pazzia, affamate, nude isteriche / trascinarsi per strade di negri all'alba in cerca di droga rabbiosa". Non solo: Ginsberg era stato anche molto carino e disponibile quando era intervenuto a un incontro privato tra i Beatles e Dylan e aveva rotto il ghiaccio, favorendo l'interazione tra lo scontroso Bob e i timidi quattro.

I due Beatles e le loro compagne arrivarono tardi, a festa già quasi finita. Trovarono Ginsberg completamente nudo, con un paio di mutande in testa e con attaccato al suo membro un cartello di quelli da hotel che diceva: "Non disturbare". Secondo un'altra ricostruzione il cartello diceva invece: "No waiting", o forse i cartelli erano due.

Quel che è certo è che George e John erano piuttosto preoccupati, terrorizzati dal possibile arrivo di un fotografo. Rimasero giusto il tempo di un drink, poi decisero di andare. Ginsberg si mostrò seccato e deluso: "Perché ve ne andate così presto?", chiese. E Lennon: "Non così, non davanti a tutti".

Qualche anno dopo lui e Yoko avrebbero accolto nudi i giornalisti in un hotel di Amsterdam e nudi sarebbero apparsi sulla copertina di *Two Virgins*.

♪♪♪

103 • PLASTER CASTER

La colpa è del suo insegnante, questo è chiaro. Quella mattina al college, il docente di Cynthia Albritton aveva assegnato un compito a casa che avrebbe cambiato la vita non solo a lei, Cynthia, ma anche a Dianne e Marilyn. Quell'insegnante aveva chiesto a tutti gli alunni di modellare qualcosa di solido che potesse mantenere la sua forma negli anni. Cynthia, che era una grande amante del rock e delle rockstar, aveva riflettuto a lungo: qual è la cosa solida che mi piacerebbe modellare con cura? E allora aveva pensato proprio a quello, a un membro in erezione, al cazzo di una rockstar.

Le sue amiche le avevano detto che era pazza e la stessa reazione l'aveva avuta Paul Revere, il primo musicista a cui aveva chiesto di sottoporsi al trattamento. Era di passaggio a Chicago con il Dick Clark Caravan of Stars, un carrozzone ambulante che radunava molte stelle del rock sotto la guida di uno dei più famosi deejay dell'epoca. Paul Revere aveva riso, ma poi si era lanciato su di lei come un pesce palla. Niente calco in gesso, ma Cynthia aveva perso la verginità con una rockstar e questa cosa le era parsa un segno del destino.

Con le amiche Dianne e Marilyn aveva messo su le Plaster Caster. Una di loro si occupava di far raggiungere l'erezione al modello mentre l'altra preparava lo stampo, la terza modellava. Quel che si dice un'organizzazione perfetta.

La prima star planetaria a offrire il suo attributo virile fu Jimi Hendrix, mica cazzi. Poi vennero Frank Zappa e mille altri.

A Cynthia i Kiss dedicarono la canzone *Plaster Caster* e anche qualcosa di più.

♪♪♪

104 • QUEL BUCO NEL MURO DI BRIAN WILSON

Brian Wilson non era soddisfatto.

Mancava qualcosa in quel muro.

Un arazzo? No. Troppo astratto.

Un quadro? No. Troppo concreto.

Una fotografia, magari di lui con i suoi Beach Boys? No. Troppo celebrativo.

Un orologio? No. Troppo pericoloso. I compositori devono perdersi e non avere troppi riferimenti.

Un buco. Ecco cosa manca. Un bel buco.

Quando Brian Wilson lo disse a sua moglie, lei reagì tutto sommato bene. Era abituata a stranezze peggiori. Poi si lasciò cadere sul divano. Brian le aveva appena detto a cosa serviva quel buco nel muro del salone di casa: lui avrebbe prima bussato, lei avrebbe azionato dalla stanza attigua un ventilatore e Brian si sarebbe avvicinato al buco con la bocca, per ricevere l'aria del ventilatore.

Folle? Sì, anche perché il ventilatore avrebbe sparato nella bocca di Brian non aria fresca, ma fumo di marijuana.

♪♪♪

105 • COCAINA COME EYELINER

I due sposi Joe Perry e Elyssa Jerret litigavano spesso, e non erano mai litigi normali – una volta lei gli morsicò la faccia fino quasi a staccargli un pezzo di guancia – ma si amavano. E si divertivano. Soprattutto con la droga. Elyssa amava la cocaina, la amava al punto che la usava come eyeliner, come riga sopra agli occhi.

Quel giorno, per festeggiare il primo concerto degli Aerosmith al Madison Square Garden di New York, Joe e Elyssa decisero di procurarsi una forte dose di cocaina. L'avrebbero assunta, smaltita e poi sarebbero partiti per New York. Si fecero così tanto che alle sei del pomeriggio, quindi a poche ore dallo show, erano ancora a Boston. Il manager degli Aerosmith, non vedendoli arrivare, chiamò la suocera di Joe, la mamma di Elyssa. Lei andò a casa loro e li trovò in stato catatonico. Urlò come un'indemoniata, convinta che fossero morti.

Quelli erano gli anni in cui Joe e Steven Tyler venivano chiamati i Toxic Twins, i gemelli tossici, per le loro abitudini agli eccessi.

L'avventura di Perry con gli Aerosmith terminò, anche se solo temporaneamente, quando la moglie di Joe, sempre lei, scagliò una bottiglia di latte contro la moglie di Tom Hamilton, nei camerini di Cleveland, in occasione di un festival dove gli Aerosmith erano headliner su Foreigner, AC/DC e Van Halen.

Era il 1979. Tornerà nella band il 14 febbraio 1984. Con nuovo entusiasmo. E con un'altra moglie.

♪♪♪

106 • EHI, BILL, GUARDA QUANTI RAGNI

Forse è successo allora. Quando il fotografo Gered Mankowitz guarda i provini per la copertina di *Between the Buttons* dei Rolling Stones. Hanno scattato centinaia di foto a Primrose Hill e ora sta guardando i risultati della session. Ma c'è qualcosa che non quadra. Chiama Andrew Loog Oldham, il manager delle Pietre.

"Guarda", gli dice.

"Cosa?"

"Guarda Brian. È come se non ci fosse. Come se non fosse stato lì, l'altra mattina."

È vero, in tutte le foto c'è questo assurdo effetto ottico che fa sembrare la presenza di Brian Jones quasi un fotomontaggio.

Era completamente assente, gli occhi altrove. Brian non era mai stato così, anche quando era in preda ad allucinazioni fortissime. Anche quando diceva a Bill Wyman: "Ehi, Bill, guarda quanti ragni, ci sono anche dei serpenti. Guarda Bill, stanno uscendo dalle fiamme del soffitto". Wyman sapeva che era solo Lsd.

Insomma, Brian Jones c'era sempre anche quando non c'era. Anche quando era fuori di testa, i suoi occhi parlavano. Erano accesi, a volte malati, bruciavano.

Brian era simpaticamente folle. E non aveva paura di nessuno, solo della solitudine. Quando aveva incontrato i Doors alla Factory di Andy Warhol, non gli erano piaciuti. E li aveva mandati affanculo, anche se nel documentario *The Doors Are Open* quella scena la tagliarono.

E quando aveva incontrato Frank Zappa gli aveva ruttato in faccia, proprio a pochi centimetri dal naso, e poi era andato via.

Adesso non c'era più. Era andato troppo oltre.

Forse è successo allora. In quel momento gli Stones hanno deciso che dovevano rinunciare a Brian Jones, anche se senza Brian Jones non sarebbero forse mai diventati gli Stones.

♪♪♪

107 • UNA GIACCA SALVA LA VITA

Mario era un pusher messicano che portava occhiali enormi. Viveva a downtown Los Angeles, divideva l'appartamento con la madre, che passava tutto il tempo a guardare telenovelas nella sua lingua. A Anthony Kiedis piaceva Mario, perché non era uno spacciatore al dettaglio, ma un tramite per grossisti; per questo agli amici poteva fare prezzi ottimi, a patto che dividessero la coca con lui. Se la facevano davanti alla madre, ma Mario diceva di non preoccuparsi, perché era mezza cieca e tutta sorda e forse anche un po' fuori di testa. A Anthony dava più fastidio il fratello di Mario, che era appena uscito di prigione e urlava ogni volta che non riusciva a trovare la vena buona nelle gambe, perché si era bucato così tante volte che era costretto a farsi nelle gambe e non nelle braccia.

Anthony Kiedis e Mario andavano avanti a farsi da tre giorni, quando il cantante dei Red Hot Chili Peppers si ricordò che quella sera doveva andare in Arizona, per un concerto con la band, in una steakhouse disco. Voleva smettere di farsi, ma aveva bisogno di farlo ancora una volta, l'ultima.

Mario non aveva più coca in casa, così uscirono per andare da un altro spacciatore. Mario fu chiaro: "Tu non ci entri là dentro".

Anthony disse ok, perché si fidava di Mario, e gli diede gli ultimi 40 dollari che aveva messo da parte. Poi si sedette sul bordo del marciapiede, con la sua giacca di pelle a mo' di coperta.

Fu proprio la giacca a salvarlo.

Quando vide arrivare i due messicani, uno grosso e con un paio di forbici in mano, l'altro smilzo e con un coltello a serramanico, entrambi decisi ad accoltellarlo, scelse il male peggiore: quello smilzo. Decise di difendersi attaccando. Si buttò verso di lui, attutendo la coltellata con la giacca, poi la lasciò cadere e corse via come un pazzo. Si fermò all'angolo tra Alvarado e la Settima, senza macchina perché le chiavi erano rimaste nella giacca.

Chiamò Lindy e gli altri Peppers, che passarono a prenderlo con un furgone blu, con dentro l'attrezzatura. Si sdraiò nello spazio dietro al sedile posteriore e si addormentò. L'Arizona era lontana, ma, per fortuna di Anthony Kiedis, lontani erano anche i due spacciatori messicani.

♪♪♪

108 • SCAPOLI E AMMOGLIATI

Vera Ramone era la moglie di Dee Dee, prima dell'arriva di Barbara, con cui Dee Dee andrà a vivere al mitico Chelsea Hotel.

Vera è a un party a Beverly Hills. Con lei ci sono ovviamente Dee Dee Ramone, Jackson Browne, qualche attore e Mick Jagger.

Mick è completamente ubriaco e, come spesso accade, senza freni.

Invita Vera a sedersi sulle sue gambe, poi le prende la mano, la accarezza.

Dee Dee è shockato. Non parla. Guarda Mick toccare spudoratamente sua moglie.

Interviene delicatamente il testimone di nozze di Dee Dee, che è anche buon amico di Mick: "Mick, guarda che è sposata".

Mick le infila una mano tra le gambe e dice: "Be', non lo siamo tutti?".

♪♪♪

109 • NON È UN PAESE PER VECCHI

La storia è difficile da credere, ma in molti giurano che è vera. New York, cena privata a casa di Yoko Ono. È il 1986. Arrivano Madonna e Sean Penn, in procinto di iniziare le riprese di *Shanghai Surprise*, il film di Jim Goddard prodotto da George Harrison. Si rivelerà essere uno dei più grandi flop della storia recente, massacrato dai critici (otterrà sette nomination ai Razzy, ovvero gli Oscar alla Pernacchia, e Madonna sarà premiata come peggior attrice) e penalizzato al botteghino: 2 milioni d'incasso a fronte di spese per 15 milioni di dollari.

Ma questo Madonna ancora non lo sa, perché le riprese devono ancora iniziare. Entra a casa di Yoko, si guarda intorno, cerca di mascherare un po' di delusione. Si aspettava un party e invece è roba per pochi intimi. Nel salone ci sono cinque o sei persone. Va in cucina, dove ci sono David Bowie con barba bianca lunga e Bob Dylan con cappellaccio e baffi da messicano. Madonna non li riconosce. Torna in salone, si avvicina a una ragazza e dice: "Meno male che ci sei tu e un po' di vita. In cucina ci sono solo due vecchi".

♪♪♪

110 • FESTA DI MATRIMONIO

Tom Petty beve poco o nulla, si droga poco o nulla, si impasticca poco o nulla. E non soffre di allucinazioni. Per cui quello che vede volteggiare sopra la sua testa, mentre sta guidando per una strada di Malibu, è sicuramente un'astronave. Un'astronave che sta per atterrare. Tom Petty strabuzza gli occhi, se la fa sotto. Decide di tornare a casa, perché quando succede una cosa brutta e imprevista e incomprensibile e pericolosa, uno vorrebbe sempre essere a casa sua, nell'illusione che la casa ti possa proteggere da tutto.

Tom Petty fa inversione di marcia senza pensarci e senza guardare e va a sbattere contro la macchina di un ragazzo che procede nella direzione inversa. E si trova imbottigliato. Esce e viene circondato da centocinquanta fotografi. Alza gli occhi al cielo e indica con il dito l'astronave. Che in realtà è un pallone aerostatico. Petty se ne accorge quando vede la fune alla fine della quale è posizionata la radiosonda.

Senza aggiungere nulla, Tom Petty si rimette in auto e torna a casa. Appena arrivato, continua a sorridere di sé e dire quanto è stato stupido. Accende la televisione e vede la sua faccia stravolta. Il giornalista dice: "Tom Petty è stata la prima star ad arrivare alla festa di matrimonio, ma è risalito subito in macchina dopo aver visto i paparazzi".

♪♪♪

111 • I R.E.M. TRA HITLER E L'ALIENA NUDA

Nel 1985 i R.E.M. avevano già tre album alle spalle e un successo discreto anche in Europa, ma ancora andavano incontro a serate buffe e curiose. Certo, qualche passo in avanti l'hanno fatto. Non capitano più serate come quella di due anni fa, in una trattoria del Nebraska chiamata The Drum Stick, quando l'età media del pubblico era pari a quella di un raduno degli alpini, o come quell'altra volta in pizzeria, con un tavolo che festeggiava un compleanno. Però, le sorprese sono sempre possibili. E infatti arrivano.

Questa sera si festeggia Halloween. Siamo in una vecchia casa cantoniera oramai abbandonata. È in corso una gara per il costume migliore. In finale ci sono una ragazza che indossa solo un paio di antenne da aliena e una pellicola di lattice trasparente e un sosia di Adolf Hitler che sotto la giacca nasconde un pene finto lungo più di un metro. Vince la ragazza, perché le donne nude vincono sempre sui dittatori superdotati.

I R.E.M. salgono sul palco subito dopo la premiazione. Mike Mills commenta: "Stiamo facendo carriera".

♪♪♪

112 • JIM MORRISON E PAMELA MILLER

Il primo straordinario disco dei Doors non era ancora uscito, ma Jim Morrison lo ascoltava a tutto volume nella piccola casa con giardino della sua fidanzata Pam, a Laurel Canyon, Los Angeles. Passava le sue nottate al Tropicana Motel, l'albergo che poi anche Tom Waits avrebbe eletto a sua residenza, segando la porta della cucina per far entrare un pianoforte. Jim tornava a casa all'alba, dormiva fino alle due del pomeriggio, si faceva una birretta per colazione e poi metteva sul piatto l'acetato di *The Doors* a un volume terrificante.

La prima volta che lo fece attirò l'attenzione di Pamela Miller, una ragazzina minorenne che faceva da baby sitter ai figli di Frank Zappa e che viveva in una casa a fianco di Jim con la sua amica Sandy.

Pamela era seminuda, con le sole mutandine addosso, infilò un microabito rosso e si avvicinò alla casa di Jim per veder chi fosse il fortunato che aveva una copia del disco dei Doors di cui si sentiva tanto parlare ma che non era ancora uscito. Salì a piedi nudi sul vecchio porticato in legno e si affacciò alla finestra mentre lo stereo urlava *Crystal Ship*. Vide Jim in carne e riccioli con addosso solo un paio di mutande nere.

Pamela tornò a casa, si tolse le mutandine, versò sul fazzoletto qualche goccia di Trimar, un tranquillante che le aveva dato il bassista degli Iron Butterfly, inalò decisa e andò a bussare da Jim.

Lui aprì la porta e la fece entrare, le prese il flacone dalle mani e ne fece uso, poi fu lei a servirsene ancora in dosi così forti da farle perdere i sensi.

Quando si riprese, era nuda, con il suo microabito sopra la testa e Jim sopra di lei, pronto a servirsene.

In quel momento entrò Pam, la fidanzata di Jim Morrison. La scenata fu epica. Pamela tornò a casa, ma con sua grande sorpresa Jim la seguì. Passarono la notte insieme senza consumare altro che Trimar.

Il sesso tra loro due sarebbe arrivato la volta dopo.

♪♪♪

113 • PINK FLOYD, POLANSKI E NUREYEV

Quando il manager dei Pink Floyd diede la notizia, tutti scoppiarono a ridere. "Nureyev vuole lavorare con noi? Da non credere." E Roman Polanski? E Roland Petit, il più grande coreografo francese? E tutti insieme? Già, da non credere.

Era un periodo fecondo per i Pink Floyd, il cui album *Atom Heart Mother* aveva lasciato scettica la critica e una parte dei vecchi fan, ma in compenso aveva incantato il mondo degli intellettuali e della musica colta, quella che con il rock aveva sempre voluto spartire poco o nulla. Durante il tour americano, Leonard Bernstein era andato a vederli suonare al Fillmore East e adesso arrivava questa bizzarra proposta: un balletto basato sulla *Ricerca del tempo perduto* di Proust, con un corpo di ballo di 50 elementi guidati da Nureyev e composizioni originali dei Pink Floyd eseguite con l'accompagnamento di un'orchestra di 108 elementi.

Il 4 dicembre 1970 si ritrovarono tutti a Parigi, a cena, per discutere del progetto. I Pink Floyd confessarono di non essere riusciti ad andare oltre la diciottesima pagina della *Ricerca*, Petit propose allora di portare in scena *Le mille e una notte*, il vino bevuto a fiumi cominciava a far sentire il suo effetto, Petit cominciò ad accarezzare le gambe di un terrorizzato Roger Waters, qualcuno disse: "Perché non *Frankenstein*?", Polanski si alzò in piedi e sorreggendosi a stento al tavolo urlò: "No, noi faremo il film porno più porno di tutti i tempi" e nessuno ebbe il coraggio di dirgli che stavano discutendo di un balletto e non di un film.

Quando i Pink Floyd si ritrovarono in macchina, fu Mason a trovare il coraggio di chiedere: "Ma voi avete capito cosa si farà?".

Tutti risero, senza rispondere, perché la risposta già la conoscevano.

Niente, non si sarebbe fatto niente del progetto più pazzo del mondo con Roland Petit, Rudolf Nureyev, Roman Polanski e i Pink Floyd.

♪♪♪

114 • EVAN DANDO E OASIS

Evan Dando aveva suonato con gli Oasis al Virgin Megastore di Marble Arch, a Londra, in occasione dell'uscita di *Definitely Maybe* e ci aveva preso gusto. Non a suonare, ma a stare con la band, così decise di seguire gli Oasis nel loro tour promozionale. E presto i fratelli Gallagher scoprirono che era più pazzo di loro due messi assieme. Il che non è poco.

Londra, in attesa di volare l'indomani verso l'Irlanda del Nord. Gli Oasis tornano in hotel e vedono un nugolo di poliziotti attorno a Evan Dando. Aveva sfasciato il televisore della stanza. Lui era mogio mogio. I Gallagher dicono ai poliziotti: "Tranquilli, lasciatelo andare, è con noi. Paghiamo tutto noi".

Il mattino dopo. Aeroporto di Heathrow. Dogana. Metal detector. Sirene come a un raduno di poliziotti. In un battito di ciglia arrivano venti addetti alla sicurezza. Apra quella valigia, dicono a Dando. L'aeroporto si paralizza. Il volo da Londra a Belfast è tra i preferiti dei terroristi.

Dando apre la valigia: dentro ci sono vetri, fili e metallo. La polizia aeroportuale è convinta si tratti di una rudimentale bomba. Invece no. Sono i resti del televisore che Dando aveva sfasciato la sera prima. Ci era rimasto talmente male per aver fatto quel casino che aveva raccolto tutti i pezzi del televisore e li aveva infilati in valigia.

♪♪♪

115 • IL CANGURO DEGLI STATUS QUO

Ci sono leggende metropolitane che divertono così tanto gli stessi protagonisti che persino loro sono dispiaciuti di dover smentire. Così, a volte non lo fanno.

C'è una storia che riguarda un canguro e gli Status Quo. È falsa, ma è piaciuta così tanto agli Status Quo che non l'hanno mai commentata, per lasciare il dubbio.

Australia. I Quo sono in tour. Un canguro attraversa improvvisamente la strada. Il loro van lo colpisce. Tutti scendono a sincerarsi delle condizioni dell'animale. È immobile. Purtroppo è morto. A uno della band viene un'idea bislacca: "Mettiamo un giubbotto con il nome della band al canguro, poi lo tiriamo su e scattiamo una foto. Non sembrerà morto, daremo la foto alla stampa e diremo a tutti che in Australia persino i canguri amano gli Status Quo".

Tutti pensano sia una grande idea. L'autista si toglie il giubbotto e lo mette addosso al canguro che però si scopre non essere morto. Si rialza e scappa via saltellando con il giubbotto dell'autista, che prova inutilmente a rincorrerlo.

"Ci sono i miei soldi dentro", urla.

Gli Status Quo ridono come pazzi.

Smettono solo quando l'autista si ferma, torna indietro e dice: "Dentro le tasche, c'erano anche le chiavi del van".

♪♪♪

116 • IL TOPO DEI BLACK SABBATH

Come sempre, quando si ha a che vedere con i Black Sabbath, tutto diventa possibile. Tutto diventa vero, anche quando vero non è. Normale, con una band che ha fatto della follia, degli eccessi e delle provocazioni il suo pane quotidiano.

Una leggenda racconta di quella volta che Ozzy individuò un grosso topo ai lati del palcoscenico, intento a rosicchiare un groviglio di cavi a terra.

Per evitare problemi, dopo i famigerati incidenti con il pipistrello e con il piccione, fece cenno a un roadie di catturare il topo e lanciarlo fuori dalla sala. Il roadie, però, equivocò il gesto di Ozzy e pensò che il cantante del Sabba Nero volesse far atterrare il grosso topo sul palco.

Così fece. Lo prese per la coda e lo lanciò sul palco, ma sfortunatamente andò a sbattere contro le luci di un riflettore facendolo esplodere.

Il pubblico, impazzito, esplose in un boato.

Leggenda, pura leggenda.

♪♪♪

117 • IL PORCO DI AXL ROSE E DEI DEPECHE MODE

È difficile da credere, ma Axl Rose è sempre stato un fan dei Depeche Mode. E nel 1989, dopo la prima a Hollywood del film-documentario *101*, andò a dirglielo di persona. Si presentò, si dichiarò seguace della band di Martin Gore e, per provarlo, recitò a memoria il testo di *Somebody*. I Depeche furono ovviamente felici di quella inaspettata dichiarazione di stima da parte del leader dei Guns N'Roses e accettarono di seguirlo alla Cat House, un locale heavy metal di Los Angeles.

Da questo momento le versioni differiscono. C'è chi sostiene che Depeche e Axl si siano salutati dopo un'oretta trascorsa a bere e ascoltare musica, chi invece giura che l'abbiano seguito a casa di un amico, sulle colline di Beverly Hills. E che lì abbiano visto gli invitati imbracciare i fucili e sparare a un porco per poi cuocerlo al barbecue.

Che ci siano o non ci siano stati i Depeche, certo è che, l'indomani, la band inglese, all'epoca composta da vegetariani convinti, ha rilasciato una dichiarazione alla stampa dove "prendeva le distanze da chiunque vada in giro a sparare ai maiali per puro divertimento", quindi qualcosa di vero ci dev'essere in questa storia che accomuna Axl Rose, Depeche Mode e un maiale.

♪♪♪

117 • ELVIS E I LED ZEPPELIN

Primi anni Settanta. Elvis invita i Led Zeppelin a casa sua. Il Re è un grande fan del Dirigibile ed è felice di incontrarli. Anche gli Zep sono elettrizzati. In ogni soundcheck prima del concerto non manca mai un brano di Elvis cantato da Robert Plant.

Gli Zep entrano a Graceland. Elvis li accoglie e porge a ognuno di loro un dono, poi li accompagna in una sala poco illuminata ed esce per qualche minuto. I quattro sono elettrizzati. Elvis torna. Si siedono. Con loro c'è il gigantesco Peter Grant, il bravissimo manager degli Zeppelin che vale tanto oro quanto pesa. Sprofonda su una poltrona. Cominciano tutti amabilmente a chiacchierare, ma da sotto la poltrona di Grant si sentono strani rumori, come scricchiolii o lamenti prolungati.

Tutti si voltano verso Peter Grant. Possibile che sia così stupido e volgare?, pensano.

Poi capiscono.

Peter Grant, il gigantesco Peter Grant si era inavvertitamente seduto su Vernon Presley, il padre di Elvis.

♪♪♪

118 • LE SCOMMESSE DI BON SCOTT

"E cosa vuoi che sia?"

"No, non ce la puoi fare."

"Stai scherzando, vero?"

"Io scherzando? Ti sembra che scherzi quando parlo di alcol?"

"No, però, in un sorso solo..."

"Ok, allora vedrete."

San Antonio, Texas. Gli AC/DC hanno appena terminato uno show. Bon Scott è su di giri, come sempre. È già molto ubriaco. Sta sfidando i suoi compagni. È sicuro di riuscire a bere un'intera bottiglia di liquore – whiskey, presumo – in un'unica sorsata, praticamente in apnea.

Prende la bottiglia, comincia a bere.

Vince la scommessa.

Applausi.

Uno dei presenti prende in mano la bottiglia, guarda l'etichetta, trasale e dice: "Bon...".

"Sì?"

"Credo tu abbia bevuto un'intera bottiglia di dopobarba."

Silenzio.

Tutti pensano alle conseguenze di quel gesto.

Bon Scott ci pensa un po' su, poi commenta: "Be', almeno avrò l'alito a posto".

♪♪♪

120 • UBRIACHI NEL FURGONE

I Green Day erano pronti. Prontissimi. Solo che non avevano i soldi per acquistare gli strumenti. Niente paura, disse Billie Joe. C'era un ragazzo che abitava dall'altra parte della città e che aveva tutto quello che serviva. Per di più era un bravo ragazzo, che credeva nel prossimo e che, per questa ragione, non chiudeva mai a chiave la porta di servizio. Billie Joe, insieme a un amico, aspettò che il ragazzo uscisse di casa e poi si infilò dentro per portare via tutta la strumentazione necessaria. Ora potevano suonare.

Certo, a volte non era nemmeno necessario avere gli strumenti adatti. Certe sere i Green Day erano così ubriachi da non essere nemmeno in grado di muovere le dita nel modo giusto.

Come quella volta in un villaggio hippie nella California del Nord. Mike vomitò un secondo prima di salire sul palco e Billie Joe dimenticò le parole di molte sue canzoni. Alla fine del concerto li portarono di peso su un furgone fino alla casa di Larry Livermore, in montagna. Ma erano così ubriachi da non riuscire a scendere. Così dormirono in furgone. La mattina, quando decisero di uscire per pisciare, scoprirono che il furgone era stato accerchiato da tutti i cani della zona. Spaventati dal loro abbaiare rimasero nel furgone fino a sbronza smaltita e poi ripartirono verso un nuovo concerto, verso una nuova ubriacatura.

♪♪♪

121 • L'ASSORBENTE SULLA FRONTE

Siamo nel fine settimana più lungo nella storia del rock, quello che verrà ricordato negli annali come The Lost Weekend: diciotto mesi, giorno più giorno meno, nei quali John Lennon è lontano da Yoko Ono e vicino a May Pang, una ragazza di origine cinese cresciuta a Spanish Harlem.

Marzo 1974, John Lennon è a Los Angeles con la nuova fidanzata e con Harry Nilsson, musicista conosciuto per la sua interpretazione di un capolavoro di Fred Neil, *Everybody's Talking*, che faceva parte della colonna sonora di *Un uomo da marciapiede*. I tre vanno al Troubadour di Santa Monica, locale leggendario. Si ubriacano come cocuzze. Lennon si regge a malapena in piedi, entra nel bagno delle donne e ne esce con un assorbente attaccato alla fronte acquistato da un distributore automatico.

La gente reagisce schifata, Lennon sembra invece molto divertito. Va a sedersi, ma continua ad agitarsi e a disturbare. Cerca di fermare una cameriera, ma questa passa oltre. Lennon le dice: "Ma tu sai chi sono io?". E lei risponde: "Sì, una testa di cazzo con un assorbente sulla fronte".

♪♪♪

122 • IL SANDWICH DA 8.000 CALORIE

Il primo giorno di febbraio del 1976, Elvis Presley si trova a Graceland insieme a due superpoliziotti: il capitano Jerry Kennedy della polizia di

Denver e Ron Pietrafeso dell'Anticrimine. Ma non stanno parlando di droghe, delitti o sicurezza.

Parlano del leggendario Fool's Gold, che definire un semplice sandwich è come paragonare un coccodrillo a una lucertola. Il Fool's Gold è un gigantesco sandwich molto ripieno e terribilmente calorico (circa 8.000 calorie) costituito da una baguette al cui interno è stato spalmato un intero vasetto di marmellata, un intero barattolo di burro d'arachidi e mezzo chilo di bacon.

Elvis e i due ospiti stanno parlando con l'acquolina in bocca di questo prodigio brevettato dalla Colorado Gold Mine Company il cui costo è pari a $49.95, praticamente una fortuna nel 1971.

"Ah, quanto sarebbe bello poterne addentare uno adesso", dice Pietrafeso.

"Non sognare, amico", gli fa eco Kennedy.

Elvis sorride, dice che per lui non c'è niente di impossibile e che i desideri dei suoi ospiti sono Vangelo.

I poliziotti strabuzzano gli occhi. "Elvis, siamo a Memphis e i Fool's Gold li fanno solo a Denver. E sono le dieci di sera."

Elvis non risponde, va nell'altra stanza e fa una telefonata, poi chiama uno dei suoi autisti, fa preparare una Mercedes e con i due poliziotti si dirige all'aeroporto di Memphis, poi sale sul suo aereo privato, il Lisa Marie, e ordina ai piloti Milo High e Elwood Davis di fare rotta verso Denver, sede della Colorado Gold Mine Company.

Dopo due ore, il jet privato di Elvis atterra a Denver. È l'1.40 del mattino.

Ad attenderli in un hangar ci sono Buck Scott, proprietario della Colorado Gold Mine Company, e sua moglie Cindy. Hanno con sé ventidue Fool's Gold. Ventidue.

Elvis, i due poliziotti e i due piloti li divorano tutti, uno dopo l'altro, bevendo Perrier e champagne.

Tre ore dopo, il jet riparte verso Graceland. Un po' più pesante che all'andata.

♪♪♪

123 • THE TRUE SPAGHETTI INCIDENT

Ci sono due Spaghetti Incident. La versione ufficiale dei Guns N'Roses parla di un *food fight* tra Axl Rose e Steven Adler, ma c'è un altro Spaghetti Incident che ha come protagonista Nikki Sixx.

Nikki Sixx è un patito dei rapporti orali, ma non dell'igiene intima. Non si lava da settimane, ma non per questo perde occasione per farsi fare un bel pompino. Davanti a sé ha una groupie ansiosa di dimostrare a Nikki che è molto brava a fare quello che piace a lui.

Si inginocchia e glielo prende in bocca. Ma qualcosa va storto. Avverte una forte nausea, ma non vuole smettere. La mancanza di igiene di Nikki è ormai insopportabile. Mentre cerca di accontentare Nikki vomita quello che ha appena mangiato. Spaghetti.

♪♪♪

124 • BANANE

Nella primavera del 1966, San Francisco bruciava di musica ma non di dischi – è curioso e quasi incredibile che Grateful Dead, Quicksilver, i Big Brother con Janis Joplin e Jefferson Airplane, per citare solo i gruppi più rappresentativi, continuassero a spremere musica nelle loro case vittoriane tra Haight e Ashbury, ma non fossero ancora entrati, nessuno di loro, in sala d'incisione.

In quella primavera del 1966, a San Francisco si sparse la più folle delle leggende metropolitane.

Il primo a parlarne fu Country Joe McDonald, ma tutti la fecero loro in pochi minuti. La leggenda era questa: fumare la buccia di banana dà gli stessi effetti dell'Lsd. La notizia si diffuse così rapidamente che tutti i negozi di frutta attorno al Golden Gate Park esaurirono in un giorno le banane. Sui marciapiedi di Haight si vedevano gruppi di hippie che sbucciavano banane, gettavano il frutto e tenevano la buccia, che poi tostavano, cuocevano o bruciavano. Ci fu addirittura un piccolo festival della banana sbucciata, accompagnata da canti e invocazioni.

Alcuni antropologi alla moda scrissero dotte dissertazioni sull'argomento sostenendo che si trattava di una conoscenza antica e sperimentata scientificamente, ma che l'establishment, per ovvie ragioni, aveva cercato di tenere nascosta la notizia.

Nel settembre di quello stesso anno, Donovan pubblicò *Yellow Mellow,* che in realtà parlava di un vibratore elettrico a forma di banana, ma Donovan decise di cavalcare l'onda dicendo di aver scritto quel brano dopo aver saputo di quella nuova, fantastica notizia.

E nel 1967, Andy Warhol, che pure viveva sull'altra costa ma era attento a contestualizzare in modo diverso gli oggetti di cui tutti parlavano, disegnò una banana sbucciata sulla copertina del primo album dei Velvet Underground.

♪♪♪

125 • LA STRAWBERRY FUCK DI JIM MORRISON E GRACE SLICK

C'è il posto delle fragole di Ingmar Bergman, c'è il campo di fragole di John Lennon, lo *strawberry fields forever*. E poi c'è la *strawberry fuck*, la scopata alle fragole. È così che è passato alla storia il rapporto sessuale tra Jim Morrison e Grace Slick. Una storia vera che, come spesso accade in questi casi, si è colorata di mille sfumature leggendarie. A un certo punto Grace Slick ha voluto, nella sua autobiografia, raccontare come erano andate davvero le cose. Unico problema: non ricordava niente, solo che erano insieme, lei e Jim, e che erano in Europa. Così Slick è stata costretta a chiamare Danny Sugarman, il biografo dei Doors, l'autore di *Nessuno uscirà vivo da qui* e di *Wonderland Avenue*. E insieme hanno cercato di ricostruire quando lei e Jim avevano fatto quella benedetta e non esattamente indimenticabile strawberry fuck. Perché questo le dicevano le amiche: "Scusa? Sei andata a letto con Jim Morrison e non ti ricordi nulla? Solo le fragole?".

Era il tour europeo del 1967 in cui si erano imbarcati i Doors e i Jefferson Airplane. Jim e Grace avevano subito legato in tutti i sensi. Ma, spesso, i sensi li perdevano. Come quella volta che Morrison, coperto di droga, durante l'esibizione dei Jefferson Airplane entrò senza preavviso in scena danzando come un ossesso, ma collassò e dovette essere ricoverato subito in ospedale.

Francoforte, Londra, Copenaghen e Amsterdam. Queste le date. In una di quelle, Jim e Grace ebbero un rapporto sessuale su un letto ricoperto di fragole. E Grace giura di non averne mangiata neanche una.

♪♪♪

126 • MOTORHEAD E BLACK SABBATH

Un locale qualunque, tarda notte. Allo stesso tavolo ci sono i Motorhead e Ozzy Osbourne.

Da qualche ora è finito il concerto dei Motorhead, un concerto particolarmente forte, ad alto volume, quasi assordante, e il discorso cade inevitabilmente lì.

Lemmy: "Figo, è stato un grande show".

Wizzo, il chitarrista: "Già". Poi, come risvegliandosi da un torpore: "Ehi, però non abbiamo fatto il nostro nuovo singolo".

Lemmy: "Scherzi? Lo abbiamo fatto come secondo brano...".

Interviene Filthy: "Ah, sì? Fantastico, perché io l'ho suonato come quinto".

Tutti ridono.

Parla Ozzy: "Ragazzi, a me una volta è capitato di chiedere quando iniziavamo a suonare e i Sabbath mi hanno detto: 'Ozzy, il concerto è finito due ore fa'".

Il magico mondo del rock dove si va spesso fuori di testa.

♪♪♪

127 • IL CINEMA E NICO

Nico aveva ventun anni ed era una delle più sfavillanti bellezze che ci fossero in circolazione. Era nata nel 1938 a Colonia e aveva sofferto le follie della guerra. Suo padre aveva riportato ferite alla testa che ne avevano danneggiato il funzionamento cerebrale e lei, ogni volta che sentiva le incursioni aeree, si rintanava nella vasca da bagno per paura che anche a lei succedesse la stessa cosa.

Adesso è a Roma, ospite nella villa di un'amica attrice. È il 1959, la guerra è finita e tutti guardano avanti, verso la ricostruzione. Arrivano alcuni attori di Cinecittà, impegnati nel film *La dolce vita*, girato da Federico Fellini. La invitano sul set. Le danno alcune indicazioni: "Dovrai rimanere in disparte e non farti notare; se ti dovessero chiedere perché sei lì, devi dire che sei la cugina di qualcuno".

Nico si appoggia a un tavolo di marmo. C'è una gran confusione, ci sono molte comparse ed è difficile distinguere attori e tecnici, operatori e finte cugine. A un certo punto, un trovarobe in maniche di camicia si rivolge a Nico gridando: "Portami la candela!".

Nico solleva dal tavolo un grande candelabro d'argento e cammina lentamente verso il trovarobe. In quel momento magico e irripetibile, nella stanza scende il silenzio. Tutti guardano Nico, bellissima, che cammina come una regina. Fellini la chiama a sé, le offre subito una parte, anche se modesta. Tutti felici, meno la madre di Nico, che giudicava sconveniente fare film. Mai più avrebbe immaginato che, sette anni dopo, Nico si sarebbe unita agli oltraggiosi Velvet Underground.

♪♪♪

128 • BRUCE SPRINGSTEEN E CHUCK BERRY

Alba dei Settanta, decennio controverso per la musica. Bruce Springsteen non ha ancora inciso nulla, ma sta preparandosi a conquistare il mondo a colpi di rock. Nel primo pomeriggio arriva una telefonata dal suo manager: "Ci hanno preso! Hanno accettato! Questa sera aprirete per Chuck Berry e Jerry Lee Lewis".

Maryland Armory, 10.000 posti a sedere. Springsteen confuso tra eccitazione e terrore. Tutto va benino. Bruce sale sul palco e canta per mezz'ora, il tempo standard dei gruppi spalla. Poi sale Jerry Lee Lewis che sfodera tutti i colpi del suo repertorio, compreso suonare il pianoforte in piedi sui tasti, e poi torna nei camerini.

Il tempo passa e di Chuck Berry nemmeno l'ombra. Il pubblico freme. Il promoter va da Bruce e gli chiede di tornare sul palco. Bruce dice manco morto, la gente non aspetta me e non voglio farmi crocifiggere.

Cinque minuti prima dell'inizio previsto, si apre una porta e compare Chuck. Da solo. Senza band. Lui e una chitarra. Il promoter sbianca. Aveva firmato un contratto per 11.000 dollari che prevedeva Chuck Berry e una band stellare.

Riesce a raccattare qualche musicista che è dietro il palco.

Poi si fa avanti Bruce. Chiede a Chuck: "Scusa, posso suonare con te?".

Chuck dice che è un'ottima idea.

Bruce è felice, chiede: "Quali canzoni farai?".

La risposta è raggelante: "Canzoni di Chuck Berry".

Bruce valutò l'ipotesi di morire all'istante, poi decise di salire egualmente sul palco. Chuck suonava accordi strani in Si bemolle e Mi bemolle. Springsteen cercava di indovinare che canzone stesse iniziando, per andargli dietro.

Fu una serata indimenticabile, in tutti i sensi.

♪♪♪

129 • I MAIALI DI OZZY

Ozzy Osbourne è pronto. Sta per gustare il dolce sapore della vendetta. È in una chiesa, al lavoro sul video di *Miracle Man*, estratto dall'album *No Rest For The Wicked*, anno di grazia 1988. Ozzy vuole farsi beffe di Jimmy Swaggart, il più famoso telepredicatore d'America e nemico dichiarato del rock. Era stato appena travolto da uno scandalo, sorpreso a letto con una prostituta di cui si saprà poi essere affezionato cliente. Ozzy si traveste da Swaggart e si appresta a una parodia della sua confessione pubblica, quando, piangente e umiliato, aveva ammesso di aver peccato e chiesto perdono all'America.

Tutto è pronto, il finto Swaggart piange, Ozzy si toglie la maschera, ride fragorosamente e si lancia nell'assolo di chitarra davanti a un migliaio di maiali. Tutto perfetto. O quasi. Perché, nel momento esatto in cui Ozzy lancia l'assolo, i maiali, pressoché in contemporanea, defecano. Mille maiali allo stesso tempo. Colpa dell'assolo ad altissimo volume, diranno poi. I veterinari, non i maiali.

Per pulire la chiesa fu necessario un mese. Un mese esatto. Quando Ozzy tornerà per girare di nuovo il video, dirà che l'odore era più forte dell'assolo.

♪♪♪

130 • SEDILI BAGNATI

È il 1974. John Bonzo Bonham sta volando con i Led Zeppelin da Londra a New York. Prima classe, ovviamente, essendo lui una star. Gli viene voglia di andare in bagno. Cioè, gli viene voglia di urinare, ma di alzarsi e andare fino alla toilette proprio non ha alcuna intenzione.

Chissenefrega, pensa Bonham. La faccio qui. Sul sedile di prima classe.

La fa.

Dopo un po' comincia a infastidirsi.

Il suo sedile è bagnato.

Ovvio.

Mica posso stare su questo sedile bagnato fino a quando arriviamo a New York?, pensa.

Bonham sorride, fa sempre così quando gli viene un'idea, un po' come era solito fare Keith Moon. Si alza, va in economica da un suo roadie.

"Ehi, amico, vai un po' al mio posto in prima classe, hai lavorato duro in questi giorni, te lo meriti."

Il roadie è al settimo cielo. Bonham gli ha appena ceduto il suo posto in prima classe. Pochi secondi dopo capirà.

♪♪♪

131 • SETE DOPO LA FELLATIO

Renée è la bocca più ricercata dai Rolling Stones. È quella di *Cocksucker*, ripresa mentre accontentava tutte le Pietre una a una. Gli Stones se la portano dietro ovunque. È una groupie fissa, non occasionale. Ora è sull'aereo privato dei Rolling Stones. È completamente nuda, sta sudando molto. Si sta impegnando con uno dell'entourage, ma per qualche ragione indipendente dalla sua volontà, come si dice sempre in questi casi, non riesce a farlo venire.

Renée si impegna come se fosse la cosa più importante del mondo. Ci mette così tanto impegno che dopo un po' tutti si alzano dal proprio posto e circondano i due, e questa cosa rende ancora più difficile il raggiungimento dell'orgasmo dell'uomo.

Alla fine, Renée si arrende. Si lascia cadere su un sedile, esausta. L'uomo si riveste. Il ristretto pubblico comincia a prenderla in giro: "Renée, se non riesci neanche più a farci venire, cosa ti teniamo a fare?".

Lei sorride, alza gli occhi, vede un roadie con una bibita in mano.

"Sto morendo di caldo. Me ne dai un sorso, per favore?"

E lui: "Dopo quello che hai fatto, cara? Stai scherzando vero?".

♪♪♪

132 • TU NON SEI IL MIO MESSIA

Sono in quattro, come i moschettieri: Eddie Vedder, che si è appena esibito con i suoi Pearl Jam alla Lake Front Arena, primo di tre concerti sold-out da tempo; due membri degli Urge Overkill e Jack McDowall, pitcher dei Chicago White Sox.

Sono le quattro del mattino del 18 novembre 1993, i quattro moschettieri sono entrati da poco in un locale su Decatur Street, nel quartiere francese di New Orleans.

Vorrebbero bere e chiacchierare tranquilli, ma c'è sempre qualcuno che riconosce Eddie e pensa di avere il diritto di avvicinarsi, sedersi, chiacchierare, chiedere del concerto e magari farsi pure invitare allo show del giorno seguente. Vedder, delizioso come sempre, prende un tovagliolo di carta e si segna i nomi di una ventina di persone. I tre amici ridono: "Tu sei proprio pazzo", dicono. "Va bene non atteggiarsi a star, ma tu esageri."

A esagerare è qualcun altro. Perché ecco che ora Vedder viene riconosciuto da un suo fan, almeno così si proclama. Si chiama James Gorman. Vedder è disponibile anche con lui, ma dopo un po' comincia a manifestare una certa impazienza.

Gorman continua a ripetere: "Tu non sei il mio Messia. Tu non sei il mio Messia".

E Vedder: "È quello che sto cercando di dirti da un bel po'. Non sono il Messia di nessuno, non posso essere il portavoce di nessuno".

Gorman è sempre più insistente.

Vedder vorrebbe stare un po' con i suoi amici.

Gorman ripete come una litania che è un fan dei Pearl Jam, ma Vedder non è il suo Messia.

Vedder decide che il vaso è colmo. Gli sputa in faccia.

Ne nasce una rissa.

Arriva la polizia e arresta Eddie Vedder per ubriachezza molesta.

Avevano ragione i suoi amici: mai essere troppo disponibili con i fan.

♪♪♪

133 • UNA DONNA DI CARATTERE

Eric Burdon e Rosie Marks si erano sposati il 17 settembre 1972. Lei era una ragazza tedesca di buona bellezza e gran carattere, ma forse nemmeno Eric, che pure la conosceva bene, immaginava potesse avere *tanto* carattere. Perché, subito dopo il divorzio avvenuto nel 1978, Rosie iniziò una furiosa battaglia legale senza esclusione di colpi per l'affidamento della figlia Alexandria. Poi, nel 1983, quando gli Animals si riunirono e s'imbarcarono in un tour mondiale, Rosie e Alexandria sparirono. Per molti anni fu impossibile rintracciarle. Solo nel 2006, in un'intervista, Burdon disse di essere riuscito a ristabilire un contatto con la figlia.

Ma c'è di più. Perché, mentre Eric era in tour in Germania, quindi la terra natale di Rosie, lei pensò bene di bruciargli la casa in California. Con tutti i suoi ricordi dentro: dischi d'oro, dischi rari, materiale d'archivio, fotografie, filmati, testi, diari e manoscritti.

Tutto in fumo.

Sì, davvero una donna di carattere.

♪♪♪

134 • RISSA TRA LE MUCCHE

I Queen avevano terminato il tour britannico del 1974 il 2 aprile, con un concerto spettacolare al Barbarellas di Birmingham, ravvivato da un fuoriprogramma. Roger Taylor aveva scommesso una bottiglia di champagne con i *roadies* e con i Nutz, il gruppo spalla, che nessuno di loro avrebbe avuto il coraggio di attraversare nudo il palco durante il concerto dei Queen. Il cantante dei Nutz e due *roadies* non avevano invece paura di nulla e attraversarono più volte il palcoscenico da una parte all'altra con niente addosso.

Subito dopo, i Queen partirono per l'America, dove insieme agli Aerosmith avrebbero fatto da spalla ai Mott The Hoople di Ian Hunter.

La prima data era prevista il primo maggio alla Farm Arena di Harrisburg, un luogo ameno, un gigantesco recinto che per tutto l'anno conteneva centinaia di mucche. Le bestie erano state fatte sgombrare il giorno prima e il loro odore si sentiva ancora forte e chiaro. In aggiunta, gli organizzatori non erano riusciti a eliminare tutti i bisogni corporali delle mucche, che facevano dunque bella mostra di sé nel campo.

A poche ore dall'inizio, non era ancora stato deciso l'ordine di apparizione delle band di apertura: prima gli Aerosmith o prima i Queen? I due management cominciarono a litigare furiosamente. Brian May e Joe Perry si guardarono, decisero che ne avevano abbastanza di parole gridate, dissero che a loro non fregava un beneamato cazzo di chi si sarebbe esibito per primo. Joe tirò fuori una bottiglia di Jack Daniel's e cominciarono a bere. Salirono entrambi sul palco completamente ubriachi. Alla data successiva, si incontrarono nuovamente e Joe Perry chiese: "Ma alla fine chi ha suonato per primo?".

♪♪♪

135 • VAFFANCULO ROBERT PALMER

Robert Palmer non era un tipo tranquillo, anche se le apparenze e l'eleganza potevano lasciar supporre il contrario. Su una cosa non transigeva: voleva salire sul palco all'ora prestabilita. Quando il concerto era suo, non c'erano ovviamente problemi, che nascevano invece quando si trattava di un festival.

Quel giorno, si trattava di un festival. Werchter, Belgio, 5 luglio 1981. Il suo staff era molto attento che la band precedente all'esibizione di Robert Palmer non sforasse. Il problema era che la band precedente erano i Cure, che non ne volevano sapere di scendere. Lo staff di Palmer disse: "O scendete adesso o vi stacchiamo la corrente". Il tour manager dei Cure replicò: "No, fanno ancora un brano".

I Cure attaccarono *A Forest*, che introdussero così: "Questo è l'ultimo pezzo perché non ci danno il permesso di proseguire. Immagino del resto che tutti siate qui per ascoltare Robert Palmer".

La risposta negativa che si alzò dal pubblico non piacque al manager di Palmer, che tuttavia decise di attendere. In fondo era un brano solo.

Sì, però non sapeva che i Cure l'avrebbero rallentato volontariamente fino a farlo durare nove minuti. Sul finire del pezzo, Simon Gallup cominciò a canticchiare: "Vaffanculo Robert Palmer...".

Finì a botte, senza tarallucci e vino. Lo staff di Palmer gettò la strumentazione dei Cure giù dal palco e venne alle mani con i musicisti.

Robert Palmer riuscì a salire sul palco molto dopo l'orario previsto.

♪♪♪

136 • IAN DURY E OMAR SHARIF

Ian Dury aveva sette anni e ogni tanto girava con i suoi amici nei grandi magazzini di Woolworth's, a Upminster, nell'Essex. E vedeva aggirarsi un tipo strano, spastico, con il volto deformato e difficoltà nei movimenti. Un giorno, Ian Dury arrivò con i suoi amici da Woolworth's e trovò all'ingresso un cartello che diceva: "Tutti i clienti sono benvenuti, ma siamo costretti a vietare l'ingresso agli spastici".

Quella fu la prima volta in cui Ian Dury fu costretto a confrontarsi con la crudeltà delle persone verso l'handicap, senza nemmeno lontanamente immaginare che, pochi mesi dopo, lui stesso sarebbe diventato handicappato. Colpa della poliomielite. Ian Dury riuscì miracolosamente a sopravvivere, ma rimase storpio e con difficoltà di movimento.

Rabbioso per l'ignoranza e l'insensibilità dei suoi concittadini, si dedicò alla musica. Quando ottenne finalmente un contratto discografico, chiese di poter intitolare il suo primo album *The Mad Spastic*, lo spastico matto, ma i suoi manager lo sconsigliarono.

Una volta raggiunta la fama con *Sex and Drugs and Rock'n'roll*, l'atteggiamento della gente nei suoi confronti, ovviamente, cambiò. Nessuno ebbe più il coraggio di umiliarlo. Ma la sua rabbia, a volte anche ingiustificata, non scomparve.

Come quella volta, nel 1985, quando vide Omar Sharif seduto a un tavolo del Caprice di Londra, in compagnia di una bellissima ragazza. Dury si avvicinò e disse: "Tutti i film che hai fatto dopo *Lawrence d'Arabia* fanno cagare".

Omar Sharif disse che non era d'accordo, ma che rispettava la sua opinione.

Ian Dury, non contento, continuò a insultarlo fino a quando Omar Sharif si alzò e gli tirò un gran cazzotto.

Da quel momento i due diventarono grandi amici.

♪♪♪

137 • HENDRIX AL BAG O'NAILS

Kathy Etchingham è stata una delle compagne di Jimi Hendrix, prima di Monika Dannemann, che rimase con Jimi fino alla morte. Kathie era bella, dolce e paziente. A volte oltre ogni limite. Una sera, a Manchester, dopo il concerto, entrò nei bagni femminili e trovò Jimi che si stava scopando una ragazza del pubblico. Kathie non si scompose, si limitò a dire: "Jimi, fai presto, altrimenti perdiamo il treno per Londra".

Hendrix non era altrettanto paziente con lei. Era molto geloso e possessivo. Una volta chiuse a chiave Kathie nella stanza da letto, per punizione, e tornò a liberarla solo dopo molte ore, a tarda sera. E un'altra volta, in un locale notturno di Londra chiamato Bag O'Nails, passò anche alle vie di fatto.

Sono seduti a un tavolo, insieme ad altre persone. Kathie si alza.

"Vado di sopra a telefonare a un'amica", dice.

Sta via troppo tempo, almeno secondo Jimi, che si alza, la raggiunge e, quando la vede ancora al telefono, si convince che sia non con un'amica, ma con un amante, le strappa la cornetta di mano e comincia a sbatterglìela in testa. Kathie chiede aiuto e in suo soccorso, che ci crediate o no, arrivano John Lennon e Paul McCartney, che si trovavano casualmente nello stesso locale.

Fu quella la prima volta in cui Jimi picchiò Kathie. Ma non l'ultima. Una volta, sempre per gelosia, le spaccò il naso in tre punti con un calcio.

♪♪♪

138 • L'IMMONDIZIA DI DYLAN

All'inizio Bob Dylan era divertito da quel personaggio che aveva inventato una scienza chiamata *garbology*, ovvero spazzaturologia. Lui si chiamava A.J. Weberman, era uno strano tipo di hippie convinto che l'essenza di Bob Dylan si trovasse nel suo bidone dell'immondizia. Insomma, quello che Dylan buttava via corrispondeva a un preciso percorso e aveva un preciso significato. Come quella volta che Weberman trovò nel bidone, in un sacchetto di carta a parte, cinque spazzolini da denti di varie dimensioni e un tubetto di dentifricio ancora intatto, e si convinse che Dylan stava studiando qualcosa con le chitarre elettriche, perché, nella simbologia dylaniana, il dente corrisponde alla chitarra elettrica.

All'inizio era divertente. Com'erano divertenti i suoi libri, a partire da *Dylanology*, che aveva anche coniato un nuovo termine. Poi Dylan aveva cominciato a stufarsi. E anche un po' ad avere paura. Perché quel tipo viveva praticamente davanti a casa sua, al 94 di MacDougal Street, e sbucava dal nulla ogni volta che lui o sua moglie Sara andavano a buttare la spazzatura. Così presero l'abitudine di infilare nel sacchetto dell'immondizia i bisogni del cane. Ma lui niente, quel Weberman non si arrendeva.

Fino a quel pomeriggio, su Elizabeth Street, nell'oscurità.

Weberman è aggredito da un uomo che lo prende a pugni e gli sbatte più volte la testa sull'asfalto. È Bob Dylan. Non dice una parola, solo botte. Prima di andarsene, guarda un'ultima volta Weberman. Vede una spilla con su scritto "Free Bob Dylan". Gliela strappa. E se ne va, nella notte di New York.

♪♪♪

139 • CON LA CHITARRA IN MANO

Cosa ci fa quella testa di cazzo di Ritchie Blackmore qui al Marquee?

Gli AC/DC, e in particolare Malcolm Young, hanno appena visto il dio della chitarra dei Deep Purple entrare e non gradiscono. Non hanno dimenticato quello che è successo al Sunbury Rock Festival, il 25 gennaio 1975.

Gli AC/DC erano in scaletta dopo i Deep Purple, dovevano esibirsi alle due del mattino, ma il gruppo, che allora era nelle mani di David Coverdale, non ne voleva sapere di far salire altri gruppi dopo il loro. I Deep Purple chiudono i festival, dicevano, non si esibiscono a metà. Così il loro manager George Young fece portare via subito strumenti e impianti, allora il manager degli AC/DC Bruce Payne diede ordine di montare subito i loro, mentre i *roadies* dei Purple cercavano di impedirglielo.

La situazione era comica, ma divenne grottesca quando Payne disse: "Non mi provocare, io sono di New York". Al che George Young aveva ribattuto: "Sai che cazzo mi frega a me, io sono di Glasgow" e gli aveva rifilato una pappina tremenda sul muso. Ne era nata una rissa gigantesca e alla fine l'ebbero vinta i Deep Purple, perché gli AC/DC non suonarono.

E adesso se lo vedevano arrivare al Marquee, Ritchie Blackmore. Per tutto il concerto sembrò apprezzare l'esibizione degli AC/DC, al punto che disse a un roadie che gli sarebbe piaciuto salire sul palco per un bis con loro. Malcolm Young disse certo!, ma ordinò alla band di chiudersi nei camerini. Blackmore salì sul palco e accordò la chitarra, e poi attese inutilmente. Perché, nel frattempo, gli AC/DC avevano lasciato il Marquee da un'uscita secondaria. E Blackmore rimase lì da solo con la chitarra in mano.

♪♪♪

140 • BASTONATE

Canon Cassidy è l'uomo di Chiesa più spaventoso mai apparso sulla faccia della terra. Almeno questo pensa Sting quando non è ancora Sting ma un semplice studente della St.Cuberth, terribile istituzione gestita da un gruppo di sacerdoti. Canon Cassidy è calvo, ha occhi scuri e severi con sopracciglia folte e nere, un volto scavato e colorito cadaverico. Sembra una maschera teatrale, un personaggio truccato per una finzione scenica. Invece no. È l'uomo più temuto della scuola, anche se non è il più odiato. Il più odiato è padre Walsh, che non insegna; la sua unica funzione è somministrare punizioni corporali: bastonate sul sedere.

Avvenivano dopo pranzo, nell'edificio principale. Un lungo corteo di ragazzi attendeva in fila indiana fuori dall'ufficio. Le punizioni venivano inflitte in genere per mancanze lievi, come aver scarabocchiato il quaderno degli esercizi o essere arrivati in lieve ritardo, anche se non mancavano rari casi di insolenza, bestemmie o addirittura fumo.

La scena si ripeteva sempre uguale, come in un rito. Il ragazzo punito doveva togliersi la giacca, piegarla e metterla sulla sedia, poi abbassarsi i pantaloni e piegarsi per ricevere le bastonate. Le sedute punitive consistevano in sei vergate.

Quell'anno Sting vinse il campionato, con un record personale di 42 bastonate.

♪♪♪

141 • FICCATELO NEL CULO

Il 9 settembre 1978 gli U2 hanno la loro grande occasione: fare da spalla agli Stranglers, all'epoca uno dei più noti gruppi punk della Gran Bretagna, alla Top Hat Ballroom di Dun Laoghaire. Gli U2 erano eccitatissimi: avrebbero conosciuto i nuovi profeti, quelli che, con Clash e Sex Pistols, lottavano per ridare centralità alla musica e cancellare la distanza tra il palco e la gente.

La prima delusione arrivò subito: gli Stranglers avevano occupato tutti i camerini e stavano bevendo, gozzovigliando e urlando come ossessi. Gli U2 furono costretti a cambiarsi nei corridoi, poi Bono entrò nei loro camerini. Li trovò sdraiati e ubriachi.

Il loro ultimo disco s'intitolava *No More Heroes*, così Bono disse: "Andate affanculo! Pensavo fosse finito il tempo dei fottuti eroi!".

Gli Stranglers lo guardarono stupiti. Uno di loro disse: "Qual è il problema, amico?". E poi aggiunse, indicando il catering: "Serviti pure".

Bono rispose educatamente: "Ficcatelo nel culo". E uscì sbattendo la porta.

Il concerto degli U2 fu breve e doloroso. Il pubblico punk non li amava, sputava loro addosso e cercava di colpirli con le sigarette accese. Bono provò a rispondere a tono, ma senza apprezzabili risultati. Il culmine della tensione si raggiunse quando a The Edge si ruppe una corda.

Gli U2 tornarono nei camerini sconsolati. C'era ancora molta strada da fare. Prima di lasciare il Top Hat Ballroom passarono ancora una volta davanti ai camerini degli Stranglers. Bono s'intrufolò per arraffare due bottiglie di vino. Da bere alla faccia di chi, secondo lui, si proclamava punk ma non lo era, almeno non fino in fondo, almeno non nell'anima e nello stomaco.

♪♪♪

142 • GIÙ LE MANI

Alana Hamilton e Rod Stewart erano molto innamorati, tanto che avevano deciso di sposarsi. E di fare dei figli. Almeno due. E così andò, esattamente così. Si sposarono nel 1979 e misero al mondo due bellissimi bambini, Kimberly e Sean. Poi, si sa come vanno le cose con Rod Stewart. Ogni volta che incontra una ragazza bionda, alta e dalle gambe chilometriche, quelle che lui chiama *hot legs*, be', non resiste. Sposato o non sposato, se la deve prendere.

Alana, all'inizio, faceva finta di niente. Lei era un'attrice, lui una rockstar, si sa che gli appetiti delle star sono più voraci. Poi si era resa conto che la situazione era ormai sfuggita di mano. Suo marito si faceva tutte quelle che incontrava. Peggio: se le portava pure a casa. Nella loro casa di Malibu.

Così decise di divorziare, dopo cinque anni.

Ma prima, infilò un biglietto in uno dei cassetti dell'armadio della stanza da letto sua e di Rod. Un biglietto bello grande, con sopra scritto: "Attenzione troiette che avete aperto i miei cassetti, tenete giù le mani dai miei vestiti".

Che si portassero a letto suo marito poteva sopportarlo, ma che aprissero i suoi cassetti e rubassero anche i suoi abiti, quello no.

♪♪♪

143 • OPERE D'ARTE CON IL SANGUE

Il primo disco non aveva funzionato un granché. E dire che dentro c'erano *1969* e *I Wanna Be Your Dog* e che l'intero album è da considerarsi oggi tra gli anticipatori del punk. Misteri dolorosi del rock. Insomma, *The Stooges* era naufragato nella sua grandezza, ma la Elektra Records aveva deciso di dare egualmente una seconda possibilità a Iggy Pop e alla sua band. E loro avevano deciso di fare le cose per bene. Per questo erano andati a vivere tutti insieme appena fuori Detroit in una casa-comune che avevano chiamato Funhouse, la casa del divertimento, perché tra quelle mura vivevano, scopavano, si drogavano. E naturalmente scrivevano canzoni e suonavano. Ma prima di farlo, prima di comporre e di suonare, seguivano sempre lo stesso rituale. Si iniettavano robuste dosi di eroina, poi prendevano le siringhe e schizzavano il sangue sui muri bianchi. Che, dopo un po' di tempo, bianchi non erano più.

Di tutti gli Stooges, Ron Asheton era l'unico a non drogarsi ed era anche l'unico a vivere per conto suo. Un giorno, arrivò alla Funhouse e vide che il sangue rappreso sui muri, sui tavoli e sul pavimento aveva creato una involontaria gigantesca opera d'arte degna di Jackson Pollock. Per anni, fino alla morte avvenuta d'infarto il 1° gennaio 2009, continuerà a ripetere che quel giorno aveva fatto la più grande cazzata della sua vita: non aveva portato via un pezzo di mobilia con il sangue degli Stooges. Avrebbe potuto rivenderla a peso d'oro dopo il successo di Iggy Pop come solista e dopo il successo di *Funhouse* degli Stooges, che intitolarono così proprio in onore di quella casa dove tutto, ma proprio tutto, era successo.

♪♪♪

144 • 4 REAL, 4 REAL

Steve Lamacq è un deejay e giornalista britannico. John Peel lo chiamava Lammo, i suoi compagni di squadra lo chiamano invece The Cat, il gatto, per la sua capacità felina di saltare da un palo all'altro della porta, ottimo portiere dilettante.

Steve sta parlando con Richey James Edwards dopo il concerto che i Manic Street Preachers hanno tenuto al Norwich Arts Centre. Steve non è convinto della sincerità dei Manic. Almeno non fino in fondo. Steve è uno cresciuto con il punk, apprezza la band di Richey ma pensa che l'etica del punk e i suoi valori non siano ancora completamente rispettati.

"Dovete essere punk davvero", dice. "Dovete essere veri."

"Noi siamo veri", replica Richey.

"4 Real, 4 Real", continua a ripetere Steve.

Richey James Edwards pensa che ci sia solo un modo per convincere il giornalista che lui è davvero uno a posto, uno che fa le cose sul serio e non recita.

Richey tira fuori il rasoio che ha nella borsa e si incide le parole "4 Real" sul braccio sinistro.

"Ci credi ora?", domanda prima che gli applichino diciotto punti di sutura.

♪♪♪

145 • I PANTALONI CON UNA GAMBA SOLA

Quando non sfasciava stanze d'albergo, si buttava con la macchina in piscina o faceva esplodere le tazze del cesso, Keith Moon si divertiva con lo scherzo dei pantaloni. Sceglieva un grande magazzino come Marks and Spencers e poi chiedeva a due suoi amici, un uomo e una donna, di fare il loro ingresso in scena. La coppia si avvicinava a una commessa e chiedeva un paio di pantaloni da uomo molto resistenti. La commessa mostrava loro i più forti che aveva, ma la coppia si mostrava scettica.

"È sicura che siano davvero resistenti?"

"Certo, signore."

I due cominciavano a tirare, uno una gamba uno l'altra, con la preoccupazione della commessa che cresceva rapidamente. A questo punto entrava in scena Keith Moon.

"Ci penso io a farvi vedere quanto siano resistenti."

Cominciava a tirare violentemente una gamba, con l'altro complice che tirava ancora più forte. A un certo punto, inevitabilmente, i pantaloni si strappavano in due. A volte la commessa scoppiava in lacrime dicendo: "Ora toccherà a me pagarli". Altre volte interveniva la security pretendendo il pagamento dai clienti. A quel punto Keith dava in escandescenze, ma quando la security era pronta a chiamare rinforzi, ecco che entrava in scena Neil, l'autista degli Who, che chiedeva con gentilezza alla commessa: "Scusi, vendete per caso pantaloni con una gamba sola? Li pago bene".

Nello sbigottimento generale, Neil s'illuminava per i pantaloni rotti in due, li portava alla cassa offrendo cinque sterline (che nei primi anni Sessanta erano una bella cifra per un paio di pantaloni) e si faceva incartare separatamente le due gambe.

♪♪♪

146 • IL MAGO DEL LATO OSCURO DELLA LUNA

Che cos'hanno in comune *Il mago di Oz* e *The Dark Side of the Moon*?

Prima risposta, quella più logica: nulla.

Il mago di Oz è un bellissimo film del 1939 diretto da Victor Fleming, il regista di *Via col vento*, e ispirato al primo dei quattordici libri di Oz scritti dall'autore americano L. Frank Baum. Protagonista è Judy Garland, che lanciò il classico *Over The Rainbow*. *The Dark Side of the Moon* è un grandioso album dei Pink Floyd, l'ottavo della loro parabola, uscito nel marzo del 1973, dopo la separazione da Syd Barrett.

Ma la vita è tutto fuorché logica. Ed ecco che arriva la seconda risposta.

Esiste una teoria secondo cui *The Dark Side of the Moon* è stato scritto, concepito, ideato e registrato deliberatamente come colonna sonora del film *Il mago di Oz*. In pratica, album e scene sarebbero perfettamente sincronizzate, dunque se voi guardate il film e sotto mettete il disco come accompagnamento sonoro, vi renderete conto che le parole dei brani raccontano l'azione sullo schermo e che i cambi musicali sono perfettamente sincronizzati con i cambi di scena.

Follie?

Forse.

Però, se vi va, provate a farlo. Magari seguendo le istruzioni per l'uso che potete facilmente rintracciare in rete.

Del resto, non era *The Dark Side of the Moon* un concept album sulla follia?

♪♪♪

147 • FUOCO SUI DOORS

Sunset Boulevard. Jim Morrison e la sua fidanzata Pam stanno tornando a casa in macchina. Hanno appena registrato *Alabama Song*, scritta da Bertolt Brecht e Kurt Weill e suggerita al gruppo da Dorothy Fujikawa, fidanzata di Ray Manzarek. Jim è felice e, ovviamente, fatto. Si sporge dal finestrino e urla a squarciagola le note di *Light My Fire*. Non è ancora uscita, ma sente che quella canzone gli cambierà la vita.

Jim rimette la testa dentro la macchina, guarda Pam e dice: "Dobbiamo tornare indietro".

Ha lo sguardo allucinato e terrorizzato.

"Indietro dove?", chiede Pam.

"Agli studi."

"Perché?"

"Sta andando tutto a fuoco."

"Cosa?" Pam non capisce.

"I nastri. Qualcosa non va. Sento che stanno bruciando."

E prima che Pam possa abbozzare una reazione, Jim pesta il piede che Pam ha sull'acceleratore e le prende il volante. Per miracolo riescono a evitare lo scontro con altre macchine che provengono dalla direzione opposta. Ora stanno viaggiando verso i Sunset Sound Studios.

Sono chiusi. Jim non si preoccupa. Scavalca il cancello. Corre verso la porta dello studio. Pam lo segue, ma non riesce a stargli dietro.

Jim apre la porta. Merda, ha davvero ragione, pensa Pam. La stanza è invasa dal colore rosso.

Pam vede Jim prendere una pompa antincendio e aprirla, inondando il rosso che si trova al centro della stanza. Il rosso sembra più forte, Jim pensa che il fuoco vince sempre, ma stavolta no, non può essere perché c'è in ballo il futuro dei Doors.

Finalmente si spegne.

E solo allora Jim Morrison si accorge che era una luce da lavoro, una di quelle luci che usavano negli studi cinematografici degli anni Quaranta.

Nessuna fiamma, nessun fuoco, nessun incendio.

Ora Jim è ancora più spaventato.

Esce dalla stanza di corsa.

"Filiamocela", dice a Pam.

"Hai spento l'incendio?", chiede lei.

"Sì, tranquilla, andiamo via."

I due scavalcano il cancello, ma Jim è troppo agitato. Uno stivale, quello sinistro, rimane incastrato tra le sbarre.

Il giorno dopo, Tutti Camarata, il proprietario degli studi, convoca i discografici dell'Elektra e dice: "Ieri è successo un casino. Sapete a chi appartiene questo stivale?".

L'Elektra non risponde. I discografici sorridono e dicono, semplicemente: "Paghiamo noi".

148 • NOEL GALLAGHER E PAUL MCCARTNEY

Noel Gallagher era buon amico di Stella McCartney, figlia di Paul e Linda, stilista di gran moda, donna di gran palle, se nel 2007 ha lanciato una collana con un ciondolo a forma di gamba, una sola, tanto perché fosse chiaro il riferimento a Heather Mills, la modella che aveva perso una gamba in un incidente stradale ma che aveva guadagnato 31 milioni di euro dal divorzio con lo Scarafaggio. Non male, anche se meno di quanti lei pensava, visto che la fortuna di Paul ammontava ufficialmente a 540 milioni di euro, sebbene qualcuno sia sicuro che siano molti di più.

Stella McCartney accompagnò una volta Noel Gallagher da suo padre Paul.

Macca disse: "Gli Oasis mi ricordano molto ciò che eravamo noi, sia nel sound che nell'aspetto".

Gallagher replicò ridendo: "Ci credo, abbiamo speso una fortuna per assomigliare ai Beatles".

Poi leggenda vuole che McCartney abbia detto: "Però tra poco rimarrete senza più riff dei Beatles da rubare".

E Noel: "Naaa, ci sono ancora tutti i dischi pirata...".

♪♪♪

149 • STING e ARETHA FRANKLIN

Sting non ha un carattere facile. Non appartiene alla categoria dei modesti e nemmeno degli amiconi. È comprensibile. È un grande artista, ha talento a chili e carattere forte. Non si fa problemi nel dire ciò che pensa, anche quando impopolare. Una volta Bruce Springsteen ha raccontato che Sting gli ha spiegato cosa non funzionasse nelle sue canzoni e come avrebbe dovuto provvedere. E tutti i fan del Boss, a partire dal sottoscritto, si sono indignati.

A Sting poche volte è capitato di trovare persone più arroganti di lui. E poche volte è andato a omaggiare altri artisti.

Una volta è successo con Aretha Franklin, di cui lui e la moglie Trudie Styler erano e forse ancora sono grandi fan.

Sono andati nei camerini a salutarla.

Aretha Franklin non voleva incontrare nessuno. Era stanca e scazzata.

"Sai che non mi piace incontrare gente dopo i concerti", dice al suo manager.

Il suo manager le suggerisce di fare un'eccezione. "Fuori c'è Sting."

Alla fine Aretha cede, malvolentieri. Esce.

Va incontro alla coppia.

È Trudie a parlare e a prodigarsi in complimenti.

Sting sempre muto. Aretha sempre scazzata. Vorrebbe essere da un'altra parte.

A un certo punto, Trudie lo presenta: "Mio marito Sting". Poi aggiunge: "È il leader dei Police".

E Aretha: "Ah, e che musica fate?".

♪♪♪

150 • MICK JAGGER, JOHN LENNON E BEBE BUELL

Si chiama Bebe Buell, ed è stata una delle più famose groupies della storia, perché è stata con i più grandi, ma anche perché era una via di mezzo tra una fidanzata e una groupie. È stata l'unica della sua generazione ad avere rapporti lunghi e consolidati, seppur aperti a infinite trasgressioni. Dal 1972 al 1989 è stata la compagna di Todd Rundgren, ma durante quel periodo ha vissuto mille storie parallele, la più famosa con Steven Tyler degli Aerosmith che produsse, nel 1977, la nascita di Liv.

Oltre a essere la mamma di Liv Tyler, Bebe è stata a lungo anche la groupie preferita di Mick Jagger e David Bowie.

Lei e Mick si incontrano per la prima volta a un concerto di Eric Clapton. Mick la corteggia per tutto il tempo, facendo andare Rundgren su tutte le furie.

Il giorno del suo ventunesimo compleanno, con Todd impegnato in studio di registrazione, Bebe riceve una telefonata.

È Mick Jagger che le fa gli auguri e poi le rivolge una domanda: "Se potessi uscire con tre persone, stasera, chi sceglieresti?".

Bebe risponde: "Einstein, Picasso e John Lennon".

Jagger ride: "Be', come sai uno è morto e un altro è piuttosto in là negli anni. Che ne dici se, tanto per cominciare, usciamo a cena io e te?".

Bebe accetta. Jagger la porta in un ristorante giapponese, poi, prima di riaccompagnarla a casa, le chiede se può fare un salto da un amico.

Bebe dice di sì.

I due salgono le scale. In cima c'è un uomo che, con una chitarra in mano, intona "Happy Birthday!".

È John Lennon.

Mick Jagger abbraccia Bebe e dice: "Dei tre era il più facile da trovare...".

♪♪♪

151 • QUANTO SEI DAVVERO MALVAGIO?

Baton Rouge è la seconda città della Louisiana dopo New Orleans. È un posto dove gli abitanti sono tagliati con l'accetta e non si fanno problemi nel dichiarare guerra a chi non amano. Del resto, Baton Rouge deve il suo nome a un cipresso che delimitava il confine tra i territori di caccia fra due tribù, al cui tronco pendevano animali uccisi che, con il loro sangue, coloravano di rosso la corteccia.

Interno giorno. Un uomo del Sud, di quelli vecchia maniera, sta mangiando con la sua famiglia. Ha la pancia con il doppiofondo, baffi duri e sguardo di anni di liquore a buon mercato.

Sid Vicious è seduto al tavolo a fianco.

L'uomo lo riconosce. Ha visto la sua foto sul giornale, perché i Sex Pistols ieri hanno suonato qui.

"Così tu sei quello che si fa chiamare Vicious?", dice. Poi si spegne una sigaretta sulla mano. "Ma dimmi, quanto sei davvero malvagio?"

Vicious non reagisce alla provocazione.

L'uomo insiste: "Avanti, stronzetto. Dimmelo. Fammi vedere quanto sei malvagio".

Sid si alza e va al tavolo dell'uomo, estrae il suo coltello, si fa un taglio enorme sulla mano e gli fa colare il sangue sulla bistecca e sulle uova.

L'uomo si alza e porta via la famiglia.

Per una volta ha vinto la vecchia Inghilterra.

♪♪♪

152 • DEBBIE HARRY SFUGGE AL SERIAL KILLER

Primi anni Settanta. Debbie Harry è ancora un'adolescente, i Blondie lontani da venire. È tardi, lei è nel Lower East Side, la zona ispanica di Manhattan, piena di locali giusti, ma poco raccomandabile soprattutto a quell'ora della sera. Anzi, è già notte. Debbie vuole raggiungere un club dove si fa buona musica. È a pochi isolati di distanza, ma preferisce un taxi invece di camminare. Più sicuro.

Nessun taxi nei paraggi, come in ogni film dell'orrore che si rispetti.

Accosta una macchina bianca.

Alla guida c'è un ragazzo.

"Vieni, ti do un passaggio."

Lei continua ad aspettare che si materializzi un taxi, che come sapete a New York non si chiamano al telefono ma direttamente in strada.

Niente, nessun taxi.

Alla fine Debbie sale.

È piena estate e Debbie si stupisce che i finestrini siano tirati su. Fa per aprirli, ma si rende conto che non è possibile. Non c'è la manopola che alza e abbassa il finestrino, non c'è la maniglia per aprire la porta. Tutto è stato staccato.

Debbie comincia ad avere paura. Riesce in qualche modo ad aprire la porta con una spallata secca, forte. Comincia a correre per le strade di New York, sperando che quel ragazzo non la insegua.

Quindici anni dopo, vedendo una foto sul giornale, scoprirà che quel ragazzo era Ted Bundy, un serial killer giustiziato sulla sedia elettrica in Florida.

E anche se Ann Rule, autrice di un libro su Ted Bundy sostiene che in quegli anni il serial killer non si è mai affacciato a New York e mai avuto quel tipo di macchina, la storia fa comunque paura.

♪♪♪

153 • ZOPPICA, STRONZO, ZOPPICA

Jack Good non usava mezzi termini. A lui piaceva il sangue, anche metaforicamente.

Aveva investito la sua reputazione su quel cantante e sul suo handicap e adesso cosa faceva? Cercava di nascondere i suoi problemi?

"Zoppica, stronzo, zoppica."

Nell'aprile del 1959 Jack Good, il più famoso produttore televisivo britannico che aveva introdotto il rock and roll su larga scala con il suo programma *Oh Boy!*, era alla ricerca di qualcosa di nuovo. Le star inglesi non gli bastavano più. Troppo finte, troppo leccatine. Così aveva annunciato con grandi squilli di tromba che da lì a poco avrebbe messo sotto contratto le più grandi star americane. L'Inghilterra era impazzita, pensando a Elvis e ai suoi accoliti. Ma ben presto Jack Good si era scontrato con la dura realtà: nel 1959 le stelle americane del rock cercavano di fare cassa in patria e non ne volevano sapere di spostarsi in Europa.

L'unico disponibile era Gene Vincent, che aveva avuto successo con *Be Bop A Lula*, ma che era presto finito nel dimenticatoio: colpa di una causa legale con la sua agenzia, di un'incapacità congenita di rapportarsi con la stampa e con i disc-jockey e soprattutto colpa della sua gamba, che era stata quasi recisa all'altezza della tibia in un incidente in moto nel 1955.

Jack Good aveva detto: "Proviamo". E aveva fatto venire Vincent in

Inghilterra. A Heathrow aveva anche preparato una grande accoglienza, reclutando un centinaio di ragazzine che non sapevano chi fosse Gene Vincent, ma che avrebbero finto di saperlo in cambio di qualche sterlina.

"Punto su di te", aveva detto Jack Good a Gene Vincent. E Vincent si era sentito per la prima volta un vincente. E alla sua prima apparizione in televisione aveva fatto di tutto per nascondere il suo problema alla gamba, come rispetto verso quell'uomo che credeva tanto in lui.

Ma si era ricreduto. Jack Good l'aveva scelto proprio per quello. Perché era uno storpio maledetto che poteva colpire l'immaginazione della gente. Per questo Jack Good continuava a gridargli: "Zoppica, stronzo, zoppica".

♪♪♪

154 • KURT COBAIN E COURTNEY LOVE

Los Angeles. I Nirvana sono in città per registrare *Nevermind*, l'album che avrebbe segnato un'epoca e cambiato per sempre la storia della band di Aberdeen. Kurt Cobain entra in un locale e la prima persona che vede è Everett True, giornalista musicale inglese che ha seguito da vicino la nascita del grunge e la scena di Seattle. Lui e Kurt sono molto amici. Kurt si avvicina: "Ehi, come va? E chi è questa ragazza che è con te?".

Lei è Courtney Love, ubriaca persa, come Everett del resto. Guarda Kurt e comincia a urlare: "Ti conosco. Sei Kurt Cobain e sei uno stronzo".

Poi gli tira un pugno nello stomaco, che all'epoca era il modo solito con cui si salutavano i rocker alternativi. Kurt perde l'equilibrio e trascina a terra con sé Everett True e Courtney. Finiscono sul pavimento, avvinghiati e ubriachi, anche un po' fuori. Alcuni uomini della sicurezza si avvicinano, ma Courtney urla: "Non lo toccate. Lui è una cazzo di rockstar". Cobain la prende per il collo in modo affettuoso. Poi i tre si rialzano e vanno a bere qualcosa insieme.

Questa è la vera storia del primo incontro tra Kurt Cobain e Courtney Love.

Niente amore a prima vista, nessuna folgorazione, nessun colpo di fulmine, come ha più volte ricordato Courtney.

Solo un insulto, un pugno nello stomaco e una lotta greco romana a terra, nella Città degli Angeli.

♪♪♪

155 • ERIC CLAPTON E GESÙ CRISTO

Siamo nel 1969. Eric Clapton è in tour in America con i Blind Faith. Eric è in camerino, che stranamente non è presidiato da nessun manager o responsabile della sicurezza.

Entrano due sconosciuti.

Eric li guarda.

"Siamo cristiani", dicono. "Possiamo pregare con te?"

Eric è colto alla sprovvista. Dice va bene.

"Ti puoi inginocchiare con noi?", chiedono.

Eric si inginocchia e comincia a pregare.

Come racconterà lui stesso a Steve Turner, anche lui profondamente cattolico, quell'esperienza lo fa stare stranamente bene, come se una luce molto forte, quasi abbagliante fosse entrata dentro di lui.

I tre si rialzano.

Eric torna al suo essere musicista. "Non sono cristiano, non credo in Dio. Credo nel rock e nel blues."

Vuole mostrare ai due sconosciuti il Dio che ha adorato fino a quel momento.

Va verso un poster di Hendrix, ma scopre che al suo posto c'è un poster di Gesù Cristo.

In quel momento Eric Clapton si converte al cristianesimo, senza lontanamente sospettare che il ritratto sia stato sostituito apposta da uno dei due sconosciuti.

♪♪♪

156 • IL PRIMO ORGASMO DELLA SACERDOTESSA

Patti Smith, sacerdotessa del rock, sta tornando da scuola. Entra in casa e sente suo padre urlare come non ha mai fatto prima. "Gesù Cristo! Gesù Cristo!" Corre in salotto con un po' di timore. La televisione è accesa. Sullo schermo c'è una band che suona all'*Ed Sullivan Show*, mentre suo padre continua a inveire e bestemmiare. Come racconterà Patti in *The Rise of the Sacred Monsters*, "papà sbavava come un cane, non l'avevo mai visto così, ma ben presto persi il contatto con lui, la band era implacabile come la morte, ero intrappolata in un campo di puntini incandescenti, il chitarrista aveva i brufoli, il biondo inginocchiato aveva gli occhi cerchiati, uno aveva i capelli unti, l'altro se ne fregava e il cantante esibiva il suo secondo strato di pelle e sembrava un ragazzino. Trapassai i suoi calzoni con uno sguardo a raggi X. Era un bel pezzo di carne. Era una puttana. Cinque ragazzi bianchi sexy come negri. Avevano i nervi tesi e avevano l'uccello in tiro. In sei minuti quelle cinque immagini cariche di lussuria provocarono la prima perdita orgasmica nelle mie mutandine di vergine. Avevo le mutande bagnate e i Rolling Stones avevano redento l'uomo bianco per sempre. Non c'era da stupirsi che il Dio cristiano censurasse quell'immagine".

Questo fu il primo orgasmo di Patti Smith, mentre guardava i Rolling Stones incendiare l'*Ed Sullivan Show* con *Time Is On My Side*.

♪♪♪

157 • VERNICE NELLE PUPILLE

Tra le apparizioni televisive che hanno lasciato un marchio indelebile, c'è sicuramente quella dei Police all'*Old Grey Whistle Test*.

Sting si era presentato con occhiali da sole giganteschi e lanciava continuamente la testa all'indietro, come se avesse un tic nervoso. Molto cool. L'indomani tutti i ragazzini inglesi andarono a comprare occhiali da sole enormi e impararono a muovere la testa come lui, come fossero, per usare le parole dello stesso Sting, "malati mentali affetti da spasmi facciali".

Quello che i ragazzini non sapevano di quell'esibizione destinata a entrare nella storia era l'antefatto.

Sting è alle prove, un'ora prima dello show tv. Chiede alla truccatrice se ha della vernice argentata.

Lei tira fuori un barattolo e chiede: "Vuoi che te la metta io?".

Sting risponde che non è il caso.

Prende il barattolo e se lo punta alla testa. Non esce nulla. Prova di nuovo. Ancora nulla. Lo scuote, sente che è pieno. Guarda più da vicino il foro di emissione, a non più di cinque centimetri dagli occhi, e senza rendersene conto preme il bottone dell'erogatore che gli spruzza la vernice nelle pupille.

Sting urla come un forsennato, non vede più nulla, lo show televisivo è in pericolo.

Si tenta di salvare la serata. Accanto agli studi della BBC c'è una clinica oculistica, dove gli spruzzano un po' di anestetico e gli dicono che ha riportato ustioni chimiche e che in quelle condizioni non è opportuno andare in televisione sotto le luci dei riflettori.

"Datemi un paio di occhiali!", urla Sting.

Stewart Copeland gli offre i suoi, ma sono enormi.

Non importa, a mali estremi, estremi rimedi.

Inizia la diretta, Sting canta tra dolori atroci. Gli occhiali sono sempre sul punto di cadere, essendo troppo grandi e Sting, per tenerli su, avendo entrambe le mani occupate sul basso, lancia continuamente la testa all'indietro per evitare che cadano.

Niente di cool. Solo una necessità per evitare che tutti vedessero i suoi occhi martoriati.

♪♪♪

158 • APPETITI INSAZIABILI

D'accordo, è difficile trovare una rockstar a cui non piacciano le donne, a meno che abbiano altri orientamenti e ci sta tutto. Ma le rockstar che amano le donne le amano molto diversamente da come le amava Truffaut. Si lanciano su di loro come Pacman si lanciava sui puntini, per divorarle tutte. Metaforicamente s'intende.

Billy Idol non fa eccezione, anzi. Per lui, come per molti altri, la donna non è solo un piacere: è una malattia da cui è bello non guarire. È una dipendenza, più che una droga. Tra l'altro, è meglio di una droga perché fa meno male. La sola controindicazione è se la tua fidanzata ti scopre. Ma Billy Idol è furbo e non si fa beccare mai. Quasi mai.

Anche dopo la nascita di suo figlio Willem, nel giugno del 1988, nato dalla sua unione con l'attrice e cantante (anche nei Visage) Perri Lister, Billy Idol continua a coltivare il suo harem di donne disponibili a tutto. Sembra che il suo appetito sia insaziabile.

Ha appena finito di fare l'amore con Perri che già sogna di uscire con un'altra. È lì in piscina, con Perri che si riposa e abbronza, e con il suo manager, ma non c'è niente da fare. Ha voglia.

E ha un'idea.

"Vado a telefonare a un amico e gli chiedo se ha voglia di fare un giro con me in moto", che è l'altra grande passione di Billy, la terza dopo le donne e la musica, rigorosamente in questo ordine.

Perri dice okay amore, il manager dice okay Billy.

Billy entra e va a telefonare dalla stanza del figlio.

Prende un appuntamento con una delle sue fiamme.

Torna in piscina e dice: "Tutto a posto, vado a fare un giro in moto".

Perri gli lancia un bicchiere contro. Lo insulta.

Billy Idol è stupito e pensa: "Ma come ha fatto a capire che non ho chiamato un amico?".

Guarda il suo manager e il suo manager dice: "Billy, il baby monitor", ovvero quell'aggeggio che ti fa sentire cosa succede nella stanza dove c'è tuo figlio anche quando tu sei in un'altra. Utile per tutti i papà, meno uno.

♪♪♪

159 • QUELL'IDEA ASSURDA DI ABORTIRE

Nessuno voleva il bambino. Se non lei, Sinead O'Connor, che pure aveva diciannove anni e non pensava di diventare madre così presto. Però era successo, e se Dio, o chi per lui, aveva deciso così, era giusto assecondarlo.

Nessuno voleva il bambino. Nemmeno il padre, John Reynolds, batterista dei Transvision Vamp. Sinead lo portò, sono parole sue, in un caffè squallido e deprimente e davanti a una tazza di tè schifoso, gli disse che era incinta. Lui la prese male, ma alla fine accettò la decisione di Sinead di tenerlo.

Nessuno voleva il bambino. Nemmeno la casa discografica di Sinead. Quando seppe di essere incinta, andò a dirlo al medico della casa discografica, che informò subito i vertici dell'etichetta, i quali pregarono il dottore di convincerla ad abortire. Lui ci provò, dicendo che la casa discografica aveva investito 120.000 sterline su di lei e una gravidanza avrebbe potuto rovinare tutto.

Sinead O'Connor tenne duro e portò alla luce Jake. E finì a tempo di record il suo debutto, *The Lion and the Cobra*, disco bellissimo che vendette una fucilata di copie, dimostrando che la nascita di un figlio non è mai una pena e nemmeno un rallentamento, semmai un dono degli dei.

♪♪♪

160 • LA FAMIGLIA BIONDA

San Francisco è la più europea di tutte le città americane. Sì, spesso fa freddo anche d'estate – a Mark Twain è stata attribuita la frase: "L'inverno più freddo della mia vita è stata un'estate a San Francisco" – ma quando c'è il sole e la nebbia tarda ad arrivare sopra il Golden Gate, è meraviglioso passeggiare per le strade in salita, mangiare un boccone a North Beach o bighellonare tra Haight e Ashbury. O mangiare all'aperto in uno dei tanti parchi della città.

Le ragazze sono lì. Sono tutte amiche e hanno messo in piedi una band con cui hanno intenzione di conquistare il mondo, perché così si deve fare, mirare in alto perché per colpire l'aquila bisogna puntare la luna.

Non sono ancora famose, ma sono vestite come se già lo fossero. Stracciate come stelle del grunge, brillanti come figlie del punk. Stanno mangiando delle pizze. Ne avanzano un po', perché erano belle grandi. Arriva una famiglia. Madre, padre e figlio. Tutti biondi e belli. Il ragazzo vede la pizza avanzata e si avvicina alle ragazze per prenderne un po' e gettarla agli uccellini. I genitori lo fermano. Il padre dice: "Non toccare. È tutto sporco". Prende il bimbo per mano e si allontana, non prima di aver gettato un ultimo sguardo schifato alle ragazze. La famiglia se ne va, bella e bionda. Le quattro ragazze si guardano. Una di loro dice: "Ora abbiamo il nome della band, perché noi sappiamo chi non vogliamo essere. Non vogliamo essere loro".

Sono appena nate le 4 Non Blondes. Le 4 non bionde.

♪♪♪

161 • ELETTROSHOCK PER LOU REED

I suoi genitori sono preoccupati. Lo sono tutti per i propri figli, ma loro lo sono di più. Ebrei benestanti, ben inseriti nella comunità di Long Island, quel figlio non lo capiscono proprio. Lewis Firbank Reed, anche se loro lo chiamano Lou. È ribelle, odia gli ordini e qualsiasi autorità, ha modi effeminati, si diverte a provocare e, per di più, ama quella musica del demonio, il rock and roll. Siamo nel 1959 e nel vicinato tutti parlano male di lui, lo scansano, ne hanno paura. I genitori di Lou Reed lo convincono a farsi vedere in un ospedale psichiatrico. Lui pensa tanto cosa vuoi che mi facciano, i pazzi veri sono loro, io sto benissimo. Quello che Lou Reed non sa è che in quegli anni il rimedio preferito dei medici per casi come quello si chiama elettroshock. Per due mesi lo sottopongono a scariche elettriche che gli fanno perdere il senso dell'orientamento e la memoria. Per quasi un anno Lou Reed non sarà più in grado di leggere un libro, perché, "arrivavo a pagina 17 e non ricordavo più cosa avevo letto, così ero costretto a ricominciare".

È questo limite a spingerlo decisamente verso la musica. Avrebbe voluto fare l'attore, ma la cattiva memoria lo spinge a scrivere piccoli monologhi in musica e poi a cantarli, anche se ritiene di non avere la voce giusta. La sua cattiva memoria è insomma una fortuna per tutti noi. Nasce il fraseggio alla Lou Reed, un incrocio tra il *singing* e il *talking*. Destinato alla gloria.

♪♪♪

162 • SUI TESTICOLI

Promozione di un disco dei Darkness. Molti vanno da Justin Hawkins, un ragazzo fila invece dritto dal batterista Ed Graham, il suo eroe. Ha con sé un cane imbalsamato. Chiede al musicista di poterlo autografare. Ed è stupito e incuriosito.

"Perché proprio sul cane?"

Il ragazzo racconta la sua storia. "Perché apparteneva a mia nonna. Io con lei non andavo d'accordo. Per niente. Odiavo anche il cane, questo cane. Quando è morto non ero dispiaciuto. Però mia nonna l'ha fatto imbalsamare, così ce l'avevo ancora davanti tutti i giorni. Poi è morta anche mia nonna. Prima di morire mi ha pregato di prendermi cura del cane. E io adesso mi sento in colpa per non essere mai andata d'accordo con mia nonna e perché non mi è mai piaciuto il cane."

Ed Graham guarda il ragazzo e chiede: "E quindi? Cosa c'entro io?".

Il ragazzo risponde: "Se me lo autografi, sono sicuro che mi sentirò in pace con il mio passato".

Ed prende in mano il cane.

"Dove vuoi che firmi?", chiede.

"Sui testicoli", risponde il ragazzo.

Così Ed Graham prende il pennarello e scrive E su un testicolo e D sull'altro.

Il ragazzo va via contento.

Forse sua nonna sorride.

♪♪♪

163 • MORTIMER

Edna, detta Rassy, la madre di Neil Young, era molto carina e disponibile e ogni volta che il figlio doveva andare a suonare da qualche parte lei gli imprestava la sua macchina, una Ensign costruita dalla Standard Motors. C'era un solo problema: l'auto era veramente piccola e ogni volta si doveva faticare un casino per farci stare tutti gli strumenti.

Un giorno, nel 1963, Neil lesse un annuncio sul giornale: vendesi carro funebre Buick del 1948. Ecco quello che serviva: un carro funebre per trasportare gli strumenti. Neil andò con sua madre all'obitorio. Ce n'erano due in vendita, praticamente identici. Unica differenza la bordatura di velluto interna, una era blu l'altra bordeaux. Le tendine sul retro erano deliziose, il cruscotto era di velluto damascato, il portellone posteriore era enorme e un sistema di rotelle permetteva alle bare di entrare e uscire con grande facilità, l'ideale dunque per trasportare amplificatori e impianti audio. Erano in perfette condizioni: d'altronde, pensò Neil, per l'uso che ne fanno, ovvio che i carri funebri sono sempre in buone condizioni. Costavano 125 dollari. Neil Young scelse quello con gli interni blu. Edna detta Rassy pagò e Neil ebbe il suo primo carro funebre. Lo chiamò Mortimer. Ora la band del giovane Young, gli Squires, aveva il furgone più figo che potesse esserci. Bello da morire.

♪♪♪

164 • LIV E STEVEN

"Come stai papà?"

"Bene, bimba."

"Bene davvero?"

"Certo. Ne sono fuori."

"Da tutto?"

"Da tutto."

"Davvero, papà?"

"Ehi, ti ho mai raccontato bugie?"

"Sì, papà."

"Già, ma stavolta è diverso."

"Che meraviglia. E davvero vieni alla prima?"

"Te l'ho promesso e vengo."

"Grande. Ci vediamo stasera."

Liv Tyler mette giù il telefono con due ottime notizie.

La prima: suo padre, Steven Tyler, cantante degli Aerosmith, si sta disintossicando da alcol e droghe, forse è già disintossicato, come dice lui.

La seconda: stasera ci sarà anche lui alla prima del film *Lord of the Rings: The Return of the King* dove lei interpreta il ruolo di Arwen, principessa degli Elfi di Gran Burrone.

C'è grande attesa per il film. E anche per l'arrivo di Steven Tyler, che dà un ulteriore tocco glamour alla serata.

Liv è ansiosa di vederlo arrivare.

Eccolo.

Non sembra proprio in grande forma, ma pazienza, almeno è venuto.

Si siedono vicini.

Il film inizia.

Dopo un quarto d'ora Steven Tyler si addormenta, anzi crolla addormentato.

Non per colpa del film noioso, ma per le troppe sostanze in corpo.

Non è esattamente fuori.

Non ancora.

♪♪♪

165 • VOGLIO UNA VITA COME STEVE MCQUEEN

Nel 1979 Steve McQueen si trasferì a Santa Paula, in California, con la sua futura moglie Barbara. In un primo momento scelse come abitazione un luogo piuttosto singolare: l'hangar del Santa Paula Airport dove teneva il suo biplano personale, poi si trasferì in una villa in South Mountain Road, appena fuori città.

Il dirimpettaio di Steve McQueen era Keith Moon, uno dei pochi uomini al mondo che possono dire di avere avuto una vita più spericolata di quella di Steve McQueen.

Steve McQueen non sopportava il batterista degli Who. Era nell'ultima fase della sua vita e chiedeva un po' di tranquillità. Una cosa in particolare lo infastidiva: la luce del bagno di Keith Moon che entrava direttamente nella sua stanza da letto e, rimanendo accesa tutta la notte, gli impediva di dormire.

Steve McQueen disse a Moon di spegnerla. Lo disse una volta, due volte, tre volte, quattro volte, cinque volte.

Forse preoccupato dall'idea di doverlo ripetere una sesta volta, imbracciò il suo fucile, aprì la finestra e fece fuoco sul lampadario del bagno di Keith Moon, poi bevve un ultimo sorso di birra e tornò a letto, tranquillo come non mai.

E che cazzo. In fondo era pur sempre Steve McQueen.

♪♪♪

166 • TRIANGOLI EQUILATERI

David Bowie è un uomo molto coraggioso, che si dice abbia chiesto la mano della sua futura moglie chiedendo: "Prima domanda, vuoi sposarmi? Seconda domanda, riesci a sopportare il fatto che io non ti ami?".

Prima di convolare a giuste e bisessuali nozze, David e Angela hanno avuto lo stesso amante. Si chiamava Calvin Mark Lee. Angela lo aveva incontrato nel 1967. Veniva da San Francisco, aveva tratti asiatici, indossava abiti dai colori sgargianti che ricordavano l'Estate dell'Amore e che acquistava a Carnaby Street. Calvin lavorava come A&R alla Mercury, l'etichetta che metterà sotto contratto Bowie in America.

Fu lui a portare Angela a un concerto dei Feathers, la band in cui militava Bowie prima di diventare solista. Dopo lo spettacolo, i tre andarono a cena, dove parlarono di musica, buddismo tibetano e bisessualità. Poi, accertato che avevano le stesse idee e gli stessi gusti soprattutto sul terzo argomento, finirono a letto insieme. Per un po' andarono avanti così, poi Angela e Bowie si sposarono. E la situazione rimase invariata.

♪♪♪

167 • IL REGGISENO ASCIUTTO DI GRACE SLICK

Grace Slick si vergognava. Le altre ragazze che erano sulla barca con lei e con David Crosby erano bellissime, magre, con una meravigliosa abbronzatura integrale, seni perfetti e capelli biondi. Lei era invece un piccolo mostro. O almeno così pareva a lei. Sul palco era diverso, lì sembrava a tutti una dea, ma qui era in pieno oceano, a navigare verso la Florida. Ci fosse la sua amica Janis Joplin, lei sì che capirebbe. Perché anche lei si sentiva bella quando era sul palco, poi tornava a casa, si guardava allo specchio e trovava mille difetti.

Grace Slick non aveva il coraggio di spogliarsi. Aveva i capelli bruni e una robusta peluria sulle braccia e sulle gambe, le ginocchia spelacchiate e due tette poco significative, per di più una molto più piccola dell'altra. Passò tutto il tempo della navigazione vestita, a immaginare di essere su un palco. Lì sì che si sarebbe svestita. Lì sì che sarebbe stata sicura di sé. Come quella volta a Los Angeles, concerto all'aperto. Cominciò a piovere e lei si tolse subito la camicetta e il reggiseno rimanendo mezza nuda. E rispondendo così al boato del pubblico: "Non mi piace che i miei vestiti si bagnino".

♪♪♪

168 • PEPERONCINI, SCULACCIATE E RAPPORTI ORALI

Baltimora. Due ore prima dell'inizio del concerto dei Red Hot Chili Peppers. Anthony Kiedis riceve una telefonata nella sua stanza d'albergo. Sembra che stia succedendo qualcosa di divertente nella stanza di Chad Smith.

Anthony mette giù la cornetta e lo raggiunge.

Chad è seduto sul divano, con in mano una spatola da cucina.

Sul tavolo tre ragazze, di cui due in topless. Chad le sculaccia con la spatola e poi getta monete sui loro seni, ordinando loro di tenere le monete in equilibrio.

Quando vedono Kiedis gridano: "Cantaci una canzone e balleremo per te".

Kiedis e gli altri Peppers ridono, poi si lanciano in una serie di versioni a cappella di canzoni loro e dei Led Zeppelin mentre Chad Smith continua a sculacciarle.

L'allegra comitiva finisce in bagno, dove le ragazze in topless si impegnano a soddisfare oralmente i Peppers. Tra un pompino e l'altro parlano tra loro e commentano dimensioni e buona riuscita dell'operazione.

Anthony guarda John e dice: "Vai, Baltimora, vai!".

Davvero una bella città.

♪♪♪

169 • GIOCHI DI MANO

Patricia Boughton ha una buona intesa sessuale con suo marito e una discreta parte della sua abilità a letto con lui dipende dall'uso della mano destra. Almeno questo è quello che sostiene il suo avvocato nella causa contro Rod Stewart.

Facciamo ordine.

È il 13 novembre 1990, siamo a Clarkston, nel Michigan. Rod Stewart sta incantando i 15.274 spettatori del Pine Knob Music Theatre, quello che oggi si chiama DTE Energy Music Theatre. Come spesso fa durante i suoi spettacoli, da bravo tifoso del Celtic innamorato del calcio, palleggia con un pallone e poi lo lancia verso il pubblico. Stavolta, però, imprime una forza eccessiva e il suo tiro va a sbattere contro la mano di Patricia, che si frattura il tendine del dito medio della mano destra.

Parte immediatamente la causa legale, che si concluderà con un verdetto di colpevolezza di Rod e il pagamento di 17.000 dollari più le spese processuali.

Ma a far scalpore non è la causa e nemmeno il verdetto. È la tesi dell'accusa. Gli avvocati di Patricia Boughton sostengono infatti che la loro cliente, dopo la menomazione alla mano, non è più stata in grado di soddisfare sessualmente suo marito, provocando di fatto la fine del matrimonio, dopo quattordici anni.

♪♪♪

170 • ELVIS E JERRY LEE

Sembra una scena da film noir. Davanti ai cancelli di Graceland si ferma una Lincoln Continental con i vetri oscurati. Spegne i fari. Non succede nulla. È solo una macchina di lusso parcheggiata davanti ai cancelli di una casa di lusso. Il problema è che quella casa è di Elvis Presley e gli addetti alla sicurezza non prendono mai nulla alla leggera. Si avvicinano, anche se già immaginano. Immaginano perché quella scena, anche se con un'altra automobile, l'hanno già vista la notte prima, il 22 novembre 1976.

Una Rolls Royce si era fermata ai cancelli di Graceland, ne era sceso Jerry Lee Lewis, che aveva chiesto di Elvis. Le guardie gli avevano detto che dormiva – erano le tre meno dieci della mattina. Lewis era risalito sulla Rolls ed era andato a schiantarsi pochi minuti dopo sulla Highway 51, a pochi chilometri dal confine con il Mississippi. Era stato arrestato per guida pericolosa, tasso alcolico elevato e perché senza patente, ma era stato anche presto rilasciato.

Ora, si torna daccapo. Ed è peggio della sera prima.

Le guardie si avvicinano alla Lincoln. Jerry Lee Lewis è al posto di guida. In una mano ha una bottiglia di Jack Daniel's, nell'altra una pistola calibro .38.

"Dite a Elvis che sono qui."

Le guardie vanno da Elvis, che è ancora sveglio.

Elvis valuta la situazione, la follia di Jerry Lee, il suo soprannome (The Killer) e decide per il meglio: "Chiamate la polizia", dice.

La polizia arriva e arresta Jerry Lee Lewis, che, mentre viene portato via, urla a Elvis: "Hai sempre avuto paura di me, fottuto Re del mio cazzo".

♪♪♪

171 • BOB DYLAN E PETER GRANT

Storia brevissima, storia bellissima.

Party a Los Angeles. Celebrità ovunque. C'è persino Bob Dylan, uno che alle feste ci va solo se è l'unico invitato.

Peter Grant si avvicina, gli offre la mano per una stretta e si presenta: "Sono Peter Grant, il manager dei Led Zeppelin".

Bob Dylan lo guarda, gli stringe la mano e poi dice: "Anch'io ho i miei problemi, ma non vado in giro a dirlo a tutti".

♪♪♪

172 • COCKSUCKER BLUES

Si chiamava Renée, aveva diciannove anni e voleva diventare una groupie. Aveva letto sul giornale la storia di quella ragazza che aveva avuto il coraggio di camminare sul cornicione del sesto piano di un albergo per entrare dalla finestra aperta nella stanza dove pensava dormisse Mick Jagger. Si era spogliata nuda e infilata sotto le coperte in attesa di Mick. In realtà, quella era la camera di un giornalista, ma piuttosto che niente, così si era fatto pure lui.

Renée era meno coraggiosa, ma non meno intraprendente. Frequentava una scuola per segretarie e a Philadelphia, in una data del tour del 1972 chiamato *Stones Touring Party*, un nome un programma, decise di seguire il percorso classico: si infilò nel backstage, fece conoscenza orale con due tecnici e finì come per magia catapultata nel film documentario di Robert Frank, *Cocksucker Blues*, e anche qui il titolo è più che emblematico: il blues della succhiacazzi. Nel film, a Renée fu chiesto di fare quello che il titolo prevedeva. Lo fece con tutti gli Stones e anche con altri membri dell'entourage.

Cocksucker Blues risultò alla fine così violento e pornografico che non fu mai distribuito né venduto. Un ordine di tribunale ne vietò categoricamente la proiezione, a meno che fosse presente il regista. La sentenza derivava da una divergenza di opinioni tra Robert Frank e il management degli Stones, che aveva sì commissionato il documentario, ma che non immaginava ritraesse in maniera così fedele le follie degli Stones, ai quali tutto era permesso ma senza metterlo in un film.

♪♪♪

173 • JIM MORRISON E LA BABY SITTER DI FRANK ZAPPA

La prima volta non ci era finito a letto, e questo era strano. Jim Morrison si era limitato a farsi con lei di Trimar, un tranquillante un po' particolare che, assunto in dosi massicce, procurava danni molto seri. E dire che Pamela Miller era bella da togliere il fiato. Era giovanissima, lavorava come baby sitter in casa di Frank Zappa e viveva con la sua amica Sandy in una casa a fianco di quella di Jim.

Jim ripensava spesso a lei. Prima o poi la incontrerò di nuovo, diceva.

Anche Pamela pensava a Jim. Lei era ancora vergine e la prima volta doveva essere con Jim. Così, il 18 febbraio 1967, andò all'Hullabaloo, un locale di Los Angeles tra il Sunset e Vine. Aveva un completino a strisce bianche e nere che aveva confezionato con le sue stesse mani e una boccetta di Trimar in mano, nel caso che Jim stentasse a ricordarla. Ma Jim si ricordava benissimo. Alle cinque del pomeriggio, in una pausa delle prove, la vide e le volò addosso, poi, poco prima dell'inizio dello show, la prese per mano e la portò in un ripostiglio sopra il palco, sulla cima di una scala traballante.

Jim tolse a Pamela il giubbotto di pelle, lo buttò per terra, la fece sdraiare e insieme cominciarono l'eterno rito dell'amore. Lei fece appena in tempo a dire: "Jim sono ancora vergine...", poi altre voci. Prima isolate, poi sempre più insistenti.

Jim Morrison uscì da Pamela e disse: "Cazzo, tocca a me"... Le note di *When The Music's Over* avevano già cominciato a diffondersi nella sala. Jim si precipitò giù dalla scala e nel mentre si abbottonava i pantaloni. Pamela, che non capiva cosa stesse succedendo, lo seguiva più lenta. Dopo pochi secondi Pamela si ritrovò sul palco, con il pubblico in delirio e l'uomo che fino a un minuto prima era dentro di lei che ruggiva come solo il Re Lucertola sapeva ruggire. I *roadies* la tirarono via di peso.

Dopo il concerto Jim disse: "Abbiamo una cosa in sospeso, ricordi?".

Divisero pane alle nocciole e succo d'arancia e poi si diressero in un motel per quella che sarà la prima e unica notte insieme di Pamela Miller e Jim Morrison.

♪♪♪

174 • PADRONA SIMONE

Tre Cool è pazzo. Impenitente burlone, a volte organizza scherzi che vanno al di là. Oltre, insomma. Come quando, durante le registrazioni dell'album *Warning*, decise che era arrivato il momento di punire Tone, il fonico ventenne. In realtà Tone non aveva fatto niente di sbagliato, ma andava punito egualmente. Come a militare. Cameratismo che sconfina nel nonnismo.

Tre Cool si fece dare il numero di telefono di una dominatrice di Hollywood, Mistress Simone, Padrona Simone, e le chiese se poteva sfogarsi sull'amico tecnico. Disse che a lui piacevano quelle cose, ma non aveva il coraggio di ammetterlo.

Padrona Simone arrivò in studio, cominciò a umiliare verbalmente Tone, poi gli sferrò un gran calcio nelle palle. Poi gli ordinò di mettersi a terra, supino, e di togliersi la maglietta. Quindi gli salì sul petto con i tacchi a spillo e passeggiò sopra di lui.

Tre Cool si divertì molto, il fonico un po' meno. Anche se Tre Cool ripete che, da allora, anche Tone è diventato amante del sadomaso. Ma, come al solito quando si ha a che fare con i Green Day, non si capisce se scherzi o parli sul serio.

♪♪♪

175 • MUTANDE NEL FRIGO

Il primo concerto in assoluto dei R.E.M. è a una festa, in una chiesa sconsacrata di Athens. Non si chiamano ancora così, non hanno nemmeno un nome anche se sulle locandine in città compare un improbabile Twisted Kites.

La chiesa è strapiena, il pubblico apprezza e chiede a gran voce il ritorno della band sul palco. Due bis. Quella sera, i futuri R.E.M.

cantano una ventina di canzoni, tra cui *God Save The Queen* e *Just A Touch*, che ricomparirà su *Lifes Riches Pageant*. Dopo il concerto, è il momento dell'alcol e del sesso, perché, anche se i R.E.M. non sono ancora famosi, se la cavano già piuttosto bene. Spariscono quindi dalla vista di tutti e si imboscano dove capita.

Alla fine della festa, Paul Butchart, che suonava nei Side Effects – l'attrazione principale di quella festa – torna nel furgone di suo fratello, apre il frigobar e dentro ci trova un paio di mutande. In quel momento arriva Peter Buck, leggermente stonato, che dice: "Qualcuno ha visto le mie mutande?".

Paul gliele mostra: "Sono forse queste?".

E Buck: "Oh, grazie. Ieri sono venuto qui a scopare, quando le ho tolte non sapevo dove metterle e le ho infilate nel frigobar. Ora saranno un po' fredde, vero?".

♪♪♪

176 • SENI NUDI E PENNARELLI

I Queen avevano entusiasmato il Giappone. Cinque concerti tutti sold out al Budokan di Tokyo e una città intera ai piedi di Freddie Mercury, al punto di chiudere al pubblico molti piani dei grandi magazzini, il Shibuya Seibu, per consentire a Freddie di acquistare decine di oggetti in totale tranquillità.

Dopo il Giappone era la volta del Sudamerica. Prima tappa, Argentina. Il production manager Chris Lamb andò in avanscoperta qualche giorno prima della band e si trovò nei guai alla frontiera dell'aeroporto.

Droga?

No.

Armi?

No.

Ubriachezza molesta?

No.

Il problema erano i pass. Sì, i pass.

I pass dei Queen per questo tour che univa Giappone e Sudamerica raffiguravano due ragazze, una giapponese e una sudamericana, che si dividevano una banana. Il problema non era tanto la banana con tutte le sue allusioni sessuali: era che le due ragazze erano a seno nudo e le leggi sulla pornografia erano al riguardo molto severe.

I funzionari argentini, che avevano scoperto i pass aprendo le valigie di Chris Lamb, dissero che erano costretti ad arrestarlo, ma sapevano che questo avrebbe significato la cancellazione del tour e di conseguenza una mezza rivoluzione.

Così, qualcuno ebbe un'idea. Se il problema dei pass sono i seni nudi, se li copriamo con un pennarello non sono più nudi.

Così Chris Lamb, production manager dei Queen, in quel 1981 forse la band più famosa al mondo, fu costretto a passare due ore a rivestire con un pennarello nero i seni delle due ragazze sui pass della band e dell'entourage.

♪♪♪

177 • ASCELLE

Ognuno hai i suoi gusti, soprattutto se siamo in campo sessuale. Io ho i miei, Iggy Pop ha i suoi. Sono strani entrambi, ma credo che a voi interessino di più quelli dell'Iguana. Allora sappiate che la parte del corpo femminile che lo eccita di più sono le ascelle, soprattutto se non depilate. Sappiate anche che la sua scopata preferita è stata quella volta con una ragazza che aveva la gamba ingessata, forse perché non poteva scappare. E sappiate infine che quella volta che è arrivato sul palco con il suo pisello di fuori e in mano, non era per provocazione, per eccitare il pubblico. No, era colpa del manager. Lui, Iggy, era nel backstage con una ragazza. Lei si era materializzata all'improvviso pochi minuti prima dell'inizio del concerto. Iggy aveva pensato che se un rapporto sessuale non fa male prima di una partita di calcio figuriamoci prima di un concerto, così si era lanciato sulla ragazza come Ginko vorrebbe fare su Diabolik. In quel momento, la band, la sua band, la band di Iggy, iniziava lo strumentale che precedeva l'arrivo dell'Iguana. Solo che l'Iguana non arrivava, perché era impegnato con la ragazza. Così, il manager era andato a vedere e si era anche un po' incazzato. E senza tanti fronzoli l'aveva preso per un braccio e tirato via e portato di peso sul palco, scaraventato sul palco. E il buon vecchio Iggy si era trovato lì, con quell'affare duro in mano. Mentre la gente gridava e saltava per quello che pensava essere un gesto punk, molto punk e che invece era tutt'altro. Per fortuna, la ragazza non aveva fretta. Poteva prima godersi il concerto e poi finire quello che il concerto aveva interrotto.

♪♪♪

178 • STING SUL LAMPIONE

L'album è di Julie London. S'intitola *Julie Is Her Name*, lei si chiama Julie, perché questo era il suo primo album, quindi una specie di biglietto da visita. Dicembre 1955. Dentro c'è *Cry Me A River*, che grazie a Julie diventerà un classico. In copertina c'è lei bellissima, con i capelli che sembrano prendere fuoco e un abito da sera molto scollato, così scollato che se la copri in basso con una mano, Julie sembra completamente nuda. Almeno questo è quello che pensa Sting, che quando scopre quella copertina è poco più di un bambino. Per cercare di calmare i suoi fermenti inguinali si arrampica sul lampione nel viottolo dietro casa, ma questo non fa altro che peggiorare la situazione. Sting rimane lassù, aggrappato al freddo lampione, per ore, senza trarre sollievo né giovamento. Un giorno scopre che si può dare una mano da solo ed è una scoperta che lo esalta e impaurisce, perché il senso del peccato lo avvolge come una coperta. Arriva addirittura a vedersi come uno degli angeli caduti sulla terra per il disonore. Non sa nemmeno che quella cosa normalissima si chiama masturbazione.

Non conosce il sesso e nemmeno la musica. Scoprirà entrambe le cose dopo qualche anno e scoprirà anche che sono da sempre intimamente legate. Come dirà il suo compagno di avventure nei Police Stewart Copeland, "ho perso la verginità la prima volta che ho suonato in un gruppo. Sono stato sbattuto da una ragazza sulla spiaggia alla fine del concerto. Aveva tre anni più di me e mi insegnò come fare".

In sintesi, il rock aiuta, eccome, anche senza la copertina di Julie London.

♪♪♪

179 • ROOM SERVICE

A John Bonzo Bonham piacevano i carrelli del room service, perché sopra ci potevi mettere tante cose. Anche esseri umani, non solo cibo e bevande. Ad esempio ci potevi mettere sopra Jimmy Page completamente nudo e ricoperto di panna montata, poi Bonzo poteva indossare un completo da cameriere e introdurre quella prelibatezza in una stanza piena di fan degli Zeppelin pronte a divorare tutto.

Oppure poteva fare quello che fece quella volta all'hotel Chateau Marmont di Los Angeles. Chiese a un membro della crew dei Led Zeppelin di procurargli un camice da medico, poi ordinò a una ragazza di nome Candy di spogliarsi nuda, quindi le disse: "Credo sia arrivato il momento dell'operazione, mia cara". Entrò nella stanza di Robert Plant, chiamò a raccolta anche Jimmy Page e John Paul Jones, poi sparì in bagno e tornò dopo un battito di ciglia con rasoio, pennello e crema da barba. Quindi tutti i Led Zeppelin si dedicarono a rasare le parti intime di Candy.

Alla fine dell'operazione, mentre Bonzo, Jones e Page si lanciavano sulla ragazza, si sentì l'urlo di Plant: "Bonham, come hai potuto? Hai usato il mio pennello da barba!".

♪♪♪

180 • PAUSA POMPINO

La media, a suo dire, era di cinque. Anzi, per dirla esattamente a modo suo, tre su cinque. Cinque donne a sera, con tre di loro aveva un rapporto completo, le rimanenti due si dovevano accontentare di una cosetta orale veloce veloce. In fondo, il tempo di David Lee Roth era quello che era, che diamine.

Trovare le ragazze era facile, i Van Halen erano sul tetto del mondo. Siccome David non voleva perdere tempo, distribuiva passi per i backstage ai suoi *roadies* e poi ordinava loro di scendere tra la folla a reclutare le più carine, poi ci avrebbe pensato lui, David, a scegliere. I *roadies* che procuravano le cinque giuste venivano ricompensati con 100 dollari.

Sempre secondo David, le città più disponibili erano quelle più puritane e bigotte. A Salt Lake City, ad esempio, era scontato che alla pausa pranzo del soundcheck arrivassero almeno cinquanta ragazzine a offrire un pompino.

Dura la vita delle star...

♪♪♪

181 • MINIGONNA E CALZE NERE

Martin Gore è nella sua forma migliore, ma ha scelto i vestiti meno adatti per dimostrarlo. Be', dipende. Non tutti stanno bene vestiti da donna. Martin Gore sì, almeno questo è quello che pensano lui e molte fan dei Depeche Mode. Non sono della stessa opinione gli addetti alla dogana dell'aeroporto che lo vedono arrivare con una cascata di capelli biondo platino, unghie finte lunghissime laccate di nero, minigonna di pelle nera e calze nere.

Gli addetti non lo riconoscono, anche perché Gore è stranamente solo, non attorniato da discografici, manager o dagli altri membri della band. Un poliziotto si avvicina a Gore e gli chiede di seguirlo.

Gore sorride e ovviamente non oppone resistenza. È abituato. Sa che succede spesso alle rockstar quando non sono riconosciute e sa che succede sempre alle rockstar quando sono riconosciute.

L'ufficiale di dogana è molto gentile.

"Mi scusi, ma dovremmo perquisirla."

Poi si ferma davanti alla porta. Ha un punto interrogativo sulla testa.

Squadra Martin Gore da capo a piedi, poi parla.

"Mi scusi, non ho capito bene. Devo aprirle la porta dello spogliatoio maschile o quello femminile?"

♪♪♪

182 • LA MIA SORELLINA

"Stasera al concerto viene anche la mia sorellina."

Lou Reed comunica agli altri membri dei Velvet Underground la notizia e poi esce dalla stanza.

Lou non dà peso a quello che ha detto, gli sembra una comunicazione come tante, ma John Cale e Sterling Morrison si guardano. Qualcosa si accende nei loro occhi.

La sorellina di Lou?

Mmm.

Decidono di scommettere, come si fa tra ragazzi.

100 dollari a chi se la fa per primo.

Cale e Morrison si stringono la mano.

Lou Reed rientra, scambia due chiacchiere sulla scaletta del concerto e poi esce nuovamente.

Cale e Morrison si guardano. Hanno pensato la stessa cosa.

Cale è il primo a parlare: "E se sua sorella assomiglia a Lou? Se è brutta come lui?".

Sterling Morrison riflette un attimo, poi ha la soluzione: "Se è brutta, facciamo 200 dollari".

♪♪♪

183 • ELVIS PRESLEY E TONY CURTIS

Siamo negli studi della Paramount Pictures. Tony Curtis, l'indimenticato protagonista di infiniti film depositati nella memoria collettiva, sta facendo una passeggiata durante la pausa pranzo. Passa davanti a un camper, uno di quelli dove solitamente riposano gli attori quando non stanno girando la scena di un film, e la porta si apre. Ne esce Elvis Presley.

Elvis è raggiante: "Mister Curtis, per favore, potrebbe entrare e conoscere i miei amici? Il mio nome è Elvis Presley ed è un grande piacere per me incontrarla".

Tony Curtis entra. Elvis, felice come un bimbo, lo presenta a tutti, poi dice: "Mister Curtis, fin da quando ero bambino...".

Tony Curtis lo interrompe: "Per favore, non mi chiami Mister Curtis".

Elvis dice: "Benissimo, come posso chiamarla?".

"Chiamami Tony."

Elvis lo abbraccia: "Grazie Tony".

Poi Tony Curtis chiede: "E io come la devo chiamare?".

Ed Elvis: "Mister Presley".

♪♪♪

184 • GAMBADILEGNO

Keith Moon amava la velocità. E amava fare cose che nessun essere umano avrebbe mai pensato di fare. Tipo scalare la marcia mentre andava ai centosessanta all'ora. Le ruote posteriori si bloccavano, ma lui riusciva a tenere il controllo della macchina. Quasi sempre. Quella volta no. La macchina sbandò da una parte all'altra della strada e si fermò a pochi centimetri da una scarpata. Nell'altro senso di marcia proveniva un poliziotto in bicicletta, che prima si buttò in un prato per evitare di essere investito e poi si avvicinò alla macchina, ferma e sbuffante. Dall'interno del veicolo nessun rumore, nessun movimento.

Il poliziotto, quando fu a pochi metri, gridò: "Ehi, Keith, sei tu, vero?".

Chi altri poteva essere?

Pochi giorni dopo, stessa macchina, stessa velocità, stessa strada.

Con Keith, in macchina c'è un uomo con una gamba artificiale. Keith, così, tanto per divertirsi, si lancia nell'altra corsia, contro un camion che procede nell'altra direzione.

L'uomo accanto a Keith comincia a urlare, Keith ride, l'uomo si toglie la gamba e con essa comincia a colpire Keith. L'intento è farlo rallentare, ma Moon perde il controllo della macchina e finisce in un fosso d'acqua. Keith non smette di ridere istericamente. Il passeggero ora lo colpisce sulla testa. Poi si rimette la gamba ed esce urlando: "A me manca una gamba, ma a te molto di più".

♪♪♪

185 • SEI SOLO UN FROCIO

È il primo dicembre del 1976 e sta per andare in scena uno dei più grandi momenti di televisione di tutti i tempi. Thames Television non è certamente la televisione di stato, ma ha un ottimo seguito, soprattutto il programma *Thames Today*, che va in onda in prima serata. Londra si sintonizza volentieri. I servizi sono rapidi, ma profondi. E poi c'è tanta musica. Stasera dovrebbero esserci i Queen, ma all'ultimo momento si decide di cambiare. L'intervista registrata è molto lunga e i Queen, che festeggiano le dodici settimane di permanenza in classifica con *Bohemian Rapsody*, meriterebbero più spazio di quello disponibile quella sera.

Eric Hall, addetto alla promozione della Emi, suggerisce un nome per riempire il buco: Sex Pistols, ancora ai primi passi.

Thames Television accetta, senza sapere che dopo quell'intervista il mondo inglese non sarebbe più stato lo stesso.

Steve Jones arriva con la famosa maglietta con le tette, Rotten è inquieto e si capisce che vorrebbe essere da un'altra parte.

Il presentatore Bill Grundy è alcol sulla miccia. Arriva ubriaco, dopo un pranzo piuttosto burrascoso con la rivista "Punch".

Si rivolge a Johnny Rotten: "Qual era la parolaccia?".

Rotten risponde con voce da scolaretto delle elementari: "Era merda".

Grundy ride, dice: "Mi spaventi a morte" e poi fa il galletto con Siouxsie: "Ci vediamo dopo la trasmissione, tesoro".

Jones reagisce: "Vecchio porco, sei solo un frocio".

Grundy prende la palla al balzo: "Avanti, avete ancora dieci secondi per dire qualcosa di oltraggioso".

Steve Jones non se lo fa ripetere: "Sei un fottuto bastardo".
Grundy: "Dai, ancora".
Steve Jones: "Merdoso figlio di puttana".
Grundy: "Sei proprio un bravo bambino".
Jones: "Rottinculo del cazzo".
Il giorno dopo i Sex Pistols sono su tutti i giornali. Le autorità cittadine cancellano la metà delle date dell'Anarchy Tour. È nato il mito delle Pistole del Sesso.

♪♪♪

186 • MI CHIAMO PAUL MCCARTNEY

Breakfast With The Beatles è un fortunatissimo programma che da Los Angeles trasmette solo musica degli Scarafaggi e che dal 2001 è condotto da Chris Carter, ex bassista dei Dramarama e manager dei Wondermints, la band che solitamente accompagnava in tour Brian Wilson dei Beach Boys. La domanda di questa mattina riguarda proprio i Beach Boys: "Come si intitola il brano che vede anche la partecipazione di Paul McCartney mentre mangia una carota?".

Domanda bizzarra. Paul McCartney che mangia una carota su un disco dei Beach Boys?

Molte le telefonate, ma nessuna con la risposta giusta. Sembra proprio che stamattina i premi in palio – una radio, un telefono e una borsa piena di gadget tra cui uno firmato in persona da Paul McCartney – non verranno assegnati. Fino a quando arriva la telefonata vincente: "La canzone che vede anche la partecipazione di Paul McCartney mentre mangia una carota s'intitola *Vegetables* e fa parte dell'album *Smile*, del 1967".

Chris Carter esulta. "Risposta esatta. Mi complimento con lei, non era facile. Posso sapere il suo nome?"

"Mi chiamo Paul McCartney."

Sorpresa ed entusiasmo in studio. È davvero lui. Dopo aver ricordato la storia di quel brano – McCartney aveva raggiunto a sorpresa i Beach Boys in studio e aveva accettato la bizzarra proposta di tenere il ritmo mordendo e masticando una carota – prega Carter di mettere *Here Today*, il brano che ha scritto per John Lennon, gli fa i complimenti per il suo lavoro e ovviamente dice che rinuncia volentieri ai premi vinti. In fondo, la sua firma la può rifare ogni momento.

♪♪♪

187 • GRACE SLICK ALLA CASA BIANCA

Grace Slick aveva frequentato il Finch College di New York dal 1956 al 1958, nello stesso periodo di Tricia Nixon, la figlia di Richard Nixon, il quale, una volta diventato presidente degli Stati Uniti, pensò bene di organizzare un tea party alla Casa Bianca con le vecchie compagne di scuola della figlia.

Grace Slick ricevette dunque l'invito e pensò di recarsi dal presidente degli Stati Uniti vestendosi da battona (sono parole sue: minigonna, stivali dal tacco alto e un corpetto trapuntato che lasciava intravedere molto se non tutto).

Non solo: decise di farsi accompagnare da Abbie Hoffman, profeta della controcultura, re degli hippie e attivista di sinistra, anche se pacifista, insomma non esattamente il tipo ideale per il presidente degli Stati Uniti.

Non solo: Abbie si vestì da protettore, sempre secondo le parole della cantante dei Jefferson Airplane.

Non solo: i due avevano anche un piano, entrare, sconvolgere tutti con il loro aspetto e poi, in un attimo di disattenzione, versare Lsd nella tazza da tè di Nixon. Si munirono quindi di una cospicua quantità di acido lisergico, che nascosero nelle tasche.

All'ingresso, le guardie dissero che i loro nomi erano sulla lista nera dell'Fbi, ma che, in quanto invitata direttamente, Grace Slick avrebbe avuto garantito l'accesso.

Grace disse: "O entriamo tutti e due o ce ne andiamo".

Le guardie sorrisero: "Goodbye".

Grace Slick e Abbie Hoffman tornarono alle loro case, con l'Lsd in tasca.

Il presidente Nixon non avrebbe mai assaggiato il tè all'acido lisergico, anche se certi suoi comportamenti futuri lascerebbero qualche dubbio.

♪♪♪

188 • LA FUGA DI KURT COBAIN

Il mese trascorso da quando Kurt si è svegliato dal coma nella città eterna non è stato facile. Il 18 marzo Courtney ha chiamato la polizia perché Kurt si è chiuso a chiave nella sua camera e lei pensa voglia togliersi la vita, come aveva fatto a Roma, due settimane prima. Quando arriva la polizia, trova quattro armi da fuoco, tra pistole e fucili, venticinque scatole di munizioni e una bottiglia di pillole non ben identificate ma reputate pericolose. Kurt è tranquillo. Dice di essersi chiuso a chiave solo per stare lontano dalla moglie. Nessuna intenzione di suicidarsi. Non ha nemmeno mai preso in mano un'arma, quel giorno. In un'intervista a "Spin" del 1995 Courtney, come al solito melodrammatica e ricca d'inventiva, ricostruisce i fatti in modo diverso. Dice che dopo aver visto una pistola in mano a Kurt si era lanciata su di lui, gli aveva strappato l'arma di dosso, se l'era puntata alla tempia e aveva detto: "Sto per sparare. Non posso vederti morire di nuovo". E Kurt si sarebbe messo a urlare: "Non farlo. Non c'è la sicura. Partirà un colpo".

Invenzioni, come sempre.

Pochi giorni dopo, Cobain accetta di farsi ricoverare in una clinica e sottoporsi a un programma di riabilitazione. Entra all'Exodus Medical Center di Los Angeles il 30 marzo. Due giorni più tardi, dopo aver ricevuto la visita di sua figlia Frances Bean portata da una delle sue tate, Kurt esce dalla sua stanza per fumare una sigaretta e decide che è ora di tornare a casa, anche se è lì da meno di quarantotto ore. Scavalca il muro di due metri che è davanti a lui, ferma un taxi e si fa portare all'aeroporto, dove prende il volo 788 della Delta per Seattle. Torna a Seattle ma non a casa, perché ha bisogno di stare lontano dalla moglie. Il 3 aprile Courtney contatta un investigatore privato per ritrovare il marito. Senza sapere che, per colpa sua, Kurt si è già perso da tempo.

♪♪♪

189 • L'ACIDO E IL GATTO DI SYD

Veniva dalla Nuova Zelanda, era pazzo come un cavallo imbizzarrito. Si chiamava John Esam, lui si autoproclamava Evangelista dell'Lsd ma per tutti era The Spider, il Ragno, perché viveva in una galleria senza finestre che sembrava una ragnatela, un labirinto che si era costruito in un corridoio del 101 di Cromwell Road, ovvero il rifugio preferito di Syd Barrett e di altri seguaci degli allucinogeni.

Per pura fortuna era riuscito a scampare a una durissima condanna per possesso di droga. Quando la polizia aveva bussato alla sua porta, lui si era precipitato alla finestra della sua vicina, Virginia Clive-Smith, e aveva gettato in giardino centinaia di zollette di zucchero intrise d'acido, ma qualche poliziotto più furbo di lui stava aspettando con le borse aperte sotto la finestra. Il Ragno se la cavò perché, incredibile ma vero, la legge britannica non aveva ancora completato l'iter per rendere illegale l'Lsd.

Chi entrava al 101 di Cromwell Road sapeva cosa aspettarsi. I più normali, i non dipendenti, non accettavano nemmeno un bicchier d'acqua perché il compagno di stanza di Syd, un tale di nome Scotty, metteva acido dappertutto, persino sul bordo dei rubinetti. E quando Syd Barrett portò a gasa un gattino, anche lui fu costretto ad assaggiare l'Lsd.

Per Barrett, amicizie come quelle rappresentarono l'inizio della fine. Syd non riusciva più a tenere l'acido sotto controllo. Rinchiuse la sua ragazza, Lindsay, per tre giorni in una stanza, nutrendola solo con qualche biscotto che le passava da sotto la porta. Quando alcune amiche di Syd se ne accorsero e riuscirono a liberarla, fu Syd a barricarsi in stanza. Restò chiuso dentro per una settimana, con pochissimo cibo e molto acido.

La fine si avvicinava.

♪♪♪

190 • L'AGNELLO È NUDO

Besançon, una delle città più importanti della Gallia ai tempi di Giulio Cesare. Il 22 maggio 1975 si tiene l'ultima data di *The Lamb Lies Down On Broadway*, tour dei Genesis che nel tempo diverrà leggendario, ma che stenta a raccogliere adepti in Francia, tanto che le ultime due date (a Tolosa e Parigi, previste per il 24 e il 27 maggio) sono state cancellate per scarsa prevendita.

Il concerto è rigido nella sua scaletta, perché ripropone l'intero album dall'inizio alla fine. Geoff Banks, un roadie amichevolmente chiamato Il Bisonte, decide che è ora di introdurre una variante rock and roll. A un certo punto del concerto, è previsto che Peter Gabriel salga su un palchetto mentre lo schermo proietta tre immagini della sua figura e, dal lato opposto del palco, viene sistemato un manichino vestito come lui; una volta che le luci intermittenti smettono di roteare, la gente si trova confusa, incapace di capire dove sia il vero Gabriel.

Quella sera, il Bisonte decide di sostituirsi al manichino, ma di non vestirsi *esattamente* come Gabriel. Il Bisonte indossa solo il giubbotto e per il resto fa la sua apparizione sul palco nudo come un verme. Un altro agnello è planato su Broadway.

♪♪♪

191 • JIMMY PAGE E ROY HARPER

Roy Harper è un eroe del folk omaggiato dai miti del rock. I Pink Floyd lo hanno chiamato a cantare su *Have A Cigar*, Ian Anderson dei Jethro Tull lo ha citato come primaria influenza, i Led Zeppelin hanno addirittura scritto un brano in suo onore, *Hats Off To (Roy) Harper*, giù i cappelli per Roy Harper.

Ecco perché Jimmy Page non ha esitato un attimo ad accettare la proposta della BBC per il programma televisivo *The Old Grey Whistle Test*: lui e Roy si devono inerpicare su per Scafell Pike, la montagna più alta d'Inghilterra, per registrare una versione acustica di *Me And My Woman*, un classico di Harper.

Essendo la sveglia prevista alle cinque del mattino, Page decide di non andare a dormire e di tirare tardi bevendo e intrattenendosi con una giovane fanciulla. Alle cinque ha la faccia distrutta, le gambe malferme e la vista annebbiata. Il cammino diventa difficile, molto più lento del previsto. La troupe si ferma molto prima di arrivare in cima.

Piazzano le telecamere e chiedono gentilmente ai due musicisti di non improvvisare troppo perché hanno solo dieci minuti di pellicola a disposizione.

Jimmy e Roy cominciano a suonare. Dopo nove minuti e mezzo non sono ancora arrivati al primo ritornello.

Il regista chiede loro gentilmente di ripetere il brano, accorciandolo.

Okay, nessun problema.

Azione.

Jimmy è immobile, poi guarda in camera e dice: "Devo pisciare".

Il regista dice stop, Jimmy si alza, chiama a sé la ragazza con cui ha passato la notte. Le fa segno di aiutarlo. Lei glielo tira fuori e lo tiene in mano. Il regista fa segno al cameramen di girare. Lui comincia a espletare le sue funzioni corporali e fa segno alla ragazza dove vuole che sia indirizzato il getto: ora verso le pecore, ora sulla pietra, ora verso l'erba, ora la troupe.

Torna a sedersi, prende la chitarra e regala una breve, straordinaria versione di *Me And My Woman*. La troupe impazzisce. Lui sembra sorpreso.

"Ehi, ragazzi. Sono pur sempre Jimmy Page."

♪♪♪

192 • LA DANZA DI WELLER A CASA GALLAGHER

Festa nel giardino di casa Gallagher. Molti ospiti sconosciuti e alcune celebrità. Salsicce, jacked potatoes, vino e birra a volontà. Paul Weller si diverte un mondo. Troppo, forse. Non ha alcuna intenzione di tornare a casa. Alle tre di notte è rimasto solo lui. Noel va a dormire.

"Continua pure a divertirti, amico", dice a Weller, di cui è un convinto estimatore da sempre. "Lì c'è la mia chitarra. Notte."

Weller prende la chitarra di Noel Gallagher e comincia a suonare.

Dalla sua stanza da letto, Noel lo sente cantare e suonare.

Sorride.

Si addormenta.

Alle quattro Noel viene svegliato da un rumore.

Secco.

Sembra un crepitio.

Si affaccia.

È legno che brucia sul fuoco.

Il fuoco che Weller ha acceso in giardino.

Il vecchio leader dei Jam e degli Style Council è a torso nudo e sta correndo attorno al fuoco sventolando la maglietta sopra la testa. Sta cantando, in modo ritmato come allo stadio: "Well-er! Well-er! Well-er!".

Noel Gallagher ride come un bimbo. Il suo eroe non è mai cresciuto. Allora è vero che il rock and roll non fa invecchiare.

♪♪♪

193 • IL CENACOLO DEGLI AEROSMITH

Lo chiamavano Cenacolo. Era un vecchio gigantesco convento di trecento stanze che sorgeva nella sonnolenta cittadina di Armonk, a un passo dalle luci e dalla frenesia di New York City. Gli Aerosmith lo avevano scelto per registrare l'album *Draw The Line*. La Cbs non aveva badato a spese per mettere la band nelle condizioni di lavorare con tranquillità e anche senza annoiarsi. L'investimento era folle, ma il catalogo dei dischi degli Aerosmith era il secondo più venduto nella storia recente della Cbs, dopo i Chicago.

Così l'etichetta mise a disposizione degli Aerosmith una bella serie di Porsche e di moto di grossa cilindrata con cui la band seminava il terrore nella cittadina, baristi e cuochi disponibili ventiquattro ore al giorno e ogni altro genere di comfort, nessuno escluso.

Ma come spesso accade, niente è abbastanza. Gli Aerosmith cominciarono ad annoiarsi fino a quando videro i fucili. Portati da chissà chi o forse in dotazione al convento. Il passatempo preferito diventò così mettersi tutti contemporaneamente a una diversa finestra del convento e poi sparare. Sparare al nulla o a qualsiasi cosa si muovesse. Animali o persone. Una sera Steven Tyler, strafatto di cocaina, si addormentò sul fucile e cadde in avanti, il fucile sparò un proiettile che si conficcò nel muro. Da allora cambiò passatempo. Troppo rischioso avere un fucile in mano quando sei fatto perso.

♪♪♪

194 • IL FIGLIO DI ANDY SUMMERS E ERIC BURDON

C'è un doppio filo rosso che lega Animals e Police e non ha niente a che vedere con la musica, ma con droghe e bambini. Andy Summers era buon amico degli Animals e per un certo periodo fece anche parte della seconda incarnazione del gruppo, quella meno rock-blues e più psichedelica chiamata Eric Burdon and the Animals. Registrò anche un album, *Love Is*, che contiene una rilettura di *Coloured Rain* dei Traffic con un assolo di chitarra di Summers di 4 minuti e 15 secondi.

Dagli Animals Summers sentiva sempre parlare di viaggi, ma non capiva a cosa si riferissero perché non avevano mai a che fare con i tour. Un giorno il chitarrista Hilton Valentine lo prese da parte e gli fece provare l'Lsd. Per i primi tre quarti d'ora non successe nulla, poi la fibra che ricopriva il pavimento cominciò a cambiare e Summers capì il significato di trip, viaggio allucinogeno.

Quello stesso giorno accadde un altro episodio. Andy e Eric dividevano da due anni la stessa ragazza. Non era un classico ménage à trois, la ragazza stava un po' con un uno, poi lo lasciava e si metteva con l'altro e poi tornava con il primo. Solo che stavolta c'era un problema. La ragazza era incinta e nessuno sapeva con esattezza chi fosse il padre. Summers era convinto fosse suo. Quel giorno in cui Summers scoprì le droghe, la ragazza abortì. Andò a prenderla in ospedale, ma scoprì che era andata via la notte precedente con Eric Burdon. Nessuno parlò più della faccenda e tutto tornò esattamente come prima.

♪♪♪

195 • LA DIFFERENZA TRA UN MANAGER E LA TAZZA DI UN CESSO

I Ramones erano una leggenda. A inizio carriera suonavano a un ritmo forsennato: a Rhode Island 22 canzoni in 25 minuti. Suonavano anche a un volume altissimo. Una volta a Marsiglia, in Francia, utilizzarono così tanta energia da provocare un black out che fece rimanere la città al buio per un'ora.

Erano tipi giusti, ma anche difficili. Johnny era un teppista che il rock aveva salvato dalla galera – la prima volta che lo arrestarono fu perché aveva sfasciato la vetrina di una lavanderia a gettone convinto che fosse quella di una drogheria. Joey era sempre alla ricerca di ragazze disponibili e si era convinto che fosse più facile trovarle nelle cliniche psichiatriche, perché in quei posti il livello di resistenza è di gran lunga inferiore alla media.

Insomma, gente strana. E spesso intrattabile. Dopo quindici anni di tour, il manager dei Ramones se ne uscì con questa dichiarazione, tra il serio e il faceto: "Volete sapere la differenza tra un tour manager e la tazza di un cesso? La tazza di un cesso ha a che fare con un solo stronzo per volta".

♪♪♪

196 • METAL DETECTOR

Dave Pirner e i suoi degni compari Soul Asylum stanno avvicinandosi alla dogana aeroportuale. Hanno capelli lunghi, jeans strappati e sguardo vuoto. Sono stanchi morti, reduci da un lungo tour in Europa. Stanno tornando a casa e vorrebbero tanto essere famosi per evitare di stare ore al metal detector. I funzionari americani sono sempre sospettosi nei confronti di chi ha capelli lunghi, jeans strappati e sguardo vuoto. E che non sono famosi.

All'improvviso, dalla radio partono le note di *Runaway Train*. Il manager dei Soul Asylum s'illumina. Pensa: "Forse riusciremo a passare in fretta". Si rivolge agli uomini della dogana e dice: "Sentite? Questi sono loro? Questa canzone è loro".

I funzionari si guardano. Uno di loro dice: "Quindi loro sono una rock and roll band?".

"Potete scommetterci", risponde il manager.

"Perfetto. Allora vediamo se siete come le altre rock and roll band."

E cominciano a perquisirli minuziosamente da capo a piedi.

♪♪♪

197 • QUELLA TROIA!

Due erano i problemi.

Il primo era il più difficile da risolvere perché si chiamava Yoko Ono. John Lennon pretendeva che lei fosse presente alle registrazioni e, per farla stare comoda, visto che era reduce da un incidente d'auto, Lennon aveva fatto persino portare un letto. Nessuno la sopportava, anche se fingevano il contrario per non adombrare John e peggiorare il già precario equilibrio interno. Il primo a cedere fu George Harrison, che, quando si accorse che Yoko stava rubacchiando un biscotto dalla sua scatola personale, urlò senza remore: "Quella troia!".

Il secondo problema era il titolo definitivo dell'album. Quello provvisorio era *Everest*, dal nome della marca di sigarette preferita di Geoff Emerick, il fonico di sala. C'era anche un'idea di copertina: i quattro Beatles in posa ai piedi dell'Everest. Ma mentre Paul McCartney era entusiasta all'idea di partire per il Tibet, Ringo Starr ne era terrorizzato; John e George, che dovevano essere l'ago della bilancia, un giorno erano d'accordo, l'altro per niente e assistevano alle lotte verbali di Paul e Ringo.

Un giorno, quando i brani erano già pronti e il disco prossimo alla stampa, ci fu l'ultima discussione, quella definitiva.

Paul disse: "E se non lo intitoliamo *Everest* e non andiamo in Tibet per la foto, dove andiamo a scattarla?".

Ringo, scherzando, disse: "E che cazzo, usciamo dalla porta e lo intitoliamo *Abbey Road*!".

E fu così che i Beatles trovarono il titolo al loro nuovo album.

♪♪♪

198 • BOB DYLAN E DAVE STEWART

Bob Dylan dà al tassista l'indirizzo di Dave Stewart. Si trova a meraviglia con lui, è uno dei pochi con cui non è necessario parlare. Ti legge nel pensiero. Come Robbie Robertson. Come Mark Knopfler. Come Daniel Lanois.

La casa è nel Crouch End, nel nord di Londra.

Dylan suona alla porta, viene ad aprire una signora.

"Buonasera, c'è Dave Stewart?"

"È fuori casa, ma tornerà da un momento all'altro", risponde la signora che non ha riconosciuto Dylan. È gentilissima. "Si accomodi. Le preparo qualcosa? Gradisce forse un tè?"

I due parlano amabilmente per qualche minuto.

Poi la signora sente il rumore della chiave nella porta.

"È Dave", dice. "Vado a dirgli che lo sta aspettando. Mi dice il suo nome, per favore?"

"Bob, gli dica solo che c'è Bob", dice Dylan.

La signora va nell'altra stanza e dice a Dave: "Dave, c'è un signore che si chiama Bob che ti aspetta nell'altra stanza".

Dave Stewart entra, ma non è il Dave Stewart degli Eurythmics. È un signore che si chiama Dave Stewart ma fa l'idraulico.

Incredibile, ma vero, il tassista aveva scaricato Bob Dylan davanti a un'altra casa, dove, per quelle strane e assurde coincidenze della vita, abitava uno che si chiamava Dave Stewart ma che era *un altro* Dave Stewart.

♪♪♪

199 • JANIS JOPLIN E JIM MORRISON

Aprile 1967. Festa al Santa Monica Canyon di Los Angeles data dallo sceneggiatore Gavin Lambert in onore di Andy Warhol. Jim Morrison era di umore nero, tendente al depresso. A Miranda Babitz, che gli stava prendendo le misure per un paio di jeans in vinile, confidò di sentirsi brutto e diverso da quello che le foto promozionali lasciavano intendere. Aveva paura di deludere la gente. Questo non gli impediva comunque di essere arrogante con tutti.

A quel party, a un passo da Roman Polanski e Sharon Tate, era seduta sul divano Janis Joplin. Indossava un abito di velluto con penne di pavone e tra le mani reggeva l'immancabile bottiglia di Southern Comfort.

Jim Morrison la vide e andò a sedersi accanto a lei. In una mano aveva un bicchiere di scotch. Con il braccio strinse Janis. Le chiese come andavano le cose. Lei, più depressa di lui, si lasciò andare a una serie di ricordi tristi sulla sua adolescenza, sulle umiliazioni che aveva subito, sulla sua incapacità di farsi amare dalle persone, per quanto lo volesse disperatamente.

Un'ora dopo, dopo molto alcol e anche altro, Jim si avvicinò al suo orecchio e le chiese se le andasse di fargli un pompino. Lei reagì ridendo, con la sua bella risata rauca e un po' maschile. Lui allora le prese la testa con le mani e la spinse verso il suo inguine. Violentemente.

Lei lo colpì in faccia e si alzò, mentre tutto attorno si era fatto silenzio.

Si incontrarono nuovamente all'uscita dal party, nel parcheggio. Janis stava andando via in macchina quando vide Jim barcollare, visibilmente ubriaco, verso la sua auto. Tirò giù il finestrino e gli spaccò sulla testa la bottiglia di Southern Comfort.

Ci volle molto tempo prima che altri invitati, anche loro diretti verso casa, notassero Jim Morrison svenuto, a terra. Lo caricarono su un taxi, dentro la notte.

♪♪♪

200 • TRADIMENTI

Il padre di Sting è al lavoro. Sting si sveglia presto per andare a scuola, si appresta a scendere al piano di sotto per accendere il camino nella stanza sul retro. Sente un rumore. Lo insegue, perché non è tipo da aver paura. Dietro il vetro del portico vede due ombre. Scende le scale lentamente. Non riesce a vedere, ma sente. Sente molti gemiti e due respiri affannosi. Più si avvicina e più i gemiti si fanno forti. Ora assomigliano a piccole grida. Riconosce la voce di sua madre. Apre senza paura, convinto di andare in suo soccorso. Riesce appena ad aprire la porta di poche dita, perché subito viene richiusa. Sua madre, da dietro il vetro, si affanna a dire che va tutto bene, va tutto bene.

Il giorno dopo uno dei collaboratori familiari, Alan, viene licenziato senza preavviso.

Sting decide di sfogare la sua rabbia sul pianoforte. Sembra non avere alcun talento, ma almeno fin che suona può pensare a qualcos'altro.

Come confesserà nella sua autobiografia, se non avesse avuto un pianoforte per sfogare la sua aggressività, probabilmente sarebbe diventato un delinquente, avrebbe distrutto le pensiline alle fermate degli autobus o rubato cianfrusaglie ai grandi magazzini.

Imparerà a suonare il pianoforte e altri strumenti, e a vivere di musica, non a dimenticare il tradimento di sua madre.

♪♪♪

201 • ADOZIONI

Joni Mitchell e Patti Smith hanno poche cose in comune dal punto di vista musicale, ma una che ha a che vedere con la loro vita privata. Entrambe hanno preso da ragazze una decisione difficile, che è meglio non giudicare ma che le espone a qualche critica. Sono rimaste incinte e hanno dato le loro figlie in adozione.

Joni nel 1964, dopo aver messo al mondo Kilauren, una bimba nata da un rapporto occasionale con il fotografo Brad McMath. Joni si sente troppo giovane e inesperta, e troppo concentrata sulla musica, per essere una buona mamma. Trova una famiglia benestante canadese, la famiglia Gibb, e si allontana da sua figlia. La rivedrà solo trentatré anni dopo. Joni annuncia pubblicamente che vorrebbe rintracciarla, lei si mette in contatto via e-mail, si incontrano, vanno a vivere insieme per lunghi periodi nella villa hollywoodiana di lei, ma presto qualcosa cambia. Joni comincia a sospettare che sua figlia e il suo fidanzato stiano cercando di approfittare economicamente della situazione. Nel gennaio del 2000 la polizia, chiamata da Kilauren, interviene nella villa di Joni Mitchell per risolvere un litigio fra madre e figlia che stava degenerando oltre ogni limite. Da allora, silenzio ufficiale, ma si parla di ingenti quantità di denaro passate di mano.

Patti Smith, al contrario, non ha mai voluto conoscere sua figlia. Rimasta incinta a diciannove anni, decise di partorire e di dare la figlia in affido "a una famiglia rispettabile e istruita", ma al tempo stesso di troncare ogni rapporto, per evitare un trauma ancora più grande di quello della separazione. Si trasferì a New York e cercò di dimenticare, anche se, sono parole sue, quel piccolo taglio sulla pancia la costringerà sempre a ricordare, come una dannazione.

♪♪♪

202 • PETE DOHERTY E LA FIGLIA DI BOB GELDOF

Non era stata una grande performance quella di Pete Doherty a Live 8, nel 2005, culminata con una terribile rilettura di *Children Of The Revolution* dei T-Rex di Marc Bolan, eseguita in modo a dir poco approssimativo in coppia con un esterrefatto Elton John.

Doherty aveva non solo sbagliato le parole, soprattutto aveva dato l'impressione di essere sempre fuori dalla canzone e dentro a un mondo tutto suo. L'indomani i critici lo massacrarono e i fan storsero il naso, anche se oggi, a riguardarla bene, quell'esibizione non era poi scandalosa: era solo piatta e inutile.

Le accuse erano le solite: Doherty era salito sul palco ubriaco e fatto.

Stranamente, quella volta Doherty smentì. E avanzò una scusa singolare. Disse che subito prima di salire sul palco Peaches, la figlia allora sedicenne di Bob Geldof, gli aveva strizzato il culo e fatto esplicite avances. Una volta arrivato al microfono, Pete aveva pensato più a Peaches che a Marc Bolan. Forse anche Peaches poteva essere una figlia della rivoluzione.

♪♪♪

203 • NUDA NELL'ARMADIO

Non si può dire che Sinead O'Connor abbia avuto un'infanzia felice ed è molto probabile che la sua instabilità, il suo essere ragazza interrotta, trovi proprio lì le sue radici. Il problema grosso era sua madre, malata, alcolizzata, dipendente da farmaci antidepressivi, ladra. Picchiava Sinead e la sorellina Eimear per ogni sciocchezza: se perdevano un bottone del vestito, se avevano mangiato arachidi, se dal cassetto era sparito un cucchiaio, se la stanza era in disordine. Le picchiava con il battitappeto o con la mazza da hockey del marito o con la racchetta da tennis. La madre teneva le figlie per giorni interi chiuse in un armadio, al buio, nude e senza cibo, oppure le costringeva a stare in ginocchio a terra mentre lei le prendeva a calci. Se osavano alzare un braccio per difendersi, la sua furia aumentava.

La madre obbligava le figlie a rubare in città, così Sinead fingeva di raccogliere offerte destinate alle opere di carità per non essere picchiata al suo ritorno a casa.

Da queste follie si può uscire vivi, ma non sani.

♪♪♪

204 • FRAU EVA VON ZEPPELIN E IL DIRIGIBILE

Tutto pensavano i Led Zeppelin meno che di scatenare le ire di Frau Eva von Zeppelin, discendente del conte Ferdinand von Zeppelin che aveva progettato il Dirigibile. Nell'ottobre del 1969, Eva cercò invano di interrompere un'intervista televisiva a Page e Plant che si stava tenendo nel backstage della K.B. Hallen di Copenaghen. Terminata l'intervista, Page uscì per capire cosa fosse quel casino e gli dissero che un'erede della famiglia Zeppelin si opponeva all'utilizzo del nome: "Potranno anche essere famosi in tutto il mondo, ma qui a casa mia quelle scimmie isteriche non avranno mai il permesso di usare il mio nome".

Tutto si concluse con grasse risate. Per il momento. Perché l'anno dopo si ripropose il problema. Copenaghen voleva nuovamente i Led Zeppelin in città. La band decise di tendere la mano a Eva e di invitarla in uno studio televisivo per un amichevole confronto. L'incontro andò benissimo e si concluse con sorrisi e rassicurazioni. La pace era siglata. Fino al momento di tornare in camerino, quando la band decise stoltamente di omaggiarla di una copia del primo album. Quando Eva vide lo Zeppelin in fiamme, andò su tutte le furie e rincorse Jimmy Page per tutti gli studi televisivi. Page era un uomo e anche sufficientemente forte, ma Eva era una donna molto arrabbiata.

Come finì la storia?

Gli Zeppelin si esibirono egualmente alla K.B. Hallen di Copenaghen, ma furono costretti a farlo sotto falso nome: scelsero Nobs, perché era il cognome del manager europeo dei Led Zeppelin nonché fondatore del festival di Montreux, ma anche perché *nobs* indica, in slang, il cazzo e le persone assurdamente aristocratiche e fuori da ogni tempo e da ogni logica.

♪♪♪

205 • RADIOHEAD E RADIO MARIA

7 luglio 2003. Lazzaretto di Bergamo. Radiohead al meglio. Thom Yorke ispirato, Jonny Greenwood lucido nel prendere per mano i suo-

ni e portarli a riva. La cornice è splendida, un chiostro del Quattrocento, il pubblico è caldo e numeroso, stimabile attorno alle seimila persone. La polizia è più attenta del solito, anche perché allarmata da un messaggio via Internet forse poco attendibile, ma da non sottovalutare, di un tipo che appoggia la causa palestinese. La minaccia è contenuta in un messaggio anonimo inviato a un forum. "Mi farò esplodere al concerto dei Radiohead lunedì 7 luglio a Bergamo. Come hanno fatto i combattenti ceceni, stanco del rifiuto occidentale a intervenire in favore del popolo palestinese. L'unico modo per attirare l'attenzione è agire come i kamikaze." La conclusione è preoccupante: "Sono pronto, ho il biglietto e l'esplosivo".

Per fortuna non succede niente, se non un episodio buffo, su *The National Anthem*: Greenwood prende una radiolina a transistor e cerca di sintonizzarsi su una qualsiasi stazione italiana. E, incredibile davvero, la radio si inceppa su Radio Maria. Che è vero che arriva ovunque, ma persino in un concerto dei Radiohead...

♪♪♪

206 • DAVE NAVARRO E *AMERICA'S MOST WANTED*

Ci sono giorni in cui dovresti essere in un posto e poi accade qualcosa che ti fa andare da un'altra parte e, solo dopo che tutto è successo, capisci che è un segno divino, che esiste un ombrello che protegge e ripara.

Il 3 marzo 1983 il quindicenne Dave Navarro, figlio di genitori separati, doveva stare con sua madre Connie e non con suo padre James Raul. Invece no, Dio o chi per lui, magari il dio del rock per una volta non distratto, ha voluto diversamente. Quella sera Dave la passa con suo padre. Ed è questo cambiamento all'ultimo minuto che salva la vita al futuro membro dei Jane's Addiction e dei Red Hot Chili Peppers.

La madre di Dave, Connie, bellissima, torna a casa con la sua amica del cuore, Susan Jory. Non sa, non può sapere che ad aspettarla c'è John Riccardi, un tipo un po' strano con cui aveva avuto una breve relazione. Si erano conosciuti in palestra, entrambi appassionati di sollevamento pesi. Erano usciti insieme per un po', prima di lasciarsi. Troppo poco in comune. Lui era diventato geloso e ossessivo e aveva cominciato a renderle la vita impossibile. Lei, invece di rivolgersi alla polizia, aveva pensato che prima o poi avrebbe smesso.

Si sbagliava.

Non appena mette piede nel suo appartamento, John Riccardi fa fuoco contro di lei e la sua amica Susan. Le uccide entrambe. Poi fugge. Per otto anni è *nowhere to be found*, irrintracciabile. Fino a quando una trasmissione televisiva, *America's Most Wanted*, una sorta di *Chi l'ha visto?*, rievoca quella storia.

Arrivano molte telefonate, tra cui quella giusta che svela il luogo dove si nasconde John Riccardi. Houston, Texas. Lo arrestano il 4 gennaio 1991. Nel 1994 la giuria lo condanna alla pena capitale. Attualmente si trova nel braccio della morte della prigione di San Quentin, quella dove una volta si esibì Johnny Cash. Tutto grazie alla televisione, per una volta utile e non assurda.

♪♪♪

207 • KEITH MOON SI TUFFA NELL'OCEANO ATLANTICO

Quando Keith Moon si metteva in testa una cosa, non c'era verso di fargli cambiare idea. Una volta, dopo un concerto in un locale costruito all'estremità di un molo, a Asbury Park, nel New Jersey, pretese di avere una groupie sul bus degli Who. Gli altri membri del gruppo si opposero, perché durante un droga party di qualche giorno prima, alcune ragazze avevano trafugato qualche migliaio di dollari dalla cassa comune.

Keith Moon era irremovibile. "O la ragazza viene con me oppure mi butto di sotto."

Il camerino della band dava direttamente sull'Oceano Atlantico.

Moon corse verso la finestra e, senza nemmeno attendere la risposta dei suoi compagni, si lanciò nel vuoto.

Gli Who chiamarono il manager, il manager chiamò la guardia costiera, la guardia costiera chiamò la polizia. Lo cercarono per due ore. Di Keith Moon nessuna traccia.

Quando sembrava quasi scontato dare la notizia alla stampa della scomparsa e della presunta morte del batterista degli Who, si sentì una voce dai pilastri del molo: "Mica pensavate l'avessi fatto davvero?".

Sotto la finestra c'era una piccola piattaforma su cui Keith era atterrato senza problemi e da lì si era nascosto, soddisfatto dell'inferno che aveva scatenato.

♪♪♪

208 • IL CAZZO VERDE

Ok, dei Beach Boys Brian Wilson era il più matto. Le follie e le aberrazioni, spesso indotte da un incredibile consumo di droghe, avevano fatto di lui una leggenda. Ma anche gli altri, a volte, non erano da meno.

Carl Wilson, la prima volta che gli capitò di ascoltare una canzone dei Beach Boys alla radio, si fermò e vomitò fuori dal finestrino. E Dennis? Dennis Wilson, durante il tour del 1962, una volta si dipinse il cazzo di verde, lo tirò fuori dalla cerniera dei pantaloni e scese così nella hall, chiedendo all'esterrefatto portiere: "Sa dove posso trovare una Coca?".

Ovvio, il fatto che tutti e tre – Brian, Carl e Dennis – fossero fratelli nutre il sospetto che qualcosa nei geni di famiglia non fosse del tutto a posto.

♪♪♪

209 • HANGING PARTIES

Era uno dei trucchi preferiti. Quando c'era da spaventare, non c'era boa che tenesse. Era la scena dell'impiccagione che mandava in delirio i fan. Alice Cooper si lasciava legare e imprigionare da due boia, spesso incappucciati, che lo trascinavano al patibolo. Lì, al suo collo, veniva stretta una corda robusta e poi ecco che il palchetto si apriva e il cantante fingeva di morire impiccato. Un trucco, certo, un'illusione, però incredibilmente efficace. Così efficace che per tutta l'America e il Canada cominciarono a diffondersi gli hanging parties, le feste dove a un certo punto qualcuno si esibiva nella scena della finta impiccagione. Qualcuno che sapeva il trucco.

Il ragazzino tredicenne di Calgary, nello stato di Alberta, in Canada, era troppo giovane per partecipare agli hanging parties e non conosceva il trucco. Però aveva visto Alice Cooper farlo in televisione, in una puntata della serie *In Concert*, che una televisione canadese via cavo aveva trasmesso nel marzo del 1974.

Il ragazzo era rimasto impressionato, ne aveva parlato con la sorella, aveva detto anch'io posso farlo. E il 2 giugno si era deciso. Solo che, come dicevo, non conosceva il trucco. Così era morto impiccato a una corda legata al cassetto della sua camera da letto.

Alice Cooper era rimasto shockato e aveva pensato di eliminare la scena della finta impiccagione dai suoi show.

Incredibile ma vero, era stato il padre del ragazzo a scagionarlo, mentre l'opinione pubblica montava le sue accuse, che accomunavano anche Lou Reed, reo di glorificare l'eroina nelle sue canzoni. Il padre aveva detto: "È normale che un ragazzo di tredici anni cerchi di imitare quello che ha visto in televisione. E la colpa non è di nessuno. Se non del destino. Non possiamo arrestare un attore che uccide un altro attore in un film poliziesco".

Uno dei rari casi in cui qualcuno ha difeso il rock and roll.

♪♪♪

210 • IL MISTERO DI BRIAN JONES

Mercoledì 2 luglio 1969 Brian Jones è ai bordi della piscina della sua villa. Con lui, la sua fidanzata Anna Wohlin, Frank Thorogood che era venuto a controllare l'efficacia di alcuni lavori di ristrutturazione da lui eseguiti, e la sua amica Janet Lawson. Alle 10:30 Jones va a mettersi il costume da bagno. Janet gli ricorda che nuotare dopo aver bevuto così tanta vodka e preso così tante pastiglie potrebbe essere pericoloso. Jones non la ascolta, alza forse troppo la temperatura dell'acqua e si tuffa insieme ad Anna. Dopo poco, Janet rientra in casa per raggiungere Frank, seguita da Anna, che va a rispondere al telefono. Dopo meno di dieci minuti Thorogood esce per prendere una sigaretta e vede il corpo di Brian Jones in fondo alla piscina. Janet e Anna tentano la disperata carta della respirazione bocca a bocca, ma è tardi. Uno dei fondatori dei Rolling Stones è morto, all'età dannata di ventisette anni.

Il coroner è sicuro: morte accidentale dovuta all'alta temperatura dell'acqua e al consumo smodato di alcol e barbiturici. Ma, qualcuno comincia ad avere dubbi: come si può in così pochi minuti ingerire una quantità tale d'acqua da far finire il cadavere sul bordo della piscina e non a galleggiare?

Si moltiplicano le ipotesi in pochi minuti: suicidio, perché il suo grande amore Anita Pallenberg lo aveva lasciato per Keith Richards – poco credibile, perché tutti concordano nel dire che Brian Jones era sereno e innamorato di Anna, oltre che in procinto di formare una nuova band.

Altra ipotesi, ancora più fantasiosa: sacrificio a Satana. A Joujouka,

Brian si era convinto di essere vittima di un maleficio e che presto sarebbe morto.

Altre stranezze si aggiungono a un quadro di per sé fosco e tragico: il giorno successivo alla sua morte, dalla villa di Jones spariscono la sua collezione di chitarre, parte della mobilia, oggetti di antiquariato e un assegno di centomila sterline, il primo che i Rolling Stones avevano accettato di pagare in cambio dell'allontanamento di Brian. E chi ha sottratto tutto, aveva le chiavi.

Ultima stranezza: i tre testimoni, Anna, Frank e Janet raccontano gli ultimi attimi della vita di Brian in modo completamente diverso. Eppure erano tutti e tre lì, insieme. E allora?

Che cosa potrebbe essere successo quel mercoledì 2 luglio 1969?

Qualcuno sa e non parla, questa è la sensazione, corroborata dalle parole di Keith Richards: "Dopo la sua morte, molte persone che conoscevamo sono sparite da un giorno all'altro. La morte di Brian è come quella di Kennedy: non sapremo mai tutta la verità".

Spunta la testimonianza di un operaio, uno di quelli che aveva eseguito i lavori di manutenzione della piscina nel pomeriggio. Sostiene di essere tornato con i suoi colleghi e con le fidanzate verso sera. Le ragazze erano molto attratte dalla bellezza di Brian Jones e dalla sua vita da rockstar, così due operai, devastati dalla rabbia e dalla gelosia, avevano raggiunto Brian in piscina e poi lo avevano afferrato e tenuto la testa sott'acqua fino a quando aveva smesso di respirare, e questo spiegherebbe l'enorme quantità di acqua trovata nel corpo del fondatore degli Stones. I due assassini avrebbero poi minacciato di morte i testimoni, se avessero parlato.

Questa versione dei fatti è stata confermata da tre testimoni che non compaiono nei verbali della polizia: uno di loro aveva fatto parte dei Walker Brothers, gli altri due si chiamano Nicholas Fitzgerald e Richard Cadbury. Erano stati invitati da Brian Jones per un party. Al telefono Brian era felice perché John Lennon e Jimi Hendrix si erano detti molto interessati a lavorare a un nuovo progetto con lui, ma era anche preoccupato per quegli operai che giravano attorno alla piscina e non volevano saperne di andarsene.

Mentre si avvicinano alla villa, Fitzgerald e Cadbury vedono distintamente tre uomini a bordo piscina. Quello in mezzo sta tenendo sott'acqua la testa di Brian Jones. Un ragazzo e una ragazza stanno fissando atterriti la scena dall'altro lato della piscina. Quando il corpo di Jones galleggia senza vita, uno dei tre uomini gli salta sulla schiena per spingerlo verso il fondo della piscina. In quell'istante, un altro uomo, che indossa occhiali da sole, mette una mano sulla spalla di Fitzgerald e gli dice: "Sparisci, Fitzgerald, o sarai il prossimo".

Il giorno dopo Fitzgerald chiama Cadbury per riparlare dell'accaduto, ma una voce gli dice che Cadbury ha lasciato il Paese senza lasciare alcuna indicazione. Non tornerà più in Inghilterra.

Non è finita. Nel 1993, in punto di morte, Frank Thorogood, l'uomo che aveva eseguito i lavori di ristrutturazione, confessa di essere stato lui a uccidere Jones, ma dopo la sua morte i familiari ritrattano dicendo che è stata una manovra commerciale per vendere un nuovo libro sulla morte del Rolling Stones.

Il mistero continua.

♪♪♪

211 • HELEN KILLER E SID VICIOUS

Helen Killer è una punk di Los Angeles che si è scelta il cognome da battaglia per ricordare a tutti che il punk è violenza, distruzione, ma anche adorazione di un'idea, di un ideale. Siamo alla Longhorn Ballroom di Dallas, è il 10 gennaio 1977. Sid Vicious ha già rotto due corde del suo basso. Ne rimangono due. Ecco che salta anche la terza. Normale, viste le botte che Sid dà al suo strumento. Non lo sa suonare, ma conta lo spirito, l'attitudine. Sid non si dà pensieri, forse non li ha perché è completamente fatto. Continua a suonare il basso con una corda sola.

Helen Killer guarda in adorazione. È la prova che cercava. Sid è Dio. Durante *New York* sale sul palco, si avvicina a lui, gli offre un po' di vodka e poi cade in ginocchio davanti al suo sovrano. Sid sorride. Non è un sorriso, è un ghigno. Si getta il basso dietro le spalle e offre a Helen Killer l'inguine. Lei non ci pensa un attimo. Gli slaccia i pantaloni di pelle, infila una mano nelle mutande. Quando sta per tirarglielo fuori, il promoter locale di Dallas corre da Noel Monk, il tour manager dei Pistols che è costretto a intervenire mentre Helen lo sta prendendo in bocca. Dallas era pronta per un rapporto punk ma non per uno orale. Non sul palco, almeno.

♪♪♪

212 • ORGIA IN CAMPER

Tampa, Florida. I Creed di Scott Stapp hanno appena terminato un concerto con i Metallica. Poco distante dall'arena dove si è tenuto lo spettacolo è parcheggiato il trailer di Kid Rock, grande amico di Scott. Scott accetta l'invito di fare un salto da lui. Entra e gli dà un cinque. Nel camper ci sono quattro ragazze. Scott ride e cita *La pazza storia del mondo* di Mel Brooks: "It's good to be king". Si beve una birra e saluta. Ha sonno. Il concerto è stato impegnativo.

Poche settimane dopo comincia a circolare un video che documenta quella serata nel camper. Si vedono le ragazze nude e Kid sopra di loro, Scott che dice: "È bello essere un re" come se fosse un commento alle sue prestazioni e alla disponibilità piena delle sue suddite. Quando lo si vede dare un cinque a Kid sembra che sia subito dopo un rapporto con le ragazze. Potenza del montaggio. Quello video, intendo.

Insomma, sembrava un'orgia. Scott prima racconta la sua verità, poi, quando capisce che nessuno gli crede o vuole credergli, si infastidisce e poi si rassegna. Kid Rock ride. Sa bene come vanno le cose. Sulla realtà vince sempre la leggenda. Anche se costruita, soprattutto se costruita.

♪♩♪

213 • DAVID BOWIE E MICK JAGGER A LETTO INSIEME

Una delle storie più controverse e pruriginose del rock riguarda la presunta storia di sesso tra Mick Jagger e David Bowie, ovvero due delle icone musicali più celebrate anche dal punto di vista sessuale.

Tutto nasce da un'intervista ad Angela Bowie, all'epoca moglie di David, al *Joan Rivers Show*, nella quale a un certo punto dice: "Ho trovato molte volte David a letto con altri uomini. Ho trovato David a letto anche con Mick Jagger".

A quel punto, Howard Stern chiede: "Erano senza vestiti addosso?".

"Certamente", risponde Angela.

La notizia fa il giro del mondo in un nanosecondo: Bowie e Jagger a letto insieme, nudi.

Una settimana dopo, Angela Bowie torna in televisione, non smentisce, ma chiarisce: "Il fatto che abbia visto David e Mick a letto insieme e nudi non significa che non stessero dormendo. Di certo non li ho visti fare sesso".

Qualche anno fa, David Bowie ha dichiarato: "Da anni mi sono stancato di rispondere a domande su come e quanto avrei usato il mio cazzo nei primi anni Settanta. Sono affari miei. Consiglio a tutte le menti pruriginose di leggere le mie trenta o quaranta biografie e di scegliere i pettegolezzi e le versioni che preferiscono".

♪♪♪

214 • IL MANDRAX SULLA TESTA DI BARRETT

Il tour americano, nell'autunno del 1967, era stato un disastro. Durante la trasmissione televisiva *American Bandstand* presentata da Dick Clark, Syd Barrett era rimasto muto, con le labbra immobili durante il playback di *See Emily Play*. E muto era rimasto davanti alle domande di Pat Boone nel suo *Pat Boone Show*. Ormai viveva in un mondo nel quale nessun altro riusciva a intrufolarsi. Nemmeno i suoi compagni Pink Floyd.

Una sera, quando è da tempo ora di salire sul palco, Syd è ancora nei camerini, davanti allo specchio, a ritoccare in maniera impercettibile la propria capigliatura, incurante degli inviti degli altri a muoversi. Alla fine, esasperati, salgono sul palco senza di lui.

Barrett prende allora un flacone di Mandrax, un barbiturico, e un tubetto di brillantina e si versa tutto sulla testa. Raggiunge i Pink Floyd sul palco, ma il calore delle luci dei riflettori scioglie tutto in pochi minuti. Syd rimane così, come una candela che gocciola, per ripetere le parole del tecnico delle luci. Per tutto il concerto Syd non fa altro che ripetere lo stesso accordo. Guarda fisso in avanti, mentre dai suoi capelli scende un po' dell'inferno che ha dentro.

♪♪♪

215 • IL BUCO NEL NASO DI FRANCIS ROSSI

Francis Rossi non si è fatto mancare niente. Essere il cantante degli Status Quo dà molti privilegi. E spesso fa perdere di vista le cose che contano. Come molti del suo ambiente, ha coltivato le dipendenze come fossero pianta da giardino. Droghe e alcol. Nei suoi giorni migliori arrivava a spendere 8.000 sterline al mese di cocaina e a consumare tre bottiglie di tequila al giorno.

Non riusciva a dire basta.

Così, un giorno, è stato il suo naso a dire basta per lui.

Si è aperto.

Due buchi, nemmeno troppo piccoli, a metà del setto nasale.

Quello fu il primo segnale.

Il secondo fu più tragico, quando morì la sua bimba di due anni, annegata nella piscina di casa, e lui poco pronto a reagire.

Era ora di smettere.

Oggi Francis Rossi è una persona normale, padre felice di otto figli.

Tiene incontri e conferenze per spiegare quanto le droghe siano pericolose e assurde.

Prima parla, racconta la sua esperienza. Poi prende un cotton fioc e se lo infila di traverso nel setto nasale, facendo uscire le due estremità dai due buchi, come fosse un guerriero africano.

Fa impressione. In rete ci sono fotografie e filmati.

Fa impressione, ma rende bene l'idea di come la cocaina possa farti buchi nel naso. E nel cervello.

♪♪♪

215 • IL CAVALLO DEI BYRDS

David Crosby e Roger McGuinn erano ai ferri corti. Anzi: c'era Crosby da una parte e tutti i Byrds dall'altra. Il vaso della sopportazione era stato riempito fino all'orlo. A Monterey i Byrds avevano odiato le lunghe dissertazioni di David tra un brano e l'altro, soprattutto quelle a carattere politico, relative all'uccisione di JFK o ai benefici che l'Lsd avrebbe procurato a tutti i capi di stato e politici del mondo. Sempre in quell'occasione, Crosby aveva irritato i compagni unendosi senza preavviso ai Buffalo Springfield di Neil Young.

Anche le strade artistiche sembravano divergere: Crosby aveva scritto *Triad*, la storia di un ménage à trois che i Byrds giudicavano poco adatta al percorso della band; e forse per ripicca, Crosby si era rifiutato di incidere *Goin' Back*, una composizione di Carole King e Gerry Goffin, che, secondo lui, era troppo leggera e inconsistente.

Bene, ce n'era abbastanza per licenziare Crosby dai Byrds e finire il nuovo album da soli, tenendo le canzoni a cui David aveva partecipato e incidendone di nuove, in assoluta libertà. Finalmente.

Quando uscì *The Notorius Byrd Brothers,* Crosby andò a comprarlo e vide quel che non voleva vedere. In copertina c'era una casa con quattro finestre alle quali si affacciavano McGuinn, Clarke, Hillman e un cavallo. Un cavallo al posto suo.

McGuinn sosterrà che tutto era stato casuale e che il cavallo si era affacciato di sua spontanea volontà alla finestra mentre il fotografo scattava, ma nessuno gli credette.

Sia come sia, quella fu l'unica volta in cui un Byrds, quindi un uccello, fu sostituito da un cavallo.

♪♪♪

217 • LE CARPE DI FREDDIE MERCURY

Freddie Mercury adora il Giappone in tutte le sue forme. Ne ama le usanze e gli animali, soprattutto quel tipo particolare di carpe chiamate *koi*, che i giapponesi facoltosi amano tenere nei loro laghetti privati.

Freddie Mercury ne ha ottantaquattro. Prima di morire decide a chi affidarle. Sarà Mary Austin, che era stata la sua compagna prima che Freddie prendesse pienamente coscienza del suo essere gay. La chiama al suo capezzale e ottiene da lei la promessa che si prenderà cura dei pesci koi, senza dirle che, non proprio in cambio ma anche per questo, le lascerà una cospicua parte di eredità.

Mary affida i pesci di Freddie alla più prestigiosa garden house di Londra, la Clifton Nursery, affinché se ne prenda cura temporaneamente in attesa di risistemarli nel lago di casa Mercury, a Kensington. Ma come nei peggiori incubi, uno degli addetti al servizio di manutenzione dimentica di riattivare l'impianto che assicura l'ossigeno necessario e le ottantaquattro carpe muoiono.

Mary Austin si dispera, fa causa alla Clifton Nursery e ottiene un giusto e più che notevole risarcimento per i pesci giapponesi di Freddie Mercury. Che, tra l'altro, avevano non solo un valore affettivo, perché l'intera collezione era stata valutata un milione di sterline. Mica male per delle carpe.

♪♪♪

218 • COBAIN VESTITO DA DONNA

La notte in cui i Nirvana furono sbattuti fuori dalla festa di presentazione di *Nevermind*, il 13 settembre 1991 al Re-Bar di Seattle, fu una delle più divertenti nella storia della band. Non solo per quello che accadde al party, ma per ciò che successe dopo.

Prima provarono a intrufolarsi a un'altra festa, ma qualcuno della band fece scoppiare una bomboletta puzzolente (secondo altre versioni un estintore) e furono subito sbattuti fuori. Andarono perciò a casa di Susie Tennant, la PR dei Nirvana.

Lì i Nirvana si travestirono da donna, Kurt con un vestitino verde e bianco a fiori, si truccarono, misero il rossetto e ballarono per un paio d'ore. Poi, Kurt cominciò a fiondare uova sulle macchine dei vicini. Kurt Bloch, il cantante dei Fastbacks, fece una pila con i cd dei Nelson e gli diede fuoco. Kurt vide un flacone di antidolorifico sopra il frigorifero e se lo scolò per intero, poi cercò di saltare dalla finestra di una camera da letto sul tetto del garage dei vicini. Convinto a rientrare in casa, notò alle pareti un disco d'oro dei Nelson e lo infilò nel microonde, poi accese i fornelli e fece prendere fuoco ai sacchetti per la birra.

Si addormentò vestito da donna, truccato e con il rossetto.

L'indomani passarono a prenderlo per andare a sparare. Lui e alcuni amici avevano l'abitudine di mettere dei quarti di bue o dei grossi prosciutti in macchina e poi andare fuori Seattle a spararci contro.

Erano i giorni in cui tutto andava ancora bene in casa Nirvana, in casa Cobain.

♪♪♪

219 • JOHNNY CASH FA VOLARE ELVIS

Nel 1955 Johnny Cash aveva già inciso *Cry! Cry! Cry!* e *Folsom Prison Blues*. Era famoso e la sua stella presto sarebbe diventata ancora più luminosa.

Nel 1955 Johnny Cash era abitato da grande felicità e un pizzico di frustrazione.

La frustrazione aveva un nome e un cognome: Elvis Presley.

Sam Phillips, il grande boss della Sun, sembrava avere occhi solo per lui, anche perché, con Elvis, gli occhi di Sam Phillips diventavano come quelli di Paperon de' Paperoni: con il simbolo del dollaro nelle pupille.

Johnny e Elvis erano entrambi molto popolari, ma tutti i segnali lasciavano presagire che presto ci sarebbe stato un solo Re. Bastava solo un po' di programmazione radiofonica in più, qualche bella apparizione televisiva, magari da Ed Sullivan, e il gioco era fatto.

Per ora Elvis andava fortissimo nelle emittenti locali, così, in vista di un concerto di Johnny Cash in un paesino del Texas, a Sam Phillips venne naturale chiedergli un favore: "Ehi, Johnny, ti dispiacerebbe portarti dietro un po' di copie del nuovo singolo di Elvis? Appena arrivi in Texas mando uno dei miei a ritirarli, così li diamo alle radio e ai negozi".

Johnny Cash aveva detto ovviamente no, non mi dispiace affatto, anche se un po' gli dispiaceva. E certo non pensava che Sam gli avrebbe riempito tutto il bagagliaio della macchina e anche un po' del sedile posteriore. E la macchina carica arrancava su quella strada così ripida.

Johnny Cash si fermò alla cima della strada. E pensò che c'era una sola cosa da fare: prendere i dischi di Elvis e lanciarli come frisbee nella vallata sottostante.

Oh, come volavano bene i dischi del futuro Re...

♪♪♪

220 • LEGGENDE AL CBGB'S

I Ramones e il CBGB's. Una delle più straordinarie formazioni punk e uno dei più straordinari locali della Big Apple. Le loro esibizioni nel tempio sulla Bowery sono ammantate di leggenda. Ma com'è andata veramente la loro prima esibizione? È stata davvero il trionfo che abbiamo letto nei libri di Storia? Chi c'era ha veramente avuto la sensazione di vivere il momento in cui il rock a New York si spezzava in due, dividendolo tra un prima e un dopo?

La risposta è no. Almeno a sentire Johnny Ramone: "C'erano pochi intimi, praticamente solo i nostri amici. Alla fine del concerto sono venuti tutti da noi a dire che non erano tanto sicuri di voler continuare a essere nostri amici".

"A parte loro", ha aggiunto Tommy Ramone, "c'erano solo il barista, tre ubriachi, Hilly Kristal e il suo cane."

E Hilly Kristal, proprietario del CBGB's, non era certamente entusiasta dei Ramones: "Dissi loro che non li avrei più voluti vedere, certamente non nel mio locale. Erano peggio dei Television. E i Television erano terribili".

Poi il punk è esploso ed è arrivata la leggenda. Retroattiva, come sempre.

♪♪♪

221 • JIMI E IL DITO MEDIO

Nell storia del rock c'è solo un abbinamento più improbabile di quello tra David Bowie e Bing Crosby e risale al 1967, quando Jimi Hendrix accettò di fare da spalla ai Monkees. La sola idea oggi fa inorridire chiunque, ma a quell'epoca Hendrix non aveva ancora avuto un disco in classifica. Aveva sì doppiamente incendiato Monterey (pubblico e chitarra), ma al di fuori di una ristretta cerchia di adepti il suo nome era sconosciuto. Suonare prima dei Monkees, un gruppo stupido e inutile però di enorme successo dove i componenti fingevano di cantare ma erano altri a farlo al posto loro, avrebbe significato per Jimi una bella esposizione a una marea di gente.

La prima data, l'8 luglio 1967 a Jacksonville, Florida fu terribile. Jimi salì sul palco e diede fuoco alle sue polveri, ma nessuno era interessato, anzi. Ventimila persone urlavano i nomi dei membri dei Monkees mentre Jimi suonava *Foxy Lady*. Erano passati solo venti giorni da Monterey. Alla settima data Hendrix decise di averne abbastanza. Mostrò il dito medio alla gente che non lo lasciava suonare e cantava "We want the Monkees, we want the Monkees", e chiese di strappare il contratto. Il management dei Monkees capì la situazione e non fece obiezioni.

I più dispiaciuti erano proprio i Monkees. Sapevano di essere un gruppo studiato a tavolino e di avere prima di loro il più grande di tutti, Jimi Hendrix.

♪♪♪

222 • ROBERT SMITH NELLA TENDA A MARIJUANA

Richard Smith aveva ottenuto dai genitori il permesso di portare suo fratello Robert all'isola di Wight. Robert, futuro cantante dei Cure, aveva solo undici anni e di musica capiva poco, ma si divertiva quando suo fratello magnificava le doti di un chitarrista nero che si chiamava Jimi Hendrix e che, almeno così diceva Richard, era il più grande di tutti i tempi.

Così i due fratelli partirono per l'isola di Wight, 1970.

Hendrix salì sul palco la sera della domenica, il 30 agosto. Un set incendiario, tra omaggi a Dylan (*All Along The Watchtower*) e Beatles (*Sgt. Pepper's*) e versioni stratosferiche dei suoi classici.

Insomma, uno show indimenticabile. Ma Robert Smith, futuro cantante dei Cure, non lo poté vedere. Perché suo fratello Richard, dopo aver conosciuto una disinibita inglesina, aveva chiuso Robert nella sua tenda arancione impregnata di marijuana e aveva assistito al concerto con lei, rotolandosi il giusto.

"Ti porterò al prossimo concerto di Jimi", disse Richard quando vide l'espressione imbronciata del fratello.

James Marshall Hendrix morirà diciotto giorni dopo, Robert Smith diverrà presto un Cure.

♪♪♪

223 • ABBIE HOFFMAN PRESO A CHITARRATE DA PETE TOWNSHEND

Agli Who quello stupido triangolo pace-amore-musica interessa poco o nulla. Loro sono vecchi mod e la ribellione la espletano in un altro modo. Per cui dicono agli organizzatori di Woodstock che o saltano subito fuori i soldi o loro su quel palco non saliranno mai.

Joel Rosenman è un avvocato rampante di venticinque anni, che ha accettato l'onere di guidare questo immane carrozzone. Le banche sono chiuse perché è sabato sera. Butta giù dal letto Charlie Prince, il banchiere di Woodstock Ventures. Anche lui non sa come fare, perché il contante si trova in una cassetta di sicurezza temporizzata. Quando tutto sembra perduto, trova dei libretti degli assegni in un armadietto. Rosenman manda subito un elicottero che atterra nel giardino di casa Prince e li preleva.

Gli Who accettano di esibirsi, avevano chiesto contanti ed erano arrivati degli assegni, ma forse, a quell'ora di un sabato sera che è quasi notte, si può soprassedere.

Townshend è comunque di cattivo umore. Anche perché Abbie Hoffman è salito sul palco tra una canzone e l'altra e sta facendo un lungo sermone in difesa di John Sinclair, il manager degli Mc5 che si trova in galera per aver fumato una canna.

Townshend dice basta. Solleva la chitarra e la fracassa sulla testa di Abbie Hoffman, il profeta della controcultura e governatore della Woodstock Nation.

Agli Who quello stupido triangolo pace-amore-musica interessa poco o nulla.

♪♪♪

224 • I PUGNI DI STEPHEN STILLS

Ci sono oneri e onori a essere il gruppo-guida della rivoluzione di Woodstock, il più accreditato a gestire l'eredità dei Grateful Dead, spettacolari nelle cavalcate psichedeliche ma di non facile digeribilità per tutti.

Così, a malincuore, Crosby, Stills, Nash e Young furono quasi costretti dalla storia e dalle aspettative a rinunciare al programma *Hollywood Palace*, cui avrebbero partecipato volentieri, per presenziare invece al Big Sur Folk Festival, un raduno hippie stile Woodstock, anche se molto più contenuto nelle aspettative e nelle presenze (circa 12.000 persone), che vedeva in cartellone anche Joni Mitchell e Joan Baez.

Ed è lì, nello spettacolare scenario naturale di Big Sur che qualcosa si spezza. Un ragazzo tra il pubblico, probabilmente con una buona dose di alcol in corpo, comincia a gridare contro il quartetto. Lo accusa di essersi venduto, di avere atteggiamenti da rockstar, di aver perso contatto con la realtà e con la base del Grande Sogno.

Per qualche decina di secondi, tutto tace. Crosby, Stills, Nash e Young non rispondono. Poi Stills parte di corsa, scende dal palco e prende a pugni lo spettatore. Crosby si avvicina al microfono e dice: "Buttalo giù, Steve".

Non proprio pace, amore e musica.

♪♪♪

225 • SCHIAFFI IN TESTA AI ROLLING STONES

Il Palasport di Bologna è stracolmo. È il 5 aprile 1967. I gruppi spalla, tra cui i New Trolls di Vittorio De Scalzi, hanno finito tutti la loro esibizione e ora sono nelle prime file, tra il pubblico, a godersi i Rolling Stones.

Faranno due concertini, il primo di dodici canzoni, il secondo di dieci. Entrambi si apriranno con *The Last Time*.

Sono ancora in camerino, tutto tappezzato di bandiere inglesi. Sembrano terrorizzati. Chiedono in continuazione dove sia l'uscita. Sono pallidi e nervosi.

Eccoli.

Le Pietre salgono sul palco.

L'entusiasmo è alle stelle.

Charlie Watts attacca *The Last Time*, ma, forse per l'emozione, parte in levare. Mick Jagger non riesce a entrare. Il pubblico continua a urlare. Attende la voce di Jagger come fosse un Messia. Ma Mick non canta, non può cantare. Fa segno a Watts che qualcosa non va, ma nessuno sa come uscirne.

Poi, qualcuno decide: tutti fuori.
La gente non capisce.
Sono appena entrati e già escono.
Cosa succede?
Gli Stones vanno in camerino, si mettono a cerchio come i giocatori di rugby. Si incoraggiano, si prendono a schiaffi sulla testa. Poi tornano sul palco.
Charlie Watts attacca *The Last Time* nel modo giusto. Mick Jagger può cantare. Finalmente.

♪♪♪

226 • SCOZZESI

"Quando l'ho vista mi sono innamorato subito. Era bionda, magra, famosa per essere stata una Bond girl, aveva *hot legs* ed era disponibile. Come non bastasse, usciva da un matrimonio noioso con Peter Sellers. Britt Ekland era perfetta. L'amore atteso da una vita."

Rod Stewart sta chiacchierando con il gestore di un'edicola all'aeroporto. Sta per imbarcarsi e ha visto esposto quel libro, *True Britt*, l'autobiografia della sua ex donna della sua vita. L'edicolante lo ha riconosciuto, come si fa a non riconoscere Rod Stewart? Ha visto che dava un'occhiata al libro e non ha resistito alla tentazione di scambiare due parole con lui.

Rod e Britt si sono lasciati male. Lei lo ha accusato di essere un bugiardo cronico che una volta ha addirittura inventato di aver avuto un figlio nel 1963, così, senza alcun motivo. Ma l'accusa che più infastidisce Rod è quella di essere tirchio. Perché Rod è scozzese e che gli scozzesi siano più avari dei genovesi è una leggenda metropolitana.

Due anni e mezzo insieme. Britt aveva pure sussurrato dolci parole in francese, anche se lei era svedese, alla fine di *Tonight's The Night* e si dice abbia influenzato *You're In My Heart*, nonostante la canzone sia dedicata a una squadra di calcio. Poi la fine.

L'altoparlante chiama l'imbarco. Rod Stewart e l'edicolante si salutano. Rod si avvia verso il gate. L'edicolante è emozionato e felice. Solo dopo qualche minuto si accorge che Rod Stewart ha rubato il libro di Britt Ekland. "Mai e poi mai avrei pagato un solo centesimo per quella merda", dichiarerà in seguito.

L'edicolante sorride. È davvero uno scozzese.

♪♪♪

227 • IL SIGNORE SENZA UN MIGNOLO

Courtney Love aveva bisogno di soldi e il Giappone era un paese dove ce n'erano molti. Roger, nome in codice, sosteneva che era il posto adatto a lei. Roger si avvicinava alle ragazzine nei bar, nei locali, per strada. Parlava di belle possibilità dall'altra parte dell'oceano, dove una potente organizzazione criminale chiamata Yakuza, era disposta a reclutare minorenni disposte a spogliarsi. Niente sesso, solo strip-tease.

Courtney era abituata a spogliarsi nei locali e disse subito sì. Prese un aereo, fu accolta da un signore strano e senza un mignolo, segno che aveva fatto qualcosa di sbagliato con i suoi superiori, perché è tradizione che i membri della Yakuza si spezzino le articolazioni delle dita in segno di sottomissione davanti ai superiori quando devono rispondere di una mancanza.

Il signore le prese il passaporto e poi la portò in un locale alla periferia di Tokyo.

Le ragazze dormivano tutte nella stessa sala. La ragazza brasiliana da cui Courtney aveva ereditato il letto si era lasciata dietro una poco simpatica scia di piattole. Courtney lavorava di giorno e la sera prendeva il treno per Tokyo, dove si ubriacava come una pazza.

Dopo un mese le dissero che sarebbe stata promossa. Era vergine, aveva poco seno ed era piccolina. Tutto questo piaceva molto ai giapponesi. L'avanzamento consisteva in una sola cosa: ora era autorizzata a fare sesso con i clienti.

Courtney disse che questo non andava bene e che avrebbe deciso lei con chi scopare. Si rivolse all'ambasciata americana a Tokyo, che avviò la pratica di espulsione.

Quattro giorni dopo era a Portland. Comprò una spilletta con sopra scritto "Sid Lives", Sid vive, dedicata a Sid Vicious, si tagliò i capelli a zero e acquistò una chitarra.

♪♪♪

228 • CHUCK SI GIRA

L'Hammersmith Odeon è uno dei templi della musica londinese. Ha visto passare il mondo, il gotha del rock, i momenti più belli degli ultimi sessant'anni. E ha visto anche il concerto più contestato nella parabola artistica di Chuck Berry, il 10 maggio 1975.

Era atteso come il Messia, perché l'Inghilterra ha la puzza sotto il naso ma capisce la stoffa del fuoriclasse. Chuck Berry aveva scritto le prime pagine del rock and roll, forse anche più di Elvis, solo che Elvis era bianco e Chuck era nero. Molto nero.

Il tour era iniziato la sera prima al Finsbury Empire. Buon concerto, ma Chuck era nervoso. Problemi di soldi, dicevano. Chuck Berry era davvero attaccato al denaro. Quando era all'estero controllava sempre il tasso di cambio del dollaro con la valuta locale e pretendeva di farsi pagare l'oscillazione del giorno, se a lui era favorevole. Una volta rifiutò di salire sul palco se non gli fossero stati dati i 25 centesimi di differenza.

Quella volta era più nervoso del solito. Così se ne andò dopo soli otto brani. Tra uno e l'altro faceva pause che duravano anche tre o quattro minuti. Fingeva di accordare lo strumento, beveva, si asciugava il sudore. Dopo otto brani il buon Chuck Berry salutò tutti e se ne andò.

Quando il pubblico capì che il concerto era finito, scoppiò una mezza rivoluzione: avevano pagato un biglietto salatissimo per ascoltare otto canzoni.

Il manager dell'Hammersmith entrò nei camerini furibondo.

"Torni subito sul palco altrimenti non la pago."

Chuck Berry gli mostrò il contratto: "Vede, qui c'è scritto che avrei dovuto suonare almeno 45 minuti. Io ne ho fatti 58. E se ho fatto tante pause, non è un problema mio. Nel contratto non si parla di pause".

Dicono che abbiano portato fuori di peso il manager del locale. Aveva intenzione di uccidere Chuck Berry in molto meno di 58 minuti.

♪♪♪

229 • 5 DOLLARI E 98 CENTESIMI

Janis Joplin era sola, come spesso succedeva. Il concerto era finito, la gente impazzita, poi i musicisti erano andati via con qualche groupie o qualcuno del pubblico e lei era rimasta da sola. C'era solo l'autista che doveva riportarla a casa, in quella San Francisco che faceva l'amore con lei ogni volta che cantava, ma che si dimenticava esistesse una volta spente le luci.

Janis esce dai camerini e, invece di spostarsi verso il backstage dove l'attende la limousine, decide di tornare sul palco, forse nell'illusione di trovare ancora qualcuno che l'aspetta.

Con sua grande sorpresa, qualcuno c'è davvero. Ha una camicia bianca ed è chino tra le sedie, come se cercasse qualcosa.

"Ehi?", dice Janis. "Tutto bene?"

L'uomo si alza.

Janis sorride.

"Bill, che cazzo fai laggiù?"

Bill Graham, il più leggendario promoter nella storia del rock. L'uomo che ha costruito le fortune di Rolling Stones, Jimi Hendrix, Jefferson Airplane e, negli anni a venire, Bruce Springsteen e U2.

"Sto cercando gli spiccioli."

"Sei ubriaco, Bill?", chiede Janis.

Bill non era ubriaco. E pur essendo milionario, alla fine di ogni concerto andava a piegarsi tra le sedie per vedere se dalle tasche degli spettatori era caduta qualche moneta.

Da non credere.

"Janis, vuoi sapere una cosa?"

"Cosa, Bill?"

"Hai proprio un pubblico di pidocchiosi: 5 dollari e 98 centesimi."

♪♪♪

230 • 8 DOLLARI PER FUMARE

Axl Rose ha un disperato bisogno di soldi. I Guns N'Roses non esistono ancora, nemmeno nell'anticamera del suo cervello. Legge sul giornale un'inserzione: "Cercansi volontari maschi tra i diciotto e i quarant'anni, per scopi scientifici. 8 dollari l'ora".

Fa per me, pensa Axl. Chiama e una voce di donna gli dà le indicazioni per arrivare al campus della UCLA, la University of California di Los Angeles. È molto lontano da dove vive Axl, ma ha tutto il tempo che vuole. Cammina per un paio d'ore, poi prende l'autobus. Dopo aver compilato pagine e pagine di questionari sul suo stato di salute, arriva un dottore: "Signor Rose, tutto quello che vorremmo da lei oggi è che lei fumasse un po' di sigarette di tipo diverso".

Axl sgrana gli occhi: "Sta scherzando, vero? Voi mi date 8 dollari l'ora per vedermi fumare?".

"Esatto. Le va bene?"

A Axl Rose va benissimo. Lo portano in una sala, collegano un po' di sensori al suo petto e alla testa e gli offrono un po' di sigarette.

Axl è felice. Pensa che solo quattro lavori sono meglio di questo: domatore di leoni, assaggiatore di whiskey, rockstar e assaggiatore di... be'... organi sessuali femminili. Axl ancora non sa che gli ultimi due lavori gli diverranno presto abituali.

Dopo cinque ore il dottore lo congeda con 40 dollari e due pacchetti di sigarette in omaggio.

Andrà avanti così per sei settimane.

"La più bella esperienza della mia vita", dirà Axl. Prima di diventare il cantante dei Guns N'Roses, ovvio.

♪♪♪

231 • ERIC CLAPTON, GEORGE HARRISON E PATTY BOYD (PARTE PRIMA)

Patty Boyd ha appena ricevuto una telefonata da Eric Clapton. Vuole che si incontrino in un appartamento londinese di South Kensington. Patty accetta malvolentieri, sa che Eric è innamorato di lei, sa anche che lui non gli è indifferente, ma soprattutto sa che lei è la moglie di George Harrison, il miglior amico di Eric.

Decide comunque di andare. Eric non cerca di baciarla, nemmeno si avvicina. Dice solo: "Vorrei che ascoltassi una cosa che ho scritto per te. Non l'ho intitolata con il tuo nome per ovvi motivi".

Clapton preme il tasto play del registratore e nella stanza si diffondono le note di *Layla.* Clapton aveva scelto questo nome dopo che un amico scrittore, Ian Dallas, prima di convertirsi all'islamismo, gli aveva raccontato la storia di Leylā e Majnūn, romanzo in versi del poeta persiano Neẓāmī. Leylāā era una principessa costretta da suo padre a sposare un uomo diverso da quello di cui era perdutamente innamorata, provocando la pazzia di quest'ultimo (majnūn, in persiano significa proprio pazzo). Clapton fu molto colpito e scrisse di getto *Layla.*

Patty Boyd scappa via. È quasi sicura di essere innamorata di Eric, ma sa che non deve cedere. Va a teatro a vedere *Oh! Calcutta!,* dopo l'intervallo torna al suo posto e trova Clapton seduto accanto a lei. Aveva convinto uno spettatore ad alzarsi e cedergli il posto: "Le do quello che vuole", aveva detto. "Qualsiasi cifra."

Eric e Patty escono separatamente e separatamente vanno allo stesso party, quello dato da Robert Stigwood, manager di Clapton e produttore del musical *Oh! Calcutta!*

Casualmente si ritrovano in giardino. Cominciano a parlare fitto fitto. Eric cerca di convincerla a lasciare George Harrison, quando George Harrison si materializza.

"Cosa ci fate qui, da soli?", chiede.

Prima che Patty abbozzi una risposta, Eric confessa: "Amico mio, sono follemente innamorato di tua moglie".

George Harrison non sa come reagire.

Dopo un silenzio che sembra eterno e intollerabile per tutti, dice semplicemente a Patty: "Rimani qui con lui o torni a casa con tuo marito?".

Patty Boyd torna a casa con George Harrison, l'uomo che aveva scritto *Something* per lei, quella che Frank Sinatra aveva definito la più bella canzone d'amore di sempre.

Ma la storia non finisce qui.

♪♪♪

232 • DAMON E JUSTINE

Damon Albarn sta tornando a casa. È il 1995, i suoi Blur sono, insieme agli Oasis, il più grande fenomeno britannico dopo il merseybeat, capaci di scatenare vecchie rivalità come tra Beatles e Stones.

Non si stupisce che sotto casa sua ci sia il solito gruppetto di fan. Arrivano tutte le sere a una certa ora.

Decide di giocare un po'.

Si tira su il bavero della giacca e si pigia il cappello sulla fronte. È quasi irriconoscibile. Almeno così pensa.

Si avvicina al drappello di fan.

"Ehi, come va?"

Quasi non rispondono al saluto.

"Bene, non mi hanno ancora riconosciuto", pensa Damon.

"Dunque, è qui che vive il cantante dei Blur?"

I ragazzi si girano verso di lui.

Damon Albarn sorride e si toglie il cappello.

Uno dei ragazzi dice: "Non lo so. Siamo qui perché ogni sera a quest'ora c'è una ragazza che si spoglia nuda e che non sa che le tende sono trasparenti".

Era Justine Frischmann, cantante delle Elastica e fidanzata di Damon Albarn.

♪♪♪

233 • UN ALBUM DIVERSO DAL SOLITO

Shannon Tweed è un'attrice e modella canadese che è riuscita a vincere la guerra con il tempo, perché la sua bellezza non è sfiorita nonostante gli anni. È stata playmate del mese di novembre del 1981 e playmate dell'anno 1982. Di lei si innamorò Hugh Hefner, il padre delle conigliette, ma a fare notizia e storia è stato il fidanzato che è venuto dopo: Gene Simmons, la lingua lunga dei Kiss, il bacio della donna ragno. È stato amore immediato, i due sono andati immediatamente a vivere insieme, nel 1989 è nato il primo figlio, Nicholas, nel 1992 la prima figlia, Sophie Alexandra.

Per festeggiare degnamente questo grande amore, in occasione dei venticinque anni di unione, Gene Simmons ha pensato bene di annunciare al mondo che, in quel periodo, è andato a letto con altre cinquemila donne. Cinquemila, non so se mi spiego. E se qualcuno aveva dei dubbi, doveva solo dirlo. Perché il grande Gene ha scattato una Polaroid di ogni sua conquista: sul letto dove il rapporto è stato consumato, con le ragazze nude o seminude e con in mano la chiave della stanza dell'hotel.

Geniale. Chissà se Shannon Tweed ha mai visto quell'album.

♪♪♪

234 • VIENI A CASA MIA?

Good Charlotte e New Found Glory sono amici per la pelle e lo sono fin dalle prime battute delle loro carriere, fin da quando erano poco conosciuti, andavano in tour insieme e si spostavano da una città all'altra su due van vecchi e scalcagnati. Erano così amici che si massacravano gli uni con gli altri, con scherzi a volte pesanti. Il gioco preferito dei Good Charlotte era rivestire il van dei New Found Glory di farina e burro di noccioline, una miscela praticamente impossibile da pulire. I New Found Glory si vendicavano raccattando nell'immondizia avanzi di cibo, verdure andate a male e frutta marcia, che poi gettavano sul palco addosso ai Good Charlotte durante la loro esibizione.

Per Joel e Benji Madden era un modo come un altro per dimenticare le sofferenze patite durante l'infanzia e la prima adolescenza. Abbandonati dal padre, con pochissimi soldi per tirare avanti, se la cavavano con l'arma dell'ironia.

Una volta Benji ha raccontato di una ragazza che gli piaceva molto.

Dopo un lungo corteggiamento, alla fine le chiese: "Vuoi venire a casa mia?".

Lei disse subito sì.

Benji allora disse: "Fantastico, vieni, è nel parcheggio".

♪♪♪

235 • BRYAN FERRY, MICK JAGGER E JERRY HALL

Bryan Ferry sapeva perfettamente che era bellissima, perché era rimasto folgorato da una sua foto su "Vogue", per questo aveva voluto andare lui in persona a prenderla all'aeroporto di Heathrow. Aveva contattato la sua agenzia e chiesto la disponibilità della modella a posare per la copertina di *Siren*, il nuovo album dei Roxy Music.

Lei era già famosa, ma non in ambito rock. Aveva diviso una camera con sua sorella e Grace Jones, scattato le prime foto con Helmut Newton, rifiutato di posare nuda per Salvador Dalì, stretto amicizia con Andy Warhol, Jean-Paul Sartre e Simone de Beauvoir. Era la modella del momento, Jerry Hall, anche se aveva solo diciannove anni.

Alla fine di quel giorno di scatti, Bryan Ferry le chiese di mettersi con lei.

Tutto bello, tutto perfetto. O quasi. Perché c'era di mezzo Mick Jagger. Una sera Mick invitò a cena Bryan e lui naturalmente si presentò con Jerry. Alla fine della serata Mick strusciò la sua gamba su quella di Jerry e Jerry sentì una scossa elettrica.

Fu subito dopo che Bryan commise un errore: non portarla in tour con i Roxy Music. Jerry cominciò a frequentare Mick Jagger, che le inviava ogni giorno centinaia di fiori. Non passò molto tempo prima di cedere. Mise una sola condizione: Mick doveva smetterla con le droghe. Lui disse sì.

Bryan Ferry tornò dal tour e portò Jerry a Los Angeles. Mick la implorava di lasciare Bryan. Jerry finse per due volte di avere un impegno di lavoro e volò da Mick, la prima volta a Parigi, la seconda in Marocco. Lì qualche fotografo li beccò e pubblicò le foto. Jerry e Bryan si lasciarono. Lei rimarrà con Mick per ventitré anni. Quando David Letterman le chiese come ci fosse riuscita, lei disse che sua madre le aveva insegnato a essere una domestica in salotto, una cuoca in cucina e una puttana in camera da letto.

A Bryan rimasero i Roxy Music e la consapevolezza che l'eleganza dandy perde sempre davanti alla ruvidezza del rock.

♪♪♪

236 • ANTHONY KIEDIS E SINEAD O'CONNOR

A Anthony Kiedis erano sempre piaciute le ragazze con la testa rasata, perché se una arrivava a tanto era perché era una tipa dura, concreta e non gliene fregava un cazzo. E lei gli piaceva più delle altre. Certo, avrebbe potuto scegliere un altro modo per farglielo capire. Autunno, 1989, un festival in Europa, Anthony nemmeno ricorda dove. Sinead O'Connor è reduce dal grande successo di *The Lion And The Cobra*, i Red Hot Chili Peppers non sono ancora il monumento che saranno. Suonano prima di Sinead e Anthony, a un certo punto, le dedica un brano dal titolo impegnativo: *Party On Your Pussy*. Si pente subito, ma è troppo tardi. Per fortuna lei non se la prende, anzi. Scende dal palco, va da Anthony e gli dice che è contenta che lui l'abbia nominata. Anthony decide che è ora di dirle cosa prova per lei, ma non riesce, così corre in camerino e le scrive una lettera. Una lunga lettera che riesce a dare a Sinead proprio mentre lei sta per salire sul bus, verso un'altra città del suo tour.

Più o meno un anno dopo, Sinead O'Connor e Anthony Kiedis si incontrano di nuovo, per caso, a Los Angeles, in strada, perché anche nella città degli angeli ti può capitare di incontrare qualcuno per strada anche se uno dei due è irlandese. Anthony pensa che la sposerebbe all'istante, si avvicina e dice: "Non so se ti ricordi di me, ti avevo anche scritto una lettera". Lei risponde: "Certo che mi ricordo, ce l'ho ancora nel cassetto della mia cucina" e, quando lui si stupisce che lei l'abbia conservata, Sinead aggiunge: "Cosa credi? Scrivi un biglietto come quello e io lo butto via?".

I due cominciano a frequentarsi, alcune volte c'è anche il figlio di lei, Jake. Anthony le dà lezioni di guida sulla sua Camaro nera decappottabile del 1967. Stanno insieme, anche se non proprio come una coppia. Lui la invita alla cerimonia degli Oscar, lei dice sì ma poi richiama per dire che ci sarebbe andata con Daniel Day Lewis. Lui non gradisce, ma sopporta. Il rapporto cresce. Fino a quel messaggio nella segreteria telefonica: "Anthony, sono Sinead. Lascio Los Angeles domani e non voglio che tu mi chiami o passi di qui prima che io parta. Addio".

A Anthony Kiedis cade il mondo addosso. Per anni, nonostante le infinite donne, continua a chiedersi come sarebbe rivederla. Poi accade. Universal Amphitheatre, Mtv Awards. Anthony è nel parcheggio. Accosta una limousine con dentro Peter Gabriel e Sinead. Lei si sporge dal finestrino e sorride falsa. Molto falsa. Per anni Anthony Kiedis si era chiesto come sarebbe stato rivederla. Ora ha la risposta: uno schifo.

♪♪♪

237 • TEA FOR TWO?

Ai Bee Gees sono legate infinite storie. La mia preferita è quella che riguarda Maurice, che non appena guadagnati i primi soldi si comprò una serie infinita di Rolls Royce ma, essendo troppo piccolo di statura, doveva mettere sul sedile un elenco del telefono per riuscire a guidare.

Se i Bee Gees, che sono pop che più pop non si può, trovano ospitalità nel *Rock Bazar* è perché Barry è protagonista di un aneddoto molto simile a un altro che riguarda David Bowie, con la differenza che il primo è vero, il secondo leggenda metropolitana.

Barry e David erano affamati di sesso come Eta Beta di naftalina (anche se va detto che questo riguarda la versione italiana, perché nei fumetti originali americani Eta Beta si nutriva di cubetti di ghiaccio, piume di piccione e mandarinetti cinesi sottaceto).

Per ottenere i loro scopi, i due artisti non si facevano scrupoli. Barry girava sempre con un anello d'oro in tasca e, quando vedeva una ragazza particolarmente attraente, lo estraeva, lo infilava al dito della ragazza e diceva: "Mi sono innamorato di te all'istante. Un vero colpo di fulmine. Non pensare che voglia solo portarti a letto. Ti voglio sposare". Le ragazze mediamente ci cascavano e il gioco proseguì per un bel po', fino a quel giorno in cui nei camerini di un concerto dei Bee Gees si presentarono sei ragazze con altrettanti anelli. Barry cercò invano un'uscita di sicurezza, poi sorrise e si prese una discreta razione di calci e pugni da parte delle ragazze infuriate.

David Bowie, invece, si presentò una volta con in tasca un anello d'oro che voleva mettere al dito di una sua fidanzata. Entrò in stanza e la trovò a letto con un altro uomo. Bowie, abituato alla più totale libertà sessuale, fece rapidamente sparire l'anello che aveva appoggiato su una tazzina e disse, sorridendo: "Gradite del tè?".

♪♪♪

238 • LE PAGINE DI BOB GELDOF

Questa è una bella storia.

Paula Yates era stata chiara, perfino brutale. Aveva detto a Bob Geldof che non lo amava più e che si era innamorata di un altro uomo, Michael Hutchence, il carismatico leader degli INXS. Paula Yates non voleva più continuare a vivere nell'inganno. Amava Michael e per questo doveva lasciare Bob.

Geldof era innamoratissimo di Paula, anche se all'inizio della loro storia era piuttosto dubbioso perché, in fondo, lei era una groupie. Era così innamorato e così ferito dall'amore e dalla passione che Paula provava per il cantante degli INXS che pensò seriamente all'eventualità di togliersi la vita. Così prese dei fogli di carta A4 e cominciò a compilare due liste: la prima aveva per titolo "perché sì", e conteneva le ragioni per suicidarsi; la seconda "perché no", ovvero i motivi per andare avanti.

Dopo due ore vissute praticamente in apnea, guardò il risultato dei propri sforzi. E vide che la lista dei "perché sì" era lunga due pagine, quella dei "perché non uccidersi" aveva una sola voce: le mie figlie. Ma quella voce era così bella, forte e potente che vinse su tutte le altre.

♪♪♪

239 • QUELLA ZUCCA VUOTA DI JONATHAN MELVOIN

Sono le 3.30 del mattino del 12 luglio 1996. Siamo al Regency Hotel di Manhattan, New York City. Nella città delle mille luci se n'è appena spenta una. È morto Jonathan Melvoin degli Smashing Pumpkins. Accanto a lui c'è Jimmy Chamberlin, anche lui una zucca da prendere a calci, perché era stato più volte avvisato di stare lontano dall'eroina, lui e Jonathan. Jimmy chiama il 911, l'equivalente del nostro 118. Gli operatori (secondo altre versioni il manager dei Pumpkins) gli dicono di mettere Jonathan sotto la doccia, per cercare di tenerlo o riportarlo in vita. Niente da fare. Sarà dichiarato morto alle 4.15.

Billy Corgan, che dormiva al Four Seasons, viene informato alle 5. La band annulla il primo dei due concerti al Madison Square Garden che si sarebbe dovuto tenere quella sera stessa. Cinque giorni dopo annuncia l'allontanamento di Jimmy Chamberlin dai Pumpkins.

Si ricostruiscono le sue ultime ore di vita. Alle 11 di sera dell'11 luglio, Jonathan e Jimmy si sono fatti di eroina e alcol. Entrambi hanno perso i sensi immediatamente, solo che Jonathan è entrato in overdose mentre Jimmy si è svegliato quattro ore e mezzo dopo.

Il dolore di Billy Corgan per non essere riuscito a tenere l'amico lontano dalla droga nonostante i ripetuti sforzi aumenta dopo che la vedova gli proibisce di partecipare al funerale. Un anno dopo, ancora lei, Laura Melvoin, denuncerà gli Smashing Pumpkins, colpevoli a suo dire di non aver fatto abbastanza per salvare il marito. Senza conoscere la verità e rifiutando di vedere le cose nel modo giusto: la lunga dipendenza da eroina e l'alcolismo avevano reso molto probabile quella tragica fine.

♪♪♪

240 • IAN CURTIS

Quella mattina Ian Curtis aveva visto *La ballata di Stroszek*, un film di Werner Herzog che racconta la storia di un uomo che, incapace di scegliere tra le due donne che ama, si uccide.

Anche Ian Curtis amava due donne: sua moglie Deborah e la giornalista Annik Honoré e non sapeva o voleva scegliere.

Quella notte del 18 maggio 1980, Ian Curtis salutò la moglie alla quale chiese di sospendere le pratiche per il divorzio, si preparò un caffè, bevve quel poco di whiskey che era rimasto nella bottiglia, mise sul piatto *The Idiot* di Iggy Pop, staccò dal muro la fotografia di sua figlia Natalie, scrisse una lettera alla moglie in stampatello, che finiva dicendo che era spuntata l'alba e si sentiva il canto degli uccelli. In quella lettera diceva di amare Deborah e la figlia e di odiare Annik, ma ammetteva anche di essere troppo vigliacco per lasciare la sua amante. Erano righe piene di contraddizioni e follie.

Poi, Ian Curtis, meraviglioso e dannato cantante dei Joy Division, si impiccò alla rastrelliera della sua cucina al 77 di Barton Street, a Macclesfield. Aveva ventitré anni, sarebbe diventato immortale.

♪♪♪

241 • SUZIE CREAMCHEESE

The drugs don't work, come cantava Richard Ashcroft, anche se lui si riferiva alle droghe che non calmavano il dolore del padre, molto malato.

Le droghe non servono comunque, anche se per tutti gli anni Sessanta e la prima parte dei Settanta molti artisti erano convinti che spalancassero le porte della percezione e aiutassero la creatività, stimolando nuove visioni. Poi arrivarono le tre morti per overdose, a distanza di pochi mesi: le tre J, Janis, Jimi, Jim, tutti alla stessa età: ventisette anni. Ma prima ancora delle morti di Joplin, Hendrix e Morrison la situazione era degenerata con molti spaventi. Come quella volta a Londra, dopo uno spettacolare concerto di Janis Joplin alla Royal Albert Hall. Sam Andrew, che faceva parte dei Big Brother che accompagnavano Janis, tornò in hotel e si fece di eroina. Era abituato a farsi, ma non a farsi di eroina londinese, che era più pura di quella californiana, così andò in overdose. Gli altri musicisti lo gettarono nudo nella vasca da bagno, poi aprirono l'acqua gelata. Suzie Creamcheese, la famosa groupie che si era trasferita a Londra, disse: "Non vi preoccupate, ci penso io". Si spogliò nuda, salì a cavalcioni su Sam e lavorò come sapeva fare. Sam Andrew si riprese in fretta. Per una volta il sesso aveva vinto sulla droga.

♪♪♪

242 • JIMI HENDRIX GAY

Per anni abbiamo creduto che Jimi Hendrix fu congedato dall'esercito americano dopo essersi fracassato una caviglia al termine del suo 26° lancio come paracadutista. Poi si è saputa la verità, tutta la verità, nient'altro che la verità.

Jimi si era arruolato per evitare la galera, perché per due volte, il 2 maggio e poi il 5 maggio 1961, era stato arrestato dalla polizia di Seattle mentre si trovava alla guida di un'auto rubata. Costretto a scegliere tra un periodo di reclusione e l'arruolamento, optò senza indugi per il secondo. Il 31 maggio 1961 arrivò a Fort Ord, in California, per affrontare otto settimane di addestramento, prima di essere destinato, dopo una breve licenza, alla 101esima Divisione di stanza a Fort Campbell, nel Kentucky, dove arrivò l'8 novembre.

Jimi Hendrix divenne così un membro della Screaming Eagle, la divisione dei paracadutisti. All'inizio nessun problema, poi la nostalgia di una chitarra e di una vita normale cominciarono a crescere in maniera esponenziale.

Hendrix voleva lasciare l'esercito, ma non sapeva come fare. Alla fine, decise di fingersi gay. Comunicò al suo superiore di avere tendenze omosessuali e di essersi innamorato di un commilitone. Il 29 giugno 1962 il capitano Gilbert Batchman congedò Hendrix dichiarandolo incompatibile con la vita militare.

Pochi anni dopo sarebbe diventato un'icona sessuale nonché gran divoratore di donne.

♪♪♪

243 • OTTO ALLA VOLTA

Erano anni fantastici, irripetibili. C'è chi era nel rock e chi contro, e tutto il mondo fuori. C'era un senso di appartenenza, di cui i capelli lunghi erano solo un segno, la punta dell'iceberg. Il rock dominava, anche se a qualcuno non piaceva, o forse proprio perché non piaceva a qualcuno. Nella hall del Continental Hyatt House, ad accogliere i clienti più borghesi c'era la gigantesca foto di un ragazzo dai capelli lunghi e un consiglio: "Sii gentile con lui, forse ha appena venduto un milione di dischi".

Le più gentili con le rockstar, anche quando non avevano ancora venduto milioni di dischi, erano le groupies. Quando Ronnie Hawkins cercò di assoldare Robbie Robertson nel suo gruppo, gli disse: "Forse non farai tanti soldi, ma avrai più fighe di Frank Sinatra". Robbie Robertson, non appena conosciuto Bob Dylan, avrà entrambe le cose.

Marianne Faithfull, per spiegare il suo fidanzamento con Mick Jagger disse: "Sono andata a letto con tutti gli Stones e poi ho scelto il migliore". A Jagger una ragazza fece recapitare un messaggio che diceva: "Sai muovere il tuo membro come muovi il resto del corpo quando sei sul palco?", accompagnato ovviamente dal numero di telefono.

Le rockstar accettavano le groupies non solo per il sesso. Eric Clapton diceva: "Sono incredibilmente affettuose e disponibili. Se hai voglia di fare l'amore, lo fanno. Se non ti va, ti preparano qualcosa da mangiare".

Neil Young, quando parlava del suo periodo a Topanga, nel 1968, lo sintetizzava così: "C'erano sempre almeno otto ragazze alla volta. Cucinavano, pulivano e facevano l'amore con tutti. Cosa potevi desiderare di più?".

♪♪♪

244 • DENNIS WILSON E LE BESTIE DI SATANA

È un giorno qualunque del 1968. Dennis Wilson sta guidando per le strade di Malibu quando nota due autostoppiste molto giovani, molto carine. Dà loro un passaggio, poi, dopo averle lasciate, pensa che sarebbe bello incontrarle di nuovo.

Quando, qualche giorno dopo, le rivede fare nuovamente l'autostop, pensa che forse è vero che Dio esiste. Questa volta le porta a casa sua, al 14400 di Sunset Boulevard, nei pressi del Will Rogers Park.

Fate quel che volete, come fosse casa vostra, dice.

Le due ragazze, che si chiamano Ella Jo Bailey e Patricia Krenwinkel, lo prendono alla lettera. Quando Dennis torna da una seduta di registrazione con i Beach Boys, trova la casa occupata da una dozzina di persone, quasi tutte donne, che sembrano avere come punto di riferimento un inquietante personaggio di nome Charles Manson.

Gli ospiti non hanno alcuna intenzione di abbandonare la casa, anzi hanno già trasferito armi e bagagli, e Wilson nota entrambi.

Wilson è impaurito da quelle persona, ma attratto dal carisma di Manson. Lo presenta al fratello Brian, che porterà Manson nel suo studio casalingo a Bel Air e registrerà alcune sue composizioni. Lo presenta anche a Terry Melcher, la cui villa a Cielo Drive sarà in seguito affittata a Roman Polanski e a Sharon Tate.

Quando, dopo qualche settimana, la paura di Wilson cresce fino a diventare incontrollata, decide che è più salutare andarsene lui di casa, piuttosto che convincere Manson e la sua setta a traslocare. Così accade. Quando, qualche settimana dopo, Manson e i suoi, in cerca di altre emozioni, si trasferiscono altrove, lasciano un proiettile nella cassetta delle lettere come avvertimento.

Non molto dopo, Charles Manson e le bestie di Satana faranno irruzione nella villa di Cielo Drive, a Bel Air, massacrando Sharon Tate, all'ottavo mese di gravidanza, e altre quattro persone.

♪♪♪

245 • BOB DYLAN E VAN MORRISON

C'è un uomo che negli anni Settanta ha amministrato le fortune di Bob Dylan e Van Morrison e che stasera vuole invitarli a cena, perché sono tutti e tre a Londra e rivederli è sempre una gioia, anche se ora le strade si sono divise da tempo.

L'uomo prenota un tavolo nel miglior ristorante di Londra e attende l'arrivo dei suoi ospiti.

Eccoli.

Si siedono.

Ordinano il miglior cibo e il miglior vino.

Bob Dylan e Van Morrison non si scambiano una parola.

Non una.

L'uomo cerca discretamente di coinvolgerli, di accenderli. Niente.

Silenzio totale, portata dopo portata.

Ogni tentativo evapora in un battito di ciglia.

Dopo il dessert, Bob Dylan guarda l'orologio e pronuncia finalmente le sue prime parole: "Vado".

Rimangono l'uomo e Van Morrison.

E anche Van Morrison finalmente parla. Si sporge verso l'uomo che li ha invitati a cena e dice: "Mi è sembrato che Bob fosse in forma, tu che ne dici?".

♪♪♪

246 • ANTHONY KIEDIS E CHER

La prima volta che Anthony Kiedis fece sesso con una donna fu con la fidanzata di suo padre. La seconda volta che Anthony Kiedis si trovò nel letto con una donna nuda fu con la sua baby sitter occasionale. E non era una baby sitter qualunque. Era Cher, l'attrice e cantante.

Andò così: Connie, la fidanzata del padre di Anthony, lo aveva lasciato e si era messa con Sonny Bono, il quale si era appena separato da Cher. Connie era rimasta in ottimi rapporti con Anthony, così lui e Sonny se lo portavano spesso dietro. Anthony aveva addirittura una sua cameretta, quando si fermava a dormire dai Bono. Quella sera, mentre Anthony frequentava la terza media, stava aspettando il ritorno di Sonny e Connie, che erano rimasti bloccati da qualche parte, così Cher, che ogni tanto viveva ancora nella villa di famiglia, si offrì di farlo addormentare. Prima parlarono a lungo, poi Cher disse: "Dormiremo nello stesso letto. Questo è il tuo lato e questo il mio".

Cher si alzò e andò in bagno a prepararsi, lasciando la porta spalancata. Anthony la vide spogliarsi. Cher tornò in stanza completamente nuda e si infilò sotto le coperte. Anthony non ebbe il coraggio di avvicinarsi, ma passò tutta la notte sveglio a pensare: "Non è male stare sdraiato accanto a questa donna nuda". Soprattutto se quella donna nuda era Cher.

♪♪♪

247 • SID E NANCY

Nancy Spungen era nata a Philadelphia, in Pennsylvania il 27 febbraio 1958. Era una groupie, una di quelle che passavano dagli Aerosmith ai Ramones ai New York Dolls di David Johansen. Poi, conobbe Sid Vicious, il bassista delle Pistole del Sesso che prima di innamorarsi di Nancy non aveva mai toccato una siringa. E fu amore, anche se non a prima vista. Lei si fermò con lui e solo con lui, lui si rovinò per sempre con lei e forse per lei. Fino a quella tragica notte del 12 ottobre 1978, quando Nancy morì accoltellata nella stanza numero 100 del Chelsea Hotel, a New York. Nancy aveva vent'anni, Sid mille di più perché era stato troppe volte all'inferno.

Fecero l'amore per la prima volta dopo aver dormito, e solo dormito, insieme per cinque notti senza mai nemmeno baciarsi. All'alba, dopo la quinta notte, Nancy si svegliò con Sid che si stava sfregando sulla sua coscia.

"Ehi, cosa credi di fare?", chiese.

Sid rispose: "Perché tutte le ragazze che mi piacciono non mi cagano?".

Nancy s'intenerì, ci pensò tutto il giorno, poi la sera, mentre erano al Roxy, gli disse: "Stasera si va a casa e si scopa".

Secondo gli appunti di Nancy, quella notte lo fecero dappertutto: sul letto, in bagno, in cucina. Forse Sid aveva troppi arretrati.

Sid trovò comunque il tempo e il modo di ubriacarsi e di pisciare nel letto. Almeno così disse Nancy. Disse anche che gli puzzavano i piedi, ma che non importava poi così tanto.

Da quella sera lei gli insegnò tutto quello che sapeva sul sesso e sulle droghe. Non potendo fare a meno del primo, Sid si abbandonò alle seconde. E fu la sua rovina.

♪♪♪

248 • LO SLANG DI LOS ANGELES

Elvis Presley era un signore con le ragazze. Non era attratto dai rapporti completi, almeno così tramanda la leggenda. Era un grande seguace del petting e pensava che la parte più eccitante del corpo di una donna fossero i piedi, tanto che mandava in avanscoperta due addetti del personale per accertarsi che le ragazze che avrebbe incontrato avessero piedi belli e curati.

Anche prima di diventare la più grande star del rock and roll, i suoi atteggiamenti verso l'altro sesso erano quindi molto diversi da quelli dei suoi colleghi, essendo improntati sul massimo rispetto.

Gli piaceva però parlare di sesso e scherzarci sopra.

Una volta, era in macchina con i suoi amici e con Anita, una ragazza di Memphis che poteva essere considerata una delle sue fidanzatine.

Elvis e Anita erano sul sedile posteriore, quando lei cominciò a urlare: "Mi fa male la figa".

I due ragazzi che erano sul sedile anteriore rimasero davvero stupiti, perché la ragazza sembrava tenera ed educata, e poi perché nessuno, in quei primissimi anni Sessanta avrebbe mai urlato una cosa simile.

Qualche secondo dopo Anita tornò a gridare: "Mi avete sentito? Ho detto che mi fa tanto male la figa!".

Gli amici di Elvis non osarono replicare e si stupirono molto che il Re non inorridisse anche lui, anzi ridesse felice.

Solo arrivati a Graceland Elvis disse loro che era tutto uno scherzo: aveva fatto credere ad Anita che "mi fa male la figa" fosse un'espressione gergale che si usava a Hollywood per dire "mi fa male la schiena". In macchina, Elvis aveva detto alla sua ragazza: "Fai vedere ai miei amici che hai imparato lo slang di Los Angeles".

♪♪♪

249 • BILLY CORGAN IN ABITI FEMMINILI

Billy Corgan ha desiderato per molti anni di essere una donna. Non per squilibri ormonali o devianze sessuali. Semplicemente perché tutto quello che riguardava gli uomini gli faceva cascare le braccia in quanto gli sembrava sinonimo di stupidità e insensibilità. Non gli piaceva essere un maschio, perché ai maschi è proibito mostrarsi vulnerabili e Billy riteneva che la sua vulnerabilità fosse il motore della sua arte e anche della sua bellezza come persona.

Nel 1993 disse anche che gli risultava difficile pensare che i maschi potessero cantare le canzoni degli Smashing Pumpkins, in quanto la prospettiva dei brani era interamente femminile.

Una volta, la madre di Billy andò a vedere un suo concerto e rimase sconvolta nel vederlo vestito da donna. Alla fine dello spettacolo andò da lui e disse: “Billy, tutti penseranno che sei un finocchio”. Al che Billy Corgan rispose: “Non importa, mamma, tanto pensano già che io sia uno stronzo”.

♪♪♪

250 • MANCA QUALCOSA?

Prima di formare i Police, Sting suonava nei Last Exit, che fin dal nome richiamavano l’ultima stazione per il successo, alla quale non si fecero trovare pronti. Un po’ per inesperienza, un po’ per destino, un po’ per disattenzione. Suonavano piuttosto bene, erano un trio affiatato e interessante, che aveva già attirato l’attenzione presso gli addetti ai lavori. Tra questi c’era Dave Dee, personaggio di spicco nella scena britannica. Un passato remoto da poliziotto, era stato tra i primi ad accorrere sul luogo dell’incidente che costò la vita a Eddie Cochran e menomazioni permanenti a Gene Vincent; un passato prossimo da cantante alla guida di gruppi di buon successo commerciale negli anni Sessanta; e ora un presente da talent scout per la Atlantic Records. Sting decise che era il caso di tentare. Prepararono una cassetta con alcuni brani – quelli erano ancora gli anni in cui i demo si facevano su cassetta e non su cd – e poi spedì il tutto all’indirizzo di Dave Dee. Qualche giorno dopo, ecco arrivare una busta che aveva come mittente Dave Dee.

I Last Exit erano eccitatissimi, speravano che la velocità della risposta fosse un buon segnale. Si riunirono e aprirono la busta. Sting la lesse ad alta voce:

“Cari ragazzi,

la prossima volta che volete farmi ascoltare la vostra musica, vi consiglio di spedirmi la cassetta oltre alla custodia. È difficile giudicare i meriti di una scatoletta vuota. Cordiali saluti.

Dave Dee”.

♪♪♪

251 • GHOST TOWN

Che ci crediate o no, la scena di San Francisco non è nata all’ombra del Golden Gate, ma in un agglomerato strambo e marginale che risponde al nome di Virginia City, a tre ore di macchina da Frisco, e neppure in California, ma già nel Nevada. Virginia City era qualcosa di più di una ghost town, perché un tempo era stata il crocevia della corsa all'argento di Comstock Lode, e qualcosa di meno di una comune. Era un bel rifugio per quelle persone di sensibilità artistica e vocazione alle droghe che non trovavano posto nella società convenzionale. Mark Unobsky, grande amante del folk, aveva acquistato la vecchia Comstock House, una gloriosa costruzione a tre piani, per trasformarla in un locale dove fosse possibile gustare musica e peyote.

Così, siccome conosceva molti amici carpentieri, muratori ed elettricisti che vivevano nella zona tra Haight e Ashbury, gli venne naturale chiamare loro. E siccome erano a tre ore di macchina, invitò anche mogli e figli a passare un po' di tempo a Virginia City. Insieme ai manovali arrivarono anche alcuni musicisti. Tra questi i Charlatans, un gruppo strano che si vestiva in modo strano: stivaletti, panciotti e cappelli da cowboy, armati fino ai denti, con tanto di fucili Winchester che appoggiavano agli amplificatori.

Il nuovo locale, il Red Dog Saloon, fu battezzato il 29 giugno 1965. Le cameriere servivano in calze a rete e corsetti, il lunedì il bar chiudeva per permettere a tutto il personale di stonarsi in feste a base di Lsd. Quando tornavano ad Haight-Ashbury, i lavoratori non facevano altro che parlare di quel posto.

Presto la gente decise di salire in macchina e farsi tre ore per andare a vedere quel posto fuori dal tempo. Presto qualcuno avrebbe pensato: perché non far nascere anche qui, a San Francisco una cosa del genere?

♪♪♪

252 • RANDY RHOADS

Randy Rhoads era un grande chitarrista metal che Ozzy Osbourne aveva voluto con sé in due suoi album, *Blizzard Of Ozz* (1980) e *Diary Of A Madman* (1981). Aveva dato un fantastico contributo soprattutto in *Mr.Crowley*, una canzone dedicata ad Aleister Crowley, mago dell'occulto che aveva tra i suoi adepti molte rockstar, a partire da Jimmy Page. Ma Randy non era appassionato di quell'argomento, pensava solo al metallo pesante.

Il 19 marzo 1982, dopo un concerto al Civic Coliseum di Knoxville, nel Tennessee, la band di Ozzy si mise in viaggio verso Orlando, Florida, dove avrebbe partecipato al Super Bowl con i Foreigner e Brian

Adams. Lungo la strada, il bus si fermò a casa dell'autista, Andrew C. Aycock, che viveva a Leesburg. Arrivarono alle otto del mattino. Molti musicisti e *roadies* rimasero sul bus a dormire; altri, tra cui Randy e la parrucchiera di Ozzy, Rachel Youngblood, andarono con l'autista a far visita a Jerry Calhoun, un musicista country.

Quando Aycock vide il Beechcraft Bonanza di Calhoun parcheggiato nell'hangar, disse che lui non era solo un autista di bus, ma aveva un brevetto da pilota. Convinse il manager e il tastierista di Ozzy a fare un giro. Pochi minuti a bassa quota. Alle nove erano di nuovo a terra. Aycock aveva ancora voglia di volare. Fece salire Rachel e Randy, quest'ultimo felice perché avrebbe fatto un po' di foto dall'alto.

Aycock si spinse oltre. Per tre volte sfiorò il bus della band con l'intento di svegliare e forse spaventare i musicisti che dormivano e far vedere che lui non era solo un misero autista di bus. La quarta volta fu fatale. L'ala sinistra dell'aereo toccò il bus, perse l'equilibrio e andò a schiantarsi contro un albero di pino e poi contro il garage della casa di Calhoun.

Randy Rhoads morì nell'impatto con Rachel e con Aycock. L'inchiesta svelò che il pilota si era appena fatto di cocaina e che il suo brevetto di pilota non era più valido.

Tragicamente e curiosamente, la morte di Randy avvenne proprio alla vigilia dell'Equinozio degli Dei di Aleister Crowley.

♪♪♪

253 • DIMENTICAVO...

Gli Who stanno procedendo rapidi verso l'aeroporto. Sono in ritardo, come sempre.

"Ferma, ferma!" la voce che si sente è quella di Keith Moon.

"Ferma cosa, Keith? Siamo in un fottuto ritardo!"

"Ho dimenticato una cosa."

"Ma cosa?"

"Ho dimenticato una cosa."

"Non lo puoi ricomprare?"

Niente. Keith continua a ripetere come in una litania la stessa frase: "Ho dimenticato una cosa".

Gli Who sanno che convincere Keith è quasi impossibile, così fanno marcia indietro e tornano in hotel.

Keith si fa ridare le chiavi, sale velocemente in quella che era la sua stanza, stacca il televisore e lo lancia attraverso la finestra direttamente in piscina.

Poi scende e dice agli altri Who: "Ho *quasi* dimenticato una cosa".

♪♪♪

254 • WHO ARE YOU?

Il tour di Amnesty International era a metà del suo cammino. Tre concerti già fatti e tre ancora da fare: Atlanta, Chicago e New York. La carovana di star aveva fatto tappa al Ramada Reinassance. Due giorni di attesa e poi ci sarebbe stato il concerto.

Dopo cena andarono tutti al bar dell'albergo per il bicchiere della staffa. Si esibiva un gruppo di dilettanti, che metteva in scena la storia del rock imitando le stelle della musica. Non erano granché, ma, educatamente, il gruppo del Tour di Amnesty applaudiva e tollerava. Fino a quando, Bono chiese: "Possiamo fare qualche pezzo anche noi?".

Il gruppo da bar rispose certo. E lasciarono gli strumenti a U2, Peter Gabriel, Neville Brothers, Joan Baez. Nessuno li riconobbe. Nemmeno i musicisti che avevano portato in scena la storia del rock. Bono improvvisò una versione di *Sweet Jane* di Lou Reed che dedicò esplicitamente a una ragazza appollaiata su uno sgabello. Lei mostrò di gradire, ma poi si avvicinò a Bono e gli disse: "Mi chiamo, Rose, non Jane". Non conosceva nemmeno la canzone, non solo chi la cantava.

Alle quattro, i gestori del locale dissero: "Be', ragazzi, avete suonato abbastanza, no?" e li mandarono via.

Si spostarono tutti nella hall, dove abbozzarono ancora qualche canzone prima di andare a dormire, ripensando a quanto fosse buffo, a volte, il mondo.

♪♪♪

255 • TRE RAGAZZE NUDE

Roppongi Hotel, Tokyo. Gli Oasis in tour. È il 1995. Il general manager dell'hotel è disperato. La band e tutto il suo seguito, compresa la ragazzina mora che non si stacca mai da Liam Gallagher, non abbandonano mai la sala della colazione. Non sarebbe un gran problema, se non fosse che sono qui dall'altra notte. Ma non vanno mai a dormire? Hanno ovviamente messo a soqquadro tutto e non è possibile per il personale preparare tutto in tempo per la colazione. Meglio spostarla da un'altra parte.

Mentre il general manager del Roppongi Hotel di Tokyo riflette sul da farsi, la ragazzina mora si toglie la gonna, poi la maglietta, il reggiseno non lo toglie perché non l'aveva addosso, infine le mutandine. È completamente nuda. Guarda gli Oasis, si avvicina al bordo della piscina e si butta.

Liam ride. Le altre ragazze, tra cui una bionda e una rossa che le cronache riportano da urlo, si spogliano e raggiungono in acqua la ragazzina mora. Liam ride. Arrivo, grida. Si toglie i calzoncini e si butta. Arrivano Bonehead, Jason, Sid.

Il general manager del Roppongi Hotel di Tokyo ne ha abbastanza. Chiama la polizia. Arrivano gli uomini in uniforme. Compassati, orientalissimi, ma uomini. Scelgono di non intervenire. Rimangono a guardare.

Alla fine Ian Robertson, tour manager degli Oasis, va da un cameriere e chiede come mai siano rimasti impassibili per un'ora, a bordo piscina.

Il cameriere, altrettanto impassibile: "I poliziotti, esattamente come me, non hanno mai visto tre ragazze nude saltare in piscina".

♪♪♪

256 • IL TERZO BIS

Party til ya puke.

Non è molto elegante come frase, ma ai proprietari degli hotel americani dove soggiornavano gli Eagles, sai cosa fregava della poca eleganza. Anche avessero scritto la frase più dolce del mondo non avrebbero gradito lo stesso. Perché quella frase, *Party til ya puke*, fai festa fino a quando vomiti, Joe Walsh la incideva sui mobili della sua stanza d'albergo. In ogni mobile, in ogni stanza, in ogni albergo. E, ovviamente, più di tutto nella suite che gli Eagles prendevano per le feste. Perché questo accadeva, quando erano in tour: una stanza per ogni membro della band, una per i manager, e una per le feste. Gli Eagles lo chiamavano "il terzo bis", perché due erano gli *encore* che concedevano sul palco e il terzo era molto, ma molto più privato. Quello che succedeva in quella stanza non è bello ricordare. Una volta, per Natale, l'amministratore delle Aquile, Irving Azoff regalò a Joe Walsh, chissà perché, una sega elettrica, che Walsh prese l'abitudine di portare sempre con sé per distruggere più velocemente gli oggetti che non gli piacevano. Un po' come faceva Ian McLagan, il tastierista dei Faces di Rod Stewart, che in borsa metteva sempre un'accetta, una bella scure con cui sfasciava il pianoforte che non corrispondeva alle richieste fatte nel contratto.

Gli Eagles cominciarono a chiamare quella vita di feste ed eccessi, la vita nella corsia di sorpasso, *Life In The Fast Lane*. Fino a quando andarono fuori strada, poco dopo aver soggiornato all'Hotel California.

♪♪♪

257 • PIACIUTA LA CENA?

Sheryl Crow non ci credeva più. Come darle torto? Aveva trentadue anni e pochi lampi nel suo cielo. Era stata sì una corista di Michael Jackson, ma Frank DiLeo, il manager di Michael, si era invaghito di lei e ogni giorno, almeno secondo le accuse di Sheryl (che sull'argomento scriverà anche un paio di canzoni), la molestava sessualmente. Sheryl era dimagrita fino ai confini dell'anoressia e se n'era andata. DiLeo l'aveva guardata dall'alto del suo sigaro: "Vedremo cosa sai fare".

Sheryl Crow sapeva fare molte cose, ma il problema era che nessuno le dava la possibilità di dimostrarlo. Anche il suo primo album, *Tuesday Night Music Club*, stava vendendo poco e male. Poi, il miracolo, la svolta. A più o meno un anno dall'uscita, l'America prima e l'Europa poi s'innamorano del disco, che in poco tempo venderà otto milioni di copie.

La vita di Sheryl Crow cambia. Ora è a Las Vegas, siamo nel 1995. Un ragazzo le chiede l'autografo. È il primo autografo della sua vita. Sheryl sorride, il ragazzo sorride e ringrazia, poi guarda la firma e chiede: "Scusi, ma lei non è Heidi Fleiss?". Heidi, in arte Hollywood Madame, era famosa per gestire una rete di prostitute d'alto bordo che intratteneva piacevolmente il mondo del cinema. Effettivamente, la somiglianza tra le due donne è notevole.

Pochi giorni dopo, Sheryl è invitata dai Rolling Stones ad aprire i loro concerti. Sheryl è eccitatissima, anche perché Keith Richards è uno dei suoi eroi. Tutto va bene eccetto che a Miami, quando, nonostante accusi forti dolori di stomaco, partecipa egualmente a una sontuosa cena del giorno del Ringraziamento, organizzata da una televisione privata. Ora è il momento del concerto, ma Sheryl sta sempre peggio. È piegata in due. Quando è sulla scaletta, vomita tutto. Passa

Keith Richards, la guarda stupito e poi dice: "Strano, a me la cena è piaciuta!".

♪♪♪

258 • GLI SPICCHI D'AGLIO DI HALLE BERRY E FRED DURST

Fred Durst sta guardando la televisione e non è dell'umore giusto. Pensa che tutta questa musica è inutile, perché non si accorda con niente. È pura dissonanza. Non racconta l'animo umano. Poi arriva *Be'ind Blue Eyes* degli Who. Incredibile, ma vero, Fred Durst non l'ha mai sentita prima d'allora e non capisce come abbia potuto farne senza. Perché quella canzone si adatta così perfettamente a lui che gli sembra incredibile non averla scritta lui.

Decide di cantarla. Ne parla con gli altri Limp Bizkit, che sono ovviamente d'accordo. Quando finisce nella colonna sonora di *Gothica*, il film di Mathieu Kassovitz con Halle Berry, viene naturale a Fred Durst chiedere a Halle Berry di partecipare al video della canzone.

L'atmosfera è bellissima, come si vede nel *making of* girato per Mtv. Ci sono intensità e bellezza, dolcezza e commozione. Fino alla scena più intima, quella del bacio tra la dottoressa e il paziente, tra Halle e Fred. D'accordo con la troupe, la bellissima attrice si mette in bocca una notevole quantità di spicchi d'aglio. Quando Fred la bacia appassionatamente, glieli passa in bocca. Durst reagisce prima con sorpresa e schifo, ma abbozza da vero professionista, poi la troupe comincia a ridere e capisce lo scherzo.

E forse pensa che baciare Halle Berry vale bene un piccolo prezzo da pagare.

♪♪♪

259 • SANGUE SUI DENTI

27 gennaio 1980. Sheffield. I Clash sono nel retropalco, stanno per tornare in scena. L'ultimo bis previsto è *White Riot.* Mick Jones dice che non ci pensa neanche lontanamente a farla, perché quella canzone gli fa schifo. Per infinite ragioni. Intanto perché i Clash del 1980 non sono più i Clash del 1977 e poi perché il pubblico si eccitava sempre a tal punto da cercare di salire sul palco e lui era stufo di quella storia.

Gli altri Clash si appoggiano al muro. Pensano tutti: "Ora Joe comincia a dire la sua e non si finisce più. E invece là fuori c'è la nostra gente che aspetta".

I Clash si sbagliano. Stavolta Joe Strummer non discute. Mena.

Un pugno ben dato, con tutta la forza che ha in corpo, in pieno viso.

Mick Jones finisce contro il muro. Ha un labbro spaccato, sangue sui denti. Gli mettono una benda sulla bocca per coprire la ferita.

Strummer dice una sola frase: "Forza, adesso vai fuori".

Jones si muove come un automa. È più stupito che dolorante.

Sale sul palco e attacca *White Riot*. A metà canzone realizza quello che è successo e dice basta. Si toglie la chitarra e la appoggia al sostegno.

I Clash finiscono senza di lui.

Per due settimane *White Riot* sarà cancellata dalle scalette del concerto e riapparirà solo per l'ultimo tour.

Nessuno voleva rischiare un altro episodio come quello di Sheffield.

♪♪♪

260 • GLI AEROSMITH E L'AEREO DEGLI SKYNYRD

I Lynyrd Skynyrd di Ronnie Van Zant non avevano niente da imparare dagli Aerosmith di Steven Tyler e Joe Perry. Troppo diversi i due stili: uno profondamente radicato nel rock sudista, l'altro a proprio agio con il metallo pesante. Si rispettavano, certo, e si dividevano le attenzioni del mondo, a metà degli anni Settanta.

Se però i Lynyrd Skynyrd avessero seguito l'esempio degli Aerosmith almeno una volta, una volta sola, la loro storia non sarebbe finita così presto. Perché gli Aerosmith conoscevano alla perfezione il Convair CV-300 che si sarebbe schiantato con tutti i Lynyrd Skynyrd a bordo, il 20 ottobre 1977.

Lo avevano ispezionato con cura nei primi giorni dell'estate di quel 1977 per capire se fosse adatto a diventare il loro aereo personale, quello che li avrebbe condotti da una parte all'altra dell'America. Il vice comandante della flotta degli Aerosmith, Zunk Buker, non era convinto: certe parti sembravano troppo vecchie, certi rattoppi troppo pericolosi. Mentre si consultava con i suoi collaboratori, passarono i due piloti, Walter Mc Creary e William Gray, con una bottiglia di Jack Daniel's in mano. Fu l'elemento decisivo. Non ci si può fidare, pensò Buker, e così facendo salvò la vita agli Aerosmith. Non purtroppo ai Lynyrd Skynyrd, che noleggiarono il Convair e arruolarono i due piloti amanti del whiskey. Dopo i primi viaggi era fin troppo chiaro che quell'aereo era già un miracolo che volasse, ma gli Skynyrd continuarono a utilizzarlo nonostante le preghiere di molti. Tra le tante, anche quella di JoJo Billingsley, corista delle Honkettes che accompagnava gli Skynyrd. Non salì sul Convay solo perché era malata, ma chiamò Allen Collins disperata perché aveva sognato che l'aereo si sarebbe schiantato.

Così fu, purtroppo per i Lynyrd Skynyrd e per il rock.

♪♪♪

261 • NON VEDE CHE STO PISCIANDO?

Non è solo Gérard Depardieu che piscia nei corridoi degli aerei. C'è anche Izzy Stradlin, che nell'agosto del 1989 era ancora nei Guns N'Roses. Le due storie sono profondamente differenti. L'attore francese era stato assalito da una voglia improvvisa in un momento in cui non era possibile slacciare le cinture e andare in bagno, per cui, piuttosto che farsela addosso, aveva preso una bottiglia e cercato di mirare giusto.

Izzy, no.

Izzy era semplicemente convinto che fosse stupido aspettare che la toilette si liberasse. Aveva voglia e via. Il volo è quello da Los Angeles a Indianapolis. Izzy si alza, vede che la toilette è occupata, aspetta un minuto, poi se lo tira fuori e apre i rubinetti. Interviene la hostess. Izzy la insulta e scatena l'ilarità generale dicendo: "Mi lasci stare, non vede che sto pisciando?". Poi accende una sigaretta, nonostante il divieto assoluto di fumare. Il personale di bordo fa il possibile, invano. Il comandante decide di fare scalo a Phoenix per far arrestare Stradlin. Il manager dei Guns, per difenderlo dirà: "E che vuoi che sia? Izzy stava solo cercando di esprimere se stesso".

♪♪♪

262 • PIGPEN E IL CERVELLO BRUCIATO

Ron Pigpen McKernan era il tastierista dei Grateful Dead, anche se si era conquistato il rispetto e l'ammirazione di Jerry Garcia suonando l'armonica, in una sera qualunque, quando il futuro leader dei Dead lo invitò sul palco per jammare con lui.

Era un tipo solitario, che non a caso aveva come migliore amica Janis Joplin – un celebre poster li ritrae insieme e insieme suonarono anche un paio di volte: la prima nel 1969 al Fillmore West, la seconda il 16 luglio 1970, all'Euphoria Ballroom di San Rafael, in California.

Pigpen morì a Corte Madera, in California, a soli ventisette anni, età maledetta del rock. Della sua corporatura robusta da camionista era rimasto pochissimo: pesava quarantacinque chili e dimostrava il doppio dei suoi anni. Si era lasciato divorare dall'alcol.

Era riuscito miracolosamente a scampare alle droghe e all'acido, anche se tutti gli altri Dead e la sua amica Janis ne andavano pazzi. Ne aveva paura e cercava sempre di stargli alla larga. Per questo evitava di bere da lattine aperte. In quegli anni, infatti, era abitudine, per chi si faceva di acido e cercava di diffondere il nuovo verbo, versare qualche goccia di Lsd nelle bibite. I suoi amici sapevano che lui non l'avrebbe mai fatto, quindi versarono l'acido sul bordo di una lattina ancora chiusa. Pigpen la prese ignaro e leccò via anche l'acido. Se ne accorse e promise a se stesso che sarebbe stata l'ultima volta. Le droghe non gli avrebbero bruciato il cervello. L'alcol, purtroppo, sì.

♪♪♪

263 • JIM AI PIEDI DI JIMI

Jimi ama improvvisare ogni sera allo Scene, il locale aperto da Steve Paul al 301 della 46esima strada ovest di New York, in una parte della città chiamata Hell's Kitchen. Chi c'è, c'è. Certo, c'è il rischio che a volte arrivi qualche pazzo che crede di saper cantare o suonare e voglia farlo con Jimi. A volte arriva qualcuno che sa cantare da dio ma è pazzo lo stesso. Come Jim Morrison.

È il 7 marzo 1968. Jim Morrison entra allo Scene mentre Hendrix sta improvvisando una grandiosa *Red House* con alcuni membri dei Young Rascals. Jim è ubriaco perso, come quasi sempre. Sale sul palco, cade in ginocchio, lancia un ruggito che sembra più un urlo disperato, si avvicina a Jimi e gli dice: "Voglio succhiartelo! Lascia che te lo prenda in bocca!". Hendrix finge di non aver capito, si allontana e si lancia in uno dei suoi assoli incendiari. Jim Morrison improvvisa qualche verso, più osceno che poetico. Hendrix fa cenno a uno dei suoi di allontanarlo. Jim Morrison scende, indietreggia, inciampa in un tavolo e rovescia il contenuto dei bicchieri su alcuni clienti tra cui Janis Joplin. Tutto documentato dai nastri gelosamente custoditi negli archivi del locale e dalle fotografie di Linda Eastman, non ancora Linda McCartney, grazie ai cui scatti si ha davvero la prova che tutto questo è accaduto veramente.

♪♪♪

264 • DYLAN E IL VINO CILENO

È il 9 maggio 1974. Nello stesso giorno in cui Bruce Springsteen sale sul palco dell'Harvard Square Theater di Cambridge, nel Massachusetts, quello di "ho visto il futuro del rock and roll e il suo nome è Bruce Springsteen", Bob Dylan sale su un altro palco, al Felt Forum di New York. La serata s'intitola The Friends of Chile Benefit, An Evening For Salvador Allende, il presidente ucciso dopo il golpe di Pinochet. A organizzare l'evento per un Cile libero dalla dittatura è Phil Ochs, cantautore impegnato che aveva conosciuto personalmente Allende e Victor Jara.

Le prevendite vanno a rilento nonostante la presenza di molte star della musica e del cinema, compreso Dennis Hopper. Ma quando Bob Dylan accetta l'invito, il Forum si riempie in un amen.

Nonostante questo, Phil Ochs è preoccupato, perché Dylan continua a bere e bere e bere. Vino cileno, per di più, non esattamente il massimo. Bassa qualità. Passa il tempo e Dylan non accenna a smettere, si regge a malapena in piedi. Ochs, per non saper né leggere né scrivere, sale sul palco tra un set e l'altro e ammonisce: "Ricordatevi, non siete qui solo per Bob Dylan". Ma tutti sanno che non è vero. Dylan sale sul palco completamente ubriaco, canta fuori tempo, stona. A un certo punto, Dennis Hopper cerca di dargli una mano e lo raggiunge per cantare con lui. Dopo quindici minuti è chiaro che non si può andare avanti così, Dylan esce di scena. Verrà ricordata come la peggior esibizione di sempre di Bob Dylan.

All'uscita dal Forum, Dylan inciampa in un vaso di fiori e cade a terra; un passante, di certo un fan di mister Zimmerman, velocissimo gli ruba il cappello mentre Dennis Hopper lo insegue.

Una serata da dimenticare per tutti, meno che per Phil Ochs, che raccoglie 30.000 dollari per il Cile. Quando Dylan lo chiamerà per proporgli un tour insieme, che comunque non si farà mai, risponde: "Certo Bob, ma il vino cileno resta a casa".

♪♪♪

265 • BIRRA E BASTA

Alla fine, i Fleetwood Mac fecero i conti. Le stime parlavano di otto milioni di dollari buttati in cocaina. Otto milioni di dollari. Ne consumavano a chili, ottenendo in cambio qualche minuto di estasi e molte ore di confusione. Durante le registrazioni di *Rumours*, passarono quattro giorni ad accordare il piano, che secondo loro aveva un suono sbagliato. Il quinto giorno fecero arrivare nove pianoforti diversi, che accordarono simultaneamente per poi decidere che il pianoforte non serviva. Per il tour di quell'album ordinarono un gigantesco pinguino gonfiabile che utilizzarono una sola volta.

Curiosamente, l'unico a non fare uso di cocaina era il chitarrista Danny Kirwan, che però aveva molti altri problemi dettati dall'alcolismo. Nell'autunno del 1972, poco prima di un concerto, sparì in bagno, sbatté la testa contro il muro, tornò fuori e disse ai compagni che con loro non avrebbe suonato perché erano fondamentalmente tutte delle teste di cazzo. Non mangiava da giorni e si nutriva solo di birra. Poi, mentre Bob Welch cercava di convincerlo a salire sul palco, prese la chitarra e la sfasciò a terra. Quella sera i Fleetwood Mac si esibirono senza di lui, con enormi difficoltà, mentre Kirwan rideva e li prendeva in giro da bordo palco. L'indomani fu licenziato. Poco dopo cominciò a farsi di Lsd, finì a vagabondare ed elemosinare per Londra con altri senzatetto prima di trovare posto in una clinica psichiatrica per malati gravi.

♪♪♪

266 • UNA STRANA BIRRA

Non succede sovente che Johnny Rotten e Joe Strummer si trovino fianco a fianco, soprattutto se sono mescolati ad altra gente, tra il pubblico, mentre sul palco i Ramones bruciano il loro punk rock a velocità supersonica.

Londra chiama, il punk risponde.

Dopo il concerto, Joe e Johnny si avvicinano ai camerini per rendere omaggio ai Ramones. Entra Strummer, tutto bene, dopo pochi minuti esce. Entra Rotten, è agitatissimo. Non tanto per l'emozione, ma per le sostanze che ha assunto. È nervoso, aggressivo.

I Ramones sono gentili e disponibili, cercano di calmarlo, di metterlo a suo agio.

Siediti, dicono, prendi qualcosa da bere.

Rotten si siede, beve una birra ma non si calma.

Pochi minuti e i Ramones lo accompagnano all'uscita.

I musicisti si guardano.

Che testa di cazzo, dicono in coro.

Dee Dee sorride: "Quindi ho fatto bene a pisciargli nella birra?".

♪♪♪

267 • UNO SPOT MOLTO RIUSCITO

1987. Squilla il telefono nella stanza di Eric Clapton. È un vecchio amico.

"Ehi, tutto bene, Eric?"

"Abbastanza. Novità?"

"Be', qui a casa tutto a posto. Ieri, guardavamo la televisione e a un certo punto è partita la pubblicità. Figata."

"Figata cosa?", chiede Eric.

"Be', ci sei tu che canti, no?"

"Ah, sì, è vero."

L'amico insiste: "Ti piace come l'hanno fatta?".

Clapton risponde: "Non l'ho ancora vista. Sono fuori casa".

L'amico: "Be', guardala stasera, no? Ci sarà un televisore dove ti trovi ora".

Clapton sorride: "Certo, ci sono molti televisori qui, ma non credo che siano felici di vedermi reclamizzare una birra".

"Perché, dove sei?", chiede l'amico.

"In una clinica per alcolisti, a disintossicarmi."

♪♪♪

268 • MODELLINA

A volte, senza nessun motivo particolare, capita che una storia accaduta a un artista sia attribuita a un altro artista, ma raramente capita che due storie capitate a un musicista siano attribuite a un altro musicista, lo stesso. È questo che lega John Denver e Rod Stewart, ed è forse la sola cosa che hanno in comune.

Prima storia: John Denver, l'autore della zuccherosissima *Take Me Home (Country Roads)* sta facendo l'amore con sua moglie. Alla fine del rapporto, piuttosto lungo e intenso, mentre Denver fuma la canonica sigaretta, la moglie Annie lamenta dei forti dolori al petto. John si preoccupa, teme un infarto, la porta al pronto soccorso dove le lastre e gli esami stabiliscono che non è in atto nessun attacco cardiaco, ma che Annie ha due costole rotte. Colpa della foga di John Denver durante il rapporto sessuale. Realistico e verosimile che possa essere accaduto a Rod Stewart, da sempre caldo nei suoi rapporti fisici, almeno così tramanda la leggenda.

Più difficile invece capire come possa essere stata attribuita a Rod Stewart, alto e slanciato, una storia che poteva avere come protagonista solo un uomo basso di statura come John Denver.

Denver è a New York, sta camminando per Manhattan quando incontra una ragazza bellissima, così bella che non sembra vera, per di più molto giovane.

Denver si avvicina a lei con quel pizzico di arroganza che è tipico delle rockstar.

Dice: "Ehi, che cosa sei, una modellina?".

Lei lo squadra per bene, ne valuta l'altezza e poi dice: "No, direi che paragonata a te sono a scala intera".

♪♪♪

269 • TAVOLO 12

Russell Crowe non aveva vinto, ma aveva pur sempre ottenuto, con *A Beautiful Mind*, un'altra nomination all'Oscar, la terza consecutiva, dopo *Insider – Dietro la verità* e dopo *Il gladiatore*, che gli era valsa anche la statuetta. Ora, nel 2002, Crowe si godeva la sua serata, al tradizionale party che seguiva la cerimonia degli Academy Awards. Il suo ingresso in sala fu accolto da applausi e riverenze. Ancora una volta aveva fatto centro, nel ruolo del matematico e premio Nobel John Forbes Nash, superbamente diretto da Ron Howard.

L'unica persona a cui quegli applausi e quelle riverenze davano fastidio era Courtney Love, che si avvicinò a Crowe, chiese silenzio a chi era più vicino e poi urlò: "Non sei tu la star, Russell. Io sono la star! Io sono la star! Anzi: loro sono le star!" e indicò le sue tette, che strinse tra le mani facendole ballonzolare.

Quando il comico Jay Leno, conduttore del *Tonight Show* raccontò l'episodio ci aggiunse anche del suo: "Subito dopo, mi giro e vedo Monica Lewinsky. Era proprio vicino a me. Io ero al tavolo 14, lei era sotto al tavolo 12".

♪♪♪

270 • UNA DOMANDA

Mancava poco alla fine delle riprese di *Eyes Wide Shut*, il film del 1999 diretto da Stanley Kubrick, ultima sua opera, tratta dal romanzo *Doppio sogno* di Arthur Schnitzler. Il produttore e il regista non erano totalmente soddisfatti della colonna sonora, che era sì ricca di musica classica (da Liszt a Mozart), ma che sembrava in qualche modo monca. Quello di cui c'era bisogno era un gran pezzo moderno, un suono che fosse languido ma anche perverso, convincente ma anche inquietante.

Chris Isaak. Lui era la persona giusta. E c'era quel brano veloce e incalzante, *Baby Did A Bad Bad Thing*, dall'album *Forever Blue* pubblicato nel 1995, che sembrava perfetto fin dal titolo. Niente di meglio della voce di Isaak per commentare le immagini della molto perversa storia d'amore tra Tom Cruise e Nicole Kidman.

Il produttore alzò la cornetta e chiamò direttamente Isaak, che ascoltò la richiesta e poi disse: "Per me va bene, ma ho solo una domanda, visto che un mio vecchio brano, *Wicked Game*, ha fatto parte della colonna sonora di *Cuore selvaggio* di David Lynch e oggi tutti lo legano alle immagini del film, ecco, la mia domanda è: ci sono nel film scene di sesso, violenza e nudità?".

Il produttore esitò un attimo, valutò se ammorbidire la risposta, poi pensò che tanto prima o poi sarebbe venuto a saperlo e disse la verità: "Sì, ce ne sono molte".

Chris Isaak disse: "Allora siamo a posto. Il brano è vostro".

♪♪♪

271 • IL PRIMO COMUNICATO STAMPA DEI DOORS

Nel 1967, anno dell'Estate dell'Amore, le biografie che le case discografiche preparavano per la stampa erano esageratamente hippie, forzatamente allegre e piene di dichiarazioni strambe e utopistiche.

Quando la Elektra chiese a Jim Morrison di preparare un suo autoritratto, non immaginava neanche lontanamente che il Re Lucertola optasse per toni cupi e a tratti angoscianti, misteriosi e profondi, anche se ammalianti.

Era quanto di più lontano ci potesse essere da una biografia degli anni Sessanta.

Diceva esattamente così:

"Si può dire che è un caso se sono tagliato perfettamente per il lavoro che faccio. Mi sento come la corda di un arco che è stata tesa per ventidue anni e viene improvvisamente lasciata andare.

Prima di tutto sono un americano; in secondo luogo un californiano; infine un losangelino.

Sono sempre stato attratto dalle idee di ribellione contro l'autorità. Mi piace il concetto di sconvolgere o sovvertire l'ordine costituito. Sono affascinato dalla rivolta, dal disordine, dal caos – in particolare dalle attività che sembrano prive di significato. Ho la sensazione che siano la strada verso la libertà; che la ribellione esteriore porti alla libertà interiore. Anziché partire da quello che ho dentro, io voglio partire da quello che ho fuori; raggiungere la mente attraverso il corpo.

Sono un Sagittario – ammesso che l'astrologia c'entri qualcosa – e quindi il Centauro, l'Arciere, il Cacciatore. Ma soprattutto noi siamo le porte, noi siamo i Doors.

Veniamo da ovest / tutto questo, del resto, è un invito ad andare verso ovest.

Il tramonto. Questa è la fine. This is the end.

La notte. Il mare.

Il mondo che suggeriamo è quello di un nuovo occidente selvaggio. Un mondo sensuale e maligno.

È strano e ammaliante il cammino del sole, sapete?

Verso la fine. Almeno per il primo album.

Siamo tutti concentrati verso la fine dello Zodiaco.

Il Pacifico / violenza e pace / a metà strada tra il vecchio e il nuovo".

Firmato Jim Morrison

♪♪♪

272 • ISTRUZIONI PER L'USO

L'idea era giusta e poteva addirittura rivelarsi vincente: lavoriamo sui sintetizzatori e creiamo qualcosa di nuovo. I Depeche Mode erano sicuri della bontà dell'idea, non troppo delle loro capacità. Durante uno dei primi concerti, uno di loro raggiunse un livello tale di frustrazione per non essere in grado di manovrare una strumentazione così sofisticata che staccò la spina dell'impianto, lasciando la band al buio e senza suoni. Leggenda racconta che quella decisione ottenne l'applauso più caloroso della serata.

Avevano registrato un demo. Lo so, si dice sempre così, ma stavolta era diverso: i Depeche Mode avevano registrato *un* demo. Nel senso che c'era una sola cassetta. Per questo, invece che inviarla alle case discografiche, la portavano di persona e chiedevano ai discografici di ascoltarla in loro presenza. E quando uno diceva: "Lasciateci il demo. Lo ascolteremo con calma", loro replicavano: "Non possiamo, abbiamo solo quello".

Alla fine trovarono comunque quello che cercavano, anche perché avevano quella genialità che vince sempre sulle macchine. Potevano quindi permettersi di usarle senza farsi usare. Nel 1983, per *Construction Time Again*, decisero di cambiare rotta e puntare sul Synclavier, un sistema che integrava sintetizzatore digitale e campionatore musicale. Presto decisero di concentrarsi sulla composizione e di lasciare il Synclavier ai produttori. Come ben sintetizzò Martin Gore, "il libretto delle istruzioni era troppo spesso per noi".

♪♪♪

273 • EFFETTI SPECIALI

L'album della mucca aveva diviso in due. Chi, come "Rolling Stone", pensava che fosse "folk inglese nel suo momento peggiore" e chi invece lo riteneva un grandissimo disco. Anche le invenzioni che avevano caratterizzato la parabola dei Pink Floyd cominciavano a stancare qualche Solone della critica.

Atom Heart Mother si chiudeva con una lunga sfilza di rumori di cucina, come lo sfrigolio di una padella, e l'edizione originale inglese aveva un rubinetto che continuava a gocciolare fin sul solco d'uscita del disco, in modo che il suono si riproducesse all'infinito. Roger Waters aveva liquidato le critiche con il solito *savoir faire*: "Ho sempre ritenuto che la differenza sonora tra una musica e un effetto sonoro sia una montagna di merda. È irrilevante che tu produca suoni con una chitarra oppure con un rubinetto".

A un concerto a Londra, a Hyde Park, accadde un fatto strano che da un lato confermò la grandezza dei Pink Floyd e dall'altro lato mosse tutti alla risata.

Ventimila persone in preda alla pura esaltazione e poi disposte a un religioso silenzio durante l'etereo e straordinario assolo d'organo di Rick Wright. Al termine di quel momento di lirismo, si sentì la risata forte e prolungata di una ragazzina. Il pubblico stupito cominciò a guardarsi attorno per capire chi fosse quella tipa che riservava un'accoglienza così assurda a un assolo così intenso. Dopo quasi un minuto si accorsero che la risata era registrata. Proveniva da un nastro ed era uno dei tanti meravigliosi effetti speciali a cui ci hanno abituati i Pink Floyd.

♪♪♪

274 • BENVENUTO NELLA BAND

La morte di Cliff Burton era stato un colpo terribile, devastante. 27 settembre 1986, schiacciato dall'autobus su cui viaggiavano i Metallica e che era uscito fuori strada per un errore del guidatore, che avrebbe poi incolpato una inesistente lastra di ghiaccio. James, Lars e Kirk avevano chiamato un altro bassista, Jason Newsted, ma non sapevano come comportarsi con lui, perché il ricordo di Cliff, per loro più di un fratello, era troppo vivo.

Così decisero di premere sull'acceleratore: scherzi pesanti, umiliazioni, follie. Forse per vedere se avrebbe resistito. Forse solo per prendere tempo e non pensare. Era come se incolpassero inconsciamente lui di quello che stavano passando, come se maltrattare lui potesse aiutare a far scomparire il dolore.

Una volta, alle quattro del mattino, bussarono come ossessi alla porta della sua camera d'albergo, poi, visto che Jason, a loro dire, tardava troppo ad aprire, la buttarono giù, sollevarono il materasso con Jason sopra e lo rovesciarono a terra. Quindi presero sedie, scrivania, televisore e mobile del televisore, vestiti, cassetti, scarpe e buttarono tutto sul materasso. Riempirono specchi e muri di schiuma da barba e dentifricio, poi augurarono a Jason la buona notte, aggiungendo: "Benvenuto nella band".

Gli fecero anche credere che il fotografo al seguito della band, Ross Halfin, fosse gay, che tutti i Metallica andavano a letto con lui e che se voleva rimanere nel gruppo, anche lui doveva farsi sodomizzare. Per qualche settimana Jason girò alla larga dal fotografo, poi, per sua fortuna, capì.

♪♪♪

275 • DUCK WALK

Si dice sempre che i primi anni di vita di una persona sono i più importanti, perché quello è il pozzo a cui attingerai negli anni a venire. È nei primi cinque o sei anni che si forma l'individuo, che costruisci la tua vita.

A un episodio avvenuto durante gli anni dell'infanzia si sarebbe ispirato Chuck Berry per la sua carriera.

Uno dei suoi passatempi preferiti era un pallone di gomma, che spesso, come accade normalmente ai bambini, gli sfuggiva di mano. Un giorno finì rimbalzando fin sotto il tavolo della cucina. Chuck, invece che gattonare, piegò le ginocchia e si avventurò sotto il tavolo con schiena e testa erette. Gli amici di famiglia cominciarono a ridere divertiti di quella buffa camminata e i genitori di Chuck evitarono di rimproverarlo per essere entrato in cucina a disturbare.

Da allora, ogni volta che i vicini passavano a trovare la famiglia Berry, Chuck era costretto a ripetere quella camminata.

Anni dopo, un amico musicista disse a Chuck Berry che doveva inventarsi qualcosa di unico e inconfondibile per fare colpo sulla gente e lasciare un segno. Little Richard aveva gli atteggiamenti clowneschi, Jerry Lee Lewis suonava il piano con i piedi. E lui? Secondo il suo amico, la musica non bastava. Essere grandi non bastava. Bisognava essere unici.

Chuck Berry ci pensò su, poi gli venne in mente quella camminata. Ecco cosa serviva.

Era nata la *duck walk*, il passo dell'anatra che sarebbe diventato il marchio di fabbrica di Chuck Berry.

♪♪♪

276 • BAMBOLE ASSASSINE

"Voi siete pazzi, completamente pazzi."

Il giornalista amico ride e dice la sua, senza mezzi termini: "Non ce la farete mai. E sapete perché? Perché nessun giornale parlerà mai di voi. Non con quel nome".

Johnny è perplesso, gli altri membri della band pure.

"Fammi capire", dice. "Le Pistole del Sesso andavano bene e noi no?"

"Erano altri tempi", dice l'amico giornalista. "Voi siete un gruppo punk? No. Tu ti fai chiamare Johnny Rotten, Johnny il Marcio? No. Il vostro bassista si fa chiamare Vicious, Malvagio? No."

Il giornalista tira l'ultima boccata di fumo, spegne la sigaretta e poi conclude: "Quindi voi non potete chiamarvi Sex Maggots. Punto e basta. I vermi del sesso? Ma dai. Fatevi venire in mente un nome e vedrete che cominceranno a scrivere articoli su di voi, perché la vostra musica non è male".

Cambiare nome? Johnny è perplesso, gli altri membri della band pure. Johnny non è ancora il cantante, perché è troppo timido. Ci pensa Robby, il bassista, quello che non si fa chiamare Vicious.

Il problema è che quella sera hanno un concerto e se c'è un'occasione giusta per cambiare nome è proprio quella, perché non c'è niente di peggio che presentarsi con un nome e poi cambiarlo dopo un po'. Meglio subito.

Sì, ma quale nome?

Johnny prende in mano una rivista. Si chiama "True Detective", è una rivista americana nata nel 1924 e che parla di crimini e violenze.

Johnny vede la pubblicità di una bambola che fa Goo Goo quando viene messa a testa in giù.

Ok, questo è il nome. Goo Goo Dolls. Questo saremo, le bambole che fanno Goo Goo.

♪♪♪

277 • STING E MILES DAVIS

Sting è al settimo cielo. Miles Davis gli ha chiesto di partecipare a un suo disco. Entra in studio, a New York.

Miles fissa Sting.

Dopo un lungo silenzio dice: "Sting, tu hai la cazzo di testa più grande del mondo".

Sting non capisce. "Prego?"

"Ti ho visto in un cazzo di film, amico, e la tua testa riempiva tutto lo schermo del cazzo."

Tutti ridono. Sting è impietrito.

Miles Davis sembra divertito: "Sting, sai il francese?".

Sting è sempre più stupito: "Sì", risponde esitante.

"Allora traduci questo."

Sting guarda il foglio. Sopra c'è scritto: "Ti dichiaro in arresto. Hai il diritto di restare in silenzio. Qualsiasi cosa dirai potrà essere usata contro di te".

Miles Davis: "Tra cinque minuti, quando ti faccio segno, mi urli con tutto il fiato che hai questa cagata in francese. D'accordo?".

Sting è d'accordo, ma cinque minuti sono cinque minuti e ha paura di sbagliare la traduzione.

Chiama casa per parlare con la moglie Trudie, che conosce il francese alla perfezione. Trudie è andata a mangiare in un ristorante indiano.

Sting chiede alla governante di procurarsi il numero, poi chiama il Bullock Cart a Westbourne Grove, Londra.

"Scusate, potrei parlare con una vostra cliente? È bionda, occhi verdi, probabilmente porta minigonna e tacchi alti. Molto carina."

I proprietari del ristorante, stupiti ma cortesi, rintracciano la moglie di Sting.

"Pronto?"

"Trudie, per favore niente domande. Puoi tradurmi queste parole in francese... Ti dichiaro in arresto..."

Trudie lo interrompe: "Amore, stai bene?".

Sting non era mai stato meglio. Stava per finire su un disco di Miles Davis, anche se avrebbe preferito cantare e non essere costretto a dire quello che era normale per il leader di una band chiamata Police: "Ti dichiaro in arresto".

♪♪♪

278 • BOB DYLAN E NEIL DIAMOND

Ci sono tutti. Tutti quelli che contano nel mondo della musica blues e folk. Tutti al Winterland di San Francisco a celebrare la Band di Robbie Robertson che dà il suo addio alle scene. Neil Diamond ha appena terminato la sua performance. È forse il nome meno prestigioso e amato di una lista che comprende anche Neil Young, Muddy Waters, Eric Clapton, Paul Butterfield, Joni Mitchell, Van Morrison, Ringo Starr, Ron Wood, Dr. John e Bob Dylan.

È proprio verso Bob Dylan che si dirige Neil Diamond una volta sceso dal palco. Sorride orgoglioso e poi dice a Bob: "Ehi, come farai a fare meglio di me?".

E Dylan: "Be', posso salire sul palco e addormentarmi, come si sono addormentati tutti sentendo te".

♪♪♪

279 • JOHN BONZO BONHAM

È il 24 settembre 1980. Rex King, assistente dei Led Zeppelin, passa a prendere John Bonham, per tutti Bonzo, uno dei più grandi batteristi nella storia del rock. Lo aspettano ai Bray Studios, dove il Dirigibile sta preparando un mastodontico tour americano, il primo dal 1977. Lungo il tragitto chiede di fermarsi in un bar per colazione, ma non mangia nulla; in compenso beve quattro vodka quadruple – l'equivalente dunque di sedici bicchieri di vodka. Continua a bere come un dannato anche durante le prove. Verso sera, tutti a casa di Jimmy Page, la Old Mill House, a Windsor, una dimora che Page ha acquistato dall'attore Michael Caine per un milione di dollari. Partecipa con alcolico piacere a un party che Jimmy ha voluto dare per i suoi vecchi amici. Bonzo si addormenta, anzi crolla sul divano, completamente ubriaco. Rick Hobbs, uno dei collaboratori dei Led Zeppelin, se lo carica sulle spalle e lo porta a letto.

A metà del pomeriggio del 25 settembre Bonham non è ancora sceso. Vanno a svegliarlo, solo per constatare che non si sveglierà più. Il corpo è già freddo e di colore blu. È morto soffocato dal suo vomito. L'autopsia rivelerà che Bonzo aveva bevuto l'equivalente di quaranta bicchieri di vodka nelle ultime ventiquattro ore.

I seguaci della Maledizione degli Zeppelin, la Zeppelin Curse, hanno altro materiale su cui discutere. Si spargono voci folli e incontrollate. Un testimone giura di aver visto del fumo nero uscire dal camino della casa di Page il giorno della morte di Bonham, prova di magia nera. Altri dicono che quella mattina Page parlava in una lingua sconosciuta a tutti. Tutti contro Page, accusato di amicizie sataniche.

Invenzioni. L'unica certezza era la morte di Bonzo e con lui, visto che si scioglierà subito dopo, del più grande gruppo rock di tutti i tempi.

♪♪♪

280 • THE DAY THE MUSIC DIED

Buddy Holly l'aveva chiamato Winter Dance Party Tour, perché in quella tournée c'era l'innocenza degli anni Cinquanta conquistata a colpi di ballo e perché sarebbe durata per tutto l'inverno. Aveva reclutato Waylong Jennings, The Big Bopper, Tommy Allsup, Carl Bunch e Ritchie Valens, il ragazzino che con *La Bamba* aveva fatto esplodere di gioia i chicani, quei messicani trapiantati in America da generazioni, ma che non avevano perso l'orgoglio delle radici.

Buddy Holly era felice perché stava mietendo successi ovunque. Aveva un solo problema: quel maledetto bus, scalcagnato e con l'impianto di riscaldamento rotto. Quasi tutti i musicisti si erano beccati l'influenza, Buddy Holly era stato addirittura costretto a farsi vedere in ospedale per un principio di congelamento. Così, dopo il concerto al Surf Ballroom di Clear Lake, nell'Iowa, Buddy Holly decise di affittare un aereo per raggiungere prima possibile Moorhead, nel Minnesota, luogo del prossimo concerto.

Fu Carroll Anderson, proprietario della Surf Ballroom, a contattare la Dwyer Flyng Service e noleggiare un velivolo che non sarebbe però riuscito a contenere tutti i musicisti. Così Tommy Allsup e Ritchie Valens si giocarono un posto a testa e croce, mentre Waylong Jennings, signorilmente, cedette il suo posto a The Big Bopper, che aveva la febbre.

Dopo quel gesto, Buddy Holly canzonò l'amico: "Spero che tu congeli in quel bus", al che Jennings rispose: "Spero che tu cada con quell'aereo". Di quella frase si sarebbe pentito per tutta la vita, perché l'aereo cadde veramente, per una fatale combinazione di tempo pessimo ed errore del pilota, vicino a Mason City.

Quel giorno passerà alla storia come *the day the music died*, il giorno in cui morì la musica, come recita un immortale verso di *American Pie*.

♪♪♪

281 • I PINGUINI DI PETE DOHERTY

Primo marzo 2007. Kate Moss e Pete Doherty hanno molta voglia, troppa voglia. Non possono aspettare. Sono all'Hammersmith Palais, dove Kate deve consegnare un premio agli NME Awards. Tocca quasi a lei ed è scomparsa. Tutti alla ricerca di Kate Moss. La trovano appartata con Pete Doherty, in piena azione di congiungimento fisico, almeno così narra la leggenda.

La notizia non arriverà sui giornali, perché i giornali preferiranno concentrarsi su una notizia ancora più ghiotta: Pete e Kate sono andati allo zoo. Be'? Tutto qui.

No, non è tutto qui.

Pete e Kate sono andati allo zoo e hanno gettato un po' di hashish ai pinguini, per vedere l'effetto che fa, come avrebbe detto Jannacci.

Immediata la reazione del personale del Cotswold Wildlife Park, che ha allontanato neanche troppo gentilmente la coppia. Andrew Routh, veterinario dello zoo, ha dichiarato alla stampa che le droghe, anche leggere, contenendo tossine capaci di attaccare fegato e sistema nervoso, possono risultare fatali per i pinguini.

Non solo per i pinguini.

♪♪♪

282 • IL POLLO DI ALICE COOPER

Alice Cooper non è ancora nessuno. Frank Zappa lo ha appena messo sotto contratto, convinto che tutti si accorgeranno presto di lui. Siamo nel settembre del 1969, Alice sale sul palco del Toronto Rock and Roll Revival. Qualcuno tra il pubblico lancia sul palco un pollo. Che ci crediate o no, Alice è convinto che i polli volino. Del resto, a cosa servirebbero altrimenti quelle ali? Lo afferra e rispedisce al mittente. Il pollo, ovviamente non vola e plana invece sul pubblico, secondo alcune fonti proprio sulle file a lato riservate ai disabili in sedia a rotelle. Chiunque sia, disabile o no, prende il pollo e lo fa a pezzi, squartandolo vivo. Il giorno dopo la notizia arriva su tutti i quotidiani americani. Non essendoci stato, tra il pubblico, alcun giornalista a seguire Alice Cooper, o se non altro nessuno vicino al palco, i giornalisti che devono scrivere la storia se la fanno raccontare da chi c'era o da chi ne aveva sentito già parlare. E come sempre accade in questi casi, la voce si gonfia fino a diventare fiume in piena. Così i giornali riportano la notizia, totalmente falsa, che Alice Cooper ha staccato la testa del pollo a morsi e poi ha bevuto il sangue dell'animale.

Frank Zappa chiama Alice Cooper: "È vero quello che dicono i giornali?".

Alice ovviamente smentisce: "Assolutamente no".

Zappa: "Davvero?".

Cooper: "Davvero".

"Bene", conclude Zappa. "Non mi interessa quello che hai fatto, ma qualsiasi cosa ti dicano che tu abbia fatto, non smentire."

È nata così, con quello che passerà alla storia come The Chicken Incident, la leggenda di Alice Cooper.

♪♪♪

283 • MICHELLE MA BELLE

Un mattino qualunque del 1965.

John Phillips è un uomo felice: ha appena firmato un contratto discografico quinquennale che spera possa mandare in orbita i suoi Mamas and Papas e ha una fidanzata bellissima di cui è follemente innamorato, Michelle Gilliam, che presto diventerà sua moglie. Vivono già insieme, nella stessa casa che ospita anche Denny Doherty, uno dei membri fondatori dei Mamas and Papas.

John rientra dopo qualche giorno di assenza e va a bussare alla porta di Denny. E lì, improvvisamente, si rende conto che non è più tanto felice. Perché sotto le coperte, insieme a Denny, c'è Michelle, la sua fidanzata.

La storia tra i due andava avanti da parecchio, ma si sa che i mariti o i fidanzati sono sempre gli ultimi a sapere. Denny e Michelle erano riusciti a tenere segreta la storia fino a quel mattino.

John è ovviamente incazzato come una biscia. Annuncia a fidanzata e amico traditore che non ha nessuna intenzione di onorare il contratto discografico. "Come posso cantare e suonare con due persone che mi hanno tradito così?"

"Puoi", gli dirà il suo manager qualche ora dopo, "basta che pensi all'anticipo che deve incassare." John si piega, ma solo a patto che Michelle sia presto cacciata dalla band. Succederà nel giugno del 1966, ma rientrerà a furor di popolo due mesi e mezzo dopo. Ai figli dei fiori non interessava nulla delle beghe private delle mamme e dei papà.

♪♪♪

284 • BIRRA IN FACCIA

Bob Dylan sta per annunciare alla stampa, amici, conoscenti e benefattori la sua nuova creatura, la Rolling Thunder Revue che presto salperà in tour per tutte le strade d'America. Si tratta di una band allargata, molto allargata, della quale fa parte una serie infinita di musicisti, tutti chiamati a dividere il palco con Dylan. Bob l'aveva chiamata così perché, mentre si arrovellava per trovare un nome adatto, il cielo aveva prodotto un tuono potentissimo che sembrava estendersi da ovest a est e non finire mai. Ecco il nome: Rolling Thunder.

Dylan ha invitato tutti al Folk City di New York, il locale dove aveva eseguito per la prima volta *Blowin' In The Wind.* Ci sono Joan Baez, Ramblin' Jack Elliott, Roger McGuinn, Phil Ochs. La crema di quel genere ibrido che si specchiava tra canzone d'autore, folk e rock.

Sul palco ci sono Dylan e Joan Baez che cantano *One Too Many Mornings.* Alla fine del brano, senza nessuna ragione, Bette Midler, la grande attrice e cantante, si alza, va da Patti Smith e le rovescia addosso un boccale di birra. Patti è così sorpresa da non accennare la minima reazione. Nel locale cala il gelo. Dylan va al microfono: "Patti, ci canteresti una canzone?".

Patti Smith sale sul palco, i capelli e la faccia bagnata, imbarazzata e umiliata. Non ha la sua band. Vede tra gli altri Eric Andersen, un grande cantautore. Gli chiede di suonare un MI fisso e di andarle dietro. Lui lo fa, lei inventa in musica una storia alla Sam Shepard, un fratello e una sorella che si amano. La gente impazzisce. Tutti dimenticano quello che è successo prima.

La grande musica cancella ogni cosa.

♪♪♪

285 • COCA E CORNFLAKES PER COLAZIONE

C'è stato un tempo anche piuttosto lungo in cui Noel Gallagher non era ancora la mente eccelsa degli Oasis, ma semplicemente il tecnico delle chitarre degli Inspiral Carpets, una discreta band di Manchester. Per tre anni, dal 1988 al 1991, Noel seguì i Carpets in giro per il mondo. Quando si trovavano in luoghi lontani – ad esempio nel tour che toccò Giappone, Stati Uniti, Argentina e Russia – a volte si faceva intervistare al posto di Clint Boon, tanto nessun giornalista sapeva che facce avessero. Noel imparava e si divertiva. E si drogava, naturalmente.

Fu con loro che accadde l'episodio che poi erroneamente qualcuno attribuirà agli Oasis. Noel era seduto in aereo vicino a Mark Coyle, tecnico del suono dei Carpets e futuro produttore degli Oasis. Avevano in borsa un sacchetto di cocaina e, non sapendo come fare a nasconderla alla dogana inglese, decisero di versarne il contenuto sui cornflakes distribuiti per colazione sull'aereo. Dopo aver assaggiato il primo boccone capirono che la cocaina è pericolosa da sniffare ma è terribile da mangiare.

♪♪♪

286 • BATTERISTA IN CABINA DI PILOTAGGIO

Va tutto bene sul jet 747 partito dalla Mauritania e diretto a Londra. Il tempo lungo la rotta è buono, la notte dovrebbe passare tranquilla.

Il comandante si chiama Barry Newman, è in cabina di pilotaggio con il suo secondo. Si apre la porta, ma non è una hostess, non è uno steward. Il comandante si insospettisce, si preoccupa. Non ha l'aria del dirottatore, ma, a pensarci bene, che aspetto hanno gli attentatori?

L'uomo non ha in mano una pistola o, peggio, una bomba. Ha in mano due bacchette da batterista. Va sul bancone di pilotaggio e comincia a suonarlo come fosse una batteria. Poi torna al suo posto. Il tutto dura pochi secondi.

Il comandante chiama la responsabile dei servizi di volo.

"Voglio sapere chi è quel signore."

La responsabile controlla sulla lista passeggeri. "Si chiama Moon. Keith Moon. Credo suoni in una rock band chiamata The Who."

All'arrivo a destinazione è pronta un'ambulanza per controllare il livello dell'alcol nel sangue di Keith. Lui si stupisce: "Per una volta che non faccio saltare niente mi portate in ospedale?".

♪♪♪

287 • JOHN LENNON E I CLASH

John Lennon non l'ha mai saputo, ma il sogno dei Clash era far produrre a lui il secondo album, *Give'em Enough Rope.* Il successo dell'opera prima era esploso in modo forte e inaspettato. I Clash erano sicuri di sé, ma anche timorosi che un produttore sbagliato potesse rovinare le canzoni. Il sound della band era particolare e un approccio standard non era sufficiente. Inoltre, le esperienze negative con Guy Stevens e Lee Perry, produttori più che eccelsi e sensibili, dunque sulla carta perfetti per la band londinese, suggerivano che il produttore ideale non esistesse, ma si trattasse di pura fortuna, di magica alchimia che non avresti mai saputo in anticipo se sarebbe nata o no.

John Lennon era il nome che metteva d'accordo tutti. Roadent, il roadie storico dei Clash, si fece dare il numero di casa, al Dakota

Building. Poi lo passò a Strummer, che lo tenne in tasca fino a quando divenne così sgualcito da non riconoscerne le cifre.

"Figurati se John Lennon è interessato a noi", ripeteva ogni giorno. "Cosa vuoi che gliene freghi dei Clash?"

E così nessuno chiamò mai John Lennon, che forse sarebbe stato perfetto, nella sua deliziosa anarchia, per illuminare la rivolta dei Clash.

♪♪♪

288 • TOM PETTY E JOHNNY CASH

Lo studio era in una zona di Hollywood downtown, a metà tra lo stravagante e il pericoloso. Era il 1996. Tom Petty lavorava alla colonna sonora di *She's The One*, il film di Edward Burns con Cameron Diaz e Jennifer Aniston; Johnny Cash portava a termine *Unchained*, il secondo album per la American prodotto da Rick Rubin e composto prevalentemente di cover. Tra queste c'era anche *Southern Accents*, per cui venne naturale chiedere a Tom Petty e agli Heartbreakers di suonare sul disco. Johnny Cash arrivava spesso con la moglie June Carter, con la quale viveva una delle più straordinarie e commoventi storie d'amore nel mondo della musica.

Un giorno i due entrarono ridendo come matti.

Tom Petty chiese: "Ehi, che succede? Dove siete stati?".

Cash rispose: "Qui fuori, alla fermata dell'autobus".

Tom Petty non credeva alle sue orecchie: "Alla fermata dell'autobus? Siete stati alla fermata dell'autobus?".

Cash continuò: "Certo, io e June lo facciamo spesso. Ci sediamo sulla panchina e cominciamo a parlare con la gente. Incontriamo spesso tipi molto divertenti. E non so perché ma si stupiscono tutti di vederci lì. Continuano a chiedere: ma siete davvero Johnny Cash e June Carter?".

Questo era Johnny Cash, uno degli uomini più amati e ammirati d'America che amava passare il proprio tempo seduto su una panchina con le persone che aspettavano l'autobus.

♪♪♪

289 • DAVE GAHAN IN OVERDOSE

La voce è di donna, ma non vuole declinare le proprie generalità. Le prime luci dell'alba del 28 maggio 1996 illuminano Los Angeles quando il dipartimento di polizia di West Hollywood riceve una chiamata dalla camera del Sunset Marquis Hotel di Hollywood dove alloggia Dave Gahan dei Depeche Mode.

La donna dice di non sapere esattamente cosa stia succedendo, ma suggerisce, quasi implora, di fare presto. La polizia e il personale medico arrivano in pochi minuti. Della donna nemmeno l'ombra. La porta è chiusa, inutile chiamare la reception, si fa prima a buttarla giù.

Gahan è in overdose da speedball. Accanto al letto, gli strumenti che occorrono per farsi e ingenti quantità di eroina e cocaina.

Il cuore di Gahan ha smesso di battere, ma si riprende due minuti più tardi.

Anni dopo Gahan ricorderà così quei momenti: "La prima cosa che ricordo è la voce lontana di un medico che dice: 'Mi sa che l'abbiamo perso'. La seconda è la voce più vicina di un poliziotto, subito dopo che mi sono ripreso. Mi dice: 'Le leggo i suoi diritti'. E mi mette le manette ai polsi. Ma per fortuna ero vivo".

Altre due volte gli era andata bene. Nel 1993, quando aveva subito un attacco di cuore e nel 1995, quando aveva tentato il suicidio.

♪♪♪

290 • TOGLIMI QUESTO CAZZO DI CATETERE

Non erano mai stati in un albergo così bello, e dire che ne avevano girati una marea. Roma, Via Veneto, Hotel Excelsior, stanza 541, una suite. Rose rosse ovunque, candelabri giganti. Kurt Cobain ha in mano degli orecchini con diamanti da tre carati. Sul tavolo una bottiglia di champagne. Quando entra Courtney, Kurt si avvicina e le dice: "Mi sei mancata così tanto". Lei non risponde, prende dei sonniferi e va a dormire, con l'insensibilità che le era tipica e che non l'ha mai abbandonata. Si sveglia nel pieno della notte, non vede Kurt accanto a sé, si alza e comincia a urlare: Kurt è steso sul pavimento, ancora vestito, occhi aperti e sangue che gli esce dal naso, con in mano una lettera scritta su carta intestata dell'albergo dove accusa Courtney di non amarlo e ammette di non avere la forza di sopportare un altro divorzio, dopo quello dei genitori. Cita le persone con cui Kurt pensa che Courtney lo tradisca. E cita Shakespeare: "Come Amleto devo scegliere tra la vita e la morte. Scelgo la morte".

Alle sei e mezzo un'ambulanza porta Kurt Cobain al Policlinico

Umberto I, dove gli viene praticata una lavanda gastrica che espelle sessanta pillole di Roipnol. La mattina seguente viene trasferito all'American Hospital. Dopo venti ore di coma farmacologico, il 5 marzo 1994 Kurt Cobain si sveglia, si fa dare un pezzo di carta e scrive: "Toglimi questo cazzo di catetere" e chiede un frullato alla fragola. Per stavolta, è andata bene. Solo per stavolta.

♪♪♪

291 • SCENDI, LO SAI COSA TI ASPETTA

Sono le 3.30 del mattino del 30 dicembre 1999. Un millennio sta per finire e George Harrison sta dormendo con sua moglie Olivia nella camera da letto del suo castello circondato da quindici ettari di parco, a Friar Park, nei pressi di Henley-on-Thames, nell'Oxfordshire. Sono andati a letto alle due dopo aver visto un film.

Michael Abram, uno squilibrato di trentatré anni che ascolta la musica con le cuffie per coprire le voci che gli rimbombano nel cervello, riesce a scalare le mura che circondano il castello e a eludere il sistema di telecamere. Prende una statua raffigurante San Giorgio che combatte il drago e la scaglia contro una finestra.

Olivia si sveglia, capisce che c'è qualcuno in casa e chiama la polizia, mentre George infila stivali e giacca ed esce dalla stanza. Quando vede Harrison, Abram urla: "Scendi, lo sai cosa ti aspetta!". George non trova nient'altro di meglio da fare che intonare "hare krishna". La mossa infastidisce ancora di più Abram, che pensa che quelle nenie provengano dal demonio. Si lancia su Harrison e lo accoltella a più riprese. Olivia afferra una lampada e lo colpisce tre volte alla testa. Abram reagisce frustandola con il filo della lampada, Olivia gli scaraventa la lampada sulla testa. Finalmente arriva la polizia, alle 3.45. Harrison viene ricoverato in ospedale, in serie condizioni. I giornali parlano di una decina di ferite da coltello, ma Charlie Watts, intervistato da Peter Doggett per il libro *You Never Give Me Your Money*, afferma di aver parlato con Ringo Starr un mese dopo l'accaduto e di aver saputo che le coltellate erano state più di quaranta. Alla fine, tutto andò nel migliore dei modi, ma poteva andare molto peggio perché una delle coltellate era arrivata a un centimetro dal cuore.

♪♪♪

292 • I METALLICA DENTRO UN FOSSO

Questa è la storia delle ultime due possibilità date a Dave Mustaine per rimanere nei Metallica.

Dopo risse furibonde con gli altri ragazzi della band, dopo essere stato allontanato più volte e poi sempre ripreso in seguito alle sue preghiere, Dave sapeva di avere i giorni contati e nessun credito rimasto.

Cercava di comportarsi bene, ma come spesso accade, anche quando ci provi, se è destino, finisce male.

Un giorno, a casa del bassista Ron McGovney, mentre stavano suonando, Dave rovescia per gioco una lattina piena di birra lungo la schiena di Ron. Quando Ron comincia a suonare riceve una scarica elettrica che lo fa spaventare a morte.

One more and you're out forever, gli dicono.

Quel *one more* arriva nel marzo del 1983, durante il viaggio in bus da San Francisco a New York. 4800 chilometri. Dave Mustaine è perennemente ubriaco, ma insiste per guidare. Alla fine, dopo furibondi alterchi con gli altri della band, gli danno il volante. I Metallica viaggiavano su un vecchio furgone con dietro un materasso per riposare. Dave chiede, anzi ordina, a tutti di lasciarlo guidare tranquillo e di mettersi tutti dietro. Pochi chilometri dopo, il furgone dei Metallica finisce dentro un fosso. Tutti vivi, per miracolo.

Dave Mustaine sarà cacciato l'11 aprile 1983. Presto fonderà i Fallen Angels e poi i Megadeth.

♪♪♪

293 • L'AGGRESSIONE A FRANK ZAPPA

L'entusiasmo di chi è sotto il palco è fondamentale per la riuscita di un concerto, anche se a volte genera brutti scherzi. Il 10 dicembre 1971, al Rainbow Theatre di Londra, Frank Zappa sale sul palco per il bis e attacca *I Want To Hold Your Hand* dei Beatles. Sul palco sale velocemente uno dal pubblico, afferra Zappa e lo scaraventa nella buca dell'orchestra, dove perde i sensi, si frattura una gamba e rischia di morire. Per un anno intero sarà costretto a portare una staffa d'acciaio bloccata all'arto. Quelli della sicurezza si lanciano sullo spettatore, lo immobilizzano anche grazie all'aiuto di una parte del pubblico e gli insegnano le buone maniere senza troppi convenevoli, poi lo lasciano nelle mani della polizia.

L'aggressore si chiama Trevor Charles Howell, ha ventiquattro anni e fa il manovale. Il 20 dicembre, dieci giorni esatti dopo l'aggressione, compare davanti al giudice e si dichiara colpevole. Quando il giudice gli domanda perché abbia fatto una cosa così stupida e gratuita, Howell risponde che è colpa della sua ragazza, che una volta gli ha confessato di essere follemente innamorata di Frank Zappa. Per questo ha dovuto punirlo. Sarà condannato a un anno di prigione. Frank Zappa sarà invece costretto a cancellare numerose date. A quella successiva all'incidente, l'11 dicembre, si rischia una sommossa popolare perché si sparge la voce che Zappa sia morto. Non era vero, ma la verità non era troppo distante.

♪♪♪

294 • GLI AMICI MORTI DI JACKSON BROWNE

Dunque, vediamo.

David Lindley, polistrumentista e grande amico di Jackson Browne, sta facendo un po' di conti. Scorre su e giù con la memoria le canzoni di Jackson.

For A Rocker è un tributo a James Honeyman-Scott, chitarrista dei Pretenders morto di infarto il 16 giugno 1982, a cui Jackson era molto legato.

Of Missing Persons è una bellissima elegia per Lowell George, il leader dei Little Feat morto il 29 giugno 1979, anche lui grande amico di Jackson.

For A Dancer, dall'album capolavoro *Late For The Sky*, è uno struggente ricordo di un amico di Jackson.

Song For Adam è una canzone che Jackson ha scritto per Adam Saylor, un suo amico suicida.

Anche la prima moglie di Jackson, Major, si è tolta inspiegabilmente la vita pochi mesi dopo il matrimonio, nel marzo del 1976, all'età di trent'anni, e per lei Jackson ha scritto molti brani tra cui *Sleep's Dark And Silent Gate* e *The Pretender*.

David Lindley sta sudando freddo. Non c'è nessuno che abbia scritto così tante canzoni per suoi amici morti. Sembra quasi che la morte giri attorno a Jackson, ma senza colpire lui, piuttosto quelli che gli sono vicino. E allora David Lindley va da Jackson Browne e gli dice: "Jackson, non siamo così tanto amici, vero?".

♪♪♪

295 • MARC CHAPMAN E JAMES TAYLOR

James Taylor ha sempre pensato che prendere la metropolitana è rischioso. Ieri, 7 dicembre 1980, ha incontrato un tale che l'ha spaventato a morte. Aveva gli occhi allucinati. Lo ha quasi spinto contro il muro. Parlava e sembrava folle. Nemmeno drogato, proprio folle. Perché James Taylor sa come sono gli occhi del drogato. No, quello lì era proprio pazzo. Meno male che non ce l'aveva con me, pensa James Taylor. Era ossessionato da John Lennon. Quel pazzo nella metropolitana, alla stazione della 72esima strada, continuava a ripetere che presto l'avrebbe incontrato.

James Taylor accende la televisione. E a momenti sviene, che i mancamenti che aveva quando era strafatto di eroina non erano niente al confronto. È lui, è proprio lui. La televisione mostra le immagini di quel tale mentre la polizia lo porta via. Come si chiama? Marc Chapman. Ma cos'ha combinato?

Marc Chapman ha semplicemente ucciso John Lennon, anche se continua a ripetere che lui non è Marc Chapman, ma il giovane Holden, e per farlo capire meglio non è scappato ma è rimasto lì a leggere il romanzo di Salinger sul luogo del delitto, davanti ai Dakota Buildings. Il problema, pensa Marc, è che nessuno gli crede. Come sua moglie, quando le diceva che lui era la reincarnazione di Dorothy del *Mago di Oz*. Nessuno lo capisce, questo è il problema. L'altro ieri ha offerto della cocaina a un tassista ma lui ha rifiutato. Comunque, Chapman pensa di aver fatto tutto per bene. È andato a vedere un film di Robert Redford, *Gente comune*, quello che lui non sarà mai. Poi ha aspettato che John uscisse di casa e si è fatto firmare una copia di *Double Fantasy* e ha aspettato che John tornasse a casa. E gli ha sparato cinque colpi da una calibro .38. Così impara a parlare di un mondo senza più religione.

♪♪♪

296 • CI DIAMO DEL TU?

È appena uscito il primo disco dei Police e le cose vanno benino in Inghilterra, ma in America... be', in America nessuno li conosce. Sting e soci decidono di partire egualmente. A spese loro. La casa discografica li sconsiglia vivamente e, forse per dar loro il colpo di grazia, annuncia solennemente che non avranno alcun appoggio.

I Police trovano un biglietto low coast a 60 sterline. Sbarcano a New York, s'innamorano della città, debuttano allo storico CBGB's tra l'indifferenza generale. Non importa, sono a New York e questo basta.

Lunedì devono suonare a Poughkeepsie, una cittadina che si trova nella valle del fiume Hudson, a metà strada tra New York e Albany.

In sala arrivano sei persone. Sting sorride, le invita a unirsi e a sistemarsi tutte nella prima fila. Li presenta formalmente tra loro e poi alla band. Insomma, è chiaro che questo è un concerto tra amici. Tutti ridono, l'atmosfera è quella giusta. Poi i Police cominciano a suonare ed è uno spettacolo grandioso. Senza pressioni e, anzi, galvanizzati dalla situazione, portano a termine il miglior concerto della loro storia, fino a quel momento. Dopo lo show, le sei persone raggiungono i Police nei camerini. E lì i Police scoprono che tre di loro sono deejay. Il giorno dopo *Roxanne* sarà suonata a manetta dalle più importanti radio locali dello stato di New York.

♪♪♪

297 • I RUTTI DEL RE

Elvis era un dio per le donne, ma a lui sembrava non bastare. Gli piaceva essere su un piedistallo, ma non per ottenere prestazioni sessuali, semplicemente per sentirsi onnipotente. Questo voleva. E più che stare con una donna, preferiva stare con gli amici, almeno agli inizi della sua scalata.

Quando era sul palco e vedeva le ragazze adoranti, si comportava come se fosse in un locale della sua città con i suoi amici del cuore. Una volta si girò verso i suoi musicisti Scotty Moore e Bill Black e disse: “Ehi, scommettiamo che se rutto strillano egualmente?”. Si avvicinò al microfono e piantò un rutto amplificato di proporzioni gigantesche. Le ragazze strillarono, Elvis si girò verso Scotty e Bill e disse: “Visto?”.

Elvis amava destabilizzare le sue fan, attingendo spesso al suo scarso senso dell'umorismo. Alla fine di un concerto a Houston, con le ragazze che piangevano per l'emozione, lui disse: “Ricordate ragazze: non andate a mungere la vacca in un giorno di pioggia. Se arriva un fulmine, vi potrete trovare in una brutta situazione”.

A Las Vegas, presentò *Blue Suede Shoes* dicendo: “Questa canzone s'intitola *Esci dalla stalla nonna, sei troppo vecchia per saltare la cavallina*". Poi, resosi conto che nessuno rideva, si voltò verso il direttore d'orchestra dicendo: "Signor Martin, conosce quella canzone che dice: '*Riprenditi la mia giarrettiera dorata, mi sta diventando verde la gamba?*'".

Il colonnello Parker fece l'impossibile per metterlo a posto, poi un giorno disse: "Oh, al diavolo, tanto qualsiasi cosa faccia, è sempre Elvis".

♪♪♪

298 • QUESTA È PER LEI, MR. BONO

All'inizio del 2002, i R.E.M. parteciparono a un benefit alla Carnegie Hall a favore della comunità gay e a un tributo per Bono, il leader degli U2.

Per non prendersi troppo sul serio, i R.E.M. decisero di fare un po' di confusione e finsero di aver capito che l'omaggio era per Sonny Bono, ex marito di Cher.

Mike Mills, Peter Buck e Michael Stipe scrissero un discorso di una trentina di secondi dove elencavano una serie di cose che entrambi i Bono avevano fatto, poi conclusero gridando: "Questa è per lei, mister Bono". E mentre Bono, il leader degli U2, seduto in prima fila, e il pubblico si chiedevano che cosa stesse succedendo e se davvero i R.E.M. si erano bevuti il cervello, la band di Athens attaccò *I Got You Babe*, il singolo di Sonny & Cher prodotto da Phil Spector che nel 1965 vendette milioni di copie in tutto il mondo.

Poi, mentre la confusione aumentava e tutti guardavano i R.E.M. come marziani, da dietro le quinte spuntò Cher in persona, e a quel punto tutti capirono che era una fantastica sorpresa e balzarono in piedi e cominciarono a urlare, fino quasi a coprire le voci di Cher e di Michael Stipe, che conclusero il brano prendendosi per mano.

Poi salutarono l'altro Bono, quello degli U2, nel delirio generale.

♪♪♪

299 • I PEPPERS NUDI SUL PALCO DEI RAMONES

Finlandia, grande festival all'aperto. Due soli nomi in cartellone: Ramones a chiudere e Red Hot Chili Peppers ad aprire, ordine stabilito dalle gerarchie di allora.

I Peppers fanno salire l'eccitazione, quando sul palco salgono i Ramones ci sono 80.000 finlandesi impazziti.

I Peppers si mettono ai bordi del palco e si gustano lo show. Sono adrenalinici e sinceramente ammirati dai Ramones, così decidono di omaggiarli a modo loro: durante *Blitzkrieg Bop* si spogliano e salgono sul palco nudi. Ballano da una parte all'altra del palco, poi scendono nel delirio generale.

Quella sera stessa, nella hall dell'hotel, Ramones e Peppers si incontrano. Johnny Ramone va giù duro: "Chi cazzo vi credete di essere a salire sul palco nudi durante un nostro concerto?".

I Peppers sono mortificati. Anthony Kiedis farfuglia qualche scusa: "Ci spiace. Lo abbiamo fatto perché ci piacete molto".

Johnny Ramone se ne va infuriato. I Peppers sembrano congelati, incapaci di muoversi. Si avvicina Joey Ramone. Oh, no, pensano i Peppers. Eccone un altro.

Joey li guarda serissimo, poi si apre in un sorriso sornione e complice: "Non dategli retta", dice, "a me è sembrata una gran figata. Non avevo mai visto nessuno ballare nudo sulla musica dei Ramones davanti a 80.000 persone. E forse non lo vedrò mai più".

♪♪♪

300 • JOE STRUMMER E COURTNEY LOVE

Joe Strummer e Courtney Love si erano conosciuti sul set di *Dritti all'inferno*, un improbabile spaghetti-western girato in Almería nel 1987 da Alex Cox che aveva però il merito di riunire, in ruoli importanti o piccoli cameo, una pletora di rockstar come Grace Jones, Elvis Costello, Shane MacGowan e Cait O'Riordan dei Pogues, oltre a Dennis Hopper, Strummer e Love. Joe Strummer insegnò a Courtney a firmare autografi secondo le regole, ovvero con grazia e aggiungendo sempre la data. Courtney si stava prendendo una cotta per lui, ma rimase non poco delusa quando, sul bordo della piscina dell'hotel, lui posò la chitarra e confessò di non ricordarsi le parole di *London Calling*.

Courtney amava la sincerità e la schiettezza molto punk del cantante dei Clash, ma ci rimase male quando lei gli disse che partiva per Minneapolis per formare un gruppo punk e lui replicò: "Fantastico, però non ho mai sentito nessuno suonare la chitarra peggio di te".

Courtney ci pensò su un attimo, poi disse: "Hai ragione. Però lascia che ti dica una cosa, Joe Strummer: vaffanculo".

♪♪♪

301 • JIM MORRISON E VAN MORRISON

Il 23 maggio 1966, i Doors cominciarono la loro leggendaria serie di concerti al Whisky a Go-Go, epico locale sito al numero 8901 del Sunset Boulevard, che avrebbe ispirato Smokey Robinson a scrivere *Going To A Go-Go*, poi magistralmente reinterpretata dai Rolling Stones. Il 2 giugno, al Whisky a Go-Go arrivò anche Van Morrison e quella fu la prima e unica volta che i due Morrison divisero lo stesso palco. Prima Jim guardò rapito, quasi estasiato il suo omonimo bruciare chilometri di soul blues e incendiare il locale con *Gloria* e una torrida versione di *Boom Boom* di John Lee Hooker. Van Morrison faceva roteare l'asta del microfono, quindi cantava tenendola rivolta verso l'alto, l'esatto contrario di quello che facevano tutti, e poi staccava il microfono e lo scaraventava a terra, sul palco, con rabbia. Spettacolare.

Dopo lo spettacolo, Jim Morrison invitò Van Morrison al suo tavolo. Si ubriacarono e fecero subito amicizia. Per tutte le sere successive, Jim tornò a vedere Van fino a quando, in occasione dell'ultima data, il 18 giugno, i due si unirono. Alla fine del set di Van Morrison i Doors improvvisarono per mezz'ora sul tema di *In The Midnight Hour* di Wilson Pickett, prima di lanciarsi in una *Gloria* a due voci, con Jim e Van che si alternavano alle strofe e insieme cantavano il ritornello.

Purtroppo non esistono documentazioni sonore di quello storico incontro perché le regole sindacali impedivano ai locali di registrare le performance. Rimangono alcune foto che raffigurano Jim vestito di nero e Van con i capelli sparati in testa che cantano insieme, mentre i due batteristi dietro a loro si scatenano e il mondo del rock, per un attimo, si ferma in adorazione.

♪♪♪

302 • CAPTAIN TRIPS

2317. È questo il numero di concerti che i Grateful Dead hanno tenuto nella loro storia. Un numero impressionante. Li guidava Jerry Garcia, Captain Trips, Capitan Viaggi. Il soprannome nacque dopo il terzo Acid Test. Gli Acid Test erano feste inventate da Ken Kesey, l'autore di *Qualcuno volò sul nido del cuculo*, a base di rock, visioni e acido lisergico.

Il primo Acid Test ebbe luogo il 27 novembre 1965, a Santa Cruz, in un ranch chiamato The Spread. Allen Ginsberg intonava dei mantra, Neal Cassady della Beat Generation dava colpi contro un microfono, le ragazze distribuivano Lsd e i Grateful Dead, che all'epoca si chiamavano ancora Warlocks, suonavano; lo show andò avanti fino all'alba, quando l'acido fece il suo effetto peggiore e qualcuno lanciò l'idea di sacrificare una gallina.

Il secondo Acid Test si tenne il 4 dicembre, in una casa privata vicino alla San Josè State University. Alcuni volontari avevano fatto girare al concerto dei Rolling Stones un volantino con su scritto: "Can you pass the Acid Test?", un bel gioco di parole che significa "Puoi superare l'Acid Test?", ma anche "Puoi ignorare l'Acid Test?". Si presentarono in quattrocento. Non potendo entrare tutti in casa, si ammucchiarono in strada provocando l'intervento della polizia.

Il terzo Acid Test si tenne a Mountain View, tra San Josè e Palo Alto. Quando arrivarono i poliziotti, per evitare grane, Jerry Garcia andò a trattare con loro. Essendo l'Lsd ancora legale, li convinse che non stava succedendo niente di terribile.

Quando fu il momento di salutare il poliziotto, si toccò il cappello e disse: "The trips, captain", che era un modo strano per dire buon viaggio, capitano.

Denise Kaufmann, musicista delle Ace of Cups, rimase colpita e raccontò subito a tutti di quella strana frase.

Da allora, Jerry Garcia divenne per tutti Captain Trips.

♪♪♪

303 • IAN CURTIS SI FA DI LARGACTIL

Ian Curtis era un ragazzo strano, ma per nulla depresso. Gli spettri che lo condurranno al suicidio erano lontani a venire quando, con i suoi amici di sempre, rubacchiava e si drogava sniffando il solvente. Era specializzato nel sottrarre dischi al mercatino di Macclesfield. Li nascondeva sotto un voluminoso cappotto e poi li rivendeva la settimana dopo allo stesso negoziante. Idem allo spaccio degli alimentari: mentre un compagno chiedeva una barretta di Mars e la vecchietta si girava, lui faceva sparire due bottiglie di alcol.

Certe sere, come erano obbligati a fare tutti gli studenti della King's School, giocava a bingo con gli anziani dell'ospizio, non prima di aver sniffato il solvente. Lui e i suoi amici erano così allegri e socievoli, per via di quello che avevano assunto, che i vecchietti li adoravano. Una volta, prima delle due ore di storia, Ian e i suoi amici ingoiarono ognuno tre pasticche di Largactil, un potente medicinale di cui ignoravano le controindicazioni. La dose era da cavalli. Si addormentarono e vennero spediti a casa, ritenuti ubriachi. Quando rincasò, il padre di Ian entrò in stanza e vide il figlio in stato catatonico. Chiamò subito un'ambulanza e lo ricoverarono in ospedale, dove gli fu praticata la lavanda gastrica.

Follie, certo, ma adolescenziali, guidate dallo scherzo e dalla goliardia. Prima dei Joy Division, prima della rapida discesa verso le terre della depressione.

♪♪♪

304 • ELTON JOHN RAPISCE ROBBIE WILLIAMS

Siamo nel 1997. Elton John sa bene cosa sia la dipendenza da droghe. Nei suoi momenti peggiori non riusciva nemmeno a sentire il profumo di una rosa, perché il suo naso era o intasato o insensibile.

Elton John sa bene che dalla droga non puoi uscirne da solo.

È preoccupato per il suo amico Robbie. Robbie Williams. Sta esagerando con la cocaina. Deve uscirne, ma senza l'aiuto di un amico è praticamente impossibile.

Elton John va a parlare con le guardie del corpo di Robbie. Si mette d'accordo con loro.

Elton aspetta in macchina.

Le due guardie del corpo di Robbie Williams afferrano il loro datore di lavoro e lo portano di peso in auto.

Come ha scritto Robbie nella sua autobiografia, "mi sono sentito sequestrato e scaraventato sul sedile posteriore di un'auto".

Elton John lo saluta cordialmente e dice: "Ora a te ci penso io".

L'autista si dirige verso una clinica, un centro di riabilitazione.

Elton John è felice.

Ce l'abbiamo fatta, pensa.

Robbie Williams fuggirà dalla clinica due giorni dopo.

♪♪♪

305 • AEROSMITH: CONCERTO PER UN BRANO SOLO

Una volta gli Aerosmith decisero di capovolgere la scaletta dei loro concerti. Invece di cambiare alcune canzoni, perché non tenere le stesse dell'ultimo show, ma nell'ordine inverso, partendo dal bis e finendo con quello che normalmente è il primo brano? Così fecero. Ma essendo completamente fatti di droghe, una volta aperto il concerto con quello che normalmente era l'ultimo dei bis, pensarono che il concerto fosse finito e lasciarono il palco salutando il pubblico.

Questa storia circola da anni, ma non è vera. Il primo a rammaricarsene è Joe Perry, chitarrista degli Aerosmith, che ha detto: "Vorrei che fosse vera, perché è davvero fantastica. No. Abbiamo fatto cose assurde, per colpa della droga. Ad esempio abbiamo suonato due volte lo stesso brano nello stesso concerto, anche a breve distanza, perché non ci ricordavamo di averlo già suonato".

♪♪♪

306 • JAMES CHI?

Due storie che circolano su Joey Ramone.

La prima è probabilmente falsa. Party a Los Angeles. Siamo nel 2005. Un amico di Oliver Stone vuole presentargli un ragazzo: "Oliver, lui è Joe Fatone".

Il regista tre volte premio Oscar strabuzza gli occhi e dice: "Joey Ramone? Questo ragazzo è Joey Ramone?".

Il ragazzo dice: "No, signore. Sono Joey Fatone e una volta facevo parte di una teen band chiamata N Sync".

Difficile da credere perché Oliver Stone è un grande appassionato di rock e non poteva non sapere che Joey Ramone era morto quattro anni prima, nel 2001, e che quel ragazzo che aveva davanti non poteva essere uno dei Ramones anche solo per il fatto che aveva ventotto anni.

La seconda è sicuramente vera, perché raccontata da Bono: il cantante degli U2 è al liceo quando viene a sapere che presto a Dublino sarebbe arrivato un noto produttore alla ricerca di attori per una versione cinematografica di *Ritratto di un artista da giovane* di James Joyce. Bono non è interessato a una carriera da attore, ma sa che quel produttore lavora anche per un programma televisivo molto famoso, simile a *Top Of The Pops*. Gli U2 decidono di presentarsi e sperare in Dio. Fanno due cover dei Ramones. Il produttore sembra gradire: "Molto bravi. Li avete scritti voi?". A denti stretti, Bono risponde di sì. Non ha il coraggio di dire la verità, e poi in fondo è una piccola bugia che potrebbe far decollare la sua carriera.

Anni dopo, Bono racconta nei dettagli questa storia a Joey Ramone, che ascolta con attenzione e poi chiede: "Chi è James Joyce?".

♪♪♪

307 • IL GIOVANE COLLINS

Per Phil Collins il primo tuffo nell'arte fu nella piccola piscina del teatro, non in quella grande della musica. Il primo ruolo fu Artful Dodger in *Oliver!*, una commedia tratta da *Oliver Twist* di Charles Dickens che andò in scena nel West End londinese, per la precisione al Palladium, per 1.366 repliche. Poi arrivarono altri ruoli a teatro e anche al cinema, in pellicole come *Chitty Chitty Bang Bang* o *A Hard Day's Night*, dove Phil interpretava un ragazzo tra il pubblico. Il suo nome non figura nei crediti, così come non compare quello di Patricia Boyd, che recitò una parte piccola, ma grande abbastanza da impressionare George Harrison e farlo perdutamente innamorare.

Tornando a Phil Collins, un giorno decise di abbandonare la scuola d'arte drammatica per prendere lezioni di batteria. La sera andava al Marquee a vedere i nuovi gruppi e sognava di salire su quel palco. Così decise che il suo futuro era da musicista, non come attore.

La sua carriera fu abbastanza rapida e i primi riconoscimenti non tardarono ad arrivare. L'unico a non esserne felice era il padre, indefesso lavoratore nella City, ambiente dove il teatro era arte nobile e il pop roba da buttare. I suoi colleghi, quando il figlio faceva l'attore, gli chiedevano:

"Cosa fa il giovane Philip?"

"Oh, è in scena nel West End."

E loro: "Davvero? Sarai fiero di lui".

Ma con il passare del tempo, la scena cambiò in:

"E adesso cosa fa il giovane Philip?"

"Suona in un gruppo pop."

E loro: "Oh, dev'essere terribile per te".

♪♪♪

308 • PATTI NELLA SOFFITTA DI RIMBAUD

Patti Smith era sicurissima: "Le pagherò qualsiasi cifra", disse al proprietario, anche se Patti Smith non era esattamente in possesso di qualsiasi cifra, in quel 1969.

Era arrivata a Parigi con la sorella Linda, sulle tracce di Arthur Rimbaud, il suo eroe, il suo nume, la sua stella.

Si era precipitata all'Hôtel des Etrangers, dove Rimbaud aveva vissuto in una soffitta con Charles Cros, poeta e inventore francese.

"È qui che ha vissuto Rimbaud?", aveva chiesto.

Il proprietario disse di sì.

"Datemi la sua stanza."

Il padrone dell'hotel le disse che era meglio di no. La portò in soffitta dove c'erano tonnellate di polvere, quintali di ragni e infinita sporcizia. C'era un lettino lurido su una pedana di metallo.

"Cosa le dicevo?", disse il proprietario. "Venga, le faccio vedere una stanza come si deve."

Ma Patti Smith era sicurissima: "Le pagherò qualsiasi cifra".

Rimase a Parigi per tre mesi. Con un vestitino nero che la faceva sentire tanto Edith Piaf, faceva l'artista di strada con un mangiafuoco di nome Adrillias.

Siccome i soldi non bastavano, era diventata anche un'abile borsaiola.

Le andava bene tutto, perché la notte tornava a dormire dove aveva dormito Arthur Rimbaud.

♪♪♪

309 • I BEATLES NELLA SUMMER OF LOVE

Tutti gli artisti facevano uso di Lsd nella seconda metà degli anni Sessanta, ma tra il Tamigi e la costa ovest degli Stati Uniti c'erano oceani di distanza e anche di diversità. Così, quando, in due diversi momenti, George Harrison e Paul McCartney decisero di andare a vedere come si viveva a San Francisco, rimasero schifati e anche un po' terrorizzati.

Il 4 aprile 1967, Paul arrivò a San Francisco con il jet privato di Frank Sinatra. Aveva appena nevicato e faceva un gran freddo. Dopo una visita di prammatica al Golden Gate, fece un salto al Fillmore, dove stavano provando i Jefferson Airplane, che lo invitarono nel loro appartamento di Oak Street dove vivevano come in una comune. Fumò molta erba, ma rifiutò il gas nervino, spaventato dai possibili effetti. Improvvisarono anche una jam session, ma Paul ebbe molta difficoltà a suonare il basso di Jack Casady, in quanto mancino. Paul McCartney se ne andò presto, con la scusa del jet lag, in realtà disorientato da un mondo che non sentiva suo.

Ancora peggiore fu l'esperienza di George Harrison, che arrivò ad Haight-Asbury il 7 agosto, accompagnato dalla moglie Patty Boyd, dalla sorella di lei Jenny, che all'epoca era sposata con Mike Fleetwood dei Fleetwood Mac, e dal road manager dei Beatles, Neil Aspinell. Arrivarono in limousine, dopo aver preso un acido. Scesero e trovarono gli hippie del quartiere "troppo sporchi, sciatti e ripugnanti", per citare le parole di George. Quando qualcuno gli mise in mano una chitarra, lui prese a strimpellarla, ma, a causa dell'acido che stava facendo il suo effetto, non ricordò le parole di una sua canzone, *Baby You're A Rich Man*, così la restituì quasi subito. I ragazzi di San Francisco, pensando se la volesse tirare, cominciarono a fischiarlo e insultarlo, costringendolo a tornare di corsa alla sua limousine, inseguito da hippie che gli gridavano: "Tornatene a Londra, George".

Non se lo fece ripetere.

♪♪♪

310 • ERIC CLAPTOUT

Sapevate che una volta Alice Cooper indisse un concorso per trovare il sosia che più gli somigliasse e che fu vinto da un veterano del Vietnam che si trovava in permesso giornaliero di uscita da un ospedale psichiatrico?

Sapevate, sempre a proposito di sosia, che Bob Geldof una volta partecipò a un concorso come sosia di Mick Jagger, anche se lui ha categoricamente smentito?

Sapevate che, appena arrivati i primi soldi, Grace Slick corse da un rivenditore di auto e chiese di acquistare una Aston Martin, ma le fu chiesto di uscire perché il proprietario, guardando come si vestiva, pensava fosse una barbona? Allora lei tirò fuori in contanti 18.000 dollari, che negli anni Sessanta erano una cifra astronomica, e si mise al volante della sua Aston Martin dicendo: "Sono una barbona ricca".

Sapevate che al party di lancio di *Electric Music* dei Fish Cheer, la casa discografica distribuì cinque chili di spinelli?

Sapevate che gli amici di Eric Clapton si parlavano in codice al telefono, quando era necessario aiutarlo? Se stava bene, cosa che accadeva piuttosto raramente, parlavano di lui chiamandolo per nome e cognome, Eric Clapton; se era fatto, si riferivano a lui come a Eric Claptout. Gioco di parole: se era acceso, era Clapt*on*; se era spento Clapt*out*.

♪♪♪

311 • POLVERE D'ANGELO

Mark Mothersbaugh viene dall'Ohio e non ha mai sentito parlare di una droga che si chiama Angel Dust e che avrebbe poi dato il nome a una band tedesca e a un album dei Faith No More. La polvere d'angelo è il nome in gergo di un allucinogeno molto pericoloso e da evitare, come da evitare sono tutte le droghe: la fenciclidina.

Mark Mothersbaugh viene dall'Ohio e sta coronando il secondo sogno della sua vita: il primo è stato formare i Devo, il secondo è a pochi metri da lui. Perché quel signore con i capelli bianchi bianchi è Andy Warhol, uno dei suoi miti. E quell'altro con la pelle ancora nera nera è Michael Jackson, reduce dal successo di *The Wiz*, il film di Sidney Lumet con Diana Ross e Richard Pryor. Certo, un successo non paragonabile a quello che colpirà Michael dopo *Thriller*, ma sempre tanta roba.

I tre sono allo Studio 54, la discoteca newyorkese sulla 54esima strada. Il cantante dei Devo è con la sua fidanzata, Susan Blonde, una porno star che lavora a Blue Channel, un canale a luci rosse. Andy Warhol si avvicina a Mothersbaugh e gli dice: "Farò di te una star, sarai la mia nuova scoperta". Mothersbaugh è felice come un bimbo, Michael Jackson gli passa una canna. Mothersbaugh viene dall'Ohio e si stupisce che nessuno gliela chieda indietro, come si fa con la marijuana che si passa in giro. Così si fuma tutta quell'erba senza sapere che non è erba, ma polvere d'angelo, la fenciclidina.

La sua fidanzata lo trascina a ballare e stavolta non è più *felice* come un bimbo, è *spaventato* come un bimbo. Vede gli impianti luce e audio cadere sulle teste della gente che balla, vede sangue ovunque.

Raggiunge Susan e la strattona: "Guarda, guarda quello che succede, è pazzesco".

"Cosa?", chiede lei.

"Sono cadute le torrette delle luci."

Lei capisce. "Oh no, avrai mica fumato la polvere d'angelo?"

Susan Blonde prende Mark e lo porta nella sua camera d'albergo, lo sbatte dentro, dice: "Ciao, buona fortuna", chiude a chiave ed esce. Mark rimarrà tutta la notte a tremare in preda alle allucinazioni.

Non incontrerà mai più Michael Jackson e nemmeno Andy Warhol. E nemmeno la polvere d'angelo.

♪♪♪

312 • LA LEGGENDA DEL MARS

Non è andata così, ma è bello crederlo. Bello per tutti meno che per lei. Marianne Faithfull. Di origini nobili, diretta discendente da parte di madre di Leopold von Sacher-Masoch, bella da far paura, protagonista di una lunga stagione all'inferno dentro il paradiso della Swinging London. Scoperta a un party dal manager degli Stones Andrew Loog Oldham, che ne utilizzò il volto angelico per una campagna stampa che aveva come slogan: "Lascereste uscire vostra figlia con un Rolling Stones?".

Lei va a letto con tutti, prima di scegliere come compagno stabile Jagger, che per lei scriverà, dopo la separazione, *Angie*, che molti, erroneamente, ritengono dedicata a Angela Bowie. Due carriere parallele: quella di cantante (primo singolo di successo *As Tears Go By*) e di musa (molti i brani a firma Jagger-Richards hanno a che vedere con lei o da lei sono stati ispirati, compresa quella *Sister Morphine* che si dice abbia scritto in parte o per intero).

Fino a quella maledetta festa a casa di Richards, a Redlands, nel Sussex. Lei è nuda, con solo una pelliccia addosso. Si diffonde la leggenda che fosse in preda all'eroina e con un Mars infilato nella figa, con ognuno che ne poteva prendere un morso. Invenzioni, esagerazioni. Di vero c'è solo la nudità e la pelliccia, sufficienti a fare di lei la puttana del rock, pessima madre, donna da evitare.

♪♪♪

313 • GLI OCCHI DI DAVID BOWIE

David Bowie è la star più aliena del rock. I suoi viaggi con i Ragni di Marte insieme a Ziggy Stardust lo hanno eletto artista di un altro pianeta.

Anche i suoi occhi di colore diverso, uno azzurro e l'altro marrone tendente al verde, sembrano una prova della sua diversità. A volte capita, soprattutto nei gatti e nei cani di razza Husky, che gli occhi abbiano colore differente. Capita quando una delle due iridi contiene più melanina dell'altra.

Una leggenda dice che siano così a seguito di una brutta esperienza con le droghe. Quando era ragazzo, l'assunzione di una sostanza allucinogena gli avrebbe causato la dilatazione permanente della pupilla sinistra.

Leggenda, appunto.

Gli occhi di diverso colore sono figli di una lite violenta avvenuta nel 1962. Bowie fu colpito dal pugno di un amico – secondo altre versioni meno accreditate dalla punta di un compasso – che danneggiò il nervo che controlla l'apertura della pupilla.

Niente droghe, dunque, nonostante Bowie ne abbia fatto abbondante uso, e nemmeno predestinazione.

♪♪♪

314 • UOMO O DONNA?

I Jethro Tull sono probabilmente la prima band al mondo che ha avuto tra le sue fila un musicista che prima era uomo e che poi è diventato donna. David Palmer, tastierista d'eccellenza che nel 2003 ha cambiato nome (da David a Dee) e sesso. Nato con un talento nelle mani e una forte ambiguità tra le gambe, ha assecondato la sua parte maschile per anni, costruendosi anche una famiglia. Poi, dopo la morte di sua moglie Maggie, nel 1995, la decisione di virare potentemente verso l'altra sua natura, quella femminile. Si è tagliato la barba, ha smesso di fumare la pipa e ha cominciato a indossare abiti femminili.

Il cambio di sesso è stato accettato con naturalezza da Ian Anderson e dagli altri Jethro Tull. Per aiutare a capire che l'operazione non aveva cancellato il suo spirito iconoclasta, David Dee ha salutato i giornalisti con questa domanda: "Qualcuno di voi potrebbe spiegarmi la differenza tra l'ISO 16 *(lo standard che specifica le frequenze delle note e l'accordatura degli strumenti, n.d.a.)* e la scoreggia di un elefante?".

♪♪♪

315 • VUOI SNIFFARE MIO MARITO?

Difficile, quasi impossibile mettere in fila tutte le follie commesse da Courtney Love, vere o presunte. Perché, come ha sempre detto lei, "se entro in un locale, posso fare qualsiasi cosa: stare zitta e seduta o muovermi tutto il tempo e parlare. Stai sicuro che non appena esco, quelli che erano lì con me cominceranno a inventare di tutto".

Chissà dunque dov'è il confine tra realtà e fantasia? Chissà se è vero che nel 2011 ha offerto al giornalista Neil Strauss di sniffare insieme a lei le ceneri di Kurt Cobain, come leggenda metropolitana vuole abbia fatto Keith Richards con le ceneri di suo padre. Chissà se è vero, come ha detto sua figlia Frances Bean nata dalla storia d'amore con Kurt Cobain, che per l'intera adolescenza della figlia, Courtney ha regolarmente ucciso tutti i suoi animali domestici, soffocando un gatto in un sacchetto di plastica e avvelenando il cane. Chissà se è vero che è tossica, anoressica e inaffidabile all'ennesima potenza.

Chissà.

Di sicuro è vero quello che ha dichiarato a proposito della forza del rock: "Se in tre minuti di canzone non sai infilare la lingua nell'orecchio di chi ascolta, sei un musicista fallito. Una canzone deve saper violentare o penetrare dolcemente, come due amanti impacciati, dev'essere in grado di far sentire e vivere l'abbandono, la disperazione, l'esperienza fisica".

Parole sante. *In the name of rock.*

♪♪♪

316 • GILMOUR SULLA CARTA IGIENICA

We don't need no education, cantavano i Pink Floyd. Ed effettivamente, almeno in relazione a un certo periodo della loro storia, di educazione ne hanno avuta poca. Sto parlando della fase del secondo distacco, quello tra Roger Waters e il resto della band, anni dopo un'altra separazione traumatica, quella tra i Pink Floyd e Syd Barrett. Waters aveva sviluppato un rapporto di insofferenza assoluta verso i vecchi compagni. Li accusava di non avere più idee, anzi di non averne mai avuta una, di essersi limitati ad assecondare le *sue* idee, le *sue* canzoni.

I fan dei Pink Floyd intuivano che la lunga corsa potesse essere prossima alla fine e che i litigi tra le due fazioni fossero difficili da ricomporre.

A un certo punto si sparse anche una voce, prima isolata, poi che trovava sempre più conferme: Roger Waters aveva fatto stampare la faccia di David Gilmour su centocinquanta rotoli di carta igienica che aveva fatto sistemare nel bagno degli ospiti, in modo che tutti potessero approfittarne.

Alla fine, un giornalista trovò il coraggio di chiedere a Waters se la notizia fosse vera o falsa.

E Waters rispose: "Falsa, purtroppo. Perché l'idea è così bella che mi spiace davvero non averla avuta".

♪♪♪

317 • ADAM CLAYTON NUDO A MOUNT TEMPLE

Adam Clayton era considerato un tipo strano. Molto strano. A sedici anni frequentava la scuola di Mount Temple. Ci arrivava vestito da improbabile hippie: occhiali da sole, caffettani e inguardabile pelliccia arruffata che si diceva avesse acquistato in Afghanistan. Tutto questo mentre nel Regno Unito imperversava il punk. Durante le lezioni, tirava fuori dalla cartella un thermos di caffè e se ne versava una tazza.

Gli insegnanti chiedevano: "Adam Clayton, che cosa sta facendo?".

E lui, serafico: "Prendo una tazza di caffè, signore".

Non faceva i compiti e non accampava scuse strane: "Le chiedo scusa, signore, sono molto dispiaciuto, ma questa cosa proprio non l'ho capita. So che è inelegante dirlo, ma è così".

Un tipo fuori dalla norma, l'ultimo a cui avrebbero pensato i punk per invitarlo a fare parte di un gruppo, anche se si diceva che suonasse il basso piuttosto bene.

Alla fine di febbraio del 1978, Adam Clayton decise di spogliarsi nudo e di correre per i corridoi di Mount Temple. Fu la fine della sua carriera scolastica. E l'inizio di quella da rockstar.

♪♪♪

318 • AUGURIO DI MORTE

I Manic Street Preachers stanno suonando davanti a 2500 persone al Kilburn National Ballroom di Londra. È l'11 dicembre 1992. Nicky Wire, il bassista, affronta la folla con una dichiarazione di omofobia shockante: "Visto che la stagione è cominciata bene, speriamo che Michael Stipe faccia presto la fine di Freddie Mercury". Il pubblico è disorientato, gli altri ragazzi del gruppo furenti. Presto si dissoceranno e chiederanno a Wire di lasciare la band. A molti, la sua dichiarazione ha ricordato quella altrettanto sgradevole di Elvis Costello, che nel 1979 aveva definito Ray Charles un negro cieco e ignorante. Ma stavolta era peggio, perché Wire augurava la morte a un collega la cui omosessualità non era certa e glorificava la morte di Aids di un'icona del rock.

La prima reazione di Peter Buck fu di prendere il primo aereo per il Galles e di andare a spaccare le ossa a Nicky Wire. Che presto fu costretto a scusarsi e a giurare di essere anche un grande fan dei Queen e dei R.E.M., cosa tra l'altro verissima che rendeva ancora più folli e paradossali le parole che aveva pronunciato.

♪♪♪

319 • MIKE, TI FAI MALE

Di tutti i Green Day, Mike Dirnt è forse il più buffo e divertente – sostiene da sempre che il suo credo religioso è fondato sugli episodi di *Guerre stellari* e ha aperto a Emeryville, in California, un diner chiamato Rudy's Can't Fail Cafè, in onore del brano dei Clash *Rudie Can't Fail*, dall'album *London Calling*. Di tutti i Green Day, Mike è anche quello con un'innata predisposizione a mettersi nei guai. Un giorno, mentre si trova con la sua fidanzata Anastasia – la ragazza da cui avrà una figlia, Estelle, che lui chiama però sempre Hero – i due decidono all'improvviso di iniziare una battaglia a cuscinate.

Billie Joe Armstrong e Tré Cool si guardano.

"Ora si fa male", pensano anche senza dirselo.

"Mike, ti fai male, cazzo", dicono alla fine.

Mike decide di uscire dalla contesa. Scappa via dalla stanza per sottrarsi alle cuscinate di Anastasia, ma nel farlo non si accorge della trave del soffitto. Batte la testa con violenza, cade all'indietro e si frattura entrambi i gomiti. L'ambulanza arriva con leggero ritardo, ma una volta tanto non per colpa dell'ospedale. Sono Billie Joe, Tré Cool e Anastasia che tardano a chiamarla. Sono troppo impegnati a rotolarsi a terra dalle risate per rendersi conto che Mike si è fatto male davvero.

♪♪♪

320 • UNA BREVE STORIA D'AMORE IN BIANCO E NERO

Fu Jackson Browne a salvare Nico e i Velvet Underground, per quanto possa sembrare folle anche solo immaginarlo. I rapporti tra Nico e il Sotterraneo Vellutato erano sempre più tesi. Lei voleva cantare tutte le canzoni, Lou Reed era geloso del gradimento e dell'impatto che esercitava sulla gente. Una volta entrò in studio sbandierando una foto e urlando: "Nico viene troppo bene in foto, perché si veste di bianco e risalta sul nostro nero. Non farò mai più foto con lei".

L'uomo che gestiva il seminterrato del Dom, un tizio di nome Stanley, pensò che fosse una buona idea far cantare Nico tutte le sere. Il problema era che tutti i Velvet rifiutarono di suonare per lei. Solo Lou Reed, appena più misericordioso degli altri, incise degli assoli di chitarra su nastro, così Nico dovette accettare l'umiliazione di premere ogni volta il tasto play del registratore prima di cantare e poi stop quando era finita la canzone.

Dopo due settimane la situazione si era fatta insostenibile, così Stanley assunse il giovanissimo Tim Buckley, che poi diverrà padre di Jeff. Ogni sera, in prima fila, c'era un ragazzo bellissimo che guardava Buckley in modo adorante. Era Jackson Browne, che si era trasferito dalla costa ovest solo per seguire la carriera di Tim e imparare da lui.

Stanley ebbe l'illuminazione: Jackson era il ragazzo giusto per Nico. Gli offrì un posto da chitarrista. Jackson divenne il musicista fisso di Nico, i rapporti tra lei e i Velvet Underground migliorarono e migliorarono giorno dopo giorno anche quelli tra Nico e Jackson, che presto andarono a vivere insieme, sulla 81esima strada, dalle parti di Columbus Avenue. Una breve storia d'amore nella New York in bianco e nero di fine anni Sessanta.

♪♪♪

321 • JON BON JOVI E MICK JAGGER

Tony Bon Jovi, cugino di secondo grado di Jon, era proprietario degli studi di registrazione Power Station di New York, dove passava la crema del rock a incidere o missare. Così un giorno chiese a John: "Ehi, ti va di venire a lavorare da me in qualità di artista emergente? Però dovrai fare un po' di tutto, dal fattorino all'inserviente".

Jon Bon Jovi disse ovviamente sì, perché stare vicino al sogno è un modo per sognare meglio. Non sapeva che le sue giornate le avrebbe passate a preparare caffè, pulire pavimenti, andare a fare le commissioni. Dormiva sulla moquette dello studio e pensava che in fondo era davvero un privilegiato perché la spazzatura che portava via era quella dei Rolling Stones.

Il primo anno la sua paga ammontava a 52 dollari e mezzo a settimana, il secondo anno salì a 125. Nei tempi morti, quelli cioè in cui non doveva fare le pulizie, cercava di rubare i segreti alle star e di imparare come si fanno i dischi. Aveva anche il permesso di registrare i suoi provini prima che arrivassero i musicisti. Jon Bon Jovi entrava in studio poco prima che facesse alba, tanto dormiva lì e la mattina presto era già pronto.

Sembrava non succedesse mai niente di buono e dopo due anni Bon Jovi cominciò a perdere la fiducia. Quando già stava pensando di mollare tutto, incontrò Mick Jagger, che stava entrando in studio. Era la seconda volta che veniva lì a registrare. Mick lo riconobbe e gli disse: "Stai andando avanti con i tuoi provini? Tieni duro".

Quella fu la più grande scarica di adrenalina che potesse desiderare. Jon Bon Jovi si convinse che presto la ruota sarebbe girata.

♪♪♪

322 • BILLY CORGAN E D'ARCY

D'Arcy era una bellezza rock, lontana dagli stereotipi femminili e vicina ai gusti di chi chiedeva meno tacchi a spillo e più sostanza. Era di origine polacca, nata a South Haven, nel Michigan, il primo maggio 1968. Aveva studiato balletto classico, violino e oboe, ma amava di più i Beatles e i My Bloody Valentine. Mentre era in Francia, un amico americano le disse che a Chicago cercavano una bassista per formare una band, così lei si precipitò nell'Illinois e si diede al rock. Il gruppo non aveva futuro, così decise di tornare a casa. Chiamò i genitori, ma non li trovò, e, in attesa di riprovare, vagabondò senza costrutto per Chicago. Leggenda vuole che in quel momento capì che Chicago era la città giusta per lei, e che il Michigan poteva aspettare.

Una sera decide di andare all'Avalon con un amico, a vedere gli Anthrax.

Mentre è in attesa di entrare, sul marciapiede davanti al locale, chiacchiera con il suo amico e con altri ragazzi. Cominciano a parlare di musica. Lei dice che i Dan Reed Network non sono male, anzi sono davvero bravi. Non lontano da lei c'è Billy Corgan, che non conosce D'Arcy ma che non esita a intervenire: "Sei piena di merda. Sono finti".

D'Arcy è shockata. "Chi cazzo ti credi di essere?"

I due si guardano in cagnesco, poi si guardano meglio. Presto saranno il lampo e il tuono degli Smashing Pumpkins.

♪♪♪

323 • EHI, ERA IL MIO TELEVISORE

Bisogna fare in modo che il disco in studio riproduca la magia e l'energia degli spettacoli live. Questa è l'unica richiesta, qualcosa che a volte assomiglia a una preghiera, dei discografici dei Doors. "Fate ciò che volete, ma pensate sempre a come siete quando siete in concerto."

I Doors si chiudono in studio e cominciano da *Light My Fire*. Per incendiare qualcosa c'è bisogno del fuoco, e quale fuoco brucia più di *Light My Fire*?

Jim Morrison è concentrato, sciamanico, quasi di un altro mondo. La sua performance è spettacolare, da brividi. I Doors sono sulla strada giusta. L'inizio è promettente, ora è il momento della registrazione definitiva, quella che mostrerà a tutti il fuoco dei Doors.

Jim Morrison ha gli occhi della tigre, si avvicina al microfono. Poi, vede qualcosa che è sempre stato lì, ma che lui non aveva notato, preso com'era dalla performance.

Jim Morrison vede un televisore. Acceso. Lo schermo proietta immagini di una partita di baseball, dei L.A. Dodgers. Il produttore e ingegnere del suono Bruce Botnick lo aveva portato in studio per gettare ogni tanto un'occhiata alla partita della sua squadra del cuore.

Jim Morrison rimane con lo sguardo fisso sul televisore, come non credesse ai suoi occhi, come volesse accertarsi della sua presenza.

Poi afferra a due mani il televisore e lo scaglia contro il vetro della sala. Lo schermo rimbalza, poi si sfracella a terra.

Bruce Botnick allarga le braccia e chiede spiegazioni: "Ehi, era il mio televisore".

E Jim Morrison: "Niente televisione quando i Doors suonano".

♪♪♪

324 • IL PRIMO COMUNICATO STAMPA DEI NIRVANA

Questi sono estratti dal primissimo comunicato stampa dei Nirvana, firmato da Kurt Cobain:

"I Nirvana sono un trio generato dalle viscere di un paesotto di bifolchi boscaioli chiamato Aberdeen, Washington, e da una comune hippie a Bainbridge Island.

Vendendo il loro sudore in bottiglie e ciocche di capelli, hanno dimostrato di essere di gran lunga i più grandi arraffasoldi, ma per il futuro hanno in serbo anche altro: sono in programma bambole, figurine, cestini per la merenda e lenzuola.

I Nirvana suonano come i Black Sabbath che rifanno i Knack, Black Flag, Led Zep, gli Stooges e un pizzico di Bay City Rollers. Tra le influenze musicali dei singoli: divorzi, droghe, dischi di effetti sonori, Beatles, Young Marble Giants, Slayer, Leadbelly e Iggy.

I Nirvana vedono la scena musicale underground in una progressiva fase di stagnazione e più disponibile agli interessi commerciali delle major.

Sentono forse i Nirvana l'obbligo morale di rimuovere questo malefico cancro? Assolutamente no. Anzi: vogliamo approfittarne e partecipare anche noi al banchetto, nella speranza di darci alla pazza gioia con SBALLI e SCOPATE, SBALLI e SCOPATE, SBALLI e SCOPATE. Presto avremo bisogno di uno spray per respingere le fan. Presto vi verremo a trovare e chiederemo se possiamo stare a casa vostra e usare i vostri fornelli.

Presto suoneremo *Gloria* e *Louie Louie* come bis ai concerti di beneficenza con tutti i nostri amici famosi.

Grazie per il vostro tempo".

Firmato Kurt Cobain

♪♪♪

325 • LINDSAY KEMP E DAVID BOWIE

È il 14 luglio 1967. David Bowie ha vent'anni, vive con i genitori, non ha la macchina e ha un solo vestito buono per la festa, nel caso gli capiti un appuntamento importante. Vorrebbe diventare qualcuno, ma per il momento è nessuno. Sì, il primo giugno ha pubblicato il suo disco d'esordio, ma se ne sono accorti in trecento.

Decide che è ora di mollare tutto. Basta musica, basta dischi, basta con quella roba che qualcuno chiama glam.

Da domani mi cerco un lavoro normale, pensa.

Va a vedere Lindsay Kemp, grandissimo mimo. Con sua enorme sorpresa, Bowie scopre che Kemp utilizza alcune canzoni sue, sue di Bowie, nello spettacolo. È la più inaspettata e folle iniezione di energia.

Dopo lo spettacolo, va a conoscerlo nei camerini. Kemp gli propone di scrivere altre cose, appositamente per lui. Bowie risponde che lo farà a patto di poter stare vicino al maestro e apprendere da lui i segreti dell'arte, del mimo e del balletto. Kemp acconsente, felice di avere un nuovo allievo.

Sei mesi dopo, Bowie è già pronto per debuttare, in calzamaglia bianca, nel nuovo spettacolo di Kemp, *Pierrot in Turchia.* In soli sei mesi ha imparato molte cose sul movimento del corpo sulla scena, che gli serviranno poi nella sua ascesa da rockstar. Ma è buffo pensare che un cantante debba molto se non tutto a un mimo, a un artista cioè che di suoni non ne fa uscire nemmeno uno.

♪♪♪

326 • LOVE GENERATION

Il merito è della polizia, una volta tanto. Prima del 29 gennaio 1967 a nessuno era mai venuto in mente di chiamarla così, quella generazione di ragazzi che combatteva la sua strana rivoluzione a colpi di musica. Erano giorni di tensione, quelli. La polizia aveva operato una retata mica da ridere e arrestato cinquanta persone per possesso di droga. Gli amici degli arrestati erano andati al Fillmore West dove si esibivano i Doors e i Grateful Dead e avevano chiesto all'impresario Bill Graham di poter fare una colletta tra il pubblico, richiesta alla quale Graham aveva opposto un fermo no, e alcuni dei ragazzi avevano cominciato a chiedersi se quel tipo davvero ci credeva alla rivoluzione o se fingeva di crederci per guadagnarci su un bel pacco di dollari.

I più preoccupati erano i negozianti: quelli che stavano dalla parte della borghesia avevano paura degli hippie, quelli che erano dalla parte degli hippie avevano paura dell'arrivo della polizia e di eventuali disordini. Gli ultimi si dotarono di fischietti e allertarono i fotografi. Sapevano che la polizia non amava essere fotografata mentre malmenava la gente.

Il 29 gennaio 1967, una rappresentanza di negozianti guidata da Ron Thelin decise di fare visita al capo della polizia Thomas Cahill. Ron disse che, nei nove mesi precedenti, ben ventisei nuovi negozi avevano aperto in quella zona e che la polizia avrebbe dovuto aiutarli e non arrestare.

Cahill rimase attento ad ascoltare anche quando Ron cercò di convincerlo che l'acido aveva cambiato le vite di molte persone, rendendole migliori. E poi disse la famosa frase: "You are a kind of Love Generation, aren't you?", voi siete una specie di Love Generation, di generazione dell'amore, vero?

Love Generation. Dopo la Lost Generation degli anni Venti e la Beat Generation dei Cinquanta.

Love Generation. Ecco la definizione giusta che passerà alla storia. E l'aveva trovata, incredibile a dirsi, il capo della polizia.

♪♪♪

327 • IL CAPPELLAIO MATTO

Prima della musica arrivarono i cappelli. È una storia poco conosciuta, ma vera. Riguarda Peter Gabriel, il genio della lampada dei Genesis che, prima di entrare nella band, tentò una breve carriera imprenditoriale come cappellaio. Aveva quattordici anni quando cominciò a disegnare cappelli alti al centro e con una bella falda. Andò a proporli prima a Carnaby Street, il regno della moda giovane di quegli anni, ma nessun negoziante si mostrò interessato. Fu Emmerton & Lambert, al Chelsea Antiques Market di King's Road a crederci. "Mi piacciono", disse il proprietario, "portamene qualcuno verde acido e anche qualcuno rosa."

Petrer Gabriel tornò a casa felice. Quello era il negozio preferito dai Rolling Stones, molto diverso dagli altri della zona. Aveva anche un caffè al secondo piano ed era sempre invaso dal fumo.

Peter convinse la Dunne and Company, che aveva un negozio a Piccadilly, a produrre i suoi cappelli che poi avrebbe venduto da Emmerton & Lambert. Un giorno il proprietario gli disse che Keith Richards ne aveva acquistato uno, ma Peter non voleva crederci. Un sabato, tornato da scuola, accese la televisione per guardare *Juke Box Jury*. C'era Marianne Faithfull con il suo cappello in testa, a cui aveva aggiunto una piuma.

Peter Gabriel tornò da Emmerton & Lambert per proporre altri copricapi, ma presto scoprì la musica. E la sua carriera di cappellaio si fermò lì.

♪♪♪

328 • ERIC CLAPTON IN IRLANDA DEL NORD

1987. Eric Clapton si concede una vacanza nell'Irlanda del Nord per pescare, uno dei suoi passatempi preferiti. Con lui c'è una stella del cricket, Ian Botham. La sera vanno al pub, ovviamente in incognito, in una minuscola cittadina vicino a Belfast chiamata Ballynahinch. Clapton è al tavolo a bere la sua birra, quando, tra gli avventori, qualcuno lo riconosce e gli chiede gentilmente di suonare un paio di canzoni. Eric prima declina l'offerta – "sono in vacanza anche dalla musica", dice. Poi, accetta. In fondo si tratta solo di un paio di canzoni e i suoi due fan sono adoranti, ma non ossessivi. E poi, dalla musica non si va mai in vacanza.

Eric si avvicina al palchetto. La house band non lo riconosce, il chitarrista squadra Clapton e gli dice: "Fai attenzione, questa chitarra costa 50 sterline e le corde altre quattro".

Clapton non perde tempo e si lancia in *Layla*, poi in una spettacolare versione di *I Shot The Sheriff*. I due fan sono in estasi, ma dal fondo del pub, gonfio di irlandesi che non hanno mai sentito parlare di Eric Clapton, si alza una voce che dice: "Ma non conosci neanche una canzone che possiamo cantare tutti?".

♪♪♪

329 • NIENTE ACQUA

Brutti, sporchi e cattivi. Così vuole l'iconografia rock. Ma solo metaforicamente, perché brutte le rockstar non lo sono quasi mai, cattive nemmeno. E sporche solo con il suono, con il loro rock.

Sono poche le rockstar che puzzano davvero. Bob Geldof, che ha sempre ammesso di non avere un buon rapporto con l'acqua. E Ted Nugent, ma solo in un momento preciso della sua vita, quando voleva evitare di partire per il servizio militare. Per settimane intere prima della visita medica, non si è lavato, nemmeno i denti, e leggenda vuole che se la sia fatta nei pantaloni per i due giorni precedenti la visita e che abbia condito il tutto con ampio uso di crystal meth, ovvero la metanfetamina. Si fuma, si inietta, si sniffa, si può anche ingoiare come l'ecstasy. Provoca un'euforia che può durare anche sei-otto ore, molto più della cocaina. Con conseguenze devastanti per il cervello. Ted Nugent riuscì a evitare di partire militare.

Una leggenda metropolitana sostiene che nemmeno Skin ami lavarsi, ma è pura invenzione. Una volta un fan degli Skunk Anansie cercò di introdurre una puzzola a un concerto, pensando di fare cosa gradita a una band che aveva una puzzola nel nome (skunk, appunto, mentre Anansi è il dio-ragno dei racconti popolari dell'Africa Occidentale).

Se siete attratti da Skin anche fisicamente e non solo per la sua voce sappiate che dorme praticamente nuda, con addosso solo un paio di slip. Una volta non indossava nemmeno quelli, ma poi a casa sua c'è stato un incendio e lei è uscita fuori così com'era, cioè nuda, mentre arrivavano i pompieri. Da allora, mai senza mutandine.

♪♪♪

330 • CLIFF BURTON

Sono le 6.30 del mattino di sabato 27 settembre 1986. L'autobus dei Metallica sta viaggiando sulla E4, una delle tante strade svedesi che congiungono i luoghi toccati dal tour. Siamo a tre chilometri a nord di Ljungby, vicino a un ristorante chiamato Gyllene Rasten.

Improvvisamente l'autobus sbanda e si ribalta. L'autista dirà che è scivolato su una lastra di ghiaccio, ma nessuno, né Hatfield né la polizia stradale, troverà mai nessuna lastra di ghiaccio sulla strada. Le due file di cuccette crollano intrappolando musicisti, *roadies* e membri dello staff. James Hetfield esce in mutande, miracolosamente illeso. Le prime cose che vede sono due gambe che sporgono da sotto l'autobus e l'autista che cerca di togliere la coperta che un roadie ha messo sopra di esse. Quelle gambe appartengono a Cliff Burton, il bassista dei Metallica. È morto sul colpo. Si era giocato con Kirk Hammett la cuccetta dove dormire. Aveva vinto e si era scelto la cuccetta sul lato del finestrino. Quando l'autobus era sbandato, era stato sbalzato fuori dal finestrino. Poi, l'autobus gli era caduto sopra. Uno dei tanti casi in cui il destino vuole ribadire che contro di lui non si vince mai.

♪♪♪

331 • LYNYRD SKYNYRD

Cassie Gaines non voleva volare su quel trabiccolo infernale. Era la vocalist dei Lynyrd Skynyrd, nonché sorella di Steve Gaines, il chitarrista. Non era la sola ad avere paura. Tutti sapevano che quel Corvair CV-300 a elica faceva schifo e aveva bisogno di un controllo. In uno dei voli precedenti un motore aveva addirittura preso fuoco. I due piloti, proprietari dell'aereo, non si decidevano a metterlo a riposo per ragioni economiche: fino a quando volava, loro guadagnavano e per di più la manutenzione era costosa. I Lynyrd Skynyrd se la facevano sotto, ma dovevano arrivare prima possibile a Baton Rouge, sede del prossimo concerto. Avevano appena suonato al Greenville Memorial Auditorium di Greenville, nel North Carolina e non c'era tempo da perdere.

Dovevano prendere una decisione.

Alla fine, scelsero di mettere ai voti. Vinsero quelli che volevano volare, ma gli sconfitti fecero promettere ai due piloti che avrebbero riparato l'aereo una volta arrivati a Baton Rouge.

Cassie Gaines non si dava pace. Forse se lo sentiva. Propose alla band di viaggiare, lei e solo lei, con i *roadies*, sul camion che portava le attrezzature per il concerto. Fu Ronnie Van Zant a convincerla. Dai, stai tranquilla. Mettiamo a posto l'aereo e sarà come averne uno nuovo di zecca.

A poche miglia dalla destinazione d'arrivo, nei pressi di Gillsburg, nel Mississippi, l'aereo si schiantò in una foresta. Ancora duecento metri e sarebbero arrivati sopra a un campo dove i piloti avrebbero potuto tentare un atterraggio d'emergenza. Morirono Steve Gaines e sua sorella Cassie, la donna che non voleva volare, Ronnie Van Zant, l'uomo che l'aveva convinta, il vice road manager Dean Kilpatrick e i due piloti, Walter McCreary e William Gray. Gli altri membri della band riportarono lesioni gravissime e permanenti. Il nuovo disco, uscito appena tre giorni prima e con le fiamme che avvolgevano i Lynyrd Skynyrd, fu immediatamente ritirato dal mercato e riproposto con una nuova copertina. S'intitolava *Street Survivors*.

Era il 20 ottobre 1977.

♪♪♪

332 • EROS E THANATOS

Da ragazzo Noel Gallagher pensava a due cose: la chitarra e il sesso. Da allora non è cambiato molto, si potrebbe pensare. Il primo disco che ascoltò fu *The Show Must Go On* di Leo Sawyer, titolo deliziosamente profetico. Imparò presto a suonare la chitarra di suo padre, che all'inizio era così grande rispetto a lui che per suonarla doveva tenerla appoggiata sulle gambe. A tredici anni ebbe in regalo una chitarra economica che però era una copia quasi perfetta della Gibson Hummingbird. Nera, bellissima. Un giorno decise di sniffare la colla e in evidente stato di alterazione cercò di rubare in un negozio. Fu subito scoperto. Il proprietario chiamò il padre e rinunciò a denunciarlo. Il castigo fu comunque pari a un periodo in prigione: sei mesi senza uscire. In quel lasso di tempo, Noel imparò molte canzoni, tra cui *Ticket To Ride* dei Beatles e *The House Of The Rising Sun* degli Animals.

In quel periodo, Noel Gallagher andò anche per la prima volta a letto con una ragazza. Mentre si divertivano furiosamente sentirono bussare alla porta. Noel pensò che per nessuna ragione al mondo avrebbe smesso di fare quello che stava facendo. Che morisse pure chi bussava così insistentemente.

Colui che bussava così insistentemente morì davvero. Era lo spazzino del quartiere, che, colpito da un infarto, chiedeva aiuto a qualche vicino di casa affinché chiamasse un'ambulanza.

Eros e thanatos. Ancora una volta, per la prima volta di Noel.

♪♪♪

333 • I PESCI DEI PINK FLOYD

Nel 1971 i Pink Floyd si dividevano tra architetti e musicisti, almeno secondo la definizione di Roger Waters: lui e Nick Mason erano gli architetti delle invenzioni sceniche, gli inventori di quei trucchi teatrali che fecero la fortuna della band al pari delle invenzioni sonore; Dave Gilmour e Richard Wright erano invece i più snob, quelli che si occupavano solo di suoni e che mal tolleravano la fantasmagoria di certe idee.

Il risultato del concerto dei Pink Floyd del 15 maggio 1971 al Crystal Palace Bowl di Londra sembrava dare ragione agli architetti. Perché nel laghetto che separava il palco dal pubblico, verso la fine dello spettacolo era emerso maestoso un polpo gonfiabile di quindici metri di diametro, salutato da fuochi d'artificio e bombe di fumo.

Alla fine del concerto, i musicisti ebbero la loro piccola vendetta sugli architetti. Perché tutti i pesci del lago erano morti durante l'esibizione. Per due ragioni: le pompe d'aria che erano state utilizzate per gonfiare il polpo avevano fatto registrare delle perdite fatali per i pesci. E poi il volume traumatico. Gli animali non erano abituati alle sonorità dei Pink Floyd.

♪♪♪

334 • LO STRUZZO DI JOHNNY CASH

Non ha avuto una vita facile, Johnny Cash. La povertà dei genitori, la morte del fratellino di due anni, il dolore che ti porti sempre dietro e che non sai spiegare, anche quando tutto va bene, vendi milioni di dischi e sei un'icona americana. Chi l'ha conosciuto l'ha amato, perché aveva il dono di farti sentire la persona più importante del mondo anche se ti aveva appena incontrato. E a nessuno faceva pesare quel male di vivere che aggrediva l'uomo in nero.

La sua dipendenza dalle droghe pesanti, però, nasce da un incidente che si potrebbe definire buffo, se non fossero tragiche le conseguenze. Nel 1983, mentre si trovava nel suo ranch a Henderson, nel Tennessee, dove viveva circondato da un'infinità di animali, fu aggredito da uno struzzo. Gli era appena morta di freddo la compagna, che non si era lasciata catturare da Cash che voleva metterla al riparo, così lo struzzo non era ben disposto verso di lui. Nonostante Cash fosse robusto e armato di bastone, lo struzzo gli ruppe cinque costole. I medici gli prescrissero morfina e anfetamine. Da quel momento e quasi fino alla fine della sua vita, Johnny Cash fu ostaggio di morfina ed eroina. Tutto per colpa di uno struzzo.

♪♪♪

335 • LA SHEPERD'S PIE DI KEITH RICHARDS

Toronto, 1994. Mancano venti minuti all'inizio del concerto dei Rolling Stones ed è sparita la sheperd's pie di Keith Richards. Il chitarrista delle Pietre è ghiottissimo di quella torta di carne e patate, ma qualcuno si è introdotto nel suo camerino e l'ha portata via. Ma chi può aver avuto un simile coraggio? Forse Mick, solo per fargli uno scherzo?

Comunque sia, Keith non la prende bene. Senza sheperd's pie non salgo sul palco. Il manager degli Stones va alla ricerca della refurtiva, senza risultati. Il promoter suda copiosamente. È ora del concerto. Gli Stones sono attesi da una folla adorante e urlante.

Niente da fare. Se non viene fuori la sheperd's pie, Keith non sale sul palco.

Alla fine, il magnanimo Keith accetta un compromesso: se mi portate un'altra sheperd's pie faccio finta che non sia successo niente, ma dev'essere fatta come piace a me, con la carne di manzo e sopra un piano di mashed potatoes. Alla maniera di una volta, nessuna concessione.

Vengono contattati sei cuochi della zona.

Il più veloce arriva con la sheperd's pie venti minuti dopo.

Il promoter ha perso cinque chili, gli altri Stones sono con gli occhi sbarrati, il manager cerca di mediare. In fondo, il manager dei Rolling Stones è pagato per quello: mediare.

Keith si avvicina alla sheperd's pie, ne prende un cucchiaino, quindi assaggia una porzione insignificante, poi dice: "È buona", prende la chitarra e sale sul palco.

Gli altri Stones, immobili come Pietre.

♪♪♪

336 • UOVA FRITTE E PATATINE

I Clash avevano una regola ferrea: si va avanti a birra Red Stripe e spinelli. Niente coca, niente ero. Almeno, questo è quello che credeva Joe Strummer. Invece no. Cocaina ed eroina entravano frequentemente nelle vite di Mick Jones e Topper Headon. A volte mettendo la band in situazioni drammatiche, tipo quando Headon rischiò l'overdose a Lubbock, in Texas; altre volte generando situazioni comiche e grottesche. Come a Madrid.

Tempo magnifico, caldo giusto, arena spettacolare, concerto che si preannunciava da brividi. I Clash devono suonare nel palazzetto dove ha casa la squadra di basket del Real Madrid. Palazzetto straesaurito.

Mick Jones arriva vestito come un magnaccia, interamente di bianco su camicia nera, con catenone al collo, cappello da superpappone, macchina fotografica e occhiali pacchianissimi.

I Clash lo guardano schifati: "Ti rendi conto di come ti sei vestito?".

Mick Jones non li considera nemmeno: "Voglio uova fritte e patatine".

La risposta è unanime: "Siamo in Spagna, non in Inghilterra. Non hanno uova fritte e patatine a quest'ora, forse nemmeno a colazione".

Mick Jones è fermo: "Niente uova fritte e patatine, niente concerto".

I Clash sanno che quando è fatto è impossibile discutere con lui, perciò lo mettono in macchina alla ricerca di un locale che assomigli a quello giusto. Ogni volta che ne individuano uno che può andare bene, fermano la macchina, entrano nel bar o nel ristorante e dicono: "Salve, noi veniamo da Ladbroke Grove, vorremmo uova fritte e patatine per quel signore là in fondo, con macchina fotografica, vestito bianco e cappello. La preghiamo di scusarlo".

Alla fine ce la fanno. Uova fritte e patatine.

Il concerto dei Clash è salvo, ma quanta fatica.

♪♪♪

337 • GLI M&M MARRONE DEI VAN HALEN

Il nome dei Van Halen rimarrà per sempre legato non solo alla storia dell'heavy metal, ma anche a quello dei confetti di cioccolato M&M ricoperti di glassa colorata, con impressa una lettera M, prodotti dalla Mars, Incorporated.

Nel contratto dei Van Halen, alla voce "catering" era chiaramente specificato che i promoter dovevano garantire la presenza di una forte quantità di confetti M&M, ma non di colore marrone. E visto che le confezioni di M&M erano miste, i promoter avrebbero dovuto manualmente e materialmente togliere tutti i confetti marrone dalle confezioni e lasciare quelli di altro colore. Se la band avesse trovato anche un solo confetto marrone, non avrebbe tenuto il concerto e il promoter avrebbe dovuto pagare egualmente l'intero cachet.

Quella che all'inizio sembrava una follia da star, un capriccio inutile nascondeva in realtà un'altra ragione e recentemente David Lee Roth l'ha svelata. I Van Halen si portavano dietro un impianto luci fantasmagorico che necessitava di un'adeguata predisposizione da parte del promoter che comprava il concerto. Nove volte su dieci il promoter non leggeva nemmeno il contratto, lo passava a un responsabile tecnico che dieci volte su dieci leggeva solo le parti principali. Risultato, quando i *roadies* dei Van Halen arrivavano, dovevano lavorare molte ore in più di quelle previste per risolvere i problemi creati da quelle mancanze.

Alla band venne così l'idea di inserire, a metà della scheda tecnica, la frase sui confetti marrone M&M. Al loro arrivo nei camerini, i Van Halen si sarebbero subito accorti se il promoter aveva letto attentamente il contratto. Se c'erano i confetti marrone, non l'avevano letto e i *roadies* avrebbero faticato.

E allora David Lee Roth si divertiva a spaccare tutto. Ma a lui dei confetti marrone M&M, fondamentalmente, non fregava nulla. Forse, nemmeno gli piacevano i confetti M&M.

♪♪♪

338 • ACIDO E TACCHINI

Nel 1966 alcuni membri della San Francisco Mime Troupe si unirono ad alcuni esponenti del mondo underground per formare un nuovo gruppo politicizzato e libertario. Scelsero come nome Diggers, in onore di quei gruppi che durante la Rivoluzione inglese si univano per lavorare le terre comuni secondo principi egualitari e comunitari.

Owsley Stanley, ingegnere del suono dei Grateful Dead e figura centrale della controcultura degli anni Sessanta, decise di organizzare con i Diggers lo Human Be-in, gioco di parole che significa tanto Essere Umano che Devi Esserci.

Stanley mandò sul posto 10.000 pasticche di acido, che i Diggers distribuirono in poche ore. Ogni passante ne riceveva almeno cinque, con le istruzioni su come utilizzarle. Stanley ne mandò quindi altre 10.000 e settantacinque tacchini da nove chili da cuocere per il Be-In.

Era il 14 gennaio 1967. Non c'era una ragione precisa, niente contro cui protestare, nulla per cui battersi. Una festa e basta. Arrivarono in 30.000 e fu il raduno più assurdo della storia.

C'erano maghi, danzatori sufi, astrologi e indovini, poeti e profeti del nuovo mondo, Ginsberg che in pigiama intonava mantra e gatti e cani che correvano, miagolavano e abbaiavano a tutti. C'erano Janis Joplin con i Big Brother, Moby Grape e Jefferson Airplane, che dividevano il palco con gruppi sconosciuti. C'erano persone che avevano affittato un aereo per potersi paracadutare sul Golden Gate Park e persone che giuravano di aver visto Dio con un cappello a cilindro.

♪♪♪

339 • PRESERVATIVI PIENI DI LATTE

Nel mondo strano e assurdo dei Fleetwood Mac, dove la pazzia era considerevolmente e drammaticamente favorita dall'uso abnorme di ingenti quantità di cocaina, il chitarrista Jeremy Spencer non faceva eccezione.

Nella vita di tutti i giorni era calmo, pacifico, portava sempre con sé nella tasca del cappotto una piccola Bibbia che estraeva durante le attese in aeroporto o prima dei concerti. Poi, sul palco, si trasformava. Tirava fuori dei preservativi e li riempiva di latte, poi li appendeva alla chitarra. Quando se ne rompeva uno, ne riempiva un altro.

Nel 1971, in pieno trip da peyote, mentre sta ascoltando a Los Angeles una registrazione dei Fleetwood Mac con gli altri della band, esplode: "Canto da far schifo. È orribile. Una merda".

I Fleetwood Mac lo guardano e cercano di minimizzare. Sanno che sta attraversando un brutto periodo. È rimasto molto provato da una forte scossa di terremoto che ha colpito qualche giorno prima la California ed è convinto che morirà presto. Sostiene di aver avuto come delle premonizioni. Ha anche cercato di convincere la band ad annullare il tour, inutilmente.

Tranquillo, gli dicono. Non è vero che canti male. È solo una tua convinzione.

Jeremy Spencer si alza. Vado a fare un giro in libreria, dice. Ne ho vista una su Hollywood Boulevard che mi ispira.

Va bene, basta che sia sereno.

Jeremy Spencer non tornerà mai da quel giro in libreria.

I Fleetwood Mac saranno costretti a cancellare la data prevista quel pomeriggio e anche quelle successive, perché di Jeremy non c'è traccia. Lo cercano ovunque. Lo troveranno molti giorni dopo. Ha cambiato nome, ora si fa chiamare Jonathan, e vive con una setta religiosa chiamata I Figli di Dio. Quel pomeriggio, alla libreria, aveva incontrato un tale chiamato Apollo, avevano cominciato a parlare di Dio e lì Jeremy aveva capito che il suo futuro era da un'altra parte. Senza preservativi pieni di latte. Ma sempre convivendo con la follia.

♪♪♪

340 • IL NEGRO PUÒ MANGIARE LÀ

Nel 1968 Jimi Hendrix era una star a livello mondiale. Aveva già avviato la sua rivoluzione copernicana alla chitarra, inciso pietre miliari come *Are You Experienced?* e *Axis: Bold As Love* e si apprestava a pubblicare *Electric Ladyland*. Noel Redding e Mitch Miller erano ansiosi di sbarcare in America e vedere l'accoglienza dei fan. Erano inglesi e per loro l'America era l'altra parte della luna, come per tutti i musicisti rock che speravano di diventare qualcuno. L'America era il luogo dove tutto era nato, dove il sogno si era messo in moto. Gli inglesi, così come gli europei in genere, potevano solo rincorrerlo.

I tre musicisti sbarcarono a New York e si tuffarono quasi subito nel Midwest e nel Sud degli Stati Uniti. Una sera, entrarono in un locale per mettere qualcosa sotto i denti. La cameriera, una vecchia signora dai capelli bianchi, li squadrò con sufficienza e poi disse, riferendosi a Jimi Hendrix: "Il negro può mangiare là. E i suoi bagni sono quelli".

Noel Redding e Mitch Miller strabuzzarono gli occhi. Non avevano mai assistito a scene simili di razzismo. Noel apostrofò la signora con un "Vacca ignorante" ma lei non sentì o fece finta di non sentire.

Fu Hendrix a tranquillizzare tutti. "È già tanto che possiamo mangiare nello stesso ristorante", disse. E si sedette sereno a un altro tavolo.

♪♪♪

341 • L'AGLIO TRA BRIAN ENO E DAVID BOWIE

Gli studi Hansa erano ricavati da una sala da ballo della Repubblica di Weimar utilizzata negli anni Trenta dai membri della Gestapo per le loro piccole *soirées* musicali. Erano a un passo dalla zona orientale e sovrastavano il muro di cemento armato che divideva Berlino – e, simbolicamente, il mondo intero – in due parti. Da una finestra si poteva vedere la torretta di guardia in cui montava la polizia di confine della Germania Est armata di mitraglietta.

Negli studi Hansa, David Bowie e Brian Eno registrarono *Heroes*, l'album più famoso nella storia del Duca Bianco insieme a *Ziggy Stardust*. Si divertivano come matti, parlando tutto il tempo uno con la voce di Dudley Moore e l'altro imitando Peter Cook.

David Bowie non mangiava praticamente nulla. Tornava a casa alle sei del mattino barcollando per la stanchezza, apriva il frigorifero e si limitava a estrarre un uovo crudo. Brian Eno giura che quello era l'unico nutrimento di Bowie di tutta la giornata. Si sedevano attorno alla tavola della cucina all'alba, distrutti e un po' stufi, Eno con una ciotola di pessimi cereali tedeschi e Bowie con l'albume dell'uovo che gli colava sulla maglietta. In un'intervista a "Uncut" del 2001, Bowie ha ridimensionato quell'immagine romantica, ammettendo di aver ingannato Eno. C'era un caffè al piano terra del complesso degli studi Hansa, gestito da un ex campione di boxe. Bowie entrava di nascosto e mangiava carne e verdura. Ma iniziava e finiva la giornata con un paio di uova crude. Faceva molto bohémien. Brian invece iniziava la giornata con una tazza di acqua bollente nella quale tagliava grosse fette di aglio. E come ha detto David Bowie: "Non era divertente cantare con lui allo stesso microfono".

♪♪♪

342 • L'USO ALTERNATIVO DI FRUTTA E VERDURA

Ipswich, contea del Suffolk. 120.000 abitanti e una discreta fama per le groupies. La prima volta che i Bon Jovi ebbero modo di constatarlo non erano ancora famosi. Aprivano per i Kiss ed erano convinti di suscitare poca attenzione da parte delle ragazze alla ricerca di un contatto con le star. Ma non avevano fatto i conti con la lungimiranza delle ragazze di Ipswich, contea del Suffolk. 120.000 abitanti e una discreta fama per le groupies. Dopo il concerto, due ragazze bellissime e molto disinibite avevano fatto visita ai Bon Jovi al loro albergo. I Bon Jovi le avevano fatte salire, ma poi, forse ancora inesperti in quel tipo di cose, non sapevano come iniziare.

Così ci pensarono le ragazze.

"Possiamo ordinare qualcosa al room service?", chiesero.

"Certo", dissero i ragazzi della band. "Cosa volete?"

Le due groupies si guardarono, sorrisero e poi dissero: "Frutta e verdura. Di quella lunga e dura".

Una volta arrivate le richieste in camera, le ragazze dimostrarono come fosse possibile utilizzare frutta e verdura in maniera diversa da quella canonica.

A un certo punto, una delle due disse: "Se proprio non volete partecipare, almeno filmateci".

Così i Bon Jovi presero una telecamera e ripresero tutto.

Filmino d'autore, che non vincerà mai l'Oscar, ma che sembra sia comunque venuto piuttosto bene.

♪♪♪

343 • LA GIACCA DI PELLE DI JIM

Ed Sullivan aveva le idee chiare: il rock era figlio del demonio, ma anche padre degli ascolti. Ogni volta che nel suo show arrivavano le stelle di quella dannata musica, l'audience s'impennava. E allora, nessun problema. Si trattava solo di convincere le rockstar a non esagerare: Elvis a non roteare troppo di bacino, gli Stones a non essere troppo espliciti e i Doors a sostituire quella parolina, *high*, che nello slang giovanile indica il momento in cui una persona va su di giri, per l'alcol o, più probabile, per le droghe. Sballa, insomma. Jim ha una sola risposta a quella richiesta di censura: "Vaffanculo". Gli altri Doors, più malleabili, dicono che sì, non c'è problema, la cambieranno. Ma quando arriva il momento, e siamo ovviamente in diretta, Jim Morrison non dice *high* una volta sola, la ripete due volte. E subito dopo lancia un urlo animalesco che pare scuotere le viscere della terra e con esse anche la borghesia americana incollata al televisore. Poi, a canzone finita, si esibisce nella sua posa preferita alla Marlene Dietrich: gambe incrociate e asta del microfono dietro la schiena piegata a mo' di giavellotto pronto per essere lanciato contro i benpensanti.

Il primo collaboratore di Ed Sullivan è sinceramente dispiaciuto: "A mr. Sullivan *piacevate*. Vi avrebbe invitato altre *sei* volte. Avete idea di che cosa avrebbe significato per la vostra carriera?".

Jim lo guarda: "Chissenefrega, amico. Non ci inviterete più all'*Ed Sullivan Show*? Ci siamo appena stati all'*Ed Sullivan Show*!".

È il 17 settembre 1967 e niente sarà più come prima, come per la prima volta con Elvis. L'America impazzisce, in un senso o nell'altro. I Doors sono i nuovi eroi, Jim il nuovo messia. Il Marlon Brando da seguire.

Anche Elvis Presley ha guardato il Re Lucertola incendiare gli Stati Uniti. Un anno dopo, quando farà la sua leggendaria rentrée televisiva, indosserà una giacca di pelle nera identica a quella che Jim Morrison aveva usato quella sera.

♪♪♪

344 • YOU CAN'T SAY FUCK IN RADIO FREE AMERICA

WNEW era la radio più amata dai giovani newyorkesi. Era una radio alternativa, che trasmetteva buona musica e grandi vibrazioni. Per questo, il 29 novembre 1976, Patti Smith aveva accettato di farsi intervistare in diretta, nei loro studi, per promuovere *Radio Ethiopia*. Non poteva certo prevedere che Harry Chapin, il conduttore, le chiedesse di non dire parolacce, perché avrebbero potuto creare problemi, in quanto le leggi federali sulla comunicazione prevedevano multe salatissime per chi trasgrediva.

Patti Smith non disse nulla, ma appena i microfoni furono aperti si lanciò in una filippica che entrerà nella storia: "Quanto è alternativa questa radio? Voglio sapere quanto è alternativa. Appena entro mi dite che non avete la macchina che fa bip e che devo stare attenta a quello che dico. Ora io dico che non c'è nessuna alternativa, è la solita vecchia storia. Avrai notato che ho detto storia, perché sono professionale in questo momento, ma anche noi abbiamo la libera alternativa di ascoltare o meno la vostra radio alternativa. Noi, la radio che io rappresento. È come fossimo nello spazio. Ci attaccheremo come sanguisughe. Entreremo subito. Conquistate la WNEW adesso!! Fanculo!".

Harry Chapin rimase praticamente muto. La settimana successiva, anziché impennarsi, le vendite di *Radio Ethiopia* crollarono vertiginosamente fino al 122° posto.

La WNEW decise di non mantenere fede all'impegno di trasmettere in diretta il concerto di Capodanno di Patti Smith al Palladium perché aveva detto *fuck* in diretta. Allora Patti scrisse un attacco feroce che distribuì al concerto sotto forma di libretto. Il titolo diceva: *You can't say Fuck in Radio Free America.*

♪♪♪

345 • ELVIS AGENTE DELLA NARCOTICI

Sono infinite le leggende che circolano su Elvis Presley, il Re del Rock. Impossibile distinguere la realtà dall'invenzione, complice anche l'isolamento nella sua Graceland che lo rendeva disponibile solo agli occhi della moglie Priscilla, del leggendario e fantomatico colonnello Parker e del personale di lavoro, che Elvis aveva affettuosamente soprannominato Memphis Mafia.

Nel suo libro *Rock Babilonia,* Gary Herman lo descrive impietosamente. Il suo passatempo sessuale preferito era vedere due o tre ragazzine che giocavano alla lotta, seminude con addosso solo un paio di mutandine bianche molto attillate. Bianco era il colore che lo eccitava, tanto che costringeva le ragazze che volevano intrattenersi con lui a Graceland a indossare calze bianche alte fino al ginocchio come si usavano negli anni Cinquanta, calze che poi si dovevano togliere a un certo punto della serata per mostrargli i piedi, per i quali aveva una condivisibile fissazione.

Il sogno di Elvis, l'uomo che aveva tutto, era demolire edifici giganteschi; la sua paura era essere assassinato. Per questo collezionava ogni tipo d'arma da fuoco e prese l'abitudine di salire sul palco con una pistola, convinto che gli sarebbe servita in caso di assalto di un fan paranoico. Collezionava anche distintivi della polizia e di altri corpi armati, che considerava amuleti contro il malocchio e che rovesciava quasi ogni giorno sul divano per sentirsi invulnerabile. Arrivò al punto di contattare il presidente Nixon per chiedergli di essere nominato agente onorario della Narcotici, proprio lui che era distrutto dalle droghe. Nixon ovviamente accettò: per lui era una bella mossa pubblicitaria che distraeva inoltre l'attenzione dalla guerra in Vietnam, che il presidente aveva voluto a tutti i costi e che l'America non voleva. Con Elvis riuscì a recuperare qualche posizione, anche se a molti non sfuggiva il paradosso: come potrà mai un drogato proteggerci dalla droga?

♪♪♪

346 • SPOGLIATEVI DI TUTTI I VOSTRI AVERI

Sfasciare gli strumenti era diventata una necessità: se il concerto era stato brutto, li sfasciavano per la rabbia, se era stato bello per la gioia. I Nirvana erano fatti così, però erano rigorosi anche verso loro stessi: dopo un terribile show del 1988 dove il batterista Chad Channing aveva fatto schifo, Kurt e Novoselic gli fecero a pezzi la batteria e continuarono a sfogare in modi diversi la loro frustrazione fino a quando lo sostituirono con Dave Grohl.

Il comportamento dei Nirvana lasciava spesso dubbi sul fatto che a sfasciarsi non fossero solo gli oggetti ma anche le cellule cerebrali. In realtà, tutto era gioco e allegria, almeno fino a un certo punto della parabola.

Dopo un concerto in Florida, i Nirvana si spostarono nella lussuosa abitazione di un fan. Si ubriacarono tutti e tutti assunsero una robusta quantità di acido. Dopo aver fritto un tubetto di maionese, Novoselic si tolse i vestiti e corse nudo per il parcheggio condominiale urlando: "Spogliatevi di tutti i vostri averi come ho fatto io, perché nulla di materiale vi condurrà al bene".

Al piano di sopra, Kurt si addormentava, fatto come una biglia.

♪♪♪

347 • PEARL JAM E RED HOT CHILI PEPPERS

Anthony Kiedis aveva promesso al Dalai Lama che, se avesse ricevuto una telefonata dai Beastie Boys in merito a un concerto per il popolo tibetano, i Red Hot Chili Peppers si sarebbero resi disponibili, anche se la simpatia dei Peppers per i Beastie Boys era pari a quella di Berlusconi per la Boccassini. E così fu. I Beastie Boys, che organizzavano il tutto, chiamarono e i Peppers accettarono. Per prepararsi a dovere e saggiare le canzoni dell'imminente nuovo album, i Peppers provavano tutti i giorni, lasciando sempre aperta la porta del garage, per via del grande caldo. Un giorno Kiedis incontrò Gwen Stefani dei No Doubts, che abitava poco distante: "Ehi, io e i miei amici ci diamo appuntamento ogni sera per ascoltare le vostre nuove canzoni. Continuate per favore a lasciare aperta la porta del garage...".

Il Tibetan Freedom Festival si tenne in due giornate al JFK Stadium di Washington D.C. Purtroppo, il primo giorno scoppiò un terribile temporale, una ragazza fu colpita da un fulmine e le forze dell'ordine fecero evacuare lo stadio cancellando il resto dello spettacolo. Era chiaro che solo pochi gruppi sarebbero riusciti a trovare spazio il giorno successivo. Gli organizzatori comunicarono ai Red Hot Chili Peppers che la loro esibizione era stata cancellata. Strana scelta, essendo considerati gli headliner della prima serata. Evidentemente l'antipatia per i Beastie Boys era ricambiata. Quando i Peppers avevano già le valigie in mano, scoraggiati per aver fatto tutta quella strada dalla California per niente, furono richiamati a gran voce. Eddie Vedder aveva puntato i piedi e minacciato di disertare il palco e annullare l'esibizione dei Pearl Jam se non fosse stato dato un po' di spazio anche ai Peppers. E per essere sicuro che sarebbe stato fatto, aveva rinunciato a una parte del tempo assegnata ai Pearl Jam.

Anthony Kiedis, nella sua autobiografia, descrive il gesto di Eddie Vedder come "un'incredibile dimostrazione di sostegno che non dimenticheremo mai".

♪♪♪

348 • JOHN LYDON E MALCOLM MCLAREN

"Cantare? E perché?"

Malcolm McLaren non capiva la domanda. Come perché cantare?

Quel tipo gli piaceva molto, vestiva strano, spilloni ovunque, magliette strappate. Aveva gli occhi spiritati, biascicava un inglese che si capiva a malapena, aveva i denti marci e lo sguardo di chi aveva sempre avuto poco e dunque non aveva paura di perdere niente.

Però non riusciva a convincerlo.

"Niente da fare", diceva John Lydon. "Io non canto. Sono stonato. Al massimo suono il violino."

McLaren lo invitò comunque nel suo negozio, il giorno seguente.

Lydon si presentò. Non piacque a nessuno. Arrogante anche senza parlare. Grezzo come un boscaiolo, cattivo come la gramigna.

McLaren capì che non bisognava perdere tempo.

Prese di peso John Lydon, lo mise di fronte al juke-box, gli piazzò in mano l'estremità di una doccia a mo' di microfono e gli disse: "Avanti, improvvisa".

Mise una moneta nel juke-box e scelse *Eighteen* di Alice Cooper.

John Lydon era agitato e nervoso, ma cominciò a farfugliare versi improvvisati: "Ho diciotto anni... sesso nell'erba... ho diciotto anni". Poi, secondo i libri di storia, prese a urlare, miagolare e vomitare rabbia.

Malcolm McLaren sorrise: aveva trovato il cantante dei Sex Pistols.

♪♪♪

349 • SYD BARRETT E I PINK FLOYD

Nessuno aveva il coraggio di chiedere chi fosse. Era lì, con una pancia notevole, i capelli corti corti che lasciavano spazio ad ampie zone calve, le sopracciglia rasate, lo sguardo perso nel vuoto. Pantaloni neri, camicia chiara, impermeabile e scarpe bianche. Dal taschino dell'impermeabile spuntava uno spazzolino con cui ogni tanto si puliva freneticamente i denti. In mano aveva un sacchetto di plastica che non abbandonava mai.

Chissà come era finito lì. Era il 5 giugno 1975. I Pink Floyd erano alla vigilia del secondo tour americano e stavano completando il missaggio di *Shine on You Crazy Diamond*, una delle due canzoni dedicate a Syd Barrett (l'altra era *Wish You Were Here*) verso cui nutrivano tutti un forte senso di colpa: con lui non era più possibile andare avanti, ma senza di lui tutto era più difficile. Inoltre erano consapevoli che quello che avevano ottenuto lo dovevano in gran parte a lui, che però era stato divorato dalla follia.

A volte, capita. Entra qualcuno e nessuno sa chi sia, ma nessuno si prende la briga di sbatterlo fuori e più passa il tempo e più nessuno ha voglia di farlo. E anzi, tutti a darsi di gomito, perché quel tipo lì è davvero strano. Poi, chissà come, qualcuno capisce. Forse un antico lampo negli occhi, chissà. Quando i Pink Floyd comprendono che quell'uomo che sembra un vecchio e invece ha ventinove anni è Syd Barrett, scoppiano a piangere. Non è solo lui a essersi ammalato, è una parte della loro vita. A un certo punto Waters gli chiede cosa ne pensi di quel brano, che lui non sa essere dedicato a lui. Barrett risponde: "Sounds a bit old", suona un po' vecchio.

Waters lo invita alla sua festa di matrimonio che si tiene quello stesso giorno. Barrett va, ma non dice praticamente nulla. Solo una volta, quando gli chiedono perché continui a pulirsi i denti con lo spazzolino, risponde che a casa ha un frigo gigante pieno di carne di maiale.

♪♪♪

350 • CHRIS ISAAK E L'ISPIRAZIONE

Tarda notte. Chris Isaak sta ingannando il tempo. Non ha sonno, non vuole andare a dormire. Squilla il telefono. È una ragazza. Una ragazza che Chris conosce bene. "Voglio venire da te e parlare." Poi aggiunge, per evitare che ci siano malintesi: "Voglio venire da te e parlare fino a quando non avrai più forze". È tarda notte ma Chris Isaak ha capito perfettamente che quella ragazza non ha alcuna intenzione di parlare. "Va bene, vieni pure", le dice, ma si pente un attimo dopo aver riagganciato. Perché quella ragazza è bellissima, ma è anche molto pericolosa. Una gatta selvaggia, pensa Chris. Impossibile da gestire. Mi metterà nei guai fino al collo.

Chris si aggira per la stanza, non vuole richiamare la ragazza ma nemmeno vuole immolarsi così. Prende la chitarra. Le parole gli escono di getto: "World's on fire and no one can save me but you". È il tappo che apre la bottiglia e lascia uscire il vino della creatività. Quando la ragazza suona alla porta, la canzone è terminata. Chris Isaak è felicissimo. Sa di aver scritto una grande canzone, perché lo capisci quando i capolavori hanno passi diversi.

La ragazza percepisce la gioia di Chris.

"Sei felice di vedermi?", chiede maliziosa.

E Chris Isaak: "Molto. Vieni che ti faccio sentire una cosa".

Lei si avvicina sempre più maliziosa: "Magari dopo, che ne dici?".

Chris: "Guarda, non ti offendere: sei bellissima, ma lo è anche questa canzone. Ascoltala".

La canzone era *Wicked Game.*

♪♪♪

351 • BRUCE E CLARENCE

Avete presente *The Blues Brothers*? In missione per conto di Dio. Quando un raggio di sole entra nella chiesa dove sta predicando il reverendo James Brown e avvolge interamente John Belushi che urla: "La banda" e James Brown che afferma: "Tu hai visto la luce!".

È più o meno quello che è successo quando si sono incontrati Bruce Springsteen e Clarence Clemons, sassofonista tenore della E Street Band e grande compagno di viaggio di Bruce, con il quale è immortalato spalla a spalla sulla copertina di *Born To Run.* Introdotto al sax da suo padre che era pescivendolo, attratto anche dal football americano di cui era giovane promessa corteggiata a lungo dai Cleveland Browns, tra le due passioni aveva scelto presto la musica, anche se dava meno garanzie nell'immediato.

Quella sera aveva accettato il consiglio di un amico. "Ehi, Clarence, devi assolutamente incontrare questo ragazzo, si chiama Bruce Springsteen, è una forza della natura. Secondo me siete fatti per suonare insieme."

Così Clarence era uscito di casa, anche se malvolentieri, perché tutto il New Jersey era sotto un diluvio universale. Tuoni e fulmini e vento che a momenti ti impedivano di camminare. Era uscito comunque, per andare a vedere questo ragazzo di cui gli aveva tanto parlato il suo amico. Suonava in un club di Asbury Park. E quando apre la porta di quel club, succede come nel film *The Blues Brothers*: un lampo illumina la figura di Clarence, che si ferma sulla porta. E poi arriva il tuono che fa girare tutto il locale. In quel momento, come ha molte volte raccontato dal palco, Bruce vede la luce.

Poi, nei futuri racconti sul palco, Bruce aggiungerà altri particolari, romanzando un po'. Dirà che Clarence aveva estratto il suo sax e, senza dire una parola, era salito con lui. Ed era stato come se avessero suonato sempre insieme. Non andò così, ma andrà così. Sempre insieme fino alla fine e in qualche modo anche adesso, perché Big Man è per sempre.

♪♪♪

352 • JIM MORRISON, MICK JAGGER E TIM HARDIN

Il 5 luglio 1966 January Jansen prese una chiamata al telefono a gettoni vicino alla stanza di Jim Morrison. Riuscì a balbettare poche parole. Poi corse da Jim: "Era Mick Jagger! E dice che sta venendo qui!". January Jansen guardò fuori dalla finestra e vide Mick Jagger che attraversava la strada, quindi corresse la frase: "Era Mick Jagger! Ed è qui!".

Jim disse solo: "Benissimo".

Jagger bussò alla porta. Entrò nella stanza 32 e sicuramente si stupì. Perché i Doors facevano 10.000 persone a sera eppure Morrison viveva in una normalissima stanza dell'Alta Cienega Motel. Però disse solo: "Salve, sono Mick!". E tutti nella stanza dissero: "Cazzo se lo sei!". Tutti meno Tim Hardin, il cantautore di *Reason To Believe* e *If I Were A Carpenter*, che si stava facendo di eroina in bagno. Era la stanza di Jim Morrison, ma ci viveva un sacco di gente.

Jim e Mick non si erano mai incontrati prima. Mick era venuto a conoscere Jim perché voleva imparare da lui come stare sul palco davanti a decine di migliaia di persone, in uno stadio. Quella sera, ad esempio, i Doors si dovevano esibire all'Hollywood Bowl. Jagger gli chiese se facesse meditazione prima del concerto e Jim disse che non ci pensava nemmeno, poi Jim gli chiese di Brian Jones e Mick gli disse che se la passava piuttosto male, poi Mick domandò a Jim se conosceva William Burroughs e Jim disse no, mai sentito. Alla fine parlarono di come ci si sentiva a stare sul palco davanti a tanta gente. Jagger era preoccupato perché gli Stones non si esibivano da quindici mesi ed erano un bel po' arrugginiti e poi confessò a Jim che quel suo modo di ballare che alla gente piaceva tanto, a lui proprio non andava giù. Lo imbarazzava, ma, ogni volta che lo faceva, il pubblico impazziva e quindi era costretto a rifarlo.

Rimasero insieme per un po', poi Mick salutò Jim e lasciò il motel. Quando Tim Hardin uscì dalla stanza fatto come un cammello e gli dissero che era appena passato Mick Jagger, non ci credette: "Ehi, sono un drogato, mica un coglione".

♪♪♪

353 • ERIC CLAPTON, GEORGE HARRISON PATTY BOYD (PARTE SECONDA)

Eric Clapton è follemente innamorato di Patty Boyd, che è perfetta a parte un piccolo particolare: è sposata con George Harrison, il miglior amico di Eric Clapton. Il quale, pur di stare vicino a Patty, si è fidanzato con la sorella di lei, Paula, bellissima anche se meno dolce e più selvaggia. La quale, dopo aver ascoltato *Layla*, ha lasciato Eric, visto che quel brano è la prova che lui ama un'altra, sua sorella.

Patty non riesce a capire come faccia Eric a materializzarsi in tutti i posti dove c'è lei. Non ha pensato alla risposta più semplice: la segue.

Quel giorno sbuca all'improvviso, tra gli alberi del Friar Park. Harrison è fuori città.

Clapton va dritto al sodo: "Se non vieni via con me, mi ammazzo" ed estrae dalla tasca un gigantesco sacchetto di eroina. Aggiunge: "Sei la mia unica alternativa alla droga".

Patty scappa via. Non ne vuole sapere. Solo che ora è peggio. Ai sensi di colpa verso George ora si aggiungono quelli verso Eric, la cui dipendenza è un serio problema.

Nel gennaio del 1971, due mesi dopo quell'incontro, Patty riceve una disperata lettera d'amore da Eric.

Patty reagisce d'impulso. Risponde dicendo che anche lei è innamorata di lui. Subito dopo aver imbucato la lettera si pente e scrive una cartolina dove dice: "Perdonami, ho agito troppo in fretta".

Non è ancora il momento.

Il momento arriva nel 1973, Finsbury Park, a un festival organizzato da Pete Townshend. Patty è con il marito tra il pubblico, ma quando ascolta *Layla*, la canzone che Eric ha scritto per lei, capisce che il destino non si può combattere. Qualche mese dopo lascerà George Harrison.

Quella canzone era troppo potente e troppo parte di lei.

♪♪♪

354 • SPINACI TRA I DENTI

Nella storia dei Metallica, il 1997 è l'anno dei matrimoni.

Il 26 gennaio Lars Ullrich ha sposato un'affascinante dottoressa, Skylar Satenstein. Quando i due si conobbero lei era legata a Matt Damon, che lasciò quasi subito per Lars. Damon non la prese bene, anzi definì Ullrich "una stupida rockstar del cazzo". Poi si scusò. Lars la chiese in sposa inviandole 255 rose rosse, una per ognuno dei 254 giorni passati insieme fino a quel momento e la rimanente per il futuro. Molto romantico. Lars e Skylar rimarranno sposati per sette anni, fino al 2004.

Il 17 agosto James Hetfield ha sposato Francesca Tomasi, una ragazza che faceva parte da anni dell'entourage dei Metallica, prima come membro della security e poi come costumista. Da lei ha avuto tre figli. Per lei si è tatuato la lettera M sulla mano destra e F sulla sinistra, a testimoniare i due grandi amori della sua vita: Metallica e Francesca.

James la chiese in sposa in modo singolare: aveva comprato un anello bellissimo, ma non voleva che lei lo vedesse mentre lo estraeva dalla tasca. Così, dopo inutili tentativi di distrarla, le disse che aveva degli spinaci tra i denti. Lei si alzò per andare in bagno e al suo ritorno vide finalmente la scatola e ascoltò la proposta del suo futuro marito.

♪♪♪

355 • L'ODORE DEGLI ASINI

Robert Smith non era un bambino normale. Era strano. Amava l'odore degli asini, costringeva sua sorella a mangiare dei vermi. Era convinto che casa sua fosse popolata da grossi ragni con le zampe lunghe e sottili, che invece erano semplice frutto della sua immaginazione. Passava ore a fissare il tappeto e la carta da parati della sala e, dopo un po', vedeva dei fantasmi che uscivano e si mettevano a fluttuare per la stanza. Erano figure dalla forma indistinta, a parte una volta quando sbucò un uomo dall'aspetto buffo che indossava un impermeabile e parlava in polacco.

I genitori di Robert Smith erano moderni e permissivi, così come i suoi insegnanti. Gli consentivano persino di assistere alle lezioni con indosso un vestito da donna di velluto nero. Smith aveva undici anni: gli insegnanti fingevano di non farci caso, in compenso Smith aveva il suo da fare a fuggire da una banda di quattro studenti di Notre-Dame che mettevano in dubbio la sua virilità e lo riempivano di botte ogni volta che lo prendevano.

Meno tolleranti si dimostrarono i professori di Robert quella volta che si presentò vestito da donna e anche truccato da donna. Lo rispedirono a casa. Quella volta aveva esagerato.

Prima di formare i Cure, Smith mise in piedi un gruppetto terribile che chiamò Obelisk e si affrettò a perdere la verginità con Mary Poole, la ragazza più bella della scuola, che aveva conosciuto durante le lezioni di teatro. I due erano a una festa in maschera. Robert si era presentato vestito da chirurgo e, per ricreare l'effetto del sangue, si era versato addosso una dose industriale di ketchup. L'idea era bella, il risultato meno: puzzava. Ogni volta che Robert si muoveva, gli veniva la nausea. Forse anche questo contribuì alla sua voglia di togliersi i vestiti.

Robert Smith sposerà quella ragazza, Mary Poole, come nelle più belle storie d'amore, nel 1988. E, come nelle più belle storie d'amore, sono ancora insieme.

♪♪♪

356 • IL MONDO CAPOVOLTO

Quando David Crosby ha visto quei poliziotti attorniati da una ventina di ragazzi, proprio in quel preciso momento ha capito che forse la generazione di Woodstock ce la poteva fare, che davvero quel folle triangolo pace-amore-musica era davvero equilatero. Non avrebbe mai pensato possibile una cosa del genere.

Crosby era arrivato con Stills, Nash & Young da Long Island, in elicottero. Nash era terrorizzato perché giurava di aver visto un pezzo dell'elica staccarsi in fase di atterraggio e c'era voluto del bello e del buono per calmarlo. Come se non bastasse, si era messa di mezzo la fidanzata di David, Christine, quella che morirà da lì a pochissimo in un incidente d'auto facendo precipitare Crosby nella depressione e nella cocaina. Christine aveva messo scarpe con il tacco e un abito carino e si era ritrovata nel fango fino alle orecchie. E non aveva gradito. Ma dove mi hai portato?, continuava a chiedere.

Crosby, Stills, Nash & Young tremano. È la loro seconda uscita ufficiale, ma di fatto è il loro battesimo, per di più di fronte a quella marea di gente. In realtà erano paralizzati dalla paura più per chi era dietro il palco che per chi stava davanti. Perché accanto a loro c'erano quei musicisti che avevano sempre stimato e amato, tanto che Stephen Stills, una volta saliti sul palco, dirà, al microfono: "Ce la stiamo facendo addosso".

Se la cavano benino, poi scendono dal palco. Ricevono i complimenti di rito da parte di Grateful Dead, Jefferson Airplane, Country Joe. Poi Crosby vede quella scena. Una macchina della polizia intrappolata nel fango. E venti ragazzi che cercano di aiutare i poliziotti a tirarla fuori dal pantano. È in quel momento che David Crosby pensa: "Se sono i ragazzi che aiutano i poliziotti, vuol dire che questo mondo si è capovolto. E che forse riusciremo davvero a far finire questa orribile guerra in Vietnam".

♪♪♪

357 • UN SOGNO A QUATTRO PISTE

Il rock vince sempre. Su tutto. Anche sulle donne, che pure sono una delle ragioni per cui si comincia a fare rock, per cui si mette su una band.

Mark Allan Hoppus è una specie di nomade, perché cambia continuamente casa per colpa del lavoro di suo padre, un ingegnere specializzato nella progettazione di armi da fuoco. Forse è anche per questa sua mancanza di un centro di gravità che è alla ricerca di ragazzi come lui per formare una band. Sua sorella Ann è buona amica di Tom DeLonge, un tizio piuttosto irrequieto che si è fatto espellere dalla Poway High School per essersi presentato ubriaco a una partita di basket. I due si piacciono, cominciano a vedersi nel garage di Mark, dove ognuno fa ascoltare al nuovo amico le proprie canzoni, abbozzi che dovrebbero presto essere trasformati da una band vera e propria: quella che sognano di mettere su insieme.

Assoldano Scott Raynor. Ora sono pronti. Il trio prima si chiama Duck Tape, poi Blink, poi Blink 182.

I tre suonano che è un piacere, hanno trovato una strada. Tutto bene? No, perché la fidanzata di Mark, stufa delle poche attenzioni che lui le riserva da quando è nato il gruppo, lo mette di fronte a un bivio: o me o la musica.

Mark è indeciso, adora il rock, ma gli ormoni a quell'età impazziscono come la maionese e spesso hanno la meglio. Mark decide di lasciare la band.

Scott e Tom sono disperati, ma tentano l'ultima carta.

Tom dice a Mark che ha appena comprato un registratore a quattro piste per registrare un demo.

Mark sorride. Chiede semplicemente: "Ok, a che ora proviamo?".

Il rock vince sempre.

♪♪♪

358 • DUE FOXY LADIES PER ANTHONY KIEDIS

Jennifer Bruce sapeva quel che voleva. Quando Anthony Kiedis la lasciò, lei disse che non ci pensava neanche a farsi lasciare. Così ogni notte, dopo aver finito il suo lavoro di ballerina di night, andava a casa di Anthony a Carmen Street e cominciava a supplicarlo. Lui niente, non la faceva entrare, allora lei si accovacciava sullo zerbino e dormiva lì fino all'alba. Ogni notte, per intere settimane. Per evitare di incontrarla, Kiedis usciva di casa scendendo direttamente da un albero di limoni che si affacciava sulla finestra della cucina.

Dopo un mese di suppliche e notti fuori dalla soglia, Anthony cedette e ricominciò così un rapporto bello, ma malato e condizionato pesantemente dalla droga. Fino a quella sera al Roxy. Concerto di supporto a Sea Sheperd, un'associazione stile Greenpeace. Ognuno doveva cimentarsi in una cover di Hendrix. Jennifer arrivò al Roxy piuttosto sballata e desiderosa di salire sul palco e cantare con i Fishbone. Anthony Kiedis disse che se lo poteva scordare. Lei lo fece egualmente. Anthony non la prese bene. Aveva detto, davanti a tutti alla sua ragazza di non fare una cosa e lei aveva fatto di testa sua. Andava in qualche modo punita.

Vide una bella ragazza dai capelli castani e dalle tette enormi. Si avvicinò. Le chiese se era disposta a fare una cosa per lui. "Tra poco suoneremo *Foxy Lady*. Te la senti di salire sul palco nuda?"

Se la sentiva.

Arrivò verso la fine del brano, non nuda ma quasi, con il seno scoperto. Cominciò a dimenarsi e ballare in modo molto sensuale. Anthony e Norwood, il bassista dei Fishbone, la presero come in un sandwich. La folla impazzì, ma ruggì ancora più forte quando salì sul palco, furiosa, Jennifer, che allontanò violentemente Norwood, si scagliò prima contro la ragazza seminuda e poi su Anthony, che colpì con pugni e calci, sempre senza che lui smettesse di cantare e suonare. Andò avanti da vero eroe del rock and roll anche quando Jennifer gli sferrò un sensazionale calcio all'inguine.

Nessun'altra Foxy Lady vicino al suo uomo.

♪♪♪

359 • JIMI HENDRIX IL GIORNO DELLA MORTE DI MARTIN LUTHER KING

C'è un bel gruppo di musicisti in quel bar di Virginia Beach. Tra di loro anche Robert Wyatt e Jimi Hendrix con Noel Redding e Mitch Miller, ovvero la Jimi Hendrix Experience. Ecco che si forma una piccola folla fuori dal bar. I ragazzi ridono ed esultano. Entrano e stappano bottiglie di vino. Brindano e sembrano pazzi di gioia. I musicisti chiedono alla cameriera cosa sia successo. La cameriera dice che alla radio hanno appena annunciato la morte di Martin Luther King.

Jimi Hendrix lascia il locale a testa bassa e prende il primo aereo per New York. La sera Jimi deve suonare a Newark, nel New Jersey. Per le strade c'è il delirio. I neri rovesciano le macchine e le incendiano. Hendrix è in hotel, chiede che il concerto sia annullato. Arriva la telefonata della polizia di Newark. C'è una folla inferocita che attende l'arrivo di Jimi. Se si annulla il concerto, la polizia è certa che metteranno a ferro e fuoco la città.

Jimi decide di suonare. La limousine è guidata da un bianco che dice: "O Jimi si siede davanti con me o io non parto", e non si capisce se l'abbia detto per fratellanza o per paura. Jimi entra. La tensione è pazzesca. Il suo entourage teme per la sua vita, nell'assurda convinzione che l'eliminazione di un solo eroe nero non sia sufficiente.

Jimi sale sul palco. Dice una sola frase: "Questo pezzo è per un mio amico". E si tuffa in un'improvvisazione di una bellezza assoluta, meravigliosa, purissima. Tutti capiscono che l'amico è Martin Luther King. La tensione si scioglie nel dolore, il dolore nel pianto. Piangono tutti, dal pubblico ai *roadies*. Quando finisce il brano, Jimi posa la chitarra e guarda la sua gente. Non un applauso. Tutti appoggiati alla spalla del vicino o uniti in un abbraccio. Non un applauso, ma quella fu l'accoglienza che Jimi Hendrix ricorderà sempre come la più bella, intensa, unica della sua purtroppo breve carriera.

♪♪♪

360 • ALICE NON LO SA

È il 1978. Alice Cooper ha accettato di farsi ricoverare in una clinica per disintossicarsi dall'alcol. Aveva iniziato con la birra, due pacchi da sei lattine al giorno, poi era passato alla Coca-Cola con un po' di whiskey canadese, quindi era passato al whiskey con un po' di Coca-Cola e alla fine solo whiskey. Quando si accorge che il sapore del whiskey gli fa schifo, ma lo deve bere comunque perché altrimenti non riesce a salire su un palco, decide che è ora di dargli un taglio.

Negli anni Settanta, le cliniche non erano ancora i rifugi dorati e hollywoodiani come diventeranno negli Ottanta. Erano luoghi spartani dove rockstar convivevano con malati mentali, psicopatici, assassini. C'era una ragazza paranoica convinta di essere spiata dalla Cia. Un giorno distrusse la radio, l'unica che i pazienti avevano a disposizione. Quando, qualche giorno dopo, si avvicinò al televisore con le medesime intenzioni, Alice Cooper le si parò davanti: "L'unico motivo per cui sono ancora sano di mente", le disse, "è che ho la televisione. Se tu la rompi, io rompo te".

Alice Cooper rimase in clinica abbastanza a lungo. Ne uscì senza aver risolto del tutto i suoi problemi, ma sulla buona strada, grazie anche a un medico che gli disse: "Alice Cooper beve sul palco?".

"No, non beve..."

"Tu bevi..."

"Sì."

"E allora perché dici che è il fatto di essere Alice Cooper che ti fa bere? Il problema non è di Alice, lui non beve. Il problema è tuo. Sei tu che ti stai ammazzando."

Alice uscì convinto di essersi disintossicato fino a quando, un anno dopo, a pranzo, decise di assaggiare un sorso di Chardonnay dal bicchiere di sua moglie. In un attimo ripiombò nell'incubo.

Ne uscirà definitivamente il 28 settembre 1983. Oggi Alice Cooper beve solo Diet Coke.

♪♪♪

361 • PISTOLE, ROSE E ALCOL

Niente da fare. A Axl Rose quel tipo lì proprio non piace. Troppo fighettino.

Chicago, una sera qualunque. Bar dell'hotel che ospita i Guns N'Roses.

Axl guarda Slash.

"Ma chi ti ricorda quello lì?"

Slash alza le spalle. Non è interessato. Il dominatore del suono dei Guns N'Roses, autore di riff memorabili (*Paradise City, Sweet Child O' Mine, Welcome To The Jungle, You Could Be Mine...*) preferisce concentrarsi sull'alcol. Non degna nemmeno di uno sguardo Axl e l'altro tipo.

Poi Axl s'illumina. Come in una folgorazione.

"Ecco chi mi ricorda."

Si alza, raggiunge il tipo, che è un normale uomo d'affari di passaggio a Chicago, e gli sferra un pugno fenomenale.

"Assomigli a Bon Jovi", è quello che Axl Rose aggiunge prima di essere portato via dalla polizia.

A risolvere tutto, come mr. Wolf in *Pulp Fiction*, è il road manager dei Guns.

Lo chiamano e lui si precipita per tirar fuori dai guai e dalla galera il suo cantante.

Poi, preoccupato che anche Slash ne combini qualcuna, va al bar dell'hotel.

Slash è stravaccato su un divano, incapace di intendere e di volere.

Lo carica faticosamente sulle spalle, entra in ascensore e sente che i suoi vestiti si stanno bagnando. È Slash che gli sta pisciando addosso.

Qualche giorno dopo, questa volta sotto l'effetto della coca, e in un altro hotel, Slash uscirà urlando nudo dalla sua camera, fino alla hall.

Da allora il management dei Guns N'Roses assumerà una guardia del corpo con il compito specifico di prendersi cura di Slash quando è ubriaco.

Welcome to the jungle.

♪♪♪

362 • LA JACUZZI PIENA DI VODKA

Una volta, Jimmy Kimmel, un famoso comico e conduttore televisivo americano, decise di constatare fino a che punto il personale degli hotel acconsentisse alle richieste bizzarre delle rockstar, così finse di essere l'assistente di Kid Rock, chiamò l'hotel dove era stata effettuata la prenotazione e disse: "Sta arrivando, potete per favore riempire la jacuzzi di vodka? A lui piace così".

Loro lo fecero, Kid Rock lo venne ovviamente a sapere e decise di continuare il gioco. Anche lui voleva capire fino a dove si sarebbero spinti. Un giorno, alla vigilia di capodanno, in un hotel di New York, quando il direttore gli disse: "Siamo a sua completa disposizione. Ogni suo desiderio sarà esaudito", Kid Rock capì che era l'occasione giusta. Prima chiese che gli riempissero la jacuzzi di vodka, poi disse che avrebbe gradito quarantacinque pesciolini rossi in altrettante vaschette, quindi finse di essere troppo stanco per arrivare in città a piedi e troppo pigro per salire su un taxi: meglio guidare uno scooter nuovo di zecca. Glielo fecero avere in mezz'ora. Fu quando chiese di costruire in poco tempo un trampolino dal giardino dell'hotel alla piscina per consentirgli di prendere velocità sullo scooter e finire direttamente in acqua che il direttore capì che Kid Rock non era una rockstar viziata, era solo un bimbo che cercava di divertirsi.

♪♪♪

363 • BUON NATALE

Natale a casa di Keith Moon. Tutte quelle luci gli danno fastidio. Meglio i fanali della sua Rolls Royce. Keith è ubriaco, ma questa non è una novità. Sale in macchina e si lancia a tutta velocità per le strade d'Inghilterra. "Tanto non ci sarà nessuno in giro", pensa, "chi vuoi che guidi la sera di Natale?"

Infatti in giro non c'è anima viva. Ecco perché, quando va fuori strada con la sua Rolls Royce, passa un bel po' di tempo prima che arrivi qualcuno. E quel qualcuno, per sfortuna del batterista degli Who, è una macchina della polizia.

Quando scendono i poliziotti, Keith sembra felice di vederli, invece è solo ubriaco: "Ragazzi, come state? Buon Natale! Che bello vedervi! Lasciate che vi offra qualcosa da bere".

Keith entra nella sua Rolls Royce.

Dopo due minuti un poliziotto va a controllare cosa stia facendo.

"Che succede, Keith?"

"Niente, non riesco a ricordare dove sia il frigo bar."

I poliziotti si guardano. Conoscono bene Keith, gli vogliono pure bene perché non è un cattivo ragazzo, è solo totalmente fuori di testa.

Dopo altri due minuti, Keith esce con un modernissimo televisore giapponese. Lo offre ai poliziotti: "Tenete, ragazzi, un segno della mia amicizia".

Poi perde l'equilibrio, cade dritto in avanti, sfasciando il televisore, si rialza e sviene.

I poliziotti sorridono, chiamano la governante di Keith, poi decidono di non denunciarlo. In fondo, è Natale.

♪♪♪

364 • COMBATTI IL VERO NEMICO

Lungo abito bianco di pizzo, capelli rasati e catena d'argento con la croce di David. Davanti a lei un tavolo con alcuni grossi ceri. Sinead O'Connor è semplicemente meravigliosa mentre canta a cappella, con la sola forza della voce, *War*, uno splendido inno di Bob Marley contro l'ingiustizia. È il 5 ottobre 1992, in diretta televisiva sulla rete americana Nbc, durante il programma *Saturday Night Live*. Sono tre minuti di puro incanto, con Sinead che sostituisce il termine "racism" con "child abuse" e si rivolge esplicitamente agli esponenti della Chiesa cattolica accusati di pedofilia. Poi, alla fine del brano, prende in mano la foto di Giovanni Paolo II mentre canta la parola "evil" e la fa a pezzi. Aggiunge, con tono duro: "Combatti il vero nemico", poi, in un silenzio irreale, soffia sui ceri e lascia la scena.

Si scatena il delirio. Nonostante spieghi che la sua protesta è rivolta non al potere spirituale del Papa, ma a quello temporale, l'indignazione è fortissima. La Nbc riceve 496 telefonate in pochi minuti, che diventeranno 4.400 in poche ore. I responsabili dell'emittente si giustificano dicendo che, durante le prove, Sinead O'Connor ha fatto a pezzi un'altra foto, quella di un bambino vittima di abusi. Le radio e le televisioni americane boicottano all'istante le canzoni di Sinead O'Connor.

Pochi mesi dopo, si esibisce al concerto per festeggiare i trent'anni di Dylan, ma il pubblico americano la insulta e fischia e le impedisce di cantare. Lei aspetta che il pubblico si calmi, ma non avviene. Allora canta rabbiosamente *War* a cappella e lascia il palco tra gli insulti. Kris Kristofferson le va incontro e la abbraccia. E lì, lei scoppia a piangere come una bambina. Il male è là fuori, ma anche dentro di lei.

♪♪♪

365 • ELVIS THE PELVIS

"Una lattina? Elvis Presley vuole infilarsi una lattina di Coca-Cola nei pantaloni prima della diretta? Stiamo scherzando, vero? Dio solo sa quanto abbiamo faticato per convincere Ed Sullivan a invitare Elvis in trasmissione. Bisogna fare in modo che nessuno passi dei guai."

Così parlò Marlo Lewis, coproduttore del più celebre programma d'America. Che, per evitare di far sballare le ragazze che si sarebbero presumibilmente eccitate alla vista di quel pacco così grande, decise di far inquadrare Elvis the Pelvis dalla cintola in su – non va dimenticato che erano gli anni dei *crooner* che cantavano praticamente immobili.

È il 9 settembre 1956. L'America si paralizza. L'*Ed Sullivan Show* viene visto da 60 milioni di spettatori. La voce della censura si sparge e i ragazzi impazziscono ancora di più, eleggendo definitivamente Elvis a loro eroe: se gli adulti volevano censurare il rock and roll, allora voleva dire che era davvero la musica giusta per i teenager.

Così nascono due leggende: quella di Elvis, santificato dai teenager di ogni stato, e quella di Elvis censurato. Perché le cose non andarono così come tramanda la leggenda, assolutamente no. Se andate a vedervi i filmati vedrete che Elvis è ripreso sempre a figura intera. Chissà come nascono certe storie. L'unico dato certo è che Ed Sullivan detestava Elvis e aveva giurato che non lo avrebbe mai invitato nel suo programma. Cambiò idea dopo che Elvis apparve allo *Steve Allen*

Show, che in quell'occasione polverizzò i dati d'ascolto della Cbs. E Sullivan disse: "Chiamiamo pure quel degenerato che canta muovendo il bacino. Per gli ascolti, questo e altro".

♪♪♪

366 • NESSUNA PAROLACCIA DEL CAZZO?

La lingua è quella del rock, il linguaggio è quello del *fuck*.

Ozzy Osbourne è fatto così. Non si sa trattenere. Non si vuole trattenere.

Quando, nel 2004, un sondaggio su Yahoo! lo premiò come uomo ideale per accogliere un'ipotetica delegazione di alieni sul pianeta Terra, il direttore delle News del sito commentò: "Scelta eccellente, ma non sono sicuro che i Marziani comprenderebbero il suo uso della lingua inglese".

Nello stesso anno, a un giornalista che gli chiedeva se avesse consigli da dare alle giovani band, Ozzy prima rimuginò in silenzio, poi disse due sole parole: "Fuck off!".

La sua libertà di linguaggio è stata anche al centro di un divertente spot per l'associazione benefica inglese Children In Need. La prima inquadratura vedeva Ozzy con la bocca tappata dal nastro adesivo. La moglie Sharon, sorridente, spiegava: "Ozzy raccoglierà una fortuna impegnandosi a non dire parolacce nelle prossime ventiquattro ore". Al che Osbourne si strappava l'adesivo dalla bocca e urlava: "Nessuna parolaccia del cazzo? Vi siete bevuti il vostro cervello del cazzo? Io sono il Principe delle Tenebre. La gente si aspetta che io dica parolacce. Cazzo!".

A dispetto della scena, o forse grazie a questa scena, l'associazione riuscì davvero a raccogliere una fortuna per i bambini bisognosi.

♪♪♪

367 • LA FIGLIA DI UN CANTANTE ROCK NASCE DROGATA

L'eroina assunta durante i primi tre mesi di gravidanza non altera lo sviluppo del feto e non influisce sulla sua salute.

Buona notizia, pensarono Kurt e Courtney. Decisero comunque di disintossicarsi, di evitare droghe almeno fino alla nascita di Bean, fagiolino, perché così era sembrata a loro quando avevano visto la prima ecografia.

I mesi passarono veloci e buoni, fino al settembre del 1992, quando in edicola uscì "Vanity Fair" con un terribile articolo di Lynn Hirschberg, che aveva intervistato per un giorno intero Courtney e insinuato che si drogasse ancora. Le foto a corredo dell'articolo erano terribili, ritraevano Courtney mentre fumava, scarmigliata e distrutta.

Kurt Cobain comprò le altre foto non pubblicate per 25.000 dollari, ma ormai il danno era fatto. A due settimane dal parto Kurt annunciò la sua decisione di sciogliere i Nirvana. "Non voglio rimanere vent'anni chiuso nel residence Dakota", diceva riferendosi a Lennon. Stava male.

Il 18 agosto cercò di assistere al parto, ma vomitò e svenne.

Nacque Frances Bean, sana. Ma, subito dopo il parto, un'assistente sociale si precipitò dalla coppia sventolando una copia di "Vanity Fair" e minacciando di portare via la bimba. Il "Globe" pubblicò la foto di un bambino morto con il titolo: *La figlia di un cantante rock nasce drogata.*

Il giorno dopo la nascita, Kurt arrivò in ospedale con una pistola. Cercò di convincere Courtney a suicidarsi insieme, almeno secondo la versione di lei. Courtney riuscì a fargli cambiare idea. Ma l'appuntamento con la morte era solo rinviato.

♪♪♪

368 • FUCK YOU!

Una delle ultime volte che Elton John sorvolò le Alpi innevate, guardò fuori dal finestrino, poi si girò verso il suo compagno e disse: "Vedi la neve là sotto? Io mi sono fatto la stessa quantità di cocaina".

La sua dipendenza lo rendeva insopportabile a se stesso e anche alle persone con cui lavorava, che definivano le sue uscite "i momenti di Reggie", diminutivo di Reginald, il vero nome di Elton.

Infiniti gli aneddoti e i capricci.

Una volta si fece fare un anello tempestato di diamanti dal costo di 12.000 sterline con sopra inciso il messaggio che voleva trasmettere al mondo: "Fuck you!", fottetevi.

Quando volava su un aereo privato, prima di dare il permesso al pilota di decollare, scendeva e poi risaliva e poi riscendeva e poi risaliva almeno una decina di volte.

Costringeva i direttori degli hotel dove soggiornava a intervenire sulle sue principesche suite perché non gradiva il colore delle coperte o delle saponette.

Il punto più folle lo raggiunse quella volta che era lì a guardare fuori dalla finestra della sua suite all'Inn In The Park, infastidito da ciò che vedeva. Così chiamò il suo manager e disse: "Fuori c'è troppo vento, puoi fare qualcosa?".

♪♪♪

369 • DROGA TRA I DATTERI

Steven Tyler ha perso più volte il controllo, ma mai il senso dell'umorismo. Così, quando gli hanno chiesto: "Quanto sesso hai fatto negli anni Settanta?", ha risposto: "E che ne so? Io mica c'ero".

Troppa droga. La miglior cocaina possibile la facevano arrivare in nave, nascosta tra i pacchi di datteri. Steven Tyler ha sempre ammesso di essere più interessato a quello che succedeva con il suo naso che non con il suo uccello. Per completare l'opera, beveva. Un attimo prima di salire sul palco, prendeva due Martini per tirarsi su, ma l'effetto dell'alcol precedentemente ingurgitato, dei Martini e della cocaina era spesso devastante. Una volta, resosi conto che era troppo ubriaco per ricordare le parole e cantare nel modo giusto, finse di svenire per poter essere portato nei camerini e interrompere lo spettacolo per un po'.

Steven Tyler cominciò a spaventarsi quando, in un'intervista, i Grateful Dead citarono gli Aerosmith come esempio di band che era andata fuori di testa per le droghe.

E Tyler pensò: "I Grateful Dead? La band che ha inventato gli Acid Test e che suonava completamente imbottita di Lsd dice che noi ci droghiamo troppo?".

Forse era ora di smettere. O ridurre.

♪♪♪

370 • FREDDIE MERCURY GELATAIO

Freddie Mercury aveva detto sì senza esitazioni, quando gli avevano chiesto un brano per il musical *Time*, con Cliff Richard protagonista. La produzione decise di far uscire *Time* come singolo il 6 maggio 1986. Per girare il video, Freddie chiese il Dominion Theatre in Tottenham Court Road, il luogo dove il musical andava in scena dal 9 aprile. Le riprese terminarono appena in tempo per consentire ai *roadies* di allestire il palco per la replica serale.

Freddie decise di rimanere, ma alla fine del primo tempo gli venne un'idea per movimentare la serata. Comprò una cassetta intera di gelati, indossò una giacchetta bianca e cominciò a muoversi tra le file per vendere la sua roba. Nessuno lo riconobbe. Dopo qualche minuto si stufò del suo giochino e decise di renderlo più stuzzicante: invece di vendere gelati e lecca lecca, cominciò a tirarli addosso alla gente. Il pubblico all'inizio rimase come paralizzato, poi riconosciuto finalmente Freddie Mercury, iniziò a rispedire al mittente i gelati. In poco tempo fu il caos, una sorta di allegro campo di battaglia. La produzione fu costretta a rimandare l'inizio del secondo tempo, ma nessuno se ne ebbe a male. Tutti si stavano divertendo, come sempre quando c'era di mezzo Freddie Mercury.

♪♪♪

371 • UN'ARANCIA, UNA PRUGNA E UNA SCATOLA DI FIAMMIFERI

Syd fumava erba e questo gli bastava. Scriveva canzoni ed era certo che, prima o poi, avrebbe incontrato i compagni di viaggio giusti per mettere su una band e conquistare il mondo. Ma, in quel 1966, Syd Barrett fece un altro tipo di viaggio, il primo della sua vita, che, purtroppo per lui, fu indimenticabile e segnò l'inizio della fine.

Sid ha diciannove anni, con lui ci sono gli amici del cuore Storm Thorgerson e Ian Moore. Insieme vanno a casa di Bob Gale, i cui genitori sono via in vacanza. Il giardino, in questa casa di Cambridge, è meraviglioso e presto diventerà psichedelico. Storm e Ian piazzano un centinaio di cubetti di zucchero in fila indiana e su ognuno di essi posano due gocce di Lsd. Poi, come in una roulette russa, decidono di mettere quattro gocce su alcune zollette e nessuna su altre.

Syd comincia a leccare senza sapere a cosa sta andando incontro. Dopo pochi minuti è già fuori. Per dodici ore resta seduto davanti a tre oggetti: un'arancia, una prugna e una scatola di fiammiferi. Si convince che l'arancia è Giove e la prugna è Venere. Sulla scatola di fiammiferi è indeciso. Immagina di essere sospeso tra i due pianeti, ondivago. Dopo dodici ore accade il fattaccio. Ian, molto affamato, gli mangia Venere. L'universo di Barrett collassa. Si sveglia all'improvviso, sembra disperato, poi sorride. Da allora, non abbandonerà più l'acido.

♪♪♪

372 • LO STRANO SANDWICH DI BRIAN WILSON

Tom Petty è felice e stupito. Felice perché si sta divertendo con Brian Wilson. È una persona gentile e a modo, disponibile e simpatica. Stupito perché non ha trovato, in tutto questo tempo trascorso con la mente illuminata dei Beach Boys, nessuno di quegli atteggiamenti folli e schizofrenici che sono diventati leggenda.

Brian Wilson continua a parlare e sorridere. Racconta e partecipa alle discussioni.

Poi, all'improvviso, smette di parlare, ma non di sorridere. Sul suo volto c'è come l'espressione di chi si è ricordato qualcosa.

"Scusami", dice a Tom Petty. Si alza e torna con pane, burro e un coltello. Si risiede, prende il coltello, taglia delle fettine sottili di burro e comincia a spalmarsele sulla faccia. Quando la faccia intera è coperta di burro, prende due fette di pane e se le appoggia alle guance.

Quella è la volta in cui Brian Wilson dei Beach Boys si è fatto sandwich davanti a Tom Petty.

♪♪♪

373 • TAPPETI VOLANTI

Che non si sopportassero più lo sapevano tutti. Qualche giorno prima del grande addio, a un concerto di beneficenza, era dovuta intervenire la polizia nel backstage per separarli. Se le stavano dando di santa ragione.

E anche a Long Beach, California, la terra dove le aquile avevano spiccato il volo, il 31 luglio 1980, ultimo atto degli Eagles prima della reunion, l'atmosfera non era certamente delle migliori. Per tutta la durata del concerto, Felder e Frey si insultarono e minacciarono dandosi appuntamento nel retropalco: "Ancora tre canzoni e ti spacco il culo", diceva Felder. "Ancora pochi minuti e ti uccido", diceva Frey durante *Best Of My Love.*

Non si uccisero, ma ci andarono vicino. La situazione non migliorò nei giorni a venire, basti pensare che il disco-documento di quella tournée fu missato non solo in studi diversi, ma anche in stati diversi, uno sulla costa est e l'altro su quella ovest, perché Frey e Henley non riuscivano a sopportare l'idea di trovarsi nella stessa parte d'America.

Giurarono di non suonare mai più insieme sullo stesso palco. Quattordici anni dopo tornarono insieme, ma, almeno all'inizio, per non ammettere di aver rotto il giuramento per ragioni economiche, adottarono un piccolo stratagemma: ogni membro della band suonava su un tappeto di colore diverso, in modo da poter dire che, tecnicamente, non suonavano sullo stesso palco, ma su tanti palchi differenti.

♪♪♪

374 • QUEI PUGNI A GEORGE HARRISON AL CAVERN CLUB

C'è solo una cosa peggiore che non diventare mai nessuno: è essere come Pete Best, uno che ha visto la porta del Paradiso aperta ma che se l'è beccata sul naso mentre cercava di entrare. A peggiorare ulteriormente le cose, ammesso che possano peggiorare, va aggiunto il fatto che il suo sostituto, Ringo Starr, non era meglio di lui – facevano tutti e due schifo, ma uno ha avuto la possibilità di imparare e dividere con i Beatles quella che è forse la più bella storia del pop che si possa raccontare.

Dopo che Pete Best fu allontanato dalla band – e a farlo fu Brian Epstein perché né John né Paul né George avevano il coraggio – ci fu qualcuno che prese le sue difese: un manipolo di ragazzi che manifestò davanti al Cavern con cartelli che dicevano: "Pete forever, Ringo never" e "Pete *is* Best", Pete è il migliore.

Al primo concerto al Cavern con il nuovo batterista, un fan di Pete Best si avvicinò a George Harrison mentre scendeva le scale e gli sferrò un sensazionale pugno in faccia. C'è una prova che tutto questo sia davvero accaduto: le foto promozionali della EMI scattate due giorni dopo. In una di esse si vede chiaramente Harrison con occhi di diverso colore: uno normale e uno nero.

♪♪♪

375 • LOVE AND HATE

A Courtney Love non piace quello che vede. È il 25 aprile 2004. Fa irruzione nell'appartamento del suo ex fidanzato e manager Jim Barber. Sul divano c'è Kristin King, una cantante. Sta dormendo. Non ha nessuna relazione sentimentale con Jim. La sua unica colpa è di trovarsi lì in quel momento. Courtney le rovescia del whiskey addosso, poi le lancia direttamente la bottiglia che la colpisce sullo zigomo e sulla tempia e subito dopo una candela, che, se avesse raggiunto l'obiettivo, l'avrebbe probabilmente bruciata viva al contatto con l'alcol. Kristin è senza parole e non sa come reagire. Courtney si lancia su di lei, la prende a pugni, le scheggia un dente, le graffia e pizzica il seno fino a farla urlare, la trascina a terra per i capelli. Senza spiegare mai il motivo di tutta quella rabbia.

Il giudice la condannerà a tre anni con la condizionale e a un corso di disintossicazione e gestione della rabbia. Ancora una volta le è andata bene.

♪♪♪

376 • INSULTI AL CAIRO

In Australia si erano ribellate le pecore, che saltavano come ossesse mentre Sting cantava, forse intolleranti alla sua voce. Ma in Egitto andò peggio. Il concerto dei Police al Cairo era molto atteso, i ragazzi entusiasti all'idea di cantare e ballare. Sting era quasi felice. Il quasi dipendeva da quel signore che spingeva i ragazzi e cercava di metterli a sedere, mentre tutto quello che facevano di sbagliato era stare in piedi sulle sedie e ballare.

Così Sting decise di intervenire.

"Ehi, tu, vaffanculo. Chi cazzo sei? Vattene."

Ma quel tizio non se ne andava, così Sting incitò i ragazzi a reagire, ribellarsi, insultarlo.

Quel tipo era il capo della polizia del Cairo.

Dopo il concerto si presentò nei camerini, pretendendo le scuse di Sting.

Sting non aprì bocca, prese la valigia e si avviò verso la macchina.

Il capo della polizia lo seguì alitandogli sul collo, rabbiosamente.

Sting, stufo di quella situazione e incurante delle conseguenze, si voltò per dirgli dove poteva infilarsi le sue scuse, ma si inceppò con le parole.

Miles Copeland, che invano aveva chiesto a Sting di fare un passo indietro, ne approfittò immediatamente.

"Sting le ha appena detto che è terribilmente dispiaciuto di quello che è successo."

Mentre Sting sbarrava gli occhi, il capo della polizia, poco a suo agio con l'inglese, disse: "Lei è un uomo d'onore. Accetto le sue scuse".

E fece cenno ai poliziotti che circondavano la zona, che era tutto a posto. I Police potevano ripartire.

♪♪♪

377 • LA PALLOTTOLA DI MICK JONES

Mick Jones è innamorato pazzamente di Ellen Foley, cantante e attrice americana di buon successo. Il loro è un rapporto burrascoso, come spesso capita a chi si ama follemente e a distanza. Pensando a lei e alla storia con lei, Mick Jones scriverà *Should I Stay Or Should I Go?* e convincerà i Clash a collaborare in dosi massicce al disco di Ellen *The Spirit Of St. Louis.*

Quella sera, all'Apollo di Glasgow, Mick Jones è di pessimo umore. Ellen è a New York e lui è influenzato, insomma il mix perfetto per avere le palle di traverso.

Sul finire del concerto, ballando e muovendosi ai bordi del palco, gli cade la catenina con la pallottola d'argento che gli aveva regalato Ellen. È la goccia che fa traboccare il celeberrimo vaso. Mick dà fuori di matto e si rifiuta di tornare sul palco per il bis. Topper Headon lo insulta e lo deride ("tutto questo casino per una cazzo di pallottola?"), Strummer lo prende di peso e lo scaraventa on stage.

Jones è furibondo, sale sulla pedana da batterista di Topper e gli urla in faccia: "A te non frega mai un cazzo di niente!". Headon, serafico come non mai, estrae una a una le bacchette della batteria e le tira addosso a Jones, dicendo, calmo e quasi sillabando: "Mi stai rovinando la pedana".

Il pubblico è perplesso, non capisce. Poi Joe Strummer spiega. Jones scende sotto il palco e comincia a cercare. I Clash si guardano indecisi, poi cominciano *Armagideon Time* senza di lui. A metà brano Mick risale e li raggiunge per un finale epico.

E poi, dopo il secondo bis, il lieto fine hollywoodiano: un ragazzo ritrova la pallottola di Ellen e la riconsegna a Mick.

Tutto è bene ciò che finisce in Clash.

♪♪♪

378 • GLI OASIS A NEW YORK

Come sempre, Liam non faceva nulla per asfaltare la strada. Gli Oasis erano a New York per il loro primo concerto statunitense. È il 21 luglio 1994, il luogo è il Wetlands. Gli Oasis sono nel foyer a parlare con alcuni ragazzi. Arriva una coppia di amanti del grunge, che guarda la band, non ne apprezza il look e dice: "Siete merda, ragazzi. Non sfonderete mai in America. Sono anni che i gruppi inglesi non vendono una copia".

Liam, in modo stranamente educato, chiede: "Hai mai sentito qualcosa di nostro?".

"Naa, mi basta guardarti. Scommetto che siete qualcosa del tipo Soup Dragons del cazzo. L'America non ha bisogno di voi. Tutto quello che fate non ha importanza."

Liam comincia ad alzare la voce. Indossa una maglietta con su scritto "New York", il ragazzo grunge ha una camicia a quadretti e capelli lunghi.

"Non puoi dire che quello che faccio non conta niente. Posso fare cose che neanche immagini."

Il ragazzo non cede. Cita le sue divinità. Pearl Jam e Nirvana.

Liam, ora evidentemente alterato, non riesce a trattenersi. "Non mi parlare dei Nirvana. Cobain era uno sfigato incapace di reggere il successo. Noi siamo più forti di quella roba. E vaffanculo anche i vostri Pearl Jam."

Il ragazzo grunge non crede alle sue orecchie e guarda la sua ragazza, che scoppia in lacrime.

Intervengono altre persone e la rissa è evitata, ma qualche giornalista ha sentito. L'indomani le accuse al profeta del grunge sono su tutti i giornali.

Liam all'inizio fa spallucce, poi, stanco di quella storia ammette di avere sbagliato: "Non penso che Cobain fosse uno sfigato. Con lui abbiamo perso il John Lennon della nostra generazione".

♪♪♪

379 • LA FAIDA TRA BON JOVI E SKID ROW

Questa è una storia complicata.

Dave The Snake Sabo, chitarrista fondatore degli Skid Row, e Jon Bon Jovi si conoscevano da una vita. Andavano a scuola insieme e Snake aveva anche fatto parte della primissima incarnazione dei Bon Jovi prima dell'arrivo di Richie Sambora. Fu proprio Bon Jovi, il primo dei due a raggiungere il successo, a mettere Snake in contatto con il suo manager Doc McGhee, il quale si disse disponibile a lavorare con gli Skid Row a patto che cambiassero cantante. Dopo lunghissime audizioni, lo individuarono in Sebastian Bierk, un bizzarro personaggio nato alle Bahamas che aveva cambiato il cognome in Bach perché sosteneva che Bierk facesse rima con jerk (idiota, stronzo).

Per liberarlo dal contratto che aveva con un altro manager e per fare un favore all'amico Snake, Jon Bon Jovi pagò di tasca sua i 200.000 dollari di penale; in cambio gli Skid Row avrebbero ceduto a Jon i diritti d'autore dei loro dischi.

Tutti felici e riconoscenti a Jon Bon Jovi, anche perché, appena uscita l'opera prima degli Skid Row, Jon li portò in tour come opening band, trainando di fatto le vendite oltre la soglia dei cinque milioni di copie, cifra fantasmagorica per un gruppo esordiente.

Fu probabilmente il successo improvviso a dare alla testa a Sebastian. Così, mentre era sul palco, verso la fine del tour cominciò a insultare pesantemente Jon, accusandolo inoltre di essere un ladro, perché, pur avendo 70 milioni di dollari sul conto corrente, non si faceva problemi nel sottrarre due milioni di dollari (a tanto ammontavano i diritti d'autore) a una band esordiente.

Jon non la prese bene, lo aspettò nel retropalco alla fine del concerto e lo spinse contro il muro grazie all'aiuto di due *roadies*. I due cominciarono a darsele di santa ragione. Finì senza vincitori né vinti. Jon accettò di cambiare il contratto editoriale, Sebastian di chiedere scusa per le sue parole dal palco. E vissero tutti felici e contenti. E molto, molto ricchi.

♪♪♪

380 • PORTE CHIUSE

12 agosto 1967. Stadio del tennis di Forest Hills, nel Queens di New York. L'attenzione, l'affetto, l'amore del pubblico è tutto per gli eroi locali, Simon and Garfunkel. Si tratta solo di attendere il gruppo spalla, che non si presenta tanto bene perché è in forte ritardo. Già ci tocca sorbirci qualcuno che non sono Simon and Garfunkel, speriamo che salgano presto sul palco e suonino nel loro stile, come spesso accade ai gruppi spalla.

Ecco che arrivano.

Il cantante si chiama Jim Morrison, il gruppo the Doors. Sono quanto di più lontano possa esistere dal mondo di Simon and Garfunkel. Il pubblico se ne accorge subito, dopo la prima canzone. Dopo mezz'ora, quattro sole canzoni con una devastante *The End* in chiusura, i Doors escono senza nemmeno salutare. Del resto, l'accoglienza è stata terribile.

Paul Simon sale sul palco e sgrida la sua gente, spiegando quanto può essere complicato l'inizio per i nuovi gruppi. Poi, profetico, annuncia: "Tra qualche mese, magari i Doors saranno più famosi di noi".

Meno profetico il giornalista di "Variety", che scriverà: "Il numero d'apertura ha visto all'opera i Doors, un gruppo dalle smanie elettroniche con un cantante che appena può si fa prendere da attacchi di parossismo. È genuino o lo fa per soldi?".

♪♪♪

381 • QUI GIACE BOB DYLAN

Sai cos'è l'isola di Wight? È per noi l'isola di chi ha negli occhi il blu della gioventù. Vecchi Dik Dik. Hanno depositato nella memoria collettiva un festival che straordinario non fu mai, se non nell'edizione del 1970, caratterizzata dall'ultima grande apparizione pubblica di Hendrix, dall'ultima dei Doors in Europa prima della morte di Morrison e da splendide performance di Who, Leonard Cohen, Joni Mitchell e Miles Davis. Potenza di una canzonetta. Oggi, quando pensiamo all'isola di Wight immaginiamo un Eldorado, un luogo magico, un posto delle fragole.

Gli organizzatori speravano lo diventasse nel 1969, dopo una prima edizione moscia parecchio. Invitarono Dylan, che nel 1969 era Dylan e non un suo replicante. Per di più, mancava dai palcoscenici da tre anni. Arrivarono in 200.000 da ogni parte d'Europa, gente comune e vip, tra cui John Lennon e Yoko Ono, George Harrison, Ringo Starr, Syd Barrett, Keith Richards, Bill Wyman, Eric Clapton, Elton John.

Dylan sale vestito di bianco. Due ore di ritardo. È accompagnato dalla Band di Robbie Robertson, ma sembra spaesato, triste, incerto. Canta una quindicina di brani in poco più di un'ora. Tutti tirati via, come fosse da un'altra parte.

Il pubblico è deluso. Sulla spiaggia di Wight, il giorno successivo al concerto, qualcuno comporrà una croce con delle pietre e sopra scriverà: "Qui giace Bob Dylan". Che fu pagato una follia, 50.000 sterline, ovvero dieci volte gli Who, che tutti amavano follemente all'isola di Wight.

♪♪♪

382 • MONTEREY

Nessuno poteva immaginare che Monterey diventasse il festival più importante nella storia del rock, che lanciasse a livelli stellari le carriere di chiunque avesse partecipato, da Janis Joplin a Otis Redding. Si era in una di quelle fasi di passaggio dove è difficile vivere la storia in tempo reale, è più facile accorgersene *dopo.*

Il 1967 è l'anno in cui il 45 giri comincia a mostrarsi alle corde – presto sarà spazzato via, messo al tappeto dall'avvento su larga scala del 33 giri, quello più indicato "a fotografare il microcosmo dell'artista", perché così ci si esprimeva nel 1967.

Il 1967 è l'anno in cui il rock prende a pugni il pop e il formato radiofonico da Top 40 diventa obsoleto. Nascono le prime radio underground a modulazione di frequenza, nasce la rivista "Rolling Stone". A New York i Velvet Underground battezzano il loro sotterraneo vellutato, a San Francisco sta per accendersi l'Estate dell'Amore. Insomma, l'unica cosa che manca è un festival che santifichi la purezza della musica, che mostri anche ai più scettici che qualcosa può davvero cambiare, che la purezza del sogno hippie resisterà ancora a lungo alle contaminazioni e alle corruzioni.

I musicisti sono, come a volte accade, i più rapidi a capire che da Monterey si può ricavare poco in dollari ma molto in immagine. E tutti accettano di esibirsi gratis o quasi. Tutti meno uno. È lui il più ostico. E John Philips, fondatore dei Mamas and Papas e organizzatore principe dell'evento, lo chiama venti volte.

Niente da fare, Chuck Berry non vuole fare sconti.

Philips tenta l'ultimo assalto: "Chuck, stiamo facendo un'opera di beneficenza".

E Chuck Berry, ineffabile: "L'unica opera di beneficenza che sovvenziono si chiama Chuck Berry".

♪♪♪

383 • LADRA

Quando Robert Mapplethorpe andò in crisi perché il suo lavoro di vetrinista gli impediva di concentrarsi sulla propria arte, Patti Smith non ebbe esitazioni: "Molla quello stupido lavoro".

Mapplethorpe le disse che non poteva permetterselo, "perché quella era la sua unica fonte di sostentamento".

"Ci penso io", disse Patti. "Ti mantengo io."

Mapplethorpe se ne andò via felice, ma dubbioso. Patti lavorava come commessa da Scribner, una catena di negozi di proprietà dell'omonima casa editrice che oggi è stata rilevata da Barnes and Noble. Non un impiego sufficiente a mantenere due persone. Decise di non chiedere e forse non seppe mai quello che noi siamo venuti a sapere dagli scritti di Gerard Malanga.

Patti invitava gli amici intimi a prendere dagli scaffali i libri che volevano acquistare, poi, quando veniva il momento di pagare faceva loro uno sconto del 50%, intascava i soldi e non li metteva in cassa.

Tutti ci guadagnavano, insomma. Meno il proprietario della libreria, che, dopo qualche mese si accorse dell'inganno. Patti lasciò il lavoro senza denunce sul capo. E con molti libri in più negli scaffali suoi e dei suoi amici.

♪♪♪

384 • VENTI DOLLARI PER UN REGGISENO

Joss Stone era agitata. Non tanto perché da lì a poco si sarebbe dovuta esibire al party di Elton John, fresco reduce dall'Oscar per *Can You Feel The Love Tonight?* dalla colonna sonora del *Re Leone*. Non solo perché tra il pubblico sapeva che ci sarebbe stata la crema di Hollywood, da Sharon Stone a Katie Holmes a Ozzy Osbourne.

Il problema di Joss Stone era il reggiseno. L'aveva dimenticato a casa e non poteva certo esibirsi senza. Perché un conto è la vita di tutti i giorni e un conto è farsi vedere sul palco. Tra l'altro, è piuttosto dotata lì davanti. Tutti i negozi, a quell'ora erano chiusi. Come fare? Elton John le metteva anche una certa fretta. Il tempo passava e nessuno riusciva a trovare una soluzione. Poi, eccola. Viene in mente alla parrucchiera di Joss. La lavanderia a gettoni. Si informa sulla più vicina e si precipita, più veloce del fulmine. Ha la fortuna di trovare una donna che ha appena estratto il suo bucato. La parrucchiera vede che, tra la roba appena lavata, c'è un reggiseno.

"Me lo vende?", chiede.

La donna strabuzza gli occhi.

"Venti dollari. Venti dollari bastano?"

"Venti dollari per un reggiseno usato?", chiede la donna.

"Venti dollari. Venti dollari bastano?"

Bastano.

Joss Stone può esibirsi. Giusto in tempo. Elton John sta finendo di cantare.

♪♪♪

385 • ARANCE E COCA

Lo Splendour In The Grass è un festival che si tiene ogni anno tra la fine di luglio e i primi di agosto in Australia, in un luogo chiamato Belongil Fields, appena fuori Byron Bay, a 165 chilometri da Brisbane e a quasi 800 da Sidney. Nel 2004 uno dei gruppi più attesi erano i Franz Ferdinand, che tuttavia rischiarono di non suonare per un piccolo problema all'aeroporto.

Mentre stanno affrontando le procedure di controllo, le sirene dei metal detector cominciano a suonare e le luci a lampeggiare. Le macchine a raggi X hanno trovato qualcosa di sospetto. Gli addetti chiedono a Alex Kapranos di aprire la valigia. Il cantante e chitarrista della band sbianca. È praticamente certo che abbiano trovato la cocaina che aveva nascosto in valigia. Eppure era convinto di averla nascosta bene, molto bene.

Kapranos apre la valigia sconsolato e rassegnato. Nemmeno guarda.

Sente un addetto alla sicurezza che dice: "Lei non è autorizzato a introdurla in Australia".

"Lo so", dice Kapranos. Si gira e vede un ufficiale della security con un'arancia in mano.

"Lo sa che non si può introdurre frutta dall'estero, vero?"

Kapranos balbetta qualche scusa.

L'ufficiale continua: "Mi spiace, ma sono costretto a multarla".

Duecento dollari.

La multa più dolce della vita di Kapranos. Non solo per lo zucchero contenuto nell'arancia.

♪♪♪

386 • ROBERT PLANT E JIM MORRISON

Phoenix, Arizona.

Robert Plant sale sull'aereo. Va a sedersi al suo posto. Vicino a lui c'è seduto Jim Morrison.

Si guardano. Nessuno parla.

Uno legge, l'altro prende appunti su un blocco.

Si continuano a guardare di sottecchi.

È una situazione paradossale. Seduti uno accanto all'altro ci sono i cantanti dei due gruppi più amati in quello scorcio di anni Sessanta e più famosi nella storia del rock. È ovvio che si sono riconosciuti, ma nessuno ha il coraggio di parlare. E più passa il tempo, più diventa difficile iniziare una conversazione.

Alla fine è Jim Morrison a rompere il ghiaccio.

Si volta verso Robert Plant e gli chiede: "Che cosa fai nella vita?".

Plant sorride. Non riesce a credere alle sue orecchie. Sta al gioco. "Sono un cantante".

"Ah." Jim Morrison si finge stupito. "E... che genere di musica fai?"

Plant minimizza: "Mah, un rock che deriva dal blues".

Poi si stufa di quella manfrina e dice: "La mia band si chiama Led Zeppelin".

Jim Morrison lo guarda, poi scuote la testa: "Mai sentita".

Plant lo guarda negli occhi e ha la conferma che mente. Nessuno che facesse musica, in quegli anni, poteva dire di non conoscere i Led Zeppelin. Soprattutto se tu eri Jim Morrison.

Tra i due cade di nuovo il silenzio.

Dopo un po' Plant decide che è il suo turno di giocare: "E tu cosa fai?", domanda.

Jim Morrison risponde: "Oh, io sono un poeta".

E Plant, secco: "Ah, anch'io lo ero. Poi, ho avuto successo".

♪♪♪

387 • PETER GRANT E BRACCIO DI FERRO

I Led Zeppelin avevano sognato l'America a lungo, come fanno tutti quelli che arrivano dal Vecchio Continente e bramano la consacrazione nel Paese che ha inventato il rock and roll. Ma i problemi furono molti, nel 1970, soprattutto negli stati del Sud, dove il pubblico di adepti si scontrava furiosamente con la massa di conservatori. Spesso si scatenavano risse gigantesche nelle prime file e i problemi s'ingrossavano anche lontano dal palco.

Le cameriere dei diner lungo la strada rifiutavano di servire Robert Plant, Jimmy Page e Bonzo perché avevano i capelli lunghi, mentre gli avventori del locale sputavano loro addosso. A Raleigh, nel North

Carolina, mentre era al gabinetto, Henry Smith, uno dei *roadies* che seguivano la band, sentì due poliziotti del posto parlare del piano "per spaccare il culo a quei figli di puttana dei Led Zeppelin". Henry si precipitò dal manager, che chiamò subito l'avvocato a New York. Un'ora dopo, sessanta investigatori privati delle agenzie Burns e Pinkerton si presentarono in sala frapponendosi tra i Led Zeppelin e la polizia locale.

Le minacce di morte in Georgia erano all'ordine del giorno, tanto che furono ingaggiate otto guardie del corpo. In Texas, due marinai ubriachi cominciarono a inveire contro Plant e Page. Il manager degli Zeppelin, Peter Grant, decise che era ora di farla finita. Li sollevò entrambi in aria, uno per mano, poi disse: "Allora, mi volete dire qual è il vostro fottuto problema del cazzo, Bracci di Ferro?".

♪♪♪

388 • GREASY MEXICANS

È il 7 settembre 1983. I Def Leppard sono a Tucson, in Arizona, in un concerto dove la folla è molto partecipe, ma non come vorrebbe Joe Elliott, così, a metà di *Rock of Ages*, si lascia scappare parole di cui si pentirà presto. Joe Elliott urla alla folla: "Ehi, ieri notte abbiamo suonato a El Paso, sapete... quel posto pieno di messicani grassi e unti... Be', vi dico che facevano molto più casino di voi".

Greasy Mexicans, queste le parole esatte. Terribili, perché *greasy* significa qualsiasi cosa in inglese, e niente di positivo: grasso, bisunto, sudicio, viscido, oltre che imbrillantinato.

L'infortunio passa sotto silenzio fino a quando, qualche settimana dopo, un deejay di El Paso della stazione KLAQ viene a sapere della notizia, ne parla per radio e annuncia che avrebbe fatto esplodere in diretta un disco dei Def Leppard. Non lo fa, ovviamente, ma trasmette degli effetti speciali che danno il senso di una forte esplosione, poi invita il pubblico a boicottare da quel momento i dischi della band. In tre giorni arrivano tremila adesioni. La città di El Paso, dove esiste una molto nutrita comunità di messicani, insorge, tanto che persino il sindaco Jonathan Rogers è costretto a intervenire dicendo: "Il giorno in cui i Def Leppard saranno nuovamente benvenuti a El Paso sarà il giorno in cui all'inferno farà freddo". Cioè mai.

Joe Elliott viene a sapere del casino sollevato mentre si trova a Tokyo. Prima la prende sul ridere, poi capisce che la cosa è seria. Si scusa pubblicamente, decide anche di devolvere ad alcune associazioni di El Paso un bel po' di soldi in beneficenza. Dopo qualche mese, il caso si sgonfia, il perdono viene concesso.

Joe Elliott tira un sospiro di sollievo e pensa: "Ma quanto casino possono fare quei *greasy Mexicans*?".

♪♪♪

389 • PAULA YATES E MICHAEL HUTCHENCE

Sembra un film, invece è la realtà.

È la mattina del 17 settembre dell'anno 2000.

Squilla il telefono. È un amico di Paula Yates, ex moglie di Bob Geldof e adesso vedova di Michael Hutchence.

Dopo tanto dolore, oggi dovrebbe essere un bel giorno perché Pixie compie dieci anni.

L'amico chiede di parlare con la mamma, ma Tiger Lily, la bimba di quattro anni nata da Paula e dal cantante degli INXS, dice che la mamma non si sveglia, che ha provato anche a strattonarla, ma gli occhi rimangono chiusi.

L'amico chiama immediatamente la polizia.

Spera che non sia come pensa, ma è quasi sicuro che sia esattamente come pensa.

Quando arrivano la vedono sul letto. Sul comodino e per terra ci sono antidepressivi, marijuana, una bottiglia di vodka e tracce di eroina.

Paula Yates è morta, ultimo atto di una vita assurda, fatta di eccessi ma anche di slanci romantici, di belle speranze (l'amore che salva e cicatrizza ogni ferita) e di brutte sorprese (sei mesi prima della morte di Hutchence aveva scoperto che il suo vero padre non era Jesse Yates, ma Hughie Green, un presentatore televisivo).

In un primo momento si pensa al suicidio, poi il coroner stabilisce che è stata overdose, dovuta, si legge negli atti, a "un comportamento sciocco e incauto". Perché Paula Yates non era abituata alle droghe pesanti, le aveva scoperte tardi, proprio tramite Hutchence.

Temeva che succedesse qualcosa alla figlia e aveva scritto un biglietto che diceva: "Vorrei che Tiger Lily potesse rimanere lontana dai parenti di Michael Hutchence". Soprattutto dalla madre, che le aveva urlato, al funerale di Michael: "Tu hai ucciso mio figlio, tu e i tuoi problemi".

♪♪♪

390 • ALLMAN BROTHERS

Non c'era rivalità, questo è certo, tra Lynyrd Skynyrd e Allman Brothers, che insieme agli ZZ Top formavano la sacra trimurti del Southern rock, la crema assoluta del rock sudista. Non c'era rivalità, anzi, quando Ronnie Van Zandt e gli altri musicisti seppero quello che era successo, rimasero senza parole. E pensarono che a volte la morte ti aggredisce in modo strano e che le coincidenze del destino si sovrappongono alla follia. Prima Duane Allman e adesso Berry Oakey. Anzi, prima il padre di Duane Allman, Willis, che era morto quando lui aveva appena tre anni, il giorno dopo Natale, durante una rapina, mentre si trovava in licenza dalla guerra di Corea. Un'assurdità sopravvivere alla guerra e morire dietro casa tua.

E adesso questa assurda ricorrenza. Da non credere.

Duane Allman, maestro indiscusso della slide guitar e secondo più grande chitarrista della storia dietro Jimi Hendrix, almeno secondo un referendum della rivista "Rolling Stone" del 2003, era morto a ventiquattro anni mentre si trovava alla guida della sua Harley Davidson, il 29 ottobre 1971, a Macon, in Georgia, dov'era cresciuto Otis Redding. Praticamente un anno dopo, l'11 novembre 1972, il bassista degli Allman Brothers, moriva nello stesso modo e nello stesso luogo, a soli tre isolati di distanza.

Bisogna dedicare una canzone a Duane, dicono gli Skynyrd.

Prendono spunto da una domanda che l'allora fidanzata di Allen Collins gli aveva rivolto: "If I leave here tomorrow, would you still remember me?", se domani me ne andassi, ti ricorderesti di me? e fanno nascere *Free Bird* che diventerà uno dei più grandi hit della band. Ma non solo. Ricorderanno spesso nei concerti gli amici scomparsi, dedicando loro altre canzoni e altre situazioni.

Ripenseranno spesso a quel modo assurdo di morire, senza sapere che la più grande assurdità era dietro l'angolo, e aspettava loro, il 20 ottobre 1977. Ma questa è un'altra storia.

♪♪♪

391 • IL NERO MASCHERA

Sono più o meno cento milioni i dischi di Ozzy Osbourne venduti nel mondo, se sommiamo quelli registrati con i Black Sabbath a quelli relativi alla carriera solista. Nel corso della sua parabola artistica, il vecchio Ozzy si è guadagnato molti soprannomi, e per ognuno di essi è facile capirne la ragione: The Madman, il pazzo, perché i suoi comportamenti sono sempre stati giudicati folli e sopra le righe persino da chi è sempre stato pazzo e sopra le righe; The Godfather Of Heavy Metal, il padrino dell'heavy metal, anche se lui una volta ha dichiarato che preferirebbe essere chiamato il fratello maggiore dell'hard rock; The Oz, con riferimento al film del 1939 diretto da Victor Fleming.

Ozzy Osbourne è soprannominato anche The Prince of Darkness, il principe delle tenebre, un po' perché era lui a guidare il sabba nero, un po' perché nero non è il suo colore preferito: è il suo unico colore. Si veste sempre e solo di nero. Ma le ragioni non sono solo filosofiche. Di recente ha confessato che la ragione per cui ha cominciato a vestirsi di nero è molto più banale: Ozzy si rovescia spesso il cibo o le bevande addosso, perché mangia e beve in modo disordinato, le sue mani e la sua bocca sono sempre in movimento, e le sostanze che assume non aiutano l'autocontrollo. "Se mi vestissi di chiaro o di qualsiasi colore", ha detto il Principe delle Tenebre, "si vedrebbero molto di più i casini che combino. Il nero maschera meglio."

♪♪♪

392 • THE MIRACLE OF LOVE

New York, una sera qualunque. Robert Smith torna nella sua stanza d'albergo dopo un concerto dei Cure. È distrutto e non vede l'ora di andare a letto. Mentre passa davanti al salone delle feste, sente *Just Like Heaven*, una sua canzone, una a cui è molto legato perché è nata nel sud della Francia e si vede ancora le fidanzate di tutti i membri della band che stavano lì con loro, sedute sul divano della sala di registrazione a dare consigli oppure, semplicemente, a mandare buoni impulsi.

Robert Smith è felice di ascoltare quella canzone, ma al tempo stesso pensa anche che chi la sta eseguendo la sta eseguendo molto male. Aspetta per un po' davanti alla porta, poi entra. Si trova davanti a un matrimonio. Gli sposi, non appena lo vedono, cominciano a urlare. Sembra uno scherzo, no, un miracolo. Si chiamano Julie e Ryan Atkinson. Accolgono Robert Smith come un Messia. I Cure sono il loro gruppo preferito, tanto che avevano chiesto all'orchestrina del matrimonio di suonare qualche loro brano, anche se quelli dell'orchestrina non sembravano mica tanto convinti.

È a lei, Julie, che viene l'idea, perché le donne sono più veloci anche nelle richieste folli. Visto che tu sei l'originale, perché non canti tu?

Robert Smith ride, poi saluta e va a dormire. Anche ai miracoli c'è un limite.

♪♪♪

393 • NESSUNA RICADUTA

Nel 1996, Christiane Kettel cadde in coma. Aveva ventiquattro anni. Embolia polmonare. In termini medici, l'ostruzione acuta, completa o parziale, di uno o più rami dell'arteria polmonare da parte di materiale trombotico proveniente dalla circolazione venosa sistemica. In pratica, nel caso di Christiane, tutto si traduceva in una parola sola, terribile: coma. Per sette anni nessuno sforzo medico era riuscito a migliorare la situazione. Nel marzo del 2003, la madre aveva letto sul giornale di un concerto a Regensburg di Bryan Adams e si era ricordata che il cantante canadese era il più grande eroe della figlia, così decise, d'accordo con i medici, di portarla al concerto. Dopo poche canzoni accadde quello che nessun medico saprà mai spiegare: Christiane aprì gli occhi, cominciò a muoversi al ritmo della musica e delle canzoni. Alla fine del concerto fu nuovamente trasportata in ospedale, dove per tre volte salutò sua madre chiamandola: "Mamma!".

Da allora nessuna ricaduta.

Il rock, a volte, vince anche sulla medicina e sulla ragione.

♪♪♪

394 • CANESTRO DA TRE PUNTI

Tramonto di anni Sessanta. David Crosby telefona al suo giovane amico, un bel talento che, secondo Crosby, ha davvero tutte le carte in regola per diventare qualcuno. Scrive belle canzoni, è un songwriter, ma non tradizionale.

Crosby gli dice di registrare alcune canzoni su nastro e poi di mandarle al suo manager David Geffen. Crosby è sicuro che Geffen apprezzerà.

Il ragazzo esegue, ma Geffen, appena riceve il demo, fa quello che fanno quasi tutti quando ricevono un demo: lo prende e lo butta nel cestino.

Mentre è fuori a pranzo, la sua segretaria entra nell'ufficio di Geffen, si avvicina alla scrivania, lo sguardo cade sul cestino e su una foto. Il ragazzo della foto è davvero molto, molto carino. Incuriosita, si china, prende la foto e il pacco da cui fuoriesce.

Il mattino dopo la segretaria va dal suo capo: "Ha presente il nastro e la foto che ieri ha buttato nel cestino?".

E lui: "Cosa fa adesso, mi guarda nella spazzatura?".

"Sì", dice lei. "Ed è la sua fortuna. Perché il ragazzo che lei ha scartato è bravissimo. Lo ascolti."

Geffen vede nell'ordine: la sua segretaria che gli appoggia il demo sulla scrivania, la segretaria che esce dall'ufficio, la segretaria che si gira all'ultimo momento e gli lancia uno sguardo della serie: "Guardi che le conviene".

Geffen mette su il demo del ragazzo che aveva buttato nel cestino senza dargli nemmeno una chance e che adesso, secondo la sua segretaria, avrebbe dovuto mettere sotto contratto. Guarda il nome sulla busta. Si chiama Jackson Browne.

♪♪♪

395 • LITTLE RICHARD E CHUCK BERRY

Nel 1969, a un concerto in una scuola del Connecticut, si incontrarono Little Richard e Chuck Berry, due padri del rock and roll. Entrambi immensi, ma con orientamenti sessuali diversi. Chuck Berry era la star del cartellone, ma come da abitudine, andò a salutare in camerino i musicisti che aprivano la sua serata, e fra questi anche Little Richard, che fu felicissimo di vederlo e mandò via i ragazzi che gli tenevano compagnia per rimanere da solo con Chuck.

"Mi fa davvero piacere che tu sia venuto, Chuck. Desideravo incontrarti sin da quando ho sentito *Maybelline*, e finalmente eccoti."

Chuck Berry gli diede la mano, Little Richard la afferrò, spinse Chuck sulla sedia e lo invitò a un party nella propria stanza.

Chuck Berry esitò, poi si fece forza e chiese: "Richard, diciamo pane al pane e vino al vino. Hai intenzione di fare l'amore con me?".

L'espressione di Little Richard si allargò in un gran sorriso: "Ti piacerebbe molto, Chuck, non c'è uno spettacolo simile al mondo".

Poi rimase ad aspettare la risposta.

Chuck Berry fece un passo indietro. "Scusa Richard, vado a prepararmi per il concerto."

E tutto finì lì. Perché Chuck Berry pensava che non ci fosse uno spettacolo al mondo paragonabile a un suo concerto. Little Richard lo guardò uscire dal suo camerino e, quando fu sulla porta, aggiunse: "Chuck, non sai quello che ti perdi".

♪♪♪

396 • BILLY CORGAN, KURT COBAIN E COURTNEY LOVE

Courtney Love ha voglia di vedere Billy Corgan, con cui ha una storia a intermittenza, non proprio l'ideale per una ragazza interrotta. È il 10 ottobre 1991. Riesce a convincere un discografico a pagarle il biglietto aereo per Chicago. Gli ha detto che vuole andare a vedere i Nirvana, che si esibiscono al Metro; in realtà, pensa solo a Billy. Va a casa del leader degli Smashing Pumpkins, ma lo trova con una ragazza. Mi correggo: la sua ragazza. Courtney capisce che per Billy, lei è solo una scopata e reagisce male. Apre la finestra e butta di sotto tutto quello che trova: scarpe, vestiti, oggetti. A fatica Corgan riesce a mandarla via.

Quando è sulla porta, Courtney dice: "Vado, tranquillo. Vado a vedere Kurt Cobain al Metro. Lui è un uomo".

Billy e Kurt si detestano, così Billy dà a Courtney indicazioni sbagliate che la fanno finire in un quartiere di spacciatori. Quando se ne accorge, Courtney ferma un taxi e spende i suoi ultimi dieci dollari per farsi portare al concerto. Alla fine, va da Kurt.

"Posso dormire con te in albergo?"

"Perché?"

"Perché Billy Corgan mi ha sbattuto fuori casa."

"È una vergogna che tu esca con lui."

"Non ci esco più, ma hai ragione."

Courtney si mette a piangere.

"Non troverò mai nessuno che mi ami."

Kurt la guarda: "Se è per questo, nemmeno io".

I due si guardano.

È l'inizio.

O l'inizio della fine.

♪♪♪

397 • BEATLES E STONES

La rivalità è un'invenzione bellissima. Ti obbliga a schierarti da una parte, a prendere posizione, a partecipare. Alcune volte la rivalità è di sostanza (Oasis e Blur non si sono mai sopportati, esattamente come Coppi e Bartali, troppo diversi in tutto), altre volte fa gioco a entrambi (Vasco e Liga, anche se loro smentirebbero subito questa affermazione), altre volte è pura invenzione. Beatles e Stones, ad esempio. La sfida a duello per eccellenza. Tutti avevano interesse ad alimentare questa rivalità. I musicisti delle due band non si facevano quasi mai vedere insieme, ma si frequentavano, eccome. Quando, il 25 giugno 1967, i Beatles apparvero in *Our World Live*, il programma della Bbc che collegava in diretta emittenti televisive di tutto il mondo, per cantare *All You Need Is Love*, tra gli invitati c'erano molti colleghi come Eric Clapton, i Faces, Graham Nash, Keith Moon che suonò la batteria con Ringo durante la lunga attesa prima della diretta. E c'erano anche Mick Jagger e Marianne Faithfull, seduti per terra che si passavano un joint gigantesco. E Mick e Marianne c'erano anche quando i Beatles avevano registrato *A Day In The Life* a Abbey Road con un'orchestra di 45 elementi. E con loro c'era pure Keith Richards. Si vedevano e stimavano, Beatles e Stones. Ma guai a farlo sapere in giro.

♪♪♪

398 • THE ZEPPELIN CURSE

È il 5 agosto 1975. Robert Plant è in vacanza a Rodi con la famiglia – la moglie Maureen, i figli Carmen e Karac – e la figlia di Jimmy Page, la piccola Scarlet. Sono in macchina, alla guida c'è Maureen, che perde il controllo del veicolo. L'incidente è devastante. Maureen è immobile, Robert Plant si convince che sia morta. Non è così, ma la situazione è disperata. Il manager dei Led Zeppelin, Richard Cole, noleggia un aereo e vola a Rodi con sacche di sangue per Maureen. Questo gesto le salva la vita. Robert Plant ha riportato la frattura del bacino e sarà costretto su una sedia a rotelle anche durante le registrazioni di *Presence*. I Led Zeppelin cancellano il tour mondiale che sarebbe dovuto partire il 23 agosto. I figli di Robert Plant riportano ferite serie anche se non gravi. L'unica illesa è Scarlet, la figlia di Jimmy Page.

I seguaci di quella che molti chiamano *The Zeppelin Curse*, la maledizione degli Zeppelin, hanno nuove frecce al loro arco. Sono sempre più convinti che l'unica ragione per cui Scarlet non abbia riportato alcuna ferita sia lo stretto rapporto che suo padre, Jimmy Page, ha con il demonio.

♪♪♪

399 • FANTASMI NEL CASTELLO DEI SABBATH

Geezer Butler ha come delle visioni. Vede quello che accadrà. Non sempre, ma abbastanza da rifletterci sopra. Da solo e con l'amico Ozzy. Geezer Butler è il bassista dei Black Sabbath. Anche Ozzy è molto colpito dalle doti di Butler e vuole aiutarlo ad andare a fondo. Gli regala perciò un libro sull'occulto. Ha quattrocento anni ed è scritto a mano. Ozzy dice che non appena l'ha visto ha capito che doveva essere di Butler. Butler è scettico, ma si ricrede fin dalla prima sera che lo porta a casa. Lo appoggia sul tavolo e un gatto nero si materializza davanti a lui per poi scomparire dopo pochi secondi.

Sul finire del 1973, i Sabbath si rinchiudono nel Clearwall Castle, un maniero gotico che si trova nella foresta di Dean, in Inghilterra. Butler avverte strane presenze. Voci. I Black Sabbath registrano nelle celle sotterranee del castello. La notte in cui Iommi inventa il riff di *Sabbath Bloody Sabbath*, Ozzy si addormenta in una stanza che non è la sua. Dal camino esce inspiegabilmente un grosso pezzo di carbone che provoca un incendio. La stanza si riempie di fumo. Ozzy riesce a fuggire. Il vaso è colmo. Meglio terminare le registrazioni da qualche altra parte, ad esempio ai Morgan Studios di Willesden, nel nord di Londra. Meno suggestivi, ma più sereni.

♪♪♪

400 • I-CHING PER BRIAN JONES

Tara Browne era una delle personalità di spicco della Swinging London. Suo padre era Lord Dominick Browne, membro della Camera dei Lord; sua madre Oonagh Guinness, la famiglia che diede nome alla celebre birra. Suo fratello Garech era appassionato di musica celtica e fu tra i fondatori dei Chieftains, lui invece preferiva il rock. Era amico intimo di Paul McCartney e Brian Jones e, per festeggiare il suo ventunesimo compleanno, fece arrivare dagli Stati Uniti i Lovin Spoonful, che fece jammare con Mick Jagger e Brian Jones. Morì nove mesi dopo, il 18 dicembre 1966, in un incidente d'auto. John Lennon scrisse per lui *A Day In The Life*, gli Stones lo piansero a lungo.

Un giorno sono insieme Keith Richards, Brian Jones, Mick Jagger e

Marianne Faithfull. Parlano di Tara e del destino che strappa gli uomini in giovane età. Keith guarda Jones e dice: "Amico, tu non arriverai mai a trent'anni". Brian Jones risponde: "Lo so".

Quando Marianne Faithfull e Mick Jagger rimangono soli, lei tira fuori l'I Ching, per scoprire segnali sulla sorte di Brian. Il responso è: "Morte in acqua". Mick, incredulo, chiede a Marianne di rifare tutto daccapo. Il risultato è identico: "Morte in acqua".

Difficile da credere, perché Brian è un ottimo nuotatore. Lo chiamano immediatamente, per sincerarsi delle sue condizioni. Sta bene, per quanto Brian Jones possa stare bene.

Due settimane dopo morirà per annegamento nella sua piscina di casa, una delle morti più controverse e misteriose nella storia del rock.

♪♪♪

401 • EXTRATERRESTRE, PORTAMI VIA

Sono in molti a giurare di averne visto uno. Un extraterrestre. O un disco volante. Per essere una rockstar, uno dei requisiti fondamentali è avere fantasia, essere visionario, ma dichiarare a tutti di aver visto gli alieni è un'altra cosa.

Eppure...

Noddy Holder degli Slade giura di aver visto un disco volante apparire all'improvviso e poi sparire in pochi secondi, mentre si trovava nella sua stanza d'albergo a Bournemouth, nel sud dell'Inghilterra.

Una leggenda racconta che, la notte in cui nacque Elvis Presley, un lungo raggio di luce blu sfrecciò sopra la casa del futuro re del rock and roll.

Uri Geller, l'uomo che ebbe molta fortuna anche in Italia negli anni Settanta facendo piegare le posate d'argento con la sola forza del pensiero, ha raccontato quello che gli avrebbe confidato John Lennon: mentre si trovava a letto con Yoko Ono, John aveva visto quattro extraterrestri a forma di insetto che gli avevano fatto dono di un uovo metallico, oggetto che secondo John era una sorta di biglietto per un altro pianeta.

Mick Jagger giura di aver visto un Ufo a forma di sigaro mentre si trovava in una tenda con Marianne Faithfull, vicino a Glastonbury, nel 1968.

Robbie Williams ne avrebbe individuati addirittura tre.

Ma l'esperienza più assurda è quella raccontata da Cat Stevens.

Una notte, mentre si trovava nel suo letto, un disco volante era apparso sopra la sua testa e l'aveva risucchiato a bordo, dove era stato ospitato per un po', prima di essere rispedito da dove veniva.

Forse gli alieni volevano chiedergli il significato di alcune sue canzoni.

♪♪♪

402 • LA COPERTINA DI *HOTEL CALIFORNIA*

Lui è lì, seminascosto da un lampadario, appoggiato alla ringhiera della balconata del primo piano che dà sul patio, in alto a sinistra. Sotto ci sono le Aquile e un po' di gente. Lui è Anton LaVey, che aveva scritto la *Bibbia Satanica* e fondato a San Francisco la Chiesa di Satana nel 1976, dieci anni prima di quella foto che tutti voi potete vedere, se avete a casa *Hotel California* degli Eagles. La Chiesa di Satana che inizialmente aveva la sua sede in un vecchio albergo convertito ad abitazione al numero 6114 di California Street. Troppe coincidenze. E poi c'è quella canzone nell'album che ha per titolo *Have A Good Day In Hell*, buona giornata all'inferno. E poi cosa ci fa lui lì? Impossibile che gli Eagles non ne conoscessero l'identità. I giornalisti vanno a chiedere spiegazioni alla band e tutti si fanno una bella risata e citano esempi a pioggia di altre follie come quella, tipo *Lucy In The Sky With Diamonds* che diventa nel suo acronimo Lsd oppure le canzoni dei Led Zeppelin che ascoltate al contrario farebbero sentire la voce di Satana o mille altre invenzioni. Tutti ridono, ma il 28 febbraio 1982 smettono di ridere. Perché Larry Salter, il manager degli Eagles, rilascia una bella intervista al "Waco Tribune-Herald" dove ammette che sì, è proprio così, gli Eagles non sono *esattamente* adepti della Chiesa di Satana, ma con la Chiesa di Satana hanno buoni rapporti. E allora tutti vanno a leggersi le ultime due strofe della canzone *Hotel California*, che sembrano calzare alla perfezione a un ritratto demoniaco, ma in generale vanno a rileggersi i testi di tutte le canzoni degli Eagles. Per scoprire che, qua e là, di riferimenti a passaggi segreti e altre divinità ce n'è più d'uno. Anche lontano dalle stanze dell'Hotel California.

♪♪♪

403 • VITA BASSA E VOLO ALTO

Billie Joe Armstrong è un tipo a posto. Quando è il momento, chiede rispetto. Sorride, se gli altri non capiscono o non accettano. Come quando ha dichiarato la propria bisessualità in un'intervista del 1995 e quando ha ribadito, quindici anni dopo, che il solo fatto che la gente si occupi di questo argomento significa che siamo a corto di normalità.

Billie Joe sferra quasi sempre le risposte giuste. Un giorno, un fan dei Green Day gli chiese cosa fosse il punk, allora Billie Joe diede un calcio a un bidone e disse: "Questo è punk". Allora il ragazzo fece la stessa cosa, diede anche lui un calcio al bidone e poi disse: "Questo è punk?". Billie Joe Armstrong sorrise e poi disse: "No, amico, questa è solo imitazione".

Ora, Billie Joe è un tipo a posto, che va dritto al cuore delle cose e non ha tempo da perdere, per cui non ha avuto la minima esitazione a rispondere a quello stupido steward.

È il 1° settembre 2011. Billie Joe si è imbarcato su un volo della Southwest Airlines. Sta per raggiungere il suo posto quando un membro del personale di bordo lo ferma: "Le dispiacerebbe tirarsi su i pantaloni?".

Billie Joe sa di avere dei calzoni a vita bassa, ma replica: "Non ha proprio niente di meglio da fare che preoccuparsi di questo problema?".

Lo steward insiste: "Si tiri su i pantaloni o scenda da questo aereo".

Billie Joe ovviamente è sceso.

La Southwest Airlines gli ha trovato un posto su un altro aereo e il giorno seguente, dopo aver capito chi era Billie Joe, si è profusa in mille scuse. A vita alta.

♪♪♪

404 • ALIENI A CASA DI ROGER TAYLOR

Nella vita dei Queen erano le feste di Freddie Mercury a tenere banco. Era lui il genio, lui l'organizzatore dei party più grandguignoleschi e folli. Per il suo quarantesimo compleanno, però, anche Roger Taylor volle organizzare una festa a tema che nelle sue intenzioni doveva essere indimenticabile. E indimenticabile fu, ma per le sue imprevedibili conseguenze.

Invitò una marea sterminata di amici e conoscenti nella sua villa nel Surrey. La festa era a tema, vagamente perverso: scolaretti e scolarette. Taylor noleggiò numerosi pullman che dal centro di Londra avrebbero portato gli ospiti nella sua dimora. Nel parco della villa fece allestire due enormi tendoni, con due palchi e piste da ballo in legno.

Per fare le cose a puntino, Roger Taylor aveva noleggiato anche uno sky-tracker. Si tratta di un faro quadruplo potentissimo con cui si poteva scandagliare il cielo.

Correttamente, aveva anche avvisato l'Aviazione, per evitare che gli aerei scambiassero quelle luci con le luci di atterraggio della pista di un aeroporto.

Quello che Roger Taylor non aveva previsto era che i cittadini del Surrey, terrorizzati da quelle luci nel cielo, credessero a un'invasione extraterrestre, a uno sbarco di alieni di un altro pianeta. Così, molti intasarono i centralini della polizia, altrettanti si misero in macchina nella pia illusione di fuggire allo sbarco, altri ancora, più coraggiosi, vollero avvicinarsi alla fonte. Così facendo intasarono le strade della contea creando ingorghi spaventosi.

L'indomani la festa di Roger Taylor finì sulle prime pagine dei giornali britannici, ma non per le ragioni che aveva immaginato il batterista dei Queen.

♪♪♪

405 • PARTY DI COMPLEANNO

Nel 1967 gli Who non erano ancora gli Who, tanto che giravano l'America come gruppo spalla degli Herman's Hermit. Però Keith Moon era già Keith Moon, soprattutto quando era il momento di fare festa. E quella festa, quella del ventunesimo compleanno, passerà alla storia. Soprattutto l'ultima parte.

Era iniziata alle dieci del mattino all'Holiday Inn di Flint, nel Michigan, ma la voce si era sparsa ovunque e continuava ad arrivare gente. Siamo al tardo pomeriggio. Il tasso alcolico è altissimo. Molti invitati finiscono vestiti nella piscina dell'hotel, altri si buttano direttamente con le bottiglie in mano. Arriva la torta. Cinque piani di morbidezza. Keith Moon raccoglie le forze, solleva la torta e la scaraventa sugli invitati. Tutti prendono un pezzo di torta con le mani e invece di mangiarla la spiaccicano sui vicini e sui muri. È una specie di gigantesca battaglia che si estende dalla sala da pranzo alla reception. Moon si toglie i vestiti e molti lo seguono. L'albergo chiama la polizia. Quando Keith la sente arrivare, decide di scappare. Sale a bordo di una Lincoln Continental, toglie il freno a mano ma quando vede che la macchina sta andando all'indietro si rende conto che non ha le chiavi. È troppo ubriaco per pensare che basterebbe mettere i piedi sul freno. Aspetta pazientemente che la macchina arrivi a fine corsa. E la fine corsa è la piscina. La Lincoln Continental entra in piscina con Keith dentro. Anche se è ubriaco perso, l'istinto di sopravvivenza lo spinge a uscire dalla macchina. Quando riemerge dall'acqua vede i poliziotti che lo aspettano. Cerca di scappare, ma scivola sulla torta spiaccicata a terra, cade in avanti e si rompe un dente. Lo arrestano. Moon pagherà 24.000 dollari di danni, una signora cifra nel 1967, e sarà bandito da tutti gli Holiday Inn d'America. Però che festa quella festa.

♪♪♪

406 • DAVID BOWIE E ROBERT SMITH

Robert Smith torna a casa e per prima cosa preme il tasto della segreteria telefonica. Il primo messaggio gli procura uno shock: "Ciao Robert, sono David Bowie. Darò una festa per i miei cinquant'anni al Madison Square Garden e voglio che tu venga a cantare. Sarà una bomba, vedrai".

È il 1° gennaio 1997. Robert Smith è felice come un bimbo. Che grande inizio anno... Poi si convince che non è possibile, che è uno scherzo. Chiede a sua moglie Mary: "Com'è possibile che Bowie abbia il mio numero se non è nemmeno sull'elenco?". Mary gli risponde che non ha mai sentito una domanda più stupida di quella e che se David Bowie vuole il numero di qualcuno, prima o poi lo trova.

Robert Smith continua a credere che sia qualcuno dei Cure che vuole prenderlo in giro. Chiama il numero che Bowie ha lasciato sulla segreteria e dice: "Grazie dell'invito, ma non credo di poter venire". Quando Bowie richiama per convincerlo e Smith si convince che è davvero lui, non perde altro tempo: "Vengo", gli dice mentre David sta ancora parlando. E gli racconta di quanto avesse paura che fosse tutto uno scherzo.

Saliranno insieme sul palco del Madison Square Garden una settimana dopo, il 7 gennaio, insieme a Lou Reed, Billy Corgan, Sonic Youth e Foo Fighters.

David e Robert canteranno *The Last Thing You Should Do* e *Quicksand.* E nell'after party dato da Julian Schnabel, Smith continuerà a chiedere alla moglie: "Ma è davvero David Bowie?".

♪♪♪

407 • JOHNNY CASH E KRIS KRISTOFFERSON

Kris Kristofferson era un ex pugile laureato in letteratura inglese che insegnava all'Accademia di West Point. Un luogo prestigioso, ma troppo banale per uno che sognava di scrivere canzoni. Così mollò tutto, prese un brevetto da pilota d'elicottero che gli permetteva di mantenersi, trovò un contrattino con una piccola etichetta di Nashville e si mise alla ricerca della grande occasione, che per lui aveva un nome e un cognome: Johnny Cash. Si erano incontrati più volte e, ogni volta, Kris gli aveva dato una cassetta con una sua canzone. Ma quando, la volta successiva, lo vedeva e gli chiedeva: "Hai ascoltato il mio demo?", Cash diceva sempre: "No, non ancora, ma lo farò presto". Poi però tornava a casa e buttava la cassetta nel lago.

Kris Kristofferson decise che era ora di intervenire. In fondo aveva pur sempre un brevetto da pilota. Quella era l'idea giusta: atterrare nel giardino di Johnny Cash e costringerlo ad ascoltare di persona il nastro.

Così fece. Johnny Cash vide atterrare un elicottero davanti a casa e uscì per capire cosa diavolo stesse succedendo. Vide scendere quel tipo alto e grosso con una birra in una mano e una cassetta nell'altra.

Forse per paura, forse per premiarne il coraggio, lo fece entrare e insieme ascoltarono il brano. In quel momento stava nascendo un'altra stella.

♪♪♪

408 • JOE STRUMMER, JIM JARMUSCH E BRUCE MCDONALD

Nel 1988 Bruce McDonald era un giovane regista canadese che aveva fatto un lungo viaggio da Kingston, nell'Ontario, a Memphis. Era arrivato in America per alcune ricerche sulla Highway 61, in vista di un film che forse mai realizzerà.

È appena sceso dal treno dopo un viaggio notturno da Chicago. Sono le sei del mattino. Cammina per Memphis verso il centro, attraversa una zona devastata che pare essere stata appena bombardata. In giro non c'è anima viva, solo un signore con un bicchiere in mano.

Bruce pensa che un signore con un bicchiere in mano alle sei del mattino possa essere anche un po' pericoloso, ma non ha altra soluzione: o si avvicina a chiedere informazioni oppure continua a vagare per quelle strade che sembrano di Belfast o Beirut. Delle due sceglie il male minore: il signore con un bicchiere in mano alle sei del mattino.

Bruce si avvicina. Quel signore è Joe Strummer. Da non credere.

Bruce sgrana gli occhi e dice semplicemente: "Joe".

Il vecchio cantante dei Clash risponde: "Sì. E tu chi sei?".

"Bruce. Sono appena sceso dal treno."

Strummer fa cenno a Bruce di seguirlo. Dietro l'angolo c'è un gruppo di persone che parla e beve, davanti all'entrata di un vecchio hotel. Alle sei del mattino.

Strummer introduce il nuovo arrivato: "Lui è Bruce. È appena sceso dal treno".

Tutti ridono.

Bruce non capisce cosa ci sia da ridere. "Che c'è di buffo?", chiede.

Un signore alto e con i capelli bianchi e lunghi gli risponde: "Ridiamo perché stiamo facendo un film su persone che sono appena scese dal treno".

Quell'uomo era il regista Jim Jarmusch. Il film, che uscirà nelle sale l'anno dopo, era *Mystery Train – Martedì notte a Memphis*, con Nicoletta Braschi, Steve Buscemi, il leggendario bluesman Screaming Jay Hawkins nella parte del portiere d'albergo, Tom Waits nel ruolo di un deejay e Joe Strummer nella parte di Johnny, un ubriacone che si mette nei guai con una rapina a mano armata.

♪♪♪

409 • ELVIS, GLI OROLOGI E RICHARD COLE

"Andiamo da Elvis."

Richard Cole, tour manager dei Led Zeppelin è vagamente ubriaco, ma sa il fatto suo. È diventato amico di Jerry Schilling, una delle guardie del corpo di Elvis, che gli ha fatto conoscere il Re. Una volta, Cole ha portato anche Eric Clapton a Graceland, nel 1974, anno in cui i Led Zeppelin non erano in tour.

Ora ha con sé John Paul Jones. Jerry lo fa entrare e lo introduce al Re. Una sola raccomandazione: non parlate di musica con lui. E andatevene dopo venti minuti al massimo.

Jones e Cole entrano. Cole ha in mano una bottiglia di Dom Perignon. Elvis è in ciabatte e pigiama, sta guardando la televisione con i ragazzi del suo entourage.

Cole non crede a ciò che vede. È abituato agli Zeppelin, sesso droga e rock and roll, altro che ciabatte e polizieschi.

"Che cazzo succede qui?", chiede.

Elvis reagisce con violenza. "Cosa sono queste parolacce?"

Cole non si lascia intimidire: "Te ne stai seduto lì con le tue stupide ciabatte e il tuo fottuto collaboratore Charlie Hodge del cazzo che si fa una sega con la sua fottuta penna. Che cazzo di party è questo?".

Elvis si alza di scatto e colpisce al braccio Cole con una mossa di karate, facendogli cadere l'orologio d'oro marca Tiffany.

Elvis si blocca.

"Bello", dice, e se lo mette al polso.

Cole si tiene il braccio dolorante: "Fanculo, puoi tenertelo".

Elvis esce dalla stanza e torna dopo pochi secondi con un orologio d'oro decorato con trentadue diamanti.

"Ecco", dice. "facciamo cambio."

Cole è senza parole.

Elvis si volta verso Jones: "E tu hai qualcosa per me?".

Jones ha al polso un orologio di Topolino. Se lo slaccia e lo dà al Re.

Elvis esce di nuovo dalla stanza e torna con un orologio di gran marca in lapislazzuli con doppio quadrante per due fusi orari.

Poi si volta di nuovo verso Cole: "Dai, altro?".

Cole ci pensa, si guarda le mani e si toglie un anello di ametista comprato in Brasile.

Elvis apprezza: "Eccoti questo", e gli lancia un anello con un diamante da due carati con sopra inciso *Love Linda*, regalo di Linda Thompson, la donna di Elvis dopo la separazione da Priscilla.

Poi si siedono sul divano e parlano di musica per tre ore.

♪♪♪

410 • CRAZY SID

Sid Vicious aveva sentito parlare di quel famoso concerto dei Clash durante il quale Jane Crockford aveva morso a sangue l'orecchio del fidanzato Shane MacGowan, che più tardi avrebbe formato i Pogues. Joe Strummer, che aveva assistito alla scena, aveva smesso di cantare e urlato: "Che cosa sta succedendo laggiù? Non posso credere a quello che vedo. Perché non rimanete a casa vostra a collezionare francobolli?".

Sid Vicious non avrebbe mai detto quelle frasi, perché per lui la violenza era parte della musica. Quando Jimmy McCulloch gli disse, allo Speakeasy: "Che peccato che tu non sappia suonare il basso, Sid", lui non ci pensò nemmeno un secondo, spaccò sul tavolo una bottiglia e lo colpì con la bottiglia rotta sulla faccia. E quando vide il giornalista Nick Kent con addosso dei pantaloni colorati, tolse la catena alla sua bici e gliela fracassò addosso. Kent gridò: "Ma che cazzo fai?". E Sid: "Non mi piacciono i tuoi pantaloni".

Sid era pazzo, così pazzo che era già finito in un centro correzionale, a Ashford, dopo aver lanciato un boccale di birra pieno a un concerto dei Damned, ferendo una ragazza a un occhio.

Così pazzo da trovare molto affascinante il libro di Charles Manson, che leggeva mentre era dietro le sbarre.

Così pazzo da mettersi con Nancy, la groupie tossica, devastante e devastata.

Ma questa è un'altra storia.

♪♪♪

411 • I DEPECHE A LA CIENEGA

È il 20 marzo 1990, il giorno in cui negli Stati Uniti esce *Violator*, il settimo album dei Depeche Mode. Titolo strano, significa violentatore, stupratore, profanatore, trasgressore. I Depeche Mode lo scelgono per gioco, come parodia ai titoli eccessivi del mondo heavy metal.

È l'album con cui vogliono andare alla conquista dell'America e ci riusciranno, perché rimarrà per settantaquattro settimane in classifica, fino al settimo posto nelle charts di "Billboard".

I Depeche Mode sono a Los Angeles, attesi al Wherehouse, un music store sul La Cienega Boulevard. Quando arrivano, non credono ai loro occhi. Ci sono 15.000 persone in attesa, con una fila che sembra infinita. Scendono dalla limousine ed è delirio. Le 15.000 persone non si controllano più. I Depeche Mode vengono spinti a forza all'interno, ma è chiaro a tutti che non riusciranno mai a firmare 15.000 copie del loro nuovo disco. Quando i fan se ne rendono conto cercano di prendere d'assalto il negozio di dischi. La polizia consiglia ai Depeche Mode di tornare in hotel. La band lascia il Wherehouse da un'uscita secondaria. Quando la notizia si diffonde si scatena il finimondo. Si sfiora la rissa. Arrivano troupe televisive, giornalisti e fotografi. Il quartiere è blindato. I fan dei Depeche Mode tornano a casa solo a sera inoltrata, dopo pianti, strepiti e proteste. Martin Gore è disperato, poi qualcuno dell'entourage gli sussurra in un orecchio: "Anche volendo, saresti mai riuscito a ottenere una promozione così?".

♪♪♪

412 • JIMI HENDRIX SULLA FIAT 500 DI PATTY PRAVO

Roma, 25 maggio 1968. Jimi Hendrix ha appena jammato al Titan, dopo aver cantato e fatto impallidire tutti al Brancaccio, in un concerto aperto dal balletto di Franco Estill, con un giovanissimo Renato Zero. Hendrix entra al Piper, va a sedersi vicino a Patty Pravo e Alberto Marozzi. Dopo un po', chiede di andare a fare un giro per Roma. I tre procedono verso la Fiat 500 bianca di Patty. Hendrix si mette dietro. Si accende un cannone così grande che la macchina si riempie di fumo. Girano per Roma, senza una meta. A un certo punto, polizia e posto di blocco. Stanno cercando Renato Vallanzasca. In alto la paletta. Chiaro: una 500 bianca avvolta da una gigantesca nuvola di fumo che sembrava un film di Fantozzi...

Patty Pravo e Marozzi si guardano. Patty Pravo, la ragazza del Piper, tira giù il finestrino, butta fuori la testa con il suo cappello di piume viola e, con aria serafica e innocente, chiede: "Ragazzi, è successo qualcosa?". I poliziotti, per fortuna, la riconoscono. È pur sempre Patty Pravo, la ragazza del Piper. Scambiano due parole, poi li fanno passare senza controllare. In tutto quel tempo, Hendrix non aveva mai smesso di fumare erba italiana. Seduto sul sedile posteriore di una Fiat 500, con le sue lunghissime gambe che a momenti uscivano dal finestrino.

♪♪♪

413 • STO ANDANDO A FUOCO

Grace Slick non aveva un carattere facile. Colpa delle troppe droghe, dei mille eccessi, forse anche di una vita che non stava andando nel modo sperato. Come diceva lo scrittore Eduardo Galeano, "quando abbiamo imparato tutte le risposte, ci hanno cambiato le domande". Quando cantava con i Jefferson Airplane e incendiava l'America, Grace Slick era convinta di avere le risposte che soffiavano nel vento, poi il vento è cambiato e ora si ritrovava con pochi spiccioli di speranza e gloria. E questo, unito all'alto consumo di droghe, portava a una sola conclusione: Grace Slick perdeva spesso la testa e la pazienza. Soprattutto quando si trovava di fronte un uomo in divisa.

Metà anni Settanta. Marin County, uno dei tanti parchi che fanno grande e meravigliosa l'America. Grace sta leggendo un libro di poesie e facendo colazione. Si avvicina un ranger e le rivolge la domanda che tutti in America ti rivolgono per gentilezza, che siano camerieri o ranger: "Va tutto bene?".

Grace Slick non ha un attimo di esitazione: "Andava tutto benissimo prima che arrivassi tu a rompere i coglioni, pezzo di merda".

Arrestata.

Stesso periodo. Una di quelle strade che in America si chiamano Interstate perché mettono in contatto due diversi stati dell'Unione. L'automobile di Grace ha dei problemi al motore. Riesce ad accostare e scendere. Prima molto fumo, poi il motore prende fuoco. Si ferma una pattuglia. Un poliziotto corre verso Grace: "Cosa sta succedendo, signora?".

E lei: "Non lo vedi da solo, testa di cazzo, che sto andando a fuoco?"

Arrestata.

Grace. Una che non tiene fede al suo nome.

♪♪♪

414 • LA SCHIAVA DI ANTHONY

Quando i Red Hot Chili Peppers divennero famosi, farsi le ragazze era la cosa più semplice al mondo, al punto che a volte veniva persino a noia. Ma prima, prima era come rivivere le gesta dei Led Zeppelin e di tutte le altre band che avevano messo insieme i lati del triangolo sex and drugs and rock and roll.

Negli anni in cui Anthony Kiedis divideva la stanza con il manager Lindy Goetz, il patto era che se uno dei due arrivava con una ragazza, l'altro si metteva i tappi nelle orecchie, la maschera sugli occhi e si girava dall'altra parte del letto. A meno che la ragazza non fosse d'accordo a farlo in tre, si capisce.

A volte le droghe acceleravano il processo e abbassavano la soglia di gradimento. Come quella volta nel South Carolina.

Kiedis entrò in un bar e riuscì a ottenere mezzo grammo di coca dal barista. Anthony se lo fece troppo in fretta, così quando arrivò una ragazza brutta e tarchiata, alta appena un metro e sessanta, Kiedis notò che era davvero poco attraente, ma decise che non era poi così importante. Lei gli disse che era il suo eroe e gli consegnò una lettera dove diceva che sognava spesso che il membro di lui fosse un delfino e la figa di lei un oceano dove il delfino avrebbe potuto navigare. Quando aggiunse che il suo sogno era diventare la sua schiava, Kiedis non ebbe più dubbi: era la ragazza perfetta per lui, almeno per quella sera.

"Davvero sei la mia schiava?", chiese.

"Sì, mio Signore", rispose lei.

"Allora procurami della coca."

Lei lo portò nella roulotte di suo zio, nella contea vicina, dove Kiedis vide spacciatori, pistole, birre, sigarette e poker. Insomma, un luogo tranquillo.

Anthony ne consumò una quantità folle, prima di trascorrere una delle più belle serate di sesso di tutto il tour con la meno probabile delle candidate.

Quando Anthony arrivò nella città successiva, aprì la busta per rileggere la lettera sul delfino e l'oceano e scoprì che lei aveva messo venti dosi di acido.

Era proprio una brava ragazza.

♪♪♪

415 • LA MUSICA BRUCIA

Nella seconda metà degli anni Sessanta, Brian Wilson era ossessionato da mille cose, tra cui l'acqua e il fuoco. Come ha ricordato il suo fedele collaboratore Van Dyke Parks, le stranezze erano all'ordine del giorno. Le riunioni di lavoro le convocava dentro la piscina, nella quale si immergeva completamente vestito, perché era convinto che suo padre avesse piazzato delle cimici in casa per spiare il contenuto dei suoi incontri.

Una sera, si doveva registrare *The Elements: Fire*, una bellissima suite strumentale che alcuni ricordano con un altro titolo, *Mrs. O'Leary's Cow*, la mucca della signora O'Leary. Essendo un brano che aveva a che vedere con il fuoco, come si evidenziava bene fin dal titolo, Brian Wilson si presentò in studio con una cassa piena di elmetti da pompiere che distribuì ai musicisti, poi accese un fuoco al centro della stanza per consentire a tutti di respirare quel fumo e immergersi nell'atmosfera giusta. Brian Wilson andò a dormire felice, ma la sua gioia durò poco. Qualche giorno più tardi si sparse la notizia che un edificio non lontano dallo studio di Wilson era andato a fuoco e che nel resto della

California meridionale si erano registrati altri piccoli incendi. Wilson si convinse che era colpa sua e della suite che parlava di fuoco, così chiuse a chiave i nastri in un cassetto e decise che quel brano, per il momento, non sarebbe uscito. Almeno fino a quando non fossero cessati gli incendi in California.

♪♪♪

416 • I BOA DI ALICE COOPER

La passione di Alice Cooper per i boa era nata per caso, quando un amico arrivò nel backstage con un serpente. Alice pensò: "Mmm, quasi quasi lo porto sul palco e lo inserisco come parte dello show".

Il primo boa di Alice Cooper si chiamava Kachina ed è quello che troneggia sulla copertina di *Killer*. Una volta, al Marriott Hotel di Knoxville, in Texas, Alice fece una doccia, poi uscì a cena lasciando la sua Kachina libera di girare per la stanza. Al suo ritorno, era scomparsa. La cercarono ovunque, senza risultato. Si era infilata nella tazza del cesso ed era scomparsa nelle tubature. Riapparirà due settimane dopo nella stanza di Charlie Pride, un cantante country che era entrato nella sua camera ed era quasi svenuto perché un boa constrictor lo guardava serafico dal cuscino sul letto.

Il secondo boa si chiamava Yvonne e accompagnò Alice durante *School's Out*. Circola voce che una sera sul palco stesse per soffocare Cooper e che per salvarlo un roadie abbia tagliato la testa al boa.

Il terzo boa, sempre femmina, fu Eva Maria Snake. Morì azzannato dai topi che erano la sua colazione preferita.

Il quarto si chiamava Angel, il quinto Mistress, il sesto Lady Macbeth.

Dal 1990 Alice Cooper ha deciso che i serpenti era meglio arruolarli sul posto. Troppo pericoloso portarseli dietro, soprattutto se li dimenticavi.

♪♪♪

417 • I CAGNOLINI DI LINDA BLAIR AL FUNERALE DEI LYNYRD SKYNYRD

Non è una rockstar, Linda Blair, ma è come lo fosse. Intanto perché le sue scene nell'*Esorcista*, a partire da quella in cui la sua testa gira di

360 gradi, fanno invidia persino a Ozzy Osbourne. E poi perché tutta la sua vita è follia, eccessi e rock and roll. "Quel film mi ha rovinato la vita", ha detto, "perché io volevo fare cinema ma volevo essere una principessa, non un mostro." Si fidanzò con Rick Springfield pur essendo minorenne e cominciò subito a fare uso di droga.

A volte è stata anche sfortunata. Come quando è andata al funerale dei suoi amici Lynyrd Skynyrd, a Miami. Una storia davvero incredibile.

Dopo il funerale, prima di tornare a casa, Linda si lasciò convincere da un'amica a fare visita a uno spacciatore. Linda era pulita, e proprio perché era pulita disse a se stessa che non aveva niente da temere e ci andò. A casa dello spacciatore, scoprì che quest'uomo vendeva anche cuccioli di cane con pedigree falsi. Linda si fece dare il numero, perché era interessata a comprare un po' di cagnolini con falso pedigree che poi avrebbe rivenduto a prezzo maggiorato. Tornata a casa sua, nel Connecticut, si mise in contatto con lo spacciatore senza sapere che la Squadra Narcotici stava intercettando la telefonata. Linda Blair fu arrestata insieme ad altre trenta persone, accusata di aver tentato di comprare cocaina in Florida per portarla nel Connecticut. Lei cercò disperatamente di spiegare che si trattava di cagnolini, ma la Narcotici continuò a dire che quello era sicuramente un linguaggio in codice e la condannarono a tre anni.

Dall'alto, i suoi amici Lynyrd Skynyrd avranno sorriso della follia del mondo.

♪♪♪

418 • IL PIPISTRELLO DI OZZY

Siamo al Veterans Memorial Auditorium di Des Moines, la capitale dell'Iowa che qualche anno dopo darà i natali agli Slipknot. È il ventesimo giorno del 1982. Ozzy Osbourne ha pubblicato da poco il suo *Diary Of A Madman*, secondo album da solista dopo la separazione dai Black Sabbath e questo è il suo tour più atteso, anche perché, data dopo data, le sue follie si moltiplicano.

Nelle prime file, tra il pubblico, c'è Mark Neal, che ha diciassette anni e, chissà perché è convinto che il regalo che ha portato da casa farà felice il suo idolo. Si tratta di un pipistrello morto da due settimane – l'aveva ucciso nel cortile della scuola – che suo fratello è riuscito a introdurre sotto il cappotto, nascondendolo alla security.

A un certo punto del concerto, Mark lo scaglia sul palco. Ozzy, convinto sia un animale finto, gli stacca di netto la testa con un morso. Quando ci si accorge della realtà, è panico. Ozzy viene portato immediatamente in ospedale, più per le insistenze di sua moglie Sharon che per una sua paura, dove lo sottopongono a una nutrita serie di iniezioni di siero antirabbia.

Ozzy, come sappiamo, sopravvive. Il suo gesto entrerà negli annali del rock.

♪♪♪

419 • I SERPENTI DI SLASH

"Forse conviene darli via, che ne dici?"

"Sì, penso sia la cosa giusta da fare."

"Tutti?"

"Tutti, dai. Quando si fa una cosa la si fa fino in fondo."

Slash e sua moglie Perla sono d'accordo anche stavolta. Davvero una perla di donna se asseconda suo marito in tutto e per tutto. Persino quando a lui era venuto in mente di chiamare il bambino Guinness, perché secondo lui era merito della birra se aveva spermatozoi sani, persino allora aveva detto va bene. E aveva detto va bene anche quando lui aveva cambiato idea e aveva optato per un nome diverso: London, dal nome della città dove era stato concepito il primogenito e anche dal nome di un compagno di scuola delle medie che Slash apprezzava in particolar modo.

Se era d'accordo su tutto questo, figurati sull'ultima proposta di Slash. Mancavano pochi mesi alla nascita di London e Slash cominciava ad avere le palle piene di tutti quei serpenti. Ottanta. Ottanta serpenti, tra pitoni e boa. Intanto occupavano sempre più spazio, ma il problema vero era un altro. Il dramma era dar da mangiare a ottanta serpenti. Era diventato un lavoro.

Come ha dichiarato lo stesso Slash in un'intervista a James McNair, "non era più come all'inizio, quando bastava raccattare qualche topo morto". E io mi chiedo: ma dove li raccattava i topi morti, Slash?

♪♪♪

420 • SON OF A BITCH

Gorham Hotel, New York, midtown. 4 aprile 1968. La notizia della morte di Martin Luther King scuote l'America nera e anche quella parte di universo che non è abituata a ragionare in termini di razza e colore. C'è paura in tutte le città, si temono ritorsioni e altre morti. Si sente un'esplosione nell'albergo. Gli addetti alla sicurezza cominciano a correre, in pochi minuti l'hotel è circondato da forze di polizia in tenuta antisommossa. Roger Daltrey e Pete Townshend scendono di corsa nella hall. Townshend ha inoltre paura che i poliziotti, entrando nelle stanze dei membri degli Who, scoprano i più che ingenti quantitativi di droga nascosti male in valigia.

Sentono urla e altre esplosioni. Un poliziotto urla *son of a bitch*, figlio di puttana. È lì che a Roger e Pete viene un dubbio. Un terribile dubbio. Escono in strada e guardano in alto. C'è Keith Moon sul cornicione della sua stanza. Ha in mano delle cose rotonde. Sono piccole bombe a mano. Le sta tirando contro la polizia, accompagnando ogni lancio da piccole grida e risate.

Son of a bitch, ripete un poliziotto. Poi guarda i restanti Who, li riconosce e dice: "Il vostro amico ha fatto saltare in aria la camera della moglie del direttore".

♪♪♪

421 • MISS LEO, ROBERT RYAN E JOHN LENNON

Il Dakota Building dove viveva John Lennon era abitato dai fantasmi. Una ragazza vestita in abiti del XIX secolo apparve un giorno a un operaio che stava lavorando nell'edificio. Senza smettere di far rimbalzare una palla disse: "Oggi è il mio compleanno" e poi scomparve. Pochi giorni dopo, l'operaio precipitò nella tromba delle scale. Un altro fantasma che abitava il Building era quello di un signore con una parrucca che assomigliava molto a Edward Clark, il milionario che aveva fatto costruire, nel 1884, il più bell'appartamento del palazzo.

Straordinaria la storia di Miss Leo, che non era un fantasma, ma che spaventava e a volte divertiva con il suo comportamento. Aveva sistemato una carrozza a cavalli nel salotto di casa, a cent'anni di età attraversava la hall completamente nuda cantando le sue canzoni preferite. Un giorno, i vicini avvertirono uno strano e sgradevole odore provenire dal suo appartamento. Chiamarono il portiere che, in sua assenza, entrò con la chiave di riserva e trovò il fratello di miss Leo morto da giorni, seduto sulla sua sedia preferita. Al suo ritorno, Miss Leo disse che non aveva alcuna intenzione di separarsi da lui.

John Lennon, una volta venuto a conoscenza di tutte le storie, prima fece chiudere tutti i possibili varchi che davano sulle scale per evitare che suo figlio Sean precipitasse e poi, su consiglio di Yoko, convocò una medium per sapere se nell'appartamento 72 ci fosse la presenza di qualche spirito. Si materializzò quello di Jesse Ryan, che aveva vissuto in quel luogo con suo marito, l'attore Robert Ryan. Jesse assicurò a John e Yoko che non avrebbe dato alcun fastidio e che quel luogo avrebbe portato loro solo cose belle.

Profezia sbagliata.

♪♪♪

422 • PRATICHE DEMONIACHE

Stanno insieme ormai da tre anni, Keith Richards e Anita Pallenberg. La loro storia era diventata ufficiale quando in Marocco, Brian Jones, all'epoca fidanzato di Anita, era tornato in hotel con due prostitute prelevate da un bordello pretendendo da Anita che facessero l'amore tutti e quattro insieme. Lì Keith aveva detto basta nascondersi. E si era portato via Anita.

Stanno insieme ormai da tre anni, anche se Keith Richards qualche svago se lo prende ancora e anche se Anita è tutto fuorché una santarellina. Per di più si è invaghita delle scienze occulte. Mentre era sul set del film di Nicholas Roeg, *Performance*, ha rubato molti oggetti che, secondo lei, hanno a che fare con l'occulto e, come non bastasse, ha ammesso di fare parte di una setta di streghe, anche se il suo avvocato le ha consigliato opportunamente di ritrattare tutto.

Ora siamo nella villa di Keith Richards, a South Salem, nello stato di New York. Anita non è sola, ma l'altro uomo non è Richards, è un diciassettenne di nome Scott Cantrell. I due bevono e fumano e chissà che altro. Anita va in un'altra stanza quando sente uno sparo, si precipita e trova Scott morto stecchito. Si è sparato con una Smith & Wesson calibro .38 rubata che aveva trovato in casa.

Sembra un suicidio, ma poi spunta il padre di lui, Robert, che accusa Anita di averlo plagiato, sedotto e abbandonato.

E poi spunta un vigile, che sostiene di essere stato aggredito da Scott, o da qualcuno che gli assomigliava molto, qualche giorno prima, dopo averlo sentito intonare una strana nenia.

Nasce l'ipotesi che Scott e Anita fossero coinvolti in pratiche demoniache. Nella casa la polizia rinviene un cappio e un pupazzo stile voodoo con le fattezze di Elvis Presley.

Anita viene prosciolta da ogni accusa, ma chissà come sono andate davvero le cose, quella sera del 1979 nella casa di Keith Richards dove in molti avevano simpatie per il demonio.

♪♪♪

423 • FOBIE

Parliamo di paure, di fobie. Le rockstar non ne sono esenti, anzi, forse ne soffrono più delle persone normali perché, in loro, tutto è amplificato: le forze e le debolezze.

Kylie Minogue ha il terrore di appendere gli abiti negli armadi perché è impaurita dal rumore che fanno gli appendiabiti (!).

Kanye West odia i telefoni: non ne possiede uno, comunica via e-mail o attraverso i telefoni dei suoi collaboratori.

Neil Young ha il terrore degli aghi (belonefobia), La Toya Jackson dei gatti (si chiama ailurofobia). Madonna dei tuoni (brontofobia). Rihanna, pur essendo cresciuta alle Barbados, ha paura dei pesci, anche quelli minuscoli.

Sheryl Crow ha paura delle altezze, mentre Robert Smith dei Cure, Travis Barker del Blink 182 e David Bowie hanno paura di volare, ma questa è una fobia piuttosto comune.

Più rara è la fobia che colpisce Diddy. Si chiama Coulrofobia ed è la paura dei clown, dei pagliacci.

Poco comune ma comprensibile è la paura dei gabbiani di cui soffre Adele. Una volta, mentre stava mangiando davanti all'oceano, un gigantesco gabbiano si è avventato sul suo cibo, ferendola e lasciandole una cicatrice permanente sulla spalla.

Brandon Flowers dei Killers ha paura del numero 621, che è la sua data di nascita (21 giugno, quindi 6.21 perché gli americani si sa che prima mettono il mese e poi il giorno). Quando era ragazzo, giocando a entrare in contatto con gli spiriti trapassati, gli è stato predetto che quello è il giorno in cui morirà.

♪♪♪

424 • OSSESSIONE PER SHERYL

Ambrose Kappos ha trentasette anni ed è un sommozzatore della Marina Militare americana, ma l'unico mare che vorrebbe navigare è quello della vita di Sheryl Crow. Il 9 ottobre 2003, dopo un concerto all'Hammerstein Ballroom di New York, cerca di intrufolarsi nei camerini, ma viene bloccato dalla security. È calmo, non sembra pericoloso, ma l'entourage di Sheryl decide di non fidarsi di quel tipo che dice di essere il fratello gemello che l'artista non ha mai conosciuto. Dice di essere stato a casa della famiglia Crow e di aver avuto conferma da suo padre che è effettivamente andata così: lui e Sheryl sono gemelli separati alla nascita e dalla vita.

Kappos era realmente andato dai Crow nel Missouri per chiedere di intercedere per lui e avere la possibilità di uscire una volta a cena, ma naturalmente non aveva avuto alcuna rassicurazione sui legami di parentela con la cantante.

Kappos viene respinto dagli addetti alla sicurezza, ma non si abbatte. Individua la limousine di Sheryl e aspetta che lei si materializzi. Quando accade si precipita verso di lei, ma viene bloccato. Cerca egualmente di entrare in auto, Sheryl fa chiamare la polizia e Kappos viene arrestato per minacce e molestie. Esce e richiama la famiglia Crow. Parla con la sorella, le dice che ha ricevuto una telefonata da Dio, anche lui convinto che Sheryl debba incontrarlo. Ce n'è abbastanza per portare il caso in tribunale, ma stranamente il giudice dà ragione all'uomo. La sentenza parla di comportamento strano, ma non socialmente pericoloso.

Kappos commenta così: "Questa storia poteva essere giocata molto meglio e considerata per quel che è: un uomo onesto che cerca di corteggiare una brava donna". Dunque si trattava di amore. Ma non aveva detto che erano gemelli?

♪♪♪

425 • VERSO IL BASSO

I maschi sono strani, ma strani strani ed è questa la ragione per cui le donne sono più intelligenti: la stranezza delle donne è incanalata verso la società e a disposizione degli altri, quella degli uomini si concentra su pochi argomenti, in età adolescenziale fondamentalmente due: le ragazze e il proprio organo riproduttivo. Da ragazzi è un'ossessione. Il 90% della popolazione maschile sotto i diciotto anni ha paura di averlo piccolo, il rimanente 10% ne ha la certezza. Quando sei ragazzo, chi di voi non l'ha fatto?, ti armi di righello e te lo misuri, almeno questo succedeva una volta, ai tempi in cui era giovane Alice Cooper. A volte lo facevi da solo, altre volte in compagnia.

Una volta, mentre Cooper se lo misurava, un amico burlone gli disse: "Ehi, ma che ti succede?".

Alice non capiva: "Che mi succede cosa?".

"La tua erezione", disse l'amico.

"Che c'è che non va?", domandò Cooper.

"Be', il tuo coso punta verso l'alto. Dovrebbe invece puntare verso il basso."

Alice Cooper si sentì morire.

L'amico burlone continuò nello scherzo: "Dovresti farti vedere. Non è normale".

Iniziarono giorni terribili. E prima di scoprire che era tutta una burla, sviluppò un'ossessione verso il suo membro, arrivando persino al punto di legarne con una corda l'estremità al ginocchio sinistro, nel disperato sforzo di avere un'erezione che puntava verso terra e non verso il cielo.

♪♪♪

426 • MALOCCHIO

Le prime allucinazioni, Patti Smith non le ebbe per via delle droghe, ma per colpa della scarlattina. La prese in forma molto forte che aveva sette anni e la malattia, come sostiene lei nella sua autobiografia, le provocò febbrili allucinazioni che alimentarono la sua già vivace fantasia.

Il suo aspetto fisico in quegli anni non era invidiabile. La scarlattina le aveva fatto perdere i capelli. Era magra fino allo svenimento, malnutrita al pari dei suoi fratelli che, per questo motivo, furono anche ricoverati in ospedale. L'occhio sinistro di Patti era ballerino e strabico, ma i suoi genitori non avevano i soldi per l'operazione che avrebbe risolto il problema, così Patti andava in giro con una benda nera sull'occhio e gli occhiali per vedere bene dall'altro occhio miope. Pesava diciotto chili, camminava goffamente per la magrezza e perché aveva i piedi piatti. Gli altri bambini la evitavano. Pensavano che avesse il malocchio e che portasse sfortuna.

Fu da quel momento che Patti Smith provò a dare un segno positivo a tutte quelle sfortune. Si convinse che era diversa perché era speciale e che un giorno la sua diversità l'avrebbe portata lontano.

Andrà proprio così, per fortuna.

♪♪♪

427 • IL TRONO

Sulla stessa limousine, diretta al Rainbow di Los Angeles, sul Viale del Tramonto, ci sono Rick Rubin, grande produttore, Sebastian Bach, leader degli Skid Row, Axl Rose e David Lee Roth.

David sta bevendo Jack Daniels come fosse acqua naturale. In pochi chilometri si è scolato una bottiglia intera. Si volta verso Axl e Sebastian: "Ehi, mi sa che voi due ambite al mio trono, vero? Volete usurparmi il trono".

Axl Rose guarda Bach e chiede: "Che cazzo ha detto?". Poi, rivolto verso David: "Non voglio usurpare il tuo trono, non voglio usurpare il trono di nessuno, io non voglio nessun trono, io non voglio un cazzo di niente".

Il giorno successivo David Lee Roth manda un fax scritto a mano a Bach e Axl Rose: "Quello che avete sentito ieri sera era il mio orgoglio rock and roll misto a Jack Daniels. Non so quale dei due faccia più danni, ma so che entrambi mi fanno star bene. Perdonatemi. E cercate pure di portarmi via il trono. Lo meritate".

♪♪♪

428 • QUEL FOTTUTO NANO

Nel marzo del 1976, i Led Zeppelin danno un sontuoso party al Los Angeles Shrine in onore dei Pretty Things, che stanno ottenendo eccellenti risultati con il loro album *Savage Eye* inciso per la Swan Song, l'etichetta del Dirigibile.

John Bonham, Bonzo per gli amici, è al bar, completamente fuori di testa.

Si avvicina un giornalista della rivista britannica "Sounds", innamorato artisticamente di Bonzo all'ennesima potenza.

Si presenta con educazione e deferenza: "Mister Bonham, mi chiamo Andy McConnell e rappresento 'Sounds'. Vorrei semplicemente dirle che lei è il più grande batterista del mondo e che ho sempre desiderato stringerle la mano".

Bonzo si volta, prende il giornalista per il bavero, lo alza fino a quando lo guarda dritto negli occhi, poi gli urla in faccia: "Ho già ricevuto abbastanza merda da voi puttane della stampa".

Immediatamente arrivarono decine di persone a trascinarlo via. Era sempre più incontrollabile.

Poche ore dopo Bonzo cercò di buttare giù la porta di Danny Goldberg, che all'epoca lavorava per gli Zeppelin e che negli anni Novanta sarebbe diventato il manager dei Nirvana.

Bonzo urlava con tutto il fiato che aveva in gola: "So che sei lì dentro. Voglio che tu chiami al telefono quel fottuto nano di 'Sounds'. Digli che voglio fare una fottuta intervista. Darò a quell'orribile piccolo pezzo di merda un'intervista che non dimenticherà mai più".

Danny Goldberg finse di non essere in stanza e pensò che McConnell adorava Bonzo. Si chiese che cosa avrebbe fatto Bonzo se avesse incontrato un giornalista a cui non piaceva. Semplice, si rispose. L'avrebbe ucciso.

♪♪♪

429 • I NIRVANA CACCIATI DALLA LORO FESTA

Non è da tutti essere sbattuti fuori dalla propria festa. I Nirvana ci sono riusciti.

È il 13 settembre 1991. Sta per uscire *Nevermind*. Siamo al Re-Bar di Seattle. Discografici, amici e giornalisti affollano il locale per festeggiare l'uscita del secondo album dei Nirvana. Lo stato di Washington non consente la vendita di superalcolici nei bar, quindi, per aggirare questa spiacevole restrizione, i Nirvana introducono di nascosto una cassa di whiskey.

La serata procede tranquilla. Kurt Cobain riesce a convincere il deejay Bruce Pavitt che non è davvero il caso di trasmettere *Nevermind* per tutta la sera. Dopo un paio di volte, meglio cambiare, meglio un bel po' di punk e qualche virata sulla disco.

Parte puntuale un *food fight*, gioco che non manca mai in nessuna festa che si rispetti alla quale partecipino delle rockstar. Salsa texana e salsa di cipolle, tramezzini e dolci. Molto adolescenziale. I buttafuori non gradiscono, ma resistono. Fino a quando Kurt non ha la brillante idea di far rotolare per il pavimento i fusti di birra vuoti e di bere a canna dalle bottiglie di whiskey.

I buttafuori intervengono. Prendono per il collo i Nirvana e li cacciano. I discografici provano a intercedere: "Sono i Nirvana. La festa è per loro".

Niente da fare.

Da lì a poco sarebbero decollati e nessuno avrebbe più avuto il fegato di sbatterli fuori da una festa. Figuriamoci la loro.

430 • COCA SULLA TOMBA DI BUDDY HOLLY

Dopo il concerto al Palladium Ballroom di Dallas del 6 ottobre 1979, i Clash accettarono l'invito di Joe Ely, grande anche se misconosciuto rocker texano, di suonare nel suo club, il Rox, a Lubbock, e dopo ancora di far visita alla tomba di Buddy Holly, che a Lubbock era nato e che lì era sepolto. I Clash si portarono dietro candele, radio portatili, chitarre acustiche e bottiglie di birra. Bevvero e suonarono per ore. Ognuno di loro lasciò come dono il plettro di una chitarra, poi tornarono in hotel passando per le strade adiacenti i campi di cotone.

Fu sulla via del ritorno che Topper Headon cominciò a sentirsi male. Divenne cianotico. Qualcuno gli aveva dato dell'eroina senza che gli altri Clash se ne accorgessero. Fermarono la macchina, lo fecero camminare avanti e indietro per una strada sterrata e lontana dall'arrivo possibile di altre macchine, cercando di tenerlo sveglio e in vita.

Fu un'esperienza surreale, come dichiararono in seguito, ma non ancora decisiva per il licenziamento di Topper. I Clash continuavano a sperare che prima o poi si sarebbe rimesso in sesto. Nelle date olandesi del 1981 si cominciò a capire che non sarebbe successo. Headon chiese uno specchio da portare sul palco, ma invece che in scena lo portò in camerino. Lo mise sul tavolo e ci versò sopra una grande quantità di cocaina, poi disse a Joe Strummer: "Non ti dispiace, vero?". E cominciò a sniffare.

Strummer divenne una bestia.

Gli dispiaceva, eccome.

♪♪♪

431 • TROPPI ACIDI

Non era possibile avere a che fare con lui.

Un pomeriggio di febbraio del 1968, i Pink Floyd stavano andando a suonare, tutti nella Rolls Royce che utilizzavano per gli spostamenti. Roger Waters, che era al volante, disse: "Okay, ora la parte più difficile. Andiamo a prendere Syd". Un altro disse: "No, lasciamo perdere. Non andiamoci". Nessuno andò a prendere Barrett e i Pink Floyd fecero il concerto senza di lui. La parte più triste non è che deliberatamente non passarono a prendere il vecchio compagno, è che Barrett nemmeno si accorse che non erano passati. Ormai era fuori di testa. Troppi acidi.

A salvarlo dall'arresto ci pensava l'amica Susie, che distraeva i poliziotti con chiacchiere, tè e pasticcini ogni volta che bussavano alla porta di Earlham Street al numero 2 perché avevano avuto la segnalazione che lì vivesse un drogato. Ma fuori di casa Syd Barrett era impossibile da controllare.

Quella volta all'Alexandra Palace toccò forse il punto più basso. L'evento si chiamava International Love-In, i Pink Floyd erano secondi in cartellone per ordine di importanza, dietro solamente ai New Animals psichedelici di Eric Burdon. Una marea di gente incurante della pioggia, con i volti dipinti dei colori più sgargianti, che gettava in aria petali di garofano.

Mancavano pochi minuti all'inizio del concerto e Barrett non si trovava. Alla fine lo scovarono in un camerino che non era il suo, con lo sguardo perso nel vuoto e il corpo rigido come fosse morto. Nessuno riusciva a svegliarlo da quel torpore. Il pubblico si faceva via via sempre più impaziente, il direttore di palco continuava a bussare alla porta dei camerini urlando: "In scena, in scena!". Alla fine lo portarono quasi di peso sul palco, ma Syd era incapace di suonare e cantare. Quando finalmente si decise a muovere le dita sulla sua Stratocaster bianca fu peggio che andare di notte, perché i suoni che ne uscirono furono lancinanti e dissonanti. Un incubo.

Il tocco finale lo diede June, una ragazza dell'entourage, che, previdente, si fece dare il compenso della serata – mille sterline, un'enormità – prima che i Pink Floyd salissero sul palco. Dopo dieci minuti di mutismo di Barrett, il promoter e gli organizzatori si misero a cercarla per farsi ridare indietro i soldi. Lei, intelligentemente, si era chiusa in macchina, parcheggiata distante dal luogo dove Syd aveva probabilmente scritto il suo epitaffio con i Pink Floyd.

♪♪♪

432 • CHI NON PISCIA IN COMPAGNIA...

Il giorno esatto non è dato sapere, il mese nemmeno, l'anno neppure. Di certo abbiamo il decennio, i Seventies, gli anni Settanta. Se non si riesce a dire di più è perché nessuno dei protagonisti di questa storia ricorda con precisione. Erano tutti troppo ubriachi. Tutti e quattro: Eric Clapton, Keith Richards, Ron Wood e Roy Buchanan. Il più grande chitarrista bianco di tutti i tempi, uno dei più grandi chitarristi blues del suo tempo, scomparso prematuramente nel 1988, e due Pietre. I boccali di birra vuoti non si contano più. Buchanan è quello messo peggio di tutti. Sta cominciando anche a diventare aggressivo. Capita, quando si beve troppo. Gli amici sono amici, sempre, e fanno finta di niente. Ma la situazione sta sfuggendo di mano. Roy si alza per andare in bagno. Roy e Keith si guardano e sorridono. Eric si sta guardando intorno.

Sono passati pochi secondi. Eric Clapton si volta. Keith Richards e Ron Wood sono in piedi, pronti a lasciare il pub. Clapton non capisce tutta quella fretta. "Ehi, che vi ha preso?"

"Niente Eric", risponde Richards. "Ma è meglio uscire di qua. Ho appena pisciato nella birra di Roy!"

♪♪♪

433 • INNAMORATO PERSO

Duff McKagen sta ascoltando il racconto di una vecchia amica. È appena terminato un concerto con i Velvet Revolver e Duff sta incontrando alcuni fan all'uscita dai camerini. La ragazza lo riporta indietro ai tempi dei Guns N'Roses: "Tu eri fidanzato con Bobbi Tolsma, prima che si mettesse con Joe Elliott dei Def Leppard. Eri innamoratissimo. Bevevi birra come una spugna. Persino quando ti sei spaccato la caviglia, mentre ti portavano in ospedale mi hai lanciato un po' di dollari e gridato: 'Vai a comprarmi dodici bottiglie di birra e portamele in ospedale'".

Duff McKagen sorride. Dice: "Non ricordo nulla. Non ricordo di averti lanciato i soldi, non ricordo di essere finito in ospedale, non ricordo di essermi spaccato una caviglia, ma la cosa più grave è che non ricordo di essermi fidanzato con Bobbi e nemmeno di essere stato innamoratissimo di lei. Spero che qualcuno scriva presto una mia biografia, così capisco cosa ho fatto in tutto il tempo in cui sono stato ubriaco".

♪♪♪

434 • THE CAT

Lo chiamano Il Gatto, The Cat. Il soprannome è stato dato a Dave Gahan da un medico, uno dei tanti che lo ha assistito nelle quattro occasioni in cui si è trovato faccia a faccia con la morte e ha sempre vinto il confronto. Il Gatto ha sette vite, Gahan ne ha ancora tre a disposizione.

Nel 1993 è stato colpito da infarto durante un concerto a New Orleans, durante il bis.

Nel 1995 si è tagliato le vene, ma, come dirà in seguito, senza davvero intenzione di uccidersi. Sapeva che qualcuno l'avrebbe trovato e soccorso. Il suo era più un grido di aiuto, un preghiera affinché qualcuno lo aiutasse a uscire dalla dipendenza.

Nel 1996 a momenti ci lascia la pelle per un'overdose di speedball, ovvero una mistura di cocaina ed eroina. Ha dichiarato che, in quei momenti che precedono la morte, ha visto la sua allora fidanzata e poi moglie Jennifer chiamarlo indietro.

Nel 2009, mentre era nei camerini ad Atene, prima di un concerto dei Depeche Mode, si è sentito male, è stato ricoverato urgentemente in ospedale dove gli è stata riscontrata una pericolosa gastroenterite e poi un tumore alla vescica.

Insomma, vita movimentata.

Il giorno dopo il suo tentativo di suicidio, Gahan prese un taxi con Liam Gallagher degli Oasis, che stavano cercando di conquistare l'America.

Sentendoli parlare di musica, il tassista si girò verso di loro, non riconobbe Gallagher, del resto gli Oasis non erano ancora così popolari negli Stati Uniti, squadrò ben bene Gahan e poi chiese: "Scusa, ma tu non dovresti essere morto?".

♪♪♪

435 • SULLA TOMBA DI HILLEL

Hillel Slovak era il chitarrista dei RHCP e miglior amico di Anthony Kiedis. Si facevano entrambi di eroina, solo che la dipendenza di Kiedis era più evidente, quella di Hillel più subdola, ingannevole. Si amavano come ci si ama tra grandi amici, tra fratelli. Si amavano così tanto che Anthony non riuscì a trovare le forze per andare al suo funerale. Era morto di eroina, la stessa morte che stava inseguendo Kiedis. Un nuovo amico, Bob Timmons, riuscì a convincere il cantante dei Peppers a entrare in una clinica per disintossicarsi. Dopo due settimane andò a trovarlo e, senza dire una parola, lo portò alla sezione ebraica del cimitero di Forest Lawn, sulla tomba di Hillel.

C'era solo una targa, nell'erba, che diceva: "Hillel Slovak, figlio devoto, fratello, amico, musicista".

Kiedis non se l'aspettava o forse sì, chissà. Era a disagio. Dopo pochi secondi disse: "Okay, è qui. Va bene. Possiamo andare, adesso?".

Simmons disse: "No, non è ancora il momento. Ora andrò a fare una passeggiata. Per favore, parla con lui. Digli come ti senti. E già che ci sei, promettigli che non ti infilerai mai più un ago nelle vene".

Kiedis replicò: "Parlare a cosa? È un pezzo di terra con sopra una pietra".

Ma sapeva che non era così.

Bob andò a farsi un giro.

Anthony non sapeva come iniziare, così scelse il modo con cui lo salutava sempre: "Hi, Slim".

Fu come assistere alla caduta di un muro. Se qualcuno fosse passato di lì avrebbe visto il cantante di una delle più grandi rock band al mondo piangere come un bambino e promettere quello che sapeva non avrebbe mantenuto, ma che in quel momento desiderava con tutte le sue forze. Venirne fuori, camminare pulito, salutare le droghe e farsi solo di musica, nient'altro che di musica.

Avrebbe visto Anthony Kiedis, leader dei RHCP, parlare a un pezzo di terra con sopra una pietra come fosse sangue del suo sangue, rifugio nella tempesta.

♪♪♪

436 • LA FEBBRE ESANTEMATICA DELLE MONTAGNE ROCCIOSE

Monaco di Baviera, 1989. Bill Berry sta male. Molto male. Ha la febbre alta, ma i medici tedeschi non riescono a cavare un ragno dal buco. Continuano a somministrargli antibiotici in dosi da cavallo. I R.E.M., timidamente, abbozzano una diagnosi: "Potrebbe essere la febbre esantematica delle Montagne Rocciose. I sintomi sono quelli". Il medico tedesco si risente: "Il medico sono io, non voi".

La febbre non scende, Bill Berry è sempre più debilitato, i R.E.M. sempre più preoccupati. Alla fine si decidono a chiamare un dottore di Athens, la loro città natale, che, seppur a distanza, formula subito la diagnosi: febbre esantematica delle Montagne Rocciose. Telefona a un dottore inglese che si mette in contatto con quello tedesco, invitandolo gentilmente a cambiare lavoro e iniziare una carriera come macellaio che si preannunciava promettente.

Per fortuna di Berry, tra i tanti antibiotici che gli sono stati somministrati, c'è anche, per puro caso o forse solo per ragioni di probabilità, quello giusto: la tetraciclina.

I R.E.M. raccontano a Berry quello che è successo, Berry s'incazza a morte, i medici tedeschi vogliono trattenerlo ancora qualche giorno per qualche altro esame, perché non hanno mai visto un caso del genere, ma ogni volta che si avvicinano per fargli un prelievo, lui li prende a botte e urla: "Mi avete quasi ammazzato, state lontano".

Una scena da ridere, anche se poteva diventare tragica.

Peter Buck abbraccia Berry e dice: "Vedi cosa succede ad ammalarsi lontano da casa?".

♪♪♪

437 • BOB DYLAN SUONATO

Sì, era già uscito il primo disco e nei club del Greenwich Village era un eroe, ma per il resto d'America Bob Dylan era un perfetto sconosciuto, figuriamoci a Londra. E non aveva mai recitato. Ma Philip Saville, regista di una fiction della BBC intitolata *Madhouse On Castle Street*, aveva visto Dylan esibirsi al Folk City e ne era rimasto incantato. Così aveva trattato con Albert Grossman, il manager di Zimmerman, e se l'era portato a Londra. Il suo doveva essere il ruolo principale, ma presto fu chiaro a tutti che Dylan non ce l'avrebbe mai fatta. Non aveva memoria, non ricordava una sola battuta, non era capace di recitare, arrivava sempre tardi e, per di più, era sempre fuori di testa. Saville, che lo ospitava a casa sua, lo sentiva tornare alle tre del mattino e una volta lo trovò privo di sensi, a terra tra due macchine, a due isolati di distanza.

Il suo ruolo fu presto ereditato da un attore professionista, David Warner. A Dylan fu data sostanzialmente la parte di se stesso, un giovane di nome Bobby che canta le proprie canzoni, in un solo episodio trasmesso il 12 gennaio 1963. Purtroppo per tutti la BBC cancellò i nastri poco dopo la messa in onda, come prassi dell'epoca.

Nessuno avrebbe mai immaginato che Bobby sarebbe diventato Bob Dylan.

♪♪♪

438 • I GIORNI DEI GREEN DAY

“Perché vi comportate da ragazzini?”, chiese un giorno un poliziotto ai Green Day.

I Green Day si guardarono, poi risposero: “Perché *siamo* dei ragazzini”.

Quando, anche dopo l’uscita del primo album, dormivano sul pavimento di casa del promoter locale o di ragazzi del pubblico, facevano così tanto casino che una notte il padrone di casa uscì con una spada da samurai in mano e giurò che li avrebbe fatti a pezzi se non avessero smesso immediatamente.

Un anno, alla vigilia di Natale, mentre erano in tour in Inghilterra, a Bath presero un carrello della spesa da un supermercato e poi si divertirono a rubare gli alberi di Natale dai porticati delle abitazioni.

I Green Day non si rendevano conto delle conseguenze che un loro gesto poteva portare. A Broadway, in una *signing session* alla Tower Records, a metà della loro esibizione decisero di scatenare una rivolta. Prima Billie Joe incitò il pubblico a sfasciare tutto, poi cominciò a dare il cattivo esempio. Rovesciò litri di acqua e birra sugli espositori dei cd, scrisse NIMROD, il titolo dell’album che stavano promuovendo, sui muri del negozio e VAFFANCULO sulle vetrine, quindi si spogliò e fu fermato dagli addetti alla sicurezza solo quando cercò di scaraventare giù dalle scale un altoparlante in vendita. Il pubblico impazzì e fece a pezzi il negozio. O quasi.

La casa discografica, come sempre, pagò i danni.

♪♪♪

439 • LA LINGUA DEL ROCK

L’importante è avere la lingua lunga. Come quella di Gene Simmons, che secondo leggenda, ovviamente inattendibile, è così lunga perché non sua; sarebbe infatti la lingua di un bue che un abile chirurgo gli avrebbe trapiantato per renderlo unico e inimitabile.

L’importante è avere la lingua pronta. Un’altra leggenda riguarda Frank Zappa e Joe Pyne, un conduttore televisivo che aveva una gamba di legno. Quando questi provocò Zappa dicendo: “Questi tuoi capelli lunghi fanno di te una ragazza", lui rispose: "Questa tua gamba di legno fa di te un tavolino".

L'importante è non avere peli sulla lingua. Quando chiesero a Keith Richards un giudizio sui Grateful Dead, prima oppose una smorfia più eloquente di mille risposte, poi aggiunse: "Sai cosa diceva il pubblico dei Grateful Dead quando non era fatto? 'Wow, che gruppo di merda!'".

L'importante è avere la risposta giusta. E sdrammatizzare quando è il momento. Brian Molko, carismatico leader dei Placebo, in un'intervista sottolineò che la linea tra essere paranoici ed essere delle rockstar è più sottile di quanto uno possa credere. E poi, quando il giornalista gli chiese di descrivere la bellezza della vita da rockstar, disse: "Vuoi proprio saperlo? Okay. L'altro giorno ho incontrato Michael Stipe. Ci siamo annusati le ascelle e abbiamo stabilito chi aveva l'odore più interessante dopo un giorno in una roulotte. Ecco la vera vita delle rockstar".

♪♪♪

440 • PATTI SMITH SE LA FA ADDOSSO

L'entusiasmo di chi è sotto il palco è fondamentale per la riuscita di un concerto, anche se a volte genera brutti scherzi.

Il 23 gennaio 1977 Patti Smith si esibisce come supporto all'allora più celebre Bob Seger, accompagnato dalla storica Silver Bullet Band. Siamo alla Curtis-Hixon Hall di Tampa, in Florida. Le cronache riportano notizie di una Patti Smith piuttosto su di giri ancor prima di salire sul palco e citano come prova un bizzarro discorso introduttivo non proprio tenero verso la Florida e i suoi abitanti. Ma al suo pubblico interessava davvero poco quello che Patti diceva, era concentrato su quello che Patti faceva. Lei sembrava come spiritata, in piena estasi mistica, nello sport si direbbe delirio agonistico, quando cioè non capisci più niente e tutto quello che fai è perfetto. Fino a quando arriva il momento di *Ain't It Strange*. Patti Smith volteggia nell'aria una, due, tre, cinque, dieci, enne volte. Poi perde l'equilibrio, in preda a un prevedibile capogiro, inciampa su un monitor e cade dal palco, sul pubblico, fratturandosi il collo e riportando conseguenze anche alla spina dorsale. La portano in ospedale dove le applicano ventidue punti di sutura.

Il giorno seguente Patti Smith dichiara di essere dispiaciuta e di sentirsi una scema, ma aggiunge anche che, per lei, cantare dal vivo è come drogarsi. "Quando sono in tour, sono anche lontana dalle persone che amo. Forse passerò la notte da sola, forse non farò l'amore per un mese intero, così la mia unica droga è il palco. A volte sono così presa dalla scena che raggiungo l'orgasmo o me la faccio addosso. Capita quando vuoi cercare la nota giusta o sottolineare le parole in un certo modo. È allora che perdo completamente il controllo di me stessa."

♪♪♪

441 • ELVIS HAS LEFT THE BUILDING

Elvis has left the building, Elvis ha lasciato l'edificio.

Lo si diceva sempre all'altoparlante per convincere le fan adoranti e ansiose di incontrare il Re che potevano tornare a casa, non avevano più speranze. Ma se parlate con alcuni uomini di televisione potrebbero dirvi l'esatto contrario: Elvis is still in the building, Elvis è ancora nell'edificio.

L'edificio di cui stiamo parlando è quello al numero 1525 di McGavock Street a Nashville, dove Elvis ha registrato il suo primo disco per la Rca, il 10 gennaio 1956: tre tracce fra cui *Heartbreak Hotel*.

Nel 1957 la Rca traslocò in studi più ampi e lussuosi e quell'edificio, comunemente chiamato The Row, fu affittato a diverse produzioni televisive. Dopo la morte di Elvis, per diversi anni, ogni volta che qualcuno pronunciava il suo nome accadeva qualcosa di strano: gli altoparlanti diffondevano strani rumori, le luci si spegnevano, le scale cadevano a terra, la strumentazione smetteva di funzionare.

La produzione, a malincuore perché si sentiva stupida nel dire quelle parole, comunicò a tutti che sarebbe stato meglio astenersi dal pronunciare il nome di Elvis fino al termine delle registrazioni.

Elvis is still in the building.

♪♪♪

442 • PIERO NELLA BARA

1972, Parigi, Boulevard Saint-Germain, tempio degli esistenzialisti. Piero Pelù ha dieci anni, è fermo con suo fratello davanti a un negozio di dischi e di poster, quelli che andavano tanto di moda negli anni Settanta. E tra un manifesto dei Beatles e uno dei Pink Floyd, Piero vede una copertina con un guerriero e una spada che lascia una scia di luce.

Lui e suo fratello, entrambi a bocca aperta: "Madonna guarda quella copertina! Ganza, entriamo a sentire il disco"; lo mettono in cuffia e si apre un mondo. Il disco era *Paranoyd* dei Black Sabbath.

È l'inizio del periodo gotico, dark, ossianico, che Pelù svilupperà bene nel primissimo periodo. Si era addirittura costruito una bara nel giardino di casa di Antonio Aiazzi, tastierista di quattro anni più vecchio di Piero. Piero ricorda bene la madre dell'amico che andava lì a fare vari segni di scongiuro e a prenderlo per il culo, secondo il classico stile toscano fiorentino. Parcheggiarono la bara nella cantina di via de' Bardi, in attesa di un'occasione per sfoggiarla. La trovarono nella Mephisto Festa, in onore del film *Mephisto*, appena uscito. Piero convinse gli altri a trasportarlo dentro la bara, che era pesantissima perché l'aveva fatta di legno truciolare bello spesso. Inoltre, si era pure impacchettato col domopak. Un bell'effetto. Iniziò Maroccolo con un'introduzione di dieci minuti di basso, poi, quando attaccarono gli altri strumenti, Pelù spuntò fuori dalla bara, insieme alla piattata della batteria, alla schitarrata e all'accordo di tastiera. Mefistofelico.

♪♪♪

443 • IL FANTASMA DI MICHAEL HUTCHENCE

Kylie Minogue è stata chiara: "Tutto quello che so sul sesso l'ho imparato da Michael Hutchence. Insieme abbiamo fatto di tutto". Compreso, almeno così vuole la leggenda, fare sesso su un jet privato, mentre sul sedile davanti al loro viaggiava il primo ministro britannico Bob Hawke. Kylie ha confermato che il fatto sia accaduto, anche se ha smentito certi particolari. A me basta sapere che l'hanno fatto, il come poco importa.

Kylie Minogue ha anche raccontato dell'ultima volta che Michael è andato a trovarla: "È stato il mattino in cui il suo corpo è stato seppellito, il giorno del suo funerale". Mentre si svolgeva la cerimonia, Kylie ha dichiarato di aver avvertito chiaramente la visita del cantante degli INXS. "Non voglio entrare nei dettagli perché si tratta di un fatto molto personale", ha detto Kylie Minogue. "Tutto quello che posso dire è che ho provato una reazione fisica molto forte. È stato come se Michael volesse dirmi che stava bene, che tutto andava bene, lì dov'era finito."

Non so se è successo veramente. Ma è bello pensarlo.

♪♪♪

444 • LA STORIA DI *WONDERWALL*

"E adesso chi glielo dice a Meg?"

"Be', non glielo dici. In fondo, se a lei va bene così perché andare verso un sicuro litigio?"

"D'accordo, non glielo dico."

Il bello di dialogare con se stessi è che ti puoi dare sempre ragione.

Noel Gallagher era insomma d'accordo con se stesso. Meglio non dire niente.

Tutti i giornali avevano incensato *Wonderwall* e già questa era una sorpresa perché Noel non aveva mai nutrito molta stima verso le capacità di analisi critica degli scribacchini albionici.

E poi avevano scritto che *Wonderwall* era stata scritta per Meg Mathews, all'epoca fidanzata e futura moglie – oggi ex moglie. E questa cosa non era assolutamente vera, perché lui aveva scritto quel brano pensando a un amico immaginario che arriva a salvarti da te stesso.

Meg era impazzita dalla gioia e più lei si dimostrava felice, più a Noel veniva difficile dire la verità. Così scelse di non dirla.

Fino a quando i due divorziarono. Lei si portò via un po' di soldi e il ricordo di quella canzone scritta per lei. Sui primi Noel non ebbe nulla da obiettare, ma fu meno gentiluomo su *Wonderwall*, perché dichiarò finalmente a tutti che non l'aveva composta per Meg. "Una volta che su tutti i giornali esce scritto che quella canzone è per la tua ragazza e anche lei lo legge, poi con che coraggio vai a dirle che non è così?"

Insomma, fino a quando si sta insieme ci si comporta bene, poi si va a chiarire le cose.

♪♪♪

445 • AMY WINEHOUSE E BONO

Londra, 30 ottobre 2006. Bono sta ritirando un premio ai Q Awards organizzati dalla rivista britannica. Ovazioni del pubblico. Bono si inerpica su temi sociali. Ringrazia e rilancia. Parla di impegno e di solidarietà, di beneficenza e di iniziative umanitarie.

Seduta al suo tavolo in platea c'è Amy Winehouse. Una settimana fa è uscito *Rehab*, primo singolo da *Back To Black*. Amy è annoiata e forse ubriaca. Ascolta Bono per un po', poi esplode: "Shut up! I don't give a fuck!", che potremmo tradurre con un "Zitto! Non me ne importa un cazzo".

In apparenza, un atteggiamento censurabile.

In realtà, l'impegno di Bono non è gradito a tutti. Lo accusano di predicare bene e razzolare male, di chiedere sforzi a tutti, ma di non pagare le tasse nel suo Paese. Insomma, le parole di Amy Winehouse sono una breccia nel muro. Amy dice quello che molti pensano.

Le accuse non si placheranno negli anni. Il 3 febbraio 2010, Brian Johnson, cantante degli AC/DC, intervistato dal "Daily Telegraph" sarà ancora più categorico: "Quando facevo l'operaio e andavo a vedere i concerti rock, non mi piaceva sentirmi dire da qualche superstar milionaria che dovevo pensare ai bambini africani, perché mi veniva da pensare: ma perché non ci pensi tu? Perché non spendi un po' dei tuoi fottuti soldi? Anche noi della band facciamo beneficenza ma non ce ne vantiamo pubblicamente".

Insomma, tempi duri per i troppo Bono.

♪♪♪

446 • DRAG QUEEN PROFESSIONISTA VS. WRESTLER DILETTANTE

Nella New York che ribolliva di punk negli anni Settanta, due erano i centri di gravità permanente: il CBGB's sulla Bowery e il Max's Kansas City su Park Avenue. Non c'era alcuna rivalità tra i due locali che dividevano lo stesso tipo di pubblico. Fino all'incidente tra Wayne County e Dick Manitoba, nel marzo del 1976.

Wayne County era una drag queen che lavorava come deejay residente al Max's, ma si esibiva anche al Club 82 e al CBGB's. Il suo show era veramente oltraggioso, eccessivo anche per i punk. Saliva sul palco seminudo (o seminuda, se preferite), con una grossa vagina finta con una foresta di finti peli pubici e un enorme fallo di gomma che agitava sul palco con modalità varie ed eventuali.

Quella sera al CBGB's, Dick Manitoba, cantante dei Dictators e wrestler dilettante, trovò lo spettacolo di Wayne troppo volgare e cominciò a urlare e insultarlo. Wayne disse: "Perché non vieni quassù a dirmi queste cose?".

Dick non se lo fece dire due volte e salì sul palco brandendo un boccale di birra, ma, prima di poter dire o fare qualsiasi cosa, Wayne lo colpì sulla testa e sul collo con l'asta del microfono e lo fece planare su uno dei tavoli del CBGB's, poi si tolse la parrucca e si buttò su di lui. Il tutto mentre la band, come nelle migliori tradizioni, continuava a suonare.

Manitoba finì all'ospedale, con l'osso del collo rotto e la faccia che necessitava di sedici punti. Wayne si rimise la parrucca e terminò il suo show tra le ovazioni.

Manitoba gli fece causa, ma tutti stettero dalla parte di Wayne, non perché avesse ragione, ma perché il suo manager era Peter Crowley, l'uomo che sceglieva i gruppi per il Max's e che convinse la crema del punk a partecipare, il 30 maggio 1976 a un party per raccogliere fondi per le spese legali di Wayne. Tra i tanti anche Cherry Vanilla, Johnny Thunders, Richard Hell e una strepitosa Debbie Harry che con i suoi Blondie fece impazzire tutti.

♪♪♪

447 • MAX's KANSAS CITY

Il Max's Kansas City sorgeva al 213 di Park Avenue South. Era diviso in due zone: la stanza davanti era il regno delle stelle del rock and roll, di Andy Warhol e del suo giro, dei pittori e degli artisti amici del proprietario, Mickey Ruskin. Il retro era più accessibile ai comuni mortali, ma solo a quelli che erano vestiti alla moda, a chi si era già ritagliato un ruolo nel mondo newyorkese e sapeva atteggiarsi a quello che ancora non era e forse mai sarebbe diventato.

Il problema, per Patti Smith e Robert Mapplethorpe, era che non riuscivano nemmeno a entrare nel locale, figuriamoci trovare un tavolo nel retro, che per anni fu presidiato da un travestito di nome Jackie Curtis, a cui Lou Reed dedicherà poi una strofa in *Walk On The Wild Side*. Patti e Bob venivano bloccati dai buttafuori, forse perché vestivano male, soprattutto Patti Smith. Allora si sedevano sul marciapiede davanti al Max's Kansas City, in attesa che qualcuno di quelli che era riuscito a entrare portasse loro un bicchiere di vino o qualcosa da mangiare.

Finalmente riuscirono a entrare, ma subito si pose un altro problema. Non avevano i soldi per consumare, così dividevano una Coca-Cola o un'insalata, in attesa che qualcuno rivolgesse loro la parola. Andarono avanti in quel modo per sei mesi, senza che nessuno si avvicinasse mai. Il primo fu Danny Fields, il manager di Iggy Pop e degli

Mc5. Stufo di vederli da soli, una sera li chiamò. "Avanti, venite al mio tavolo. E ditemi, chi siete?"

Da allora la fauna del Max's Kansas City cominciò a coinvolgere Patti Smith e Robert Mapplethorpe. New York li stava accogliendo. Per la prima volta si sentirono a casa.

♪♪♪

448 • LE DONNE DI BRYAN ADAMS

Il primo amore di Bryan Adams fu la signora Smith, che aveva un cognome comune ma due tette molto più grosse della media. Aveva venticinque anni, gambe lunghe, tacchi alti, calze fini e vestiti sempre molto attillati. E per di più era l'insegnante di Bryan.

Tutto come da copione per un ragazzino.

La prima fidanzata arrivò da lì a poco. Era bella e, in più, aveva una casa che poteva mettere a disposizione della band di Bryan, gli Shock. A volte assisteva anche lei alle prove che si tenevano nel salotto, altre volte saliva e andava a chiacchierare con la sua amica del cuore al piano superiore, nella sua stanza. Un giorno, mentre la band continuava a suonare, Bryan salì di sopra per dare due baci alla sua fidanzata e la trovò a letto con la sua amica. E non stavano chiacchierando.

Niente come da copione per un innamorato.

Nel giugno del 1987, Bryan Adams partecipò al Prince's Trust in compagnia di due grandi eroi della sua adolescenza: George Harrison e Elton John. Le prove si erano tenute qualche giorno prima al glorioso Marquee, locale leggendario. Verso la fine delle prove, Bryan Adams era sudato marcio, allora una ragazzina che si trovava nelle prime file si avvicinò al palco, si arrampicò, prese il braccio di Bryan e leccò via il sudore dalle mani.

Tutto da copione per una nuova star.

♪♪♪

449 • IL RE DELLA FIGA

Il palco aiuta. Sempre. Sembra quasi che, se sali su un palco e diventi una rockstar, automaticamente acquisti in bellezza. C'è un vecchio modo di dire: quando sei sul palco, i tuoi occhi marroni diventano azzurri.

Nel 2002, però, il sito del settimanale "Kerrang", www.kerrang.com, ha stilato la lista delle rockstar più brutte del mondo. Al nono posto Stuart Cable degli Stereophonics, all'ottavo Marilyn Manson, al settimo Gordon Morrison dei Raging Speedhorn. Al sesto posto addirittura una band intera, i Drowning Poll, nell'impossibilità di individuare il più brutto. Quinta piazza per Rivers Cuomo dei Weezer, quarta per Deryck Whibley dei Sum 41. Sul podio salgono Lemmy dei Motorhead e al posto d'onore Matt Bellamy dei Muse.

And the winner is... Chad Kroeger dei Nickelback, la rockstar più brutta del mondo.

Dopo la pubblicazione dei risultati ci fu la rimostranza di Gene Simmons dei Kiss che disse: "Che stupida classifica. Se c'è qualcuno in giro più brutto di me, non l'ho mai incontrato. Io sono il più brutto". E poi, con classe oxfordiana: "E nonostante questo, rimango il re della figa".

♪♪♪

450 • EHI, BLONDIE!

Debbie Harry era nata in Florida, cresciuta da due genitori adottivi che vivevano nel New Jersey, e con un sogno in testa: diventare qualcuno, che a volte è il modo migliore per diventare se stessi. Così, come spesso capita a chi vuole diventare qualcuno, Debbie aveva abbandonato il New Jersey e si era trasferita al di là del tunnel, nella Grande Mela. I primi lavori non erano stati granché, ma da qualche parte bisognava pur cominciare: segretaria in un ufficio della Bbc, poi cameriera al Max's Kansas City, quindi il ritorno nel New Jersey, a Union, per un posto come ballerina in uno di quei locali che si chiamano Go-Go. E alla fine, forse il punto più basso: coniglietta per "Playboy".

Finalmente arriva la prima occasione: una band. La chiama Angel and the Snakes e non si capisce bene se Debbie, che è bella e bionda e sensualissima, sia l'angelo oppure il serpente tentatore. Il nome è bello, ma Debbie non è convinta. Sa che la musica è davvero la possibilità di rivalersi su quello che ha dovuto subire fino a quel momento. Debbie ripensa alle umiliazioni di quando andava a lavorare come coniglietta e i camionisti rallentavano e le urlavano: "Ehi, bionda! Ehi Blondie!". Blondie è il nome giusto. Debbie Harry ancora non lo sa ma la sua vita sta cambiando.

♪♪♪

451 • FUCK! FUCK! FUCK!

Il roadie sta facendo cenni disperati a Steven Tyler. Gli fa segno che deve parlargli. Steven Tyler non capisce, ma suppone sia qualcosa di importante perché altrimenti il suo roadie non lo disturberebbe mai mentre canta.

Memphis, Tennessee, tappa degli Aerosmith nel tour del 1975.

Finisce la canzone, Tyler si avvicina al suo uomo.

"Occhio, ti vogliono arrestare."

"Mi vogliono arrestare? E perché mai?"

"Perché hai detto fuck. Siamo al sud, Steven."

Steven Tyler vorrebbe sorridere, ma la faccia seria del roadie gli consiglia di prendere sul serio la situazione.

Nel frattempo il road manager degli Aerosmith sta trattando con la polizia locale. Alla fine di un'estenuante discussione riesce a convincere i poliziotti ad attendere la fine del concerto per arrestare Tyler.

Manca poco, pochissimo.

La polizia sta aspettando Tyler nel retropalco.

Tyler e il roadie si accordano per far spegnere le luci dell'auditorium dopo l'ultimo brano. Nel buio totale, Tyler salta giù dal palco e corre verso l'uscita attraversando la sala. I poliziotti se ne accorgono e lo rincorrono.

I fan non capiscono e rallentano la fuga della loro star. Vogliono toccarlo, abbracciarlo.

I poliziotti afferrano Tyler per i capelli prima che raggiunga l'uscita.

Mentre lo portano via, Tyler continua a ripetere una sola parola: "Fuck! Fuck! Fuck!...".

♪♪♪

452 • KUNG-FU FIGHTING

Liam Gallagher è imbottito di alcol e gonfio di cocaina. Sono le due di notte del 2 dicembre 2002 e due saranno i denti che Liam perderà tra poco. I due incisivi centrali superiori. Liam è con Alan White e altri tre membri dello staff degli Oasis. Sono dunque cinque in tutto. Sul palco del Bayerischer Hof, uno dei nightclub più prestigiosi di Monaco di

Baviera, una cover band tedesca ha appena terminato di rileggere *Long Train Runnin'* dei Doobie Brothers.

Tra i cinque ragazzi britannici inizia una discussione dai toni molto poco British. I motivi sono futili, ma le sostanze fanno il loro effetto. Cominciano ad azzuffarsi, tra il serio e il faceto. Sono ubriachi e planano su un tavolo di turisti italiani. Ne nasce in un amen una rissa da angiporto.

Liam riceve un cazzotto in bocca e perde i due denti. Ha la bocca insanguinata, ma non retrocede, anzi. I gestori del nightclub chiamano la polizia. Liam è a pezzi, ma quando vede un poliziotto avanzare verso di lui chiama a raccolta le ultime forze e si produce in una fantastica mossa di kung-fu che stende l'uomo in uniforme.

Liam passa il resto della notte in guardina. Due anni dopo sarà condannato a pagare una multa di 40.000 sterline.

♪♪♪

453 • LA CHITARRA RUBATA

Johnny Marr è felice. Il suo primo concerto londinese con la sua nuova formazione, gli Healers, è andato più che bene. È l'11 settembre 2000, esattamente un anno prima dell'attentato alle Torri Gemelle. Quando Marr torna nei camerini, scopre che anche lui è stato vittima di un attentato. Alle coronarie. Qualcuno ha sottratto la sua Gibson rosso ciliegia del 1964, la sua chitarra preferita, valore dichiarato 30.000 sterline, valore affettivo incalcolabile.

Marr mette a soqquadro il backstage dello Scala, il locale di King's Cross dove è stato commesso il furto, ma senza risultati apprezzabili. Il giorno dopo mette un'inserzione sui giornali dove si dice disposto a offrire una lauta ricompensa a chi darà notizie della sua amata chitarra. Niente. La Gibson sembra essersi dissolta nel nulla.

Esattamente dieci anni dopo, il proprietario di un negozio di Denmark Street si insospettisce. Un cliente è appena venuto a farsi riparare una Gibson che pare identica a quella sottratta un decennio prima a Marr. Convinto che chitarre come quella ne esistano pochissime al mondo, chiama la polizia, che interviene, indaga e arresta il colpevole, Stephen White.

White confessa, ammette di non essere stato capace a resistere quando, nel backstage dello Scala, aveva visto quel gioiello incustodito e un'uscita di sicurezza troppo vicina per non essere sfruttata.

Se la cava con poco, duecento ore di servizi sociali.

Johnny Marr, quando viene informato, dice che quello è il secondo momento più bello della sua vita, dopo l'uscita del primo disco con gli Smiths.

♪♪♪

454 • JUSTIN HAWKINS SERIAL KILLER

Justin Hawkins, cantante dei Darkness, atterra a New York al JFK Airport. Siamo ai primi di dicembre del 2003. Lo aspettano nella redazione di "Spin" per un servizio fotografico. Appena mette piede giù dalla scaletta viene preso in custodia da un nugolo di poliziotti e trascinato via. La fidanzata di Justin e il suo manager sono annichiliti.

Chiedono spiegazioni. I poliziotti sostengono che Justin è un assassino che ha ucciso una persona il 4 luglio scorso. Iniziano due ore da incubo, al termine delle quali si scoprirà, con sollievo di tutti, che si tratta di un'omonimia accompagnata da una notevole somiglianza fisica. C'è un criminale dai capelli lunghi che si chiama Justin Hawkins che la polizia cerca da mesi. Per fortuna esistevano prove inconfutabili che il 4 luglio il cantante dei Darkness era in Inghilterra, lontano dal luogo del delitto.

♪♪♪

455 • PETE PEDOFILO

A una rockstar si perdona tutto, ma non di essere un pedofilo.

Quando, il 13 gennaio 1999, i giornali pubblicano la notizia che Pete Townshend è stato arrestato dalla polizia di Scotland Yard nell'ambito di una gigantesca operazione per arginare la pornografia infantile via Internet, il mondo del rock strabuzza gli occhi come avesse visto Bob Dylan entrare da McDonald's sottobraccio a Nek.

Pete Townshend? Il chitarrista e membro fondatore degli Who un pedofilo? Impossibile. Eppure i dati della sua carta di credito sono stati trovati in un archivio di 7272 nomi fornito alla polizia inglese dalla polizia postale americana. Townshend ha acquistato foto pornografiche di bambini dal sito Landslide. Viene perquisita la sua casa londinese e messi sotto sequestro i suoi quattordici computer, nei quali però non si trova traccia di immagini pedopornografiche.

Townshend ammette di aver visitato il sito e comprato alcune immagini ma a solo scopo di ricerca. Sostiene di essere stato vittima di abusi da piccolo e che sta scrivendo un libro sull'argomento, che presto sarà disponibile in rete.

Sembra la classica scusa, invece è andata proprio così.

Il 10 marzo 2003, quindi più di quattro anni dopo, viene scagionato. Riceverà una semplice ammonizione formale. Rischiava fino a cinque anni di galera e una reputazione macchiata per sempre con l'accusa più infamante: pedofilo.

♪♪♪

456 • QUEL CESSO D'ALBERGO

All'inizio sembrava una bella rivincita, l'happy ending di tutte le storie. Chuck Berry acquistava il Southern Air, un ristorante di Wentzville, la sua città natale, il locale dove da bambino era costretto a comprare il cibo dalla finestra, perché i neri non erano autorizzati a entrare. Ma non aveva fatto i conti con la famiglia Huck. Vincent e Hosana Huck, entrambi dipendenti di Berry.

Il primo a partire all'attacco fu Vincent, che si rivolse alla Narcotici dicendo che nelle custodie delle chitarre di Berry si nascondevano chili di cocaina. I poliziotti perquisirono il ristorante, ma trovarono solo un po' di marijuana e una collezione di video porno. Niente di educativo, certo, ma nemmeno di drammatico. Berry se la cavò con qualche migliaia di dollari di multa, ma non era ancora entrata in scena Hosana. Pochi giorni dopo la fuoriuscita di una valanga di foto porno che ritraevano Chuck con una serie infinita di donne, e che molti sospettavano essere state trafugate da Huck, Hosana face partire l'artiglieria pesante, accusando Berry di aver installato una videocamera nei bagni del suo ristorante e di aver registrato le immagini che ritraevano oltre duecento donne, tra cui lei, Hosana, e tre minorenni, mentre espletavano le funzioni corporali. Tutto vero.

Alla fine Chuck Berry capì dove volevano arrivare i coniugi Huck: soldi. Chuck ne offrì abbastanza per far ritirare le denunce. Poi, decise di chiudere il ristorante.

Non era il lieto fine che sperava.

♪♪♪

457 • IL CONCERTO DEI PINK FLOYD SALVATO DALL'FBI

Per quanto possa apparire strano, nel 1970 i Pink Floyd ringraziarono sentitamente l'Fbi per aver salvato un loro concerto. Fu a New Orleans, dopo che erano stati trafugati quarantamila dollari di apparecchiature e strumenti, tra cui un amplificatore da 4000 watt, l'organo elettrico di Richard Wright, la batteria di Dave Mason e quattro chitarre. La polizia aveva investigato il giusto, ma senza cavare un ragno dal buco. Mentre i Floyd erano in hotel, sicuri di tornarsene subito in Inghilterra, una ragazza che lavorava nell'albergo disse che suo padre era un pezzo grosso dell'Fbi e che, se volevano, avrebbe potuto mettere una buona parola. I Floyd accettarono la proposta con educazione pensando che, comunque, non ne sarebbe uscito niente di buono, ma quattro ore dopo tutta la strumentazione era già nella hall. Evidentemente gli informatori dell'Fbi erano più abili di quelli della polizia.

♪♪♪

458 • TELECAMERE OVUNQUE

Steven Adler è stato il primo vero batterista dei Guns N'Roses, in sostituzione del primissimo Rob Gardner, la cui parabola fu talmente breve da non essere significativa. Totalmente dipendente dall'eroina – leggenda racconta che abbia suonato ottantuno volte *Civil War* prima di riuscire a farlo non bene, ma decentemente – finì spesso nei guai, a volte anche per colpe non sue. Come quella volta, quando la polizia bussò alla sua porta. Adler era pulito, o almeno pulita era la casa, nel senso che non c'era traccia di droghe, per cui aprì senza timore. I poliziotti gli mostrarono il mandato di perquisizione e andarono dritti in bagno e poi in camera da letto. E lì indicarono a Adler quello che nemmeno lui sapeva: il suo assistente Rocko (da non confondere con l'omonimo rapper) aveva fatto un buco nel muro del bagno e piazzato una videocamera che riprendeva tutte le persone durante i loro bisogni corporali. Su di lui pendeva un'accusa ancora più infamante: avrebbe rapito alcune ragazze, portate a casa di Adler, drogate e poi violentate e riprese in posizioni particolari.

Una perquisizione a casa di Rocko portò alla luce una gran quantità di video e materiale fotografico, tra cui scatti privatissimi di Analise e Deanna, fidanzata e madre di Steven. Rocko le aveva spiate e riprese a loro insaputa.

♪♩♪

459 • LA VERGOGNA DI RICK ALLEN

Aveva ventun anni e il mondo in tasca Rick Allen, quando perse un braccio in un incidente d'auto e rischiò di vedere finita molto prematuramente la sua carriera di batterista dei Def Leppard. Tornerà in sella meno di due anni dopo, piccolo miracolo di un batterista che riesce a suonare con un braccio solo.

La sensazione di essere un uomo fortunato abbandonerà presto Allen, che finirà nei vortici dell'alcol. Nel 1995, al Los Angeles International Airport, il fatto che lo mette all'indice. Chiude sua moglie Stacey in una toilette, la afferra alla gola con il suo unico braccio e le sbatte violentemente la testa contro il muro.

Il 6 agosto 1996 sarà condannato a poca roba: a un lavoro di trenta giorni in strada, per rimuovere un graffito da un muro, e a entrare negli Alcolisti Anonimi. Poca roba, dicevo, niente in confronto al massacro mediatico. Il titolo più benevolo diceva: "Allen potrà ancora suonare la batteria con un braccio solo, ma non potrà più cercare di spaccare la testa a sua moglie con lo stesso braccio".

Per la cronaca, lui e Stacey rimasero insieme fino al 2000, anno in cui divorziarono, e misero al mondo anche una figlia, Laureen Shane.

♪♩♪

460 • BEN HARPER E JULIA HILL

Quando, in una conferenza stampa, chiesero a Ben Harper quale fosse stato l'incontro più straordinario della sua vita, lui rispose: "Julia Hill". E poi aggiunse, "detta Butterfly".

I giornalisti si guardarono stupiti. Poi conobbero la storia. Una bella storia.

Julia Hill era un'affascinante ambientalista venticinquenne che il 10 dicembre 1997 era andata a vivere in una foresta californiana tra i rami di una sequoia secolare, che lei aveva battezzato Luna, la cui sopravvivenza era minacciata dalla Maxxam Pacific Lumber Company. Julia viveva lì, sull'albero, incurante dei venti che d'inverno arrivavano a correre anche a 150 chilometri all'ora. "Fino a quando Luna sarà la mia casa, Luna non sarà mai abbattuta." In breve divenne una leggenda per gli ambientalisti.

Un giorno disse a un giornalista che amava la musica di Ben Harper. Lui lo venne a sapere e chiese di incontrarla. Si fece accompagnare da quattro guide. Arrivò dopo molta fatica al cospetto di Luna, tra i cui rami si intravedeva una tenda blu. Ben Harper attese un segnale, che arrivò presto. La voce di Julia e una corda. Harper si arrampicò su Luna e i due parlarono a lungo, anche se il contenuto della conversazione non sarà mai divulgato.

Per la cronaca, dopo 738 giorni, il 18 dicembre 1999, Julia venne a patti con la compagnia. La Maxxam si impegnò a non abbattere Luna e lei a tornare a casa. Fu una grande vittoria per tutti. Anche per Ben Harper.

♪♪♪

461 • BOB DYLAN E PATTI SMITH

Il 26 giugno 1975 New York era sempre di più la capitale del rock. Mentre i Rolling Stones si esibivano al Madison Square Garden, Patti Smith ubriacava il The Other End, con addosso una maglietta con la faccia di Keith Richards sotto la camicia nera.

Fine concerto. Al bar c'è Bob Dylan. Va a conoscere Patti nei camerini. I flash dei fotografi impazziscono. Patti ride, spinge via Dylan e dice: "Ehi, perché non fotografate me?". Ride anche Dylan, che ha un'improbabile maglietta a righe orizzontali sotto al giubbotto di pelle, ma è comunque mesmerico come sempre. Incrocia le dita delle mani come in una preghiera, sorride e consegna alla storia una fotografia che diventerà famosa, con Patti che sembra persino bella.

Quando rimangono soli, Dylan dice a Patti: "Ci sono poeti da queste parti?", riferendosi a lei o forse a entrambi.

Patti, forse nervosa, replica: "Non mi piace più la poesia. La poesia fa schifo".

Il giorno dopo, ripensandoci, si pentì del suo atteggiamento e pensò che Dylan non l'avrebbe più neanche salutata, se fosse capitato un altro incontro.

Qualche giorno dopo, mentre camminava per Fourth Street nei pressi del Bottom Line, Patti vide Dylan che procedeva verso di lei.

Aveva paura che fosse arrabbiato, ma Dylan, vestito come il giorno del concerto, tirò fuori dalla tasca una fotografia che li ritraeva insieme, quella storica in cui aveva le mani giunte, e poi disse: "Sai chi sono queste due persone?".

Patti Smith lo abbracciò. Non riusciva a sopportare l'idea che Bob Dylan la considerasse una stronza.

♪♪♪

462 • L'APE DI DAVID BOWIE

Forse ho esagerato. Così pensava David Bowie nel 1974, mentre vedeva i tecnici distrutti fino a non reggersi quasi in piedi. Il tour di *Diamond Dogs* era un'idea grandiosa, ma, proprio per la sua grandiosità, si stava trasformando in follia. La scenografia era gigantesca e difficile da allestire. Quattro grattacieli, ponti che si alzavano e abbassavano, una mano enorme che appariva all'improvviso con Bowie al suo interno per cantare *Time*, una sedia legata a un'asta d'acciaio a motore che sollevava David fino a dieci metri d'altezza, per non parlare dell'enorme uovo a specchio che si muoveva da una parte all'altra del palco e che a un certo punto si apriva in tutto il suo splendore.

Quindici tecnici dell'entourage di Bowie e una squadra locale di altri venti tecnici lavoravano fino a diciannove ore al giorno, ma il tempo sembrava non bastare mai. Fino a quando, secondo leggenda, il management di Bowie fece arrivare una grossa partita di cocaina, che fu distribuita gratuitamente al personale. I turni di lavoro aumentarono fino a ventun ore al giorno.

Il tour americano fu un successo di dimensioni pari a quelle della scenografia. Solo a Tampa, in Florida, ci furono problemi, perché il camion su cui viaggiavano alcuni effetti speciali arrivò tardi sul luogo del concerto. L'autista era stato punto da un'ape e si era temuto per lui uno shock anafilattico. Pazzesco pensare che un meccanismo così si possa inceppare per colpa di un'ape.

♪♪♪

463 • LA TESTA DI MAIALE DEI BON JOVI

Jon Bon Jovi guardava la gente davanti a lui. Il palco era ancora vuoto, ma la folla era immensa. Jon Bon Jovi guardava e pensava che un giorno tutte quelle persone sarebbero venute per lui e non per gli altri gruppi in cartellone quella sera, tutti scritti a caratteri più grossi di quello della sua band: gli ZZ Top, che stavano conoscendo un gigantesco successo con l'album *Eliminator*, i Marillon, anche loro all'apice della popolarità, i Metallica, in vertiginosa ascesa, i Ratt e i Magnum.

Era il 17 agosto 1985. Jon Bon Jovi pensò che avrebbe comunque incendiato il festival di Donington, anche se era l'ultimo nome in cartellone. Salì sul palco accolto da un discreto applauso. E da una testa di maiale. Era proprio una testa di maiale quella che qualcuno dalle prime file aveva scagliato sul palco. Senza motivo alcuno.

Jon Bon Jovi la guardò bene, poi, non sapendo cosa farne, la prese e la spostò ai bordi del palco. Una testa di maiale, roba da pazzi.

♪♪♪

464 • STRIPTEASE AL LONDON ASTORIA

Il London Astoria era una *music venue* bellissima, al 157 di Charing Cross. Il 15 gennaio 2009 è stata chiusa, nell'ottobre dello stesso anno smantellata. In origine era un bordello e forse è per questo che molte cose accadute in quel luogo ricordavano in qualche modo le vecchie case d'appuntamento.

Celebre il concerto delle Hole dove Courtney Love è stata spogliata dal pubblico e costretta a tornare sul palco praticamente nuda. È successo nel 1991. Le Hole erano in tour con i Mudhoney, praticamente negli stessi luoghi dove i Nirvana avevano fatto tappa per il Nevermind tour. Courtney, che trovava nei camerini messaggi criptici di Kurt Cobain indirizzati a lei, era rimasta colpita da Mark Arm dei Mudhoney, che ogni sera si tuffava sul pubblico senza paura. Decise di farlo anche lei, ma se ne pentì subito. Mille mani furono su di lei, in tutte le parti del corpo. Fu spogliata quasi per intero. Tornò sul palco con le sole mutandine, in una crisi isterica sfracellò la chitarra a terra e insultò il pubblico. Poi scoppiò a piangere. E pensò che essere una donna non sempre porta vantaggi.

♪♪♪

465 • VERMI SUL MIXER

Prima che tutto diventasse follia, prima che Ian Curtis si lasciasse intrappolare dai suoi demoni, prima di *Love Will Tear Us Apart* e del suicidio, c'è stato un tempo in cui i Joy Division si divertivano e molto. Il periodo migliore fu quello del tour con i Buzzcocks. In occasione dell'ultima data al Rainbow Theatre di Londra, i Buzzcocks li informarono cortesemente che l'ultimo giorno era prassi organizzare scherzi.

I Joy Division presero quel gioco molto sul serio. Mentre i Buzzcocks si limitarono a togliere le pile alla batteria elettronica di Steve Morris, Ian Curtis e compagni andarono oltre. Molto oltre.

Sparpagliarono mucchietti di vermi sul mixer e topi nel bus dei Buzzcocks, poi ci presero gusto e salirono sulla macchina di Steve Morris con un sacchetto di uova marce che tiravano ai passanti.

A Guildford imbrattarono i rubinetti e gli interruttori della luce dei gabinetti maschili e poi staccarono la luce. Chiunque fosse entrato dopo di loro si sarebbe trovato nella merda. Letteralmente.

♪♪♪

466 • CALZINI SULL'UCCELLO

L'idea di suonare tutti nudi con solo dei calzini sull'uccello era venuta a Anthony Kiedis prima di un concerto al Kit Kat Club, un locale di Los Angeles che alternava spettacoli di striptease a concerti rock. Era alla ricerca di qualcosa di strano e buffo, anche perché sul palco, a un certo punto dello spettacolo, i Red Hot Chili Peppers sarebbero stati raggiunti da alcune ragazze.

Kiedis si ricordò di una cliente della sua ex fidanzata Donde Bastone, che arrivava sempre a casa loro per acquistare un po' d'erba e che era innamorata di Anthony. Lei aveva un modo un po' strano di manifestare la sua attrazione: gli lasciava bigliettini comici con allegati metri pieghevoli per misurarsi l'uccello o foto inequivocabili dove lei faceva un pompino a un marinaio.

Un giorno in cui Anthony era più disponibile del solito, era andato ad aprire nudo, a eccezione di una calza che gli copriva le parti intime.

Quella era un'idea. I Red Hot Chili Peppers nudi con le calze a coprire quello che si doveva coprire. Dieci minuti prima del concerto si fecero una canna gigantesca e poi iniziarono il concerto. Per il momento vestiti. Alla fine della seconda parte tornarono sul palco con i soli calzini addosso.

Il pubblicò impazzì. Molti cercarono di arrivare a stretto contatto con i calzini per toglierli. Uomini e donne. Per ragioni differenti.

Presto sarebbero diventati un'icona dei Red Hot Chili Peppers.

♪♪♪

467 • IL WATER THROWING INCIDENT DEI DEEP PURPLE

National Exhibition Centre di Birmingham. 9 novembre 1993. Uno degli ultimi concerti dei Deep Purple con Ritchie Blackmore, che lascerà il 17 novembre, dopo uno spettacolo a Helsinki. Parte *Highway Star*, Blackmore, infastidito dalla presenza di un cameraman che, a suo dire, dovrebbe stare più lontano, torna nei camerini. La band prosegue senza di lui, in un assolo senza chitarra, in attesa che accada qualcosa. Istruito dalla band, il roadie Rob Fodder raggiunge Blackmore nei camerini, gli dice che ormai la band sta andando avanti da più di due minuti e che non potrà durare a lungo. Blackmore dice che tornerà non appena il cameraman si sarà tolto dalle palle. Fodder esce e allontana il cameraman, poi corre ad avvisare Blackmore che esce dai camerini e sta per tornare sul palco, quando vede che il cameraman è tornato al suo posto. Blackmore torna nei camerini, Fodder va a maledire e minacciare il cameraman, che si sposta nel retropalco. Fodder va a chiamare Blackmore, che torna sul palco, ma non appena è rientrato al suo posto ecco che il cameraman sbuca di nuovo dall'oscurità. Allora Blackmore prende l'acqua che era a disposizione vicino alla tastiera e la rovescia sulla telecamera, poi aspetta che finisca *Highway Star* e, prima di iniziare *Black Night*, si procura una birra e rincorre il cameraman per rovesciare il liquido sulla telecamera e accertarsi che si sia davvero rovinata definitivamente.

Passerà alla storia come il *water throwing incident*.

♪♪♪

468 • LENNY E SINEAD STANNO COPULANDO

Mike Patton ama provocare. Sempre. A parole o nei fatti. In un'intervista del 1995 al "San Francisco Chronicle" ha detto: "La vita on the road con i Faith No More è un casino perché ho poco tempo per fare le cose che mi piacciono, ma soprattutto perché è tremendamente difficile farmi di cocaina e scopare delle puttane sera dopo sera. È diventato un lavoro anche quello, insomma".

Le sue esternazioni sul palco sono proverbiali, al pari delle sue intemperanze o delle sue imbarazzanti improvvisazioni. Come quella volta che ha raccolto una bottiglietta lanciata da uno spettatore che ci aveva pisciato dentro e si è rovesciato il contenuto sulla testa.

Una sera, i suoi compagni si raccomandarono di non esagerare. Lui disse certo, non capisco perché me lo diciate. Mica sono abituato a esagerare.

Era il 1991, in Danimarca. I Faith No More facevano parte di un cast stellare che comprendeva anche altri musicisti. Così, Mike Patton, a un certo punto dello show, disse: "Non so se vi interessa, ma nella tenda della hospitality ci sono Lenny Kravitz e Sinead O'Connor che stanno copulando".

Cosa che, naturalmente, non corrispondeva affatto alla verità. Ma che provocò un boato della folla, un rapidissimo affollamento di gente attorno alla tenda della hospitality, un mezzo infarto al povero Lenny. Dicono invece che Sinead non si sia nemmeno accorta di quello che stava succedendo.

♪♪♪

469 • ALANIS NUDA

Alanis Morissette non aveva la minima intenzione di cedere. E chissenefrega se le radio non trasmetteranno *Everything*. Alla censura americana non piaceva quel verso che diceva "I can be an asshole of the grandest kind", posso essere una testa di cazzo delle peggiori dimensioni. Quando le proposero di sostituire la parola *asshole* a *nightmare*, incubo, Alanis rispose no grazie, posso vivere anche senza le vostre radio, che sono cento volte più stupide di quelle canadesi. Era il 2004 e Alanis era attesa a braccia aperte ai Juno Awards, che sono l'equivalente canadese degli Oscar, come cantante e come presentatrice.

Anche lei non vedeva l'ora di tornare a casa, così preparò quella sorpresa. Salì sul palco fasciata in un abito color carne che la faceva sembrare completamente nuda, con tanto di grandi capezzoli e peli pubici finti.

Quando si placò per un attimo il tripudio del pubblico composto di 17.000 persone, Alanis disse: "Non so se sapete che ho avuto qualche problema con la censura americana. Bene, sono incredibilmente felice di essere a casa, nel vero Nord, forte e senza censure". Il direttore di palco la raggiunse per dirle che c'era un problema, perché nemmeno alla televisione canadese si potevano mostrare capezzoli e peli pubici.

Al che, Alanis, disse: nessun problema. Si strappò capezzoli e peli finti e rimase solo con il vestito nude look. Nel delirio generale della sua gente.

♪♪♪

470 • SCHIAFFI AI FAN

Malcolm McLaren, ma anche Vivienne Westwood. Tutti pensano che il merito del successo dei Sex Pistols debba andare al fantasmagorico ed eccentrico manager. In realtà, il decollo della band di Johnny Lydon avvenne grazie a un'intuizione di Vivienne, la designer che all'epoca era la fidanzata di Malcolm.

I Pistols sono sul palco del Nashville e non stanno andando granché bene. Peccato perché tra il pubblico ci sono fior di giornalisti e fotografi, e poi Adam Ant, Vic Godard, Mick Jones. Eppure lo spettacolo non decolla. I Pistols sembrano svuotati.

A un certo punto, a metà di *Pretty Vacant*, Vivienne Westwood individua una ragazza in prima fila tra il pubblico e le tira due schiaffoni. Il ragazzo di lei decide di vendicarsi seduta stante. Scattano i flash. I fotografi immortalano la scena. La fotografia di questo ragazzo con il pugno alzato nell'intento di colpire diverrà famosissima. John Lydon si butta giù dal palco e comincia a tirare cazzotti a tutti. I fotografi continuano a scattare. Si vede Sid Vicious che si lecca le labbra durante la rissa, Lydon felice come un bimbo.

I tre giornali musicali recensiscono i tafferugli, il "New Musical Express" con un commento di Neil Tennant, futuro Pet Shop Boys, che dice: "In che modo i Pistols creano la propria atmosfera quando la musica non funziona? Pestando una persona del pubblico. Come altrimenti?".

È quello che molti vogliono. Una band senza rispetto per nessuno che dia fuoco all'Inghilterra. E tutto è partito da uno schiaffo.

♪♪♪

471 • IL PRIMO LANCIO DI MUTANDINE

Il giorno prima aveva registrato *Lucille*, anche se la sua *Tutti frutti* era ancora ben alta in classifica. Little Richard non era stupido e sapeva che l'onda andava cavalcata quando era alta, perché è così che si fa surf nelle vendite e nel conto in banca. E adesso è lì, davanti a quelle pazze scalmanate, proprio lui che preferisce gli scalmanati, ma guai a dirlo troppo chiaramente in quel 1957. Ci sarebbe stata la rivoluzione, se bastava avere i capelli più lunghi del lecito per essere arrestato, com'era capitato anche a lui, proprio a lui.

Royal Theatre di Baltimora, nel Maryland, 17 gennaio 1957. Le fan su in balconata cercano di lanciarsi di sotto, direttamente sul palco, per toccarlo e portarsi a casa un bacio come souvenir. Gli addetti alla sicurezza hanno il loro daffare, ma sanno perfettamente come comportarsi. Almeno questo è quello che credono. Poi, sul charleston della batteria di Chuck Connors plana un paio di mutandine, che una ragazza coraggiosa e benemerita si è appena sfilate. C'è un attimo di smarrimento. I musicisti non sanno cosa fare. Non era mai successa una cosa del genere. La folla continua a urlare. Aspetta qualcosa. E quel qualcosa arriva. Chuck Connors prende le mutandine, le infila nella bacchetta della batteria e comincia a sventolarle, come si fa con le bandiere in curva, allo stadio.

In quel momento cambia la storia, perché tutte le ragazze del pubblico si sfilano le mutandine e le lanciano sul palco, che viene in pochi minuti coperto di biancheria intima. Quello è il primo concerto in cui accade una cosa del genere, ma non sarà l'ultimo. Il lancio di mutandine diventerà una moda, per il rock.

♪♪♪

472 • TI È TUTTO CHIARO, STRONZO?

Peter Grant è una leggenda presso i musicisti. Dicono sia un promoter più vicino agli interessi dei suoi clienti che ai propri, anche se è probabile che faccia entrambi e va già bene così. Si assicura che ai musicisti non manchi nulla, che abbiano tutto quello che desiderano, a partire dalla pace e dalla tranquillità. Il suo motto è: voi pensate alla musica, al resto ci pensa Peter Grant. Cioè lui.

Peter Grant è anche una montagna umana ed è meglio non litigare con lui. Perché pesa 150 chili e quando pensa di aver ragione non ci pensa due volte.

Come quella volta a Vancouver, nel 1971, quando era il manager dei Led Zeppelin. Vide tra il pubblico un signore con un microfono e un aggeggio che sembrava un megaregistratore professionale. Grant si avvicinò, lo sollevò di peso e lo riempì di botte, sfasciandogli l'attrezzatura sulla testa per poi scoprire che quel signore non stava registrando illegalmente il concerto ma era un ufficiale canadese incaricato di misurare il numero effettivo dei decibel emessi dagli amplificatori del gruppo.

O come quell'altra volta a Bath, in Inghilterra, nel 1970, dove scovò uno del pubblico che stava registrando il suo bel bootleg e rovesciò un grosso secchio d'acqua calda sul registratore professionale, che si sciolse come neve al sole.

Celebre anche l'episodio del Mid-South Coliseum di Memphis, sempre con i Led Zeppelin. Il promoter locale era spaventato dalla reazione dei fan, che dopo un fantastico assolo di Jimmy Page in *Communications Breakdown*, sembravano voler incendiare l'arena. Così, si avvicinò minaccioso a Grant e disse: "Fai scendere quel cazzo di gruppo dal palco".

Grant non si mosse di un millimetro e rispose: "Non ci penso neanche".

Il promoter estrasse allora una pistola e la puntò alle costole di Grant: "Fai scendere quel cazzo di gruppo dal palco o ti sparo".

Grant sorrise, per nulla spaventato, indicò con il dito un signore che in quel momento si trovava sul palco vicino a Robert Plant e disse: "Ehi, testa di cazzo, prova pure a spararmi, ma poi cosa racconti a quello là che è il sindaco di Memphis e che ci sta consegnando le chiavi della città? Ti è tutto chiaro, stronzo?".

♪♪♪

473 • FIDEL CASTRO E I MANIC STREET PREACHERS

Ci sono concerti che entrano nella storia per quello che succede sul palco e altri che entrano nella storia indipendentemente da quello che fai. Quando, il 17 febbraio 2001, i Manic Street Preachers salgono sul palco del teatro Karl Marx dell'Avana, non sono solo il primo gruppo gallese a farlo, sono anche il primo gruppo rock occidentale e anglofono a sbarcare a Cuba. Gli ultimi artisti a sfidare l'embargo erano stati Billy Joel e Kris Kristofferson, che con il rock hanno poco a che fare.

Ci sono 5.000 persone entusiaste e tra questi anche il leader maximo Fidel, che non conosce i Manic Street Preachers, ma conosce bene le loro posizioni politiche. E che ha apprezzato abbiano detto che non sono interessati solo a Che Guevara, ma anche a Cuba come ultimo simbolo rimasto contro l'americanizzazione del mondo.

Fidel Castro ha incontrato i ragazzi prima del concerto, ma adesso non vede l'ora che finisca. Perché quella non è proprio la sua musica. Si alza in piedi solo quando i Manic attaccano *Baby Elian*, la storia di Elian Gonzalez, il bambino conteso come pacco postale tra Stati Uniti e Cuba.

Alla fine è trionfo. Uscirà anche un dvd a documentare il momento. Il titolo, *Louder Than War*, nasce da uno scambio di battute tra Fidel e la band avvenuto prima del concerto. I Manic mettono le mani avanti e dicono che il concerto sarà ad alto volume, *very loud*. Fidel si fa tradurre e poi replica: "Non può essere più forte della guerra", *It cannot be louder than war*.

♪♪♪

474 • MICK E JIMI

La sera del suo ventisettesimo compleanno, il 27 novembre 1969, Jimi Hendrix ricevette un regalo inatteso. Era andato al Madison Square Garden ad applaudire i Rolling Stones, seguendo il concerto sul palco, dietro l'amplificatore di Keith Richards, e aveva fatto loro visita nei camerini.

"Jimi, vorrei parlarti in privato", gli aveva detto Mick Jagger.

Erano andati insieme alla festa organizzata da un'amica di Jimi, Devon Wilson, che avrebbe dato una gamba per iniziare una storia con Jagger. Mick e Jimi si erano isolati e Jimi pensava che Mick volesse parlare di musica o di donne, ovvero le due grandi passioni che avevano in comune.

No, Mick voleva raccontare a Jimi di quando era stato arrestato, nel febbraio di quello stesso anno, dopo un'irruzione della polizia a casa di Richards, e di come aveva pianto quando il giudice l'aveva condannato a un anno di galera. Nessuno aveva visto quelle lacrime, perché gli Stones avevano un'immagine da duri da difendere.

Mick Jagger, quella sera, voleva che Jimi Hendrix sapesse quanto fosse brutto e umiliante essere privati della propria libertà, non solo, voleva che Jimi Hendrix sapesse fino in fondo quali erano i pericoli che correva se avesse continuato a drogarsi.

Jimi Hendrix si commosse, pianse davanti a quel fratello bianco che gli stava dimostrando di tenere a lui come persona e non solo come chitarrista.

Per sfortuna sua e di tutti noi, non lo ascoltò. Continuò a drogarsi fino all'ultima pagina di un libro che sarebbe potuto essere lunghissimo e unico, il più bello del mondo.

♪♪♪

475 • ACRONIMI DEL DIAVOLO

Gene Simmons l'aveva detto a chiare lettere: "Ci vestiamo e trucchiamo così perché vogliamo che i genitori dei nostri fan vomitino non appena ci vedono". Il loro era un travestimento, niente di più. Non avevano nulla di satanico, ma il loro nome divenne oggetto di mille interpretazioni. Era scritto tutto a lettere maiuscole, quindi doveva essere un acronimo e non poteva significare semplicemente "bacio". Troppo facile. Un po' come per gli AC/DC. Il nome era stato suggerito da Margaret, la sorella maggiore dei fratelli Young che l'aveva visto sul retro di un aspirapolvere. Significa Alternating Current / Direct Current (Corrente alternata / Corrente continua), ma molti hanno preferito pensare significasse Anti Christ/ Devil's Children (Anti Cristo / Figli del Demonio) o peggio ancora After Christ / Devil Comes (Dopo Cristo / Viene il Demonio).

Alla stessa maniera il bacio dei KISS ha conosciuto letture aberranti, la più folle di tutte è quella che vuole significhi: Knights In Satan's Service, Cavalieri al Servizio di Satana.

♪♪♪

476 • I CROCIFISSI DEL SABBA NERO

"Ma perché quei crocifissi al collo?"

Prima o poi la domanda arriva e i Black Sabbath lo sanno. Se l'aspettano. Del resto, non è che i giornalisti siano poi così originali. Però va anche detto che ogni volta loro danno una risposta diversa. Forse perché una ragione vera e propria non c'è. Magari hanno solo scelto di indossarli e poi, quando hanno visto che tutti i giornalisti chiedevano e chiedevano, hanno cominciato a inventare storie.

Sull'edizione inglese di "Metal Hammer", il bassista Geezer Butler ha fornito quella che probabilmente è un'altra panzana, però è la migliore di tutte e forse anche per questo potrebbe essere quella vera: dunque, c'era questo circolo di magia nera che pretendeva che i Black Sabbath suonassero in un cerchio di pietre. Loro rifiutarono, perché per la band il sabba era nero, ma la magia poteva essere solo bianca, e Satana non si glorificava mai. E allora gli adepti di quella setta avevano lanciato una maledizione sui musicisti. Almeno questo è quello che sosteneva un'altra setta, stavolta di magia bianca, che chiamò il manager dei Black Sabbath e si offrì di togliere quella maledizione. Per farlo, però, i musicisti avrebbero dovuto indossare delle grandi croci. Il padre di Ozzy Osbourne all'epoca lavorava in una fabbrica che produceva ricambi per automobili, così prese dei pezzi di metallo avanzato e realizzò le croci che poi sono diventate parte integrante del look della band.

Improbabile, ma affascinante. O no?

♪♪♪

477 • IL CANE BAGNATO DEI GREEN DAY

Ai Green Day piace giocare, si sa. Con i giornalisti, almeno con la stragrande maggioranza di essi, non hanno un gran rapporto. Cioè: se fanno le domande giuste e parlano di musica, allora tutto bene; se invece cominciano a scivolare sui pettegolezzi, allora si risponde a tono.

Così, quando un giornalista chiese le ragioni della strana voce di Tre Cool, il batterista dei Green Day cominciò a raccontare una storia inventata lì per lì, ma che presto si trasformò in leggenda metropolitana.

Disse che aveva perso un testicolo in un incidente con il monopattino. Aveva preso velocità e poi perso il controllo, finendo oltre la piattaforma e atterrando dove non doveva. Ecco perché la voce di Tre Cool è rimasta confinata all'adolescenza.

Leggenda, in realtà un semplice gioco, come quando Brian Eno rispondeva alla domanda "Come vorresti morire?", dicendo "dal parrucchiere". E Brian Eno è calvo. O come quando lo stesso Tre Cool disse che l'album *Warning* aveva lo stesso odore di un cane bagnato, puzzolente ma affettuoso, che si è appena leccato le palle.

♪♪♪

478 • LE AQUILE DEGLI EAGLES

La loro musica non è esattamente rock and roll. È un country-rock dolce e caldo come il sole della California. È il loro atteggiamento a essere rock and roll. Sempre contro, a volte anche contro il buon senso. Gli Eagles sono così. Nel 1988 intentarono una causa alla National Foundation to Protect America's Eagles, ovvero la fondazione che si batte per la tutela e la riproduzione delle aquile in America. La ragione? La Fondazione aveva registrato un dominio che era www.eagles.org e il loro numero di telefono era 1-800-2-Eagles. La band californiana sosteneva che la Fondazione non avesse diritto a registrare un dominio dove si usava impropriamente il loro nome, senza pensare che il loro nome è anche il nome di un animale, l'aquila, appunto. E tutto questo nonostante Glenn Frey avesse appena adottato un'aquila proprio tramite la Fondazione.

Il giudice, naturalmente, non prese nemmeno in considerazione la causa, al pari di quella che i recidivi Eagles intentarono a Bill Arnold, un ristoratore di Dallas che aveva chiamato il suo locale Hotel California Grill. Quando l'avvocato degli Eagles contattò Arnold per dirgli che aveva copiato, questi rispose: "Il mio è un ristorante, non una canzone".

♪♪♪

479 • IL CRICETO DEI SEX PISTOLS

La storia del punk tramanda che Sid sia diventato Vicious grazie a Johnny Lydon, che in precedenza aveva chiamato così, *vicious*, malvagio, il suo criceto.

Be', non è andata così, anche se tutto era davvero partito da Lydon. Un'infanzia difficile, la meningite a otto anni. Quello sguardo vitreo con gli occhi spalancati non è figlio del punk, ma della malattia. Educazione problematica, cacciato da scuola, incapace di rapporti stabili. Unico conforto la musica, Iggy Pop il primo eroe, dopo un concerto nel 1972.

Poi l'incontro con Sid, che all'epoca era un seguace di David Bowie che amava i capelli dritti sulla testa, ma che non voleva usare la lacca e che, per ottenere l'effetto desiderato, si metteva la testa nel forno. Era un tipo alla moda, un fighetto, per usare le parole di Lydon, che cercava di procurarsi tutti i vestiti di cui parlava "19", la rivistucola per adolescenti. Difficile immaginare Sid Vicious in questo modo, ma qui era ancora John Simon Ritchie, prima dunque di adottare il nome d'arte.

Siamo nell'era preistorica dei Sex Pistols. Ognuno deve avere un soprannome adeguato. Lydon diventa Rotten, marcio, anche per via dei denti cariati e orrendi.

"E io come mi devo chiamare?", chiese John.

"Tu sarai Sid Sid, il nome del mio criceto", rispose l'altro John.

"Basta un solo Sid, non credi?"

Ma un solo Sid non era abbastanza punk come nome di battaglia, così John Lydon si ispirò a *Vicious*, il brano di Lou Reed che apre l'album *Transformer*.

Anche se la storia, chissà perché, ha preferito la storia del criceto.

♪♪♪

480 • LOU REED PRENDE A PUGNI DAVID BOWIE

David Bowie era sempre stato un grande fan di Lou Reed. Nelle note di copertina di *Hunky Dory* aveva fatto esplicito riferimento ai Velvet Underground, di cui eseguiva in concerto *White Light/White Heat* e *I'm Waiting For The Man*. Il Duca Bianco aveva anche prodotto *Transformer*, il secondo bellissimo album da solista di Lou che aveva cancellato la delusione del disco precedente e rilanciato il nome di Reed nel firmamento rock.

Insomma, la stima era fuori discussione. L'amicizia anche. Mai venuta a mancare. Quasi mai.

Il 10 aprile 1979, si ritrovano a Londra. David ci abita, Lou deve tenere un concerto all'Hammersmith Odeon. Si cercano e si danno appuntamento al Rendez-Vous, ristorante alla moda di Chelsea.

Ridono e scherzano per un'ora abbondante. Poi il tono cambia, cambiano gli umori, cambiano le espressioni dei volti. La discussione si anima, fino a quando Lou Reed si alza e prende a pugni David Bowie. "Non dire mai più una cosa simile", urla.

Pochi secondi e tutto sembra essere tornato come prima. Sembra. Lou torna a sedersi, si scusa. Poi ci ripensa, si rialza e colpisce di nuovo in pieno viso l'amico David. La guardia del corpo di Lou lo porta via, Bowie scoppia a piangere.

Si avvicina dal tavolo vicino un giornalista del "Melody Maker", che chiede cosa sia successo.

Bowie si alza ed esce di corsa dal ristorante, rovesciando e rompendo alcuni vasi, che il giorno dopo provvederà a pagare.

Mai nessuno saprà il motivo di quella lite tra Bowie e Reed e di quei pugni di Lou.

♪♪♪

481 • COS'HAI DETTO SUI MIEI CANI?

Nel 1982 Dave Mustaine era la scheggia impazzita dei Metallica. La band non era famosa, sua madre se n'era andata da casa e lui, per mantenersi, spacciava droga. I junkie del suo giro si informavano su quando era impegnato sul palco con i Metallica e poi s'intrufolavano dentro casa sua per fregargli la roba.

Stufo di tutto questo, Dave compra dei cani, due cuccioli di pitbull, che mette a guardia della casa e della droga. Un giorno li porta con sé da Ron McGovney, primo bassista dei Metallica. Mentre Ron è sotto la doccia, i due cani saltano allegramente sulla sua macchina, una preziosa Pontiac LeMans del '72. James Hetfield comincia a gridare: "Ehi, Dave, manda via quei cazzo di cani dalla macchina di Ron". Dave, brutto carattere e forte dipendenza, risponde al suo cantante: "Che cazzo hai detto? Non ti azzardare a parlare così dei miei cani" e vola al collo di James. Continuando a pestarsi come ossessi arrivano fin dentro casa. Ron esce dalla doccia mentre Dave tira un pugno in bocca a James e lo fa volare dall'altra parte della stanza. Ron si lancia su Dave, ma Dave lo fa atterrare su un tavolino.

James si rialza sanguinante. Si tocca la bocca. Dice: "Dave, sei fuori dalla band".

Il giorno dopo Dave torna in lacrime: "Non sbattetemi fuori, per favore".

Gli sarà data un'ultima possibilità. Anzi, due.

♪♪♪

482 • LIAM E ROBBIE

Robbie Williams era il primo a scherzarci sopra: "L'altro giorno una tizia mi ha avvicinato in un pub e mi ha detto: 'Ehm, scusa, ho fatto una sommessa con i miei amici che tu sei Robbie Williams, però ci sembri troppo grasso'. E io ho detto: 'Che strano, io stavo scommettendo con i miei amici che facevi la modella, però ci sembri troppo grassa'". Finché lo diceva lui nessun problema. Però a Robbie Williams dava un bel po' fastidio che Noel Gallagher lo definisse "il ballerino grasso dei Take That", così quando uscì *Be Here Now*, mandò loro una corona di fiori da morto accompagnata da un biglietto: "Ho ascoltato il terzo album. Riposate in pace". E poi, per non dare l'impressione di preferire un fratello invece dell'altro, sfidò a duello Liam, invitandolo a fare a pugni con lui, con in palio una borsa di centomila sterline. Il duello fu preso sul serio dagli inglesi, al punto che Panos Eliades, il promoter di Lennox Lewis, tre volte campione del mondo dei pesi massimi, si offrì di organizzare l'evento a patto che le centomila sterline fossero devolute in beneficenza. Liam disse di non voler accettare la sfida in pubblico, ma che avrebbe volentieri fatto a pugni con quella grassa checca su un tratto abbandonato di ferrovia.

I due, anzi i tre, continuarono a punzecchiarsi valicando a volte anche i confini del buon gusto, fino all'atto che mise tutto a tacere. Liam Gallagher si fidanzò con Nicole Appleton, cantante delle All Saints, ma anche ex fidanzata di Robbie Williams.

Lo sgarbo sommo. Vittoria per ko tecnico. Si fossero incontrati sul ring, magari finiva ai punti.

♪♪♪

483 • FUORI IL GORILLA

20 dicembre 1981. La prima di due serate al Lyceum di Londra. Gli U2 sono in rampa di lancio, non ancora star, anche se sono accorse duemila persone. Il pubblico è in estasi fin dal pezzo d'apertura, *Gloria*, intenso come poche altre volte nella vita della band. Uno dei gorilla del servizio d'ordine cerca di calmare un ragazzo delle prime file, che ha il solo torto di essere esaltato ed entusiasta, certo un po' scomposto, ma non violento né pericoloso. Il gorilla comincia a spintonarlo, poi lo prende a pugni. Con forza. Pugni pesanti. La gente urla, gli U2 gridano di fermarsi, ma il gorilla non si ferma. Larry Mullen abbandona la batteria e si lancia su di lui, seguito a ruota da Bono. Lo trascinano nel retropalco, poi Bono risale sul palcoscenico e con voce calma ma forte e chiara, dice: "Voglio che quel tipo venga mandato via. Adesso, prima che inizi la prossima canzone".

La direzione del locale lo accontenta. Il gorilla è cacciato dal Lyceum. Il pubblico va ancora di più in adorazione per gli U2, una band giovane che ha osato fare una richiesta così forte in un locale così prestigioso e per di più a Londra, non in Irlanda.

Sì, quella gente di Dublino ha le palle.

♪♪♪

484 • CARRI ARMATI

Il mondo del rock è pieno di feste leggendarie, organizzate principalmente per lanciare un disco o festeggiare la fine di un tour. Tra le più divertenti, gli annali ricordano la festa per battezzare *Beggar's Banquet*, il banchetto dei mendicanti dei Rolling Stones, il 6 dicembre 1968. Accanto a una megatorta alla crema i camerieri sistemarono decine di torte più piccole. Gli invitati, guidati da un Mick Jagger che si era infilato una forchetta di plastica nell'asola della giacca, prima mangiarono una fetta della torta grande e poi si armarono di quelle piccole scatenando una furiosa e gigantesca guerra. Davvero una riuscita festa di lancio, in tutti i sensi del termine.

Rod Stewart era abituato invece a spogliare i giornalisti che non si dimostravano particolarmente prodighi di elogi verso di lui. Durante un party all'Embassy Club di Londra, nel dicembre del 1980, il povero Simon Kinnersley del "Daily Mail" fu costretto a rimanere in mutande per tutta la durata della festa e a tornare a casa così, seminudo.

I libri di storia riportano la festa organizzata da Harold Lloyd, stella del cinema muto, per festeggiare la fine della tournée dei Wings di Paul McCartney nel 1976. Lloyd non fece mancare niente ai suoi ospiti, fece svuotare la piscina per trasformarla in sala da ballo, invitò tutte le stelle del cinema e della musica, da Cher a Bob Dylan, da Elton John a John Belushi, che si produsse nella sua stratosferica imitazione di Joe Cocker.

Ma la festa forse più originale è quella organizzata dalla casa discografica dei Blondie per lanciare un loro disco: gli ospiti arrivarono a bordo di un carro armato dell'esercito americano, noleggiato per l'occasione, perché fa fine e non impegna.

♪♪♪

485 • LA FESTA PIU FAMOSA DEI QUEEN

Non c'erano nani. No. Nemmeno uno. E non essendoci nani, non c'erano neanche nani che portavano ciotole colme di cocaina. C'era droga che circolava libera, questo sì. Come sempre alle feste rock and roll. Come sempre quando c'era Freddie Mercury di mezzo. E i Queen, ovvio.

Quella dei nani che offrivano alle persone ciotole da cane piene di polvere bianca è una delle tante leggende metropolitane del rock. Lo scrive anche Peter Freestone, autore di una biografia dei Queen attendibile proprio perché raccontata da uno che c'era e che non ha alcuna intenzione di esagerare. Anche perché a quello ci pensava Freddie Mercury.

La famosa festa incriminata si tenne il 12 luglio 1986. Organizzata dalla Emi a Londra, al Roof Gardens, situato dove un tempo c'erano i magazzini Derry & Toms, a Kensington Street. I camerieri erano nudi, con le divise dipinte sul corpo. Ci fu sesso a volontà, visto che, sono parole di Peter Freestone, si videro cameriere nella toilette maschile e camerieri in quella femminile. E se a qualcuno parve di vedere dei nani, erano solo persone non in piedi e molto affaccendate ad accontentare gli ospiti.

♪♪♪

486 • L'INCIDENTE IN MOTO DI BOB DYLAN

Prima la musica, subito dopo le moto. La prima era stata una Harley, l'ultima una Triumph T100, 500 di cilindrata e mille di libertà. Fino al 29 luglio 1966, Bob Dylan usava la moto come fosse un suo prolungamento. Guidava come un pazzo, anche se non a fari spenti nella notte. Anche quando non era solo. Nella sua autobiografia, Joan Baez ha scritto: "A me sembrava fosse la moto a guidare lui e non il contrario. Ogni volta che ci piegavamo, speravo di averlo fatto nel modo giusto e di riuscire a fare bene la curva. In caso contrario sarebbe stata la fine per entrambi".

Il 29 luglio 1966, a momenti fu la fine per Bob Dylan. Era solo, dietro di lui c'era sua moglie Sara, che lo stava seguendo in macchina. Lo avrebbe riportato a casa, una volta lasciata la moto dal meccanico. Dylan aveva appena lasciato l'abitazione del suo manager Albert Grossman a West Saugherties, a Woodstock, il luogo dove Dylan si era da poco trasferito, in una casa sulla 30esima strada Est. Poi, lo schianto.

La dinamica non è mai stata chiarita. Dylan ha dato diverse versioni, forse perché non ricorda bene, come spesso accade quando hai un incidente grave. Prima dice che si è bloccata la ruota posteriore e lui ha perso il controllo in curva, poi confessa al suo biografo Robert Shelton che è stata colpa di una macchia d'olio, quindi arriva Sam Shepard, grande commediografo e amico di Bob nonché parte della

Rolling Thunder Revue che sostiene di aver saputo da Dylan che è stato il sole ad accecarlo.

Lesioni interne, rottura di alcune vertebre del collo, lacerazioni in viso e sulla testa, commozione cerebrale. Questi i dati certi, secondo i referti medici dell'ospedale di Middletown.

Si sparge la voce che Dylan è morto, un'altra sostiene che ha subito danni permanenti al cervello, un'altra ancora che è paralizzato e non camminerà più. Ma altre voci insinuano il dubbio che l'incidente non sia mai avvenuto e che sia il frutto di un'operazione strategica per permettere a Dylan di rifiatare, riflettere, disintossicarsi.

Niente di tutto questo. Ma per otto anni Bob sarà lontano dai palchi. Tornerà per la tournée di *Before The Flood*, dodici milioni di richieste per 658.000 posti disponibili.

♪♪♪

487 • DEVI MORIRE

Sharon è di sotto, stravaccata sul divano. Sta leggendo.

Ozzy è al piano di sopra. Un'ora fa ha detto che andava a dormire. Sharon non sa che suo marito non è andato a letto, ma si è scolato in 60 minuti quattro bottiglie di vodka che non ricordava di avere. Erano dentro una scatola che qualcuno, Ozzy non ricordava chi, gli aveva messo in mano qualche giorno prima, il 12 agosto 1989, mentre era a Mosca in occasione di un concerto per la pace.

Sharon vede Ozzy scendere le scale. È in evidente stato confusionale, ma Sharon non se ne preoccupa. È abituata a vivere con un uomo che a volte nemmeno sa dove si trova.

Ozzy è in mutande. Si siede sul divano, davanti a sua moglie. Dice: "Siamo arrivati a una decisione".

Sharon non alza nemmeno gli occhi dal libro.

"Siamo chi? E comunque quale decisione?"

Ozzy risponde: "Abbiamo deciso che devi morire".

Prima che Sharon possa abbozzare una reazione, Ozzy le salta addosso e cerca di strangolarla. Seppur ubriaco, è molto più forte di lei. Per fortuna di tutti, Sharon riesce per un attimo a divincolarsi e a schiacciare il "panic button" che mette in moto l'allarme.

Ozzy è di nuovo su di lei, sta per soffocarla, ma, proprio quando è allo stremo delle forze, come fosse un thriller e non la drammatica realtà, arriva la polizia che arresta Ozzy.

Ozzy Osbourne si sveglia l'indomani, la sbornia è quasi svanita del tutto, ma non ricorda nulla.

"Che cosa ho fatto?", chiede ai poliziotti.

"Hai cercato di uccidere tua moglie."

Ozzy ride: "Ah ah... Avanti, inventatevene un'altra...".

♪♪♪

488 • COURTNEY SENZA LOVE

I primi concerti delle Hole dopo la morte di Kurt Cobain furono ovviamente molto difficili. Il 4 luglio si imbarcarono in un tour di sei settimane nell'ambito del Lollapalooza, insieme a una marea di artisti tra cui Beck, Pavement, Sinead O'Connor, Sonic Youth e le Bikini Kill di Kathleen Hanna, grande nemica di Kurt Cobain, che, dopo la prima serata, si avvicinò a Courtney e le chiese, a proposito della figlia Frances Bean: "Dov'è la bambina, nell'armadio con l'endovena?".

Courtney si lanciò su di lei con violenza, Kathleen la denunciò e Courtney fu condannata a un anno con la condizionale.

Verso fine mese, qualcuno tra il pubblico gettò sul palco un caricatore. Le Hole smisero di suonare. Courtney si chinò per raccoglierlo. Ci fu un lungo attimo di silenzio, poi Courtney disse: "È questo quello che volete? Va bene. Buonanotte e grazie".

E scese dal palco.

♪♪♪

489 • IL JAPANESE AFFAIR DEGLI ANIMALS

I vecchi fan degli Animals lo chiamano Japanese Affair e risale al 1968.

Gli Animals di Eric Burdon erano attesi a settembre in Giappone per una serie di date che si annunciavano stratosferiche, in luoghi ciclopici, ma a causa dei ritardi per ottenere il visto, il tour fu spostato in avanti di due mesi.

La prima data fu in un minuscolo club, tra lo stupore della band e dell'entourage. Tutti si aspettavano grandi *venue* e gigantesche arene. Una volta tornati in hotel, si scoprì quello che era successo. La mafia giapponese aveva rapito il manager degli Animals, gli aveva puntato una pistola alla tempia e minacciato di tagliargli un dito. La Yakuza sosteneva che i concerti saltati in settembre avessero procurato grossi problemi. Il manager fu costretto a firmare un assegno di 25.000 dollari accompagnato dalla promessa che l'indomani tutti avrebbero fatto ritorno in Inghilterra. Niente tour, niente concerti.

La mattina dopo, cinque macchine portarono gli Animals all'aeroporto. Gli autisti, ammesso che fossero soltanto autisti, attesero che le operazioni d'imbarco fossero espletate prima di ripartire. Nella fretta e nella paura, gli Animals lasciarono in Giappone tutta l'attrezzatura e la strumentazione. Ma almeno portarono a casa la pelle.

♪♪♪

490 • IL BRACCIO AMPUTATO DI RICK

La notte del 31 dicembre 1984, a Sheffield, Rick Allen è alla guida della sua Chevrolet Corvette sulla A57. Sta andando a un party di Capodanno con la sua fidanzata Miriam Barendsen. Viene superato da una Alfa Romeo. L'automobilista provoca Allen, lo sfida, lo ostacola ogni volta che Allen cerca di superarlo. Allen perde la pazienza e tenta un sorpasso azzardato, in prossimità di una curva. Forse annebbiato dalla cocaina perde il controllo dell'auto, che esce di strada, si ribalta, abbatte un muretto in pietra e finisce la sua corsa in un campo. Miriam se la cava con poche ferite lievi. A Allen va peggio, perché, per colpa di una cintura di sicurezza allacciata male, viene sbalzato fuori dal veicolo, batte violentemente il braccio sinistro. Lo soccorre un infermiere di passaggio, ma, in seguito a un'infezione, i medici sono costretti ad amputargli il braccio. Una menomazione terribile per tutti, ma ancora di più per Rick Allen, che è il batterista dei Def Leppard.

In soccorso arrivano gli ingegneri della Simmons, il cantante dei Def Leppard Joe Elliot e il batterista degli Status Quo Jeff Rich. Insieme progettano una batteria particolare che Allen può suonare anche con un braccio solo.

Nel 1986, al Monsters of Rock di Donington, Rick Allen torna in sella. Il batterista dei Def Leppard è di nuovo lui.

♪♪♪

491 • IL VERME DEI BUTTHOLE SURFERS

David Lee Roth non amava le interviste, ma quella volta era felice. L'intervistatrice era bella come il sole e anche vagamente disponibile.

Almeno questo doveva essere sembrato a lui, re David. Capita spesso, quando sei una rockstar acclamata, di pensare che tutti non abbiano altro desiderio che venire a letto con te. Così David disse: "Ho un'idea. Perché non ci spogliamo nudi e facciamo tutta l'intervista senza vestiti?".

La giornalista non era della stessa opinione, sorrise e disse che non le sembrava una buona idea.

David Lee Roth commentò: "A me invece piace". E si spogliò nudo.

La giornalista non si scompose e portò a termine una delle interviste più surreali della propria carriera.

Qualche anno dopo, il cantante dei Butthole Surfers decise di fare la stessa cosa, ottenendo la stessa risposta: "Non mi pare una buona idea".

Haynes non si spogliò.

La giornalista fece allora la prima domanda: "Pensi che il vostro sesto album, *Indipendent Worm Saloon,* vi renderà famosi?".

Haynes rispose: "Mi piacerebbe prima infilare il mio verme (worm) nel tuo saloon".

♪♪♪

492 • IL PAVONE DEI BEATLES

George, Paul e Ringo erano in studio per dar vita a *The Beatles Anthology*, film-documentario e disco antologico. Mancava John, in tutti i sensi. Così Paul chiese a Yoko se avesse qualche demo, qualche frammento di canzone abbozzata da Lennon su cui poter lavorare. Yoko ne tirò fuori tre, che John aveva impostato ai Dakota Buildings tra il 1977 e il 1980. La prima aveva un titolo smentito dal destino: *Grow Old With Me*, invecchia con me. La seconda s'intitolava *Real Love.* La terza sembrava perfetta sotto ogni punto di vista: *Free As A Bird*, libero come un uccello. Era la canzone giusta su cui creare qualcosa di nuovo, come voleva Ringo. E qualcosa di nuovo poteva nascere solo se i Beatles erano nuovamente in quattro.

Nel marzo del 1994, Ringo, Paul e George aggiunsero le loro voci a *Free As A Bird*, che fu offerta al pubblico nel dicembre del 1995.

Durante gli scatti per le foto promozionali avviene qualcosa di insolito.

I tre Beatles sono davanti a un albero. George è il più casual: camicia senza colletto, pantaloni bianchi e scarpe rosse. Paul e Ringo sono in jeans e giacca. Sembrano tre vecchi compagni di scuola durante una pausa de *Il grande freddo*. Il fotografo scatta ed ecco che appare un pavone. All'improvviso. Un pavone bianco che rimane immortalato in una foto che in pochi minuti farà il giro del mondo.

I tre Beatles si guardano e pensano la stessa cosa, ma è Paul il primo a parlare: "È arrivato John. Ora siamo di nuovo in quattro".

♪♪♪

493 • IL GATTO DI PETE TOWNSHEND

Pete Townshend ha appena terminato un'intervista lunga e profonda. Il giornalista chiede se ha qualche foto con cui condire il pezzo. Pete va nell'altra stanza e torna con uno scatolone. "Ecco, qui ci sono un sacco di foto, vecchie e recenti. Scegli pure quelle che preferisci e poi restituiscimi tutto."

Il giornalista strabuzza gli occhi. Da vecchio fan degli Who quello scatolone è come l'isola del tesoro. Torna a casa e, prima ancora di scrivere l'articolo si mette a rovistare nello scatolone. Foto fantastiche. Non sta più nella pelle, come un bambino.

Al fondo della scatola ci sono dei negativi. Dieci o dodici, dipende dalle fonti che riportano la notizia. Il giornalista li alza contro la luce per vedere bene. E sbianca. Perché i negativi ritraggono un uomo nudo di schiena, piegato leggermente in avanti. Si vedono chiaramente da dietro le palle penzolare in mezzo alle gambe ma ancora più chiaramente si vede un gatto che con le sue zampette davanti si appende alle palle per giocare.

Inutile dire che il giornalista ha scelto altri scatti per illustrare l'intervista.

♪♪♪

494 • NEL NOME DEL PADRE

Di nomi strani ne conosciamo a bizzeffe e nella stragrande maggioranza dei casi appartengono a figli di rockstar. Alanis Morissette ha chiamato sua figlia, nata il giorno di Natale 2010, Ever Imre; Alicia Keys ha battezzato suo figlio Egypt forse nella speranza che abbia in dote una piramide di fortuna. Aretha Franklin è andata oltre. Il nome del suo terzo figlio è un acronimo che lega le iniziali dei nomi dei due genitori – Kenneth E Cunningham Aretha Louise Franklin – ma per complicare le cose ha preteso che la pronuncia fosse KELF e non, come sarebbe logico dall'acronimo, KECALF. La prima figlia di Sting, dal suo primo matrimonio, ha un nome cromaticamente forte: si chiama FUCHSIA.

Leggendari i nomi delle eredi di Bob Geldof: Fixi Trixiebelle, Peaches Honeyblossom (che mette dunque insieme pesche, miele e fiori) e Little Pixie.

Chris Martin e Gwyneth Paltrow hanno scelto di chiamare la loro prima figlia Apple, cioè Mela. Una sera, durante il celebre *Tonight Show*, il conduttore Jay Leno ha detto che un vantaggio di chiamarsi così è che nessuno ti chiamerà mai con un diminutivo. Al che Gwyneth Paltrow ha confessato che è andata alla ricerca della traduzione della parola apple in tutte le lingue e che ogni giorno chiama sua figlia in modo diverso: Pomme, dal francese; Mela, dall'italiano; Mansana, dal giapponese; Yabushko, dal polacco.

A quel punto Jay Leno ha concluso dicendo: "Gwyneth, sei consapevole che tua figlia a quattro anni andrà già in analisi?".

♪♪♪

495 • È PER MIA FIGLIA

A Paul McCartney non era mai capitata una cosa del genere, tanto che rideva come un matto quando la raccontava agli amici. C'era questo signore, anche lui in procinto di diventare baronetto, proprio come i Beatles. La massima onorificenza dell'Impero britannico. MBE, ovvero Membri dell'Ordine dell'Impero britannico, Members of the Order of the British Empire. È il 26 ottobre 1965 e la regina Elisabetta è stata in qualche modo obbligata ad accettare la proposta sostenuta dall'allora Primo Ministro Harold Wilson, l'uomo che consegnò alla storia la celebre frase: "Sono un ottimista, ma un ottimista che indossa l'impermeabile". Un po' come Franco Battiato, che cita sempre un vecchio detto arabo: "Allah è grande, ma intanto lega il tuo cammello". Come a dire che la fede non deve oscurare la ragione.

Insomma, Harold Wilson aveva detto che gli Scarafaggi meritavano di diventare baronetti e la regina aveva accettato, e pazienza se molti inglesi che avevano ricevuto la medesima onorificenza in passato si erano affrettati a restituire sdegnati la medaglia.

I Beatles arrivano a Buckingham alle 11 del mattino, secondo leggenda si fumano nei gabinetti un bel po' di marijuana e dopo la cerimonia si spostano al Saville Theatre per la conferenza stampa. McCartney ricorda divertito di essere stato avvicinato da un uomo che gli dice: "Può farmi un autografo?". E fin qui niente di strano. Ma è quello che aveva detto dopo a far divertire McCartney. L'uomo aveva aggiunto: "Non è per me, è per mia figlia. Non so proprio che cosa ci trovi in voi".

Quell'uomo, in realtà, non aveva fatto altro che ribadire il primo comandamento: se il rock piaceva tanto ai figli era proprio perché non piaceva ai loro genitori.

♪♪♪

496 • GOLPE A DAMASCO

Di certo, nella famiglia Copeland non hanno fantasia nei nomi. I maschi primogeniti si chiamano tutti Miles Axe. Ad avere l'idea era stato il nonno di Miles Terzo, manager dei Police e fratello di Stewart, batterista del trio di poliziotti più famoso nella storia del pop. Miles Axe Secondo, padre dei due compari di Sting, faceva di mestiere l'agente della Cia, che già di per sé non era un lavoro facile, ma che diventava ancora più complicato se pensiamo che sua moglie, madre di Miles e Stewart, lavorava nell'intelligence britannica.

La sua prima destinazione all'estero fu a Damasco, in Siria, come addetto politico all'ambasciata. Una sera invitò a cena alcuni ufficiali dell'esercito siriano, che a un certo punto dissero che i loro governanti erano una rottura di palle e che loro avrebbero saputo fare meglio, se solo fossero stati al potere.

Miles Secondo, che di problemi se ne faceva pochi, disse: "E che problema c'è? Facciamo cadere il governo".

Gli ufficiali si guardarono. "E come si fa? Un golpe?".

"Ma no", disse Miles Secondo. "Assoldiamo un gruppo di teppisti che venga qui a casa mia, spari a salve e faccia un po' di casino. L'indomani diremo che il governo è incapace di mantenere l'ordine e che ha perso il controllo della situazione."

Gli ufficiali si guardarono, poi, quando capirono che Miles Secondo stava parlando sul serio, sorrisero.

Il gruppo di teppisti fu trovato in un amen. Miles Secondo spedì Miles Terzo di cinque anni, e la moglie incinta in montagna, dove mise al mondo Ian. Poi, attese i finti delinquenti. Fece anche una prima telefonata agli ufficiali, lamentandosi del ritardo (aveva sonno e voleva andare a dormire) e una seconda per lamentarsi del fatto che i teppisti avevano usato armi vere e non caricate a salve e stavano sfasciando la casa.

Poco tempo dopo il presidente siriano venne cacciato e gli ufficiali salirono al potere, anche se si dimostrarono più incapaci del loro predecessore e durarono solo cinque mesi.

Quando i Copeland tornarono a casa si portarono dietro il tappeto persiano crivellato di proiettili, lo sistemarono in salone, come prova che tutto era accaduto veramente. E cominciarono a raccontare ai loro esterrefatti ospiti londinesi di quella volta che Miles Secondo aveva rovesciato il governo siriano...

Tutto vero, ragazzi, nessuna invenzione...

♪♪♪

497 • BATTERIA SPAGNOLA

Sting è ancora un ragazzino, ma gli ormoni funzionano alla grande. Si è anche innamorato. Ne è sicuro. Si chiama Megan e per lei ha lasciato Deborah. E quella sera, dopo una serie indefinita di amoreggiamenti, indefinita non solo nel numero ma anche nella natura e nella qualità, Sting decide che è arrivato il momento di concedersi il lusso di una gita romantica, alla foce del Tyne, il fiume che bagna la sua città. Sotto un'abbazia dell'XI secolo, in cima alla scogliera c'è una stradina che sale fino a un promontorio circolare da cui si gode una vista impareggiabile. Un tempo, lì in alto, c'erano le batterie di cannoni che avevano difeso il fiume ai tempi della Spanish Armada, ma oggi i ragazzi chiamano quel posto il Campo del Petting, perché l'ampio parcheggio misto allo splendore del panorama è una combinazione che fa cadere ogni resistenza da parte delle fanciulle.

Sting è alla guida della sua Mini verde del 1964, con il cofano in fibra di vetro. C'è una mezzaluna meravigliosa. Presto sarà festa. Arrivato al litorale e prima di inerpicarsi sulla salita che conduce alla Batteria Spagnola, accade l'irreparabile. La mezzaluna sparisce dietro una grossa nube, Sting si distrae, complici le belle gambe di Megan, e non si accorge di aver sbagliato strada. O meglio si accorge di essersi impantanato nell'estuario del fiume solo quando l'acqua del mare invade la macchina arrivando fino alle ginocchia dei due. Sting è terrorizzato. Megan è perfida: "Caspita, tu sì che sai come far divertire una ragazza".

A tirarli fuori dai guai sarà il padre di Sting, che arriverà alle cinque del mattino con un grosso cavo da rimorchio. Si siederà al fianco di Megan e lascerà che sia Sting a fare tutto, aumentando così il suo imbarazzo e l'umiliazione.

Il lieto fine è questo: Megan continuerà a essere la fidanzata di Sting, anche se presto gli spezzerà il cuore. Come da tradizione, si metterà con un amico di Sting, ma senza dirlo a Sting.

So cosa state pensando: era meglio lasciarla a bagno nell'acqua.

♪♪♪

498 • IL PADRE DI JIMI

Quando Jimi Hendrix morì, le reazioni di cordoglio e disperazione furono unanimi. Bon Dylan scoppiò in lacrime, Eric Clapton, che con Jimi divideva la dipendenza dalle droghe, urlò: "No! Non Jimi! Avrei preferito fosse toccato a me". Mick Jagger, che di Hendrix era amico vero, era a pezzi. Tony Palmer, sull'"Observer", scrisse che qualsiasi cosa Mozart e Čajkovskij avessero significato nella musica, Hendrix aveva significato altrettanto, se non di più, per un'intera generazione. Più di tutto, Hendrix era sempre stato una bella persona, disponibile con tutti, senza vezzi da star, se non quando l'eroina lo trasformava. Per questo il dolore era sincero.

Quando Jimi Hendrix morì, le reazioni di cordoglio e disperazione furono *quasi* unanimi. Le prime parole del padre di Jimi, al telefono con Sharon Lawrence, forse la più grande amica di Hendrix, furono: "Ha idea di quanti soldi ci sono?".

♪♪♪

499 • IL COLONNELLO

Il colonnello Parker non era colonnello e nemmeno Parker. Si chiamava Andrea Cornelis van Kuijk, era nato a Breda, in Olanda, nel 1909. A diciassette anni saltò giù dalla nave mercantile sulla quale lavorava e arrivò a nuoto in America, il luogo dove avrebbe voluto nascere e dove finse di essere nato, per evitare che si scoprisse che era entrato illegalmente. Anche per questo cambiò nome e adottò Tom Parker, prendendo spunto dall'ufficiale che gli aveva fatto il colloquio prima di arruolarlo nell'esercito. Prestò servizio nell'Artiglieria Costiera alle isole Hawaii, ma si assentò senza permesso e fu congedato con l'infamia di disertore. Se divenne colonnello è solo perché pretese gli fosse assegnato quel titolo onorario dallo Stato della Louisiana, dopo aver aiutato Jimmie Davis a diventare governatore.

Insomma, una vita burrascosa e mai limpida. Però gli affari li sapeva fare, eccome. Intascava la metà esatta dei guadagni di Elvis Presley e faceva pagare al suo pupillo le tasse anche per lui, oltre alle spese per i concerti e per il personale che lo assisteva. Nonostante questo, Elvis ripeté fino alla morte che non sarebbe mai diventato Elvis senza il colonnello.

Aveva fiuto, dicevo. Si occupava personalmente del merchandising di Elvis. Un giorno, mentre camminava per strada, fu apostrofato da un ragazzo che aveva notato la spilla che indossava il Colonnello con su scritto: "I love Elvis". Il ragazzo lo affrontò a muso duro dicendo: "I hate Elvis". Il colonnello non si scompose, anzi.

Il giorno dopo fece fabbricare migliaia di spillette con su scritto "I hate Elvis". Ne venderà a palate, per la gioia di chi odiava il rock and roll e voleva gridarlo a tutti.

♪♪♪

500 • SFIDA IN VOLO

L'anno è il 2007, il luogo il Giappone. Alcuni gruppi britannici si sono esibiti il giorno prima al Summer Sonic Festival, a Osaka e Chiba. Ora si torna a casa. Si torna a Londra. Procedure d'imbarco. I Kasabian salgono sull'aereo. Classe economica. Vabbe'. Non sono ancora così famosi. Lo capiscono anche loro. Salgono gli Holloways, un oscuro gruppo del nord londinese, molto più sconosciuto dei Kasabian. Vanno dritti in Business. Questo è troppo.

I Kasabian protestano. Quando gli Holloways si rendono conto della reazione dei colleghi, decidono di stravincere. Tirano fuori gli strumenti dalle fodere e cominciano a suonare. I Kasabian la prendono male e scatenano l'inferno. Gli Holloways ridono. Uno di loro tira fuori dalla valigia addirittura un sintetizzatore. I Kasabian sono pronti per la rissa. I passeggeri sono terrorizzati. Nessuno sa cosa fare. Alla fine, il comandante decide. Decolliamo, si calmeranno. Così andrà. Fino all'arrivo. I Kasabian aspetteranno gli Holloways al nastro bagagli.

♪♪♪

501 • ROGER

Sono molte le rockstar che hanno scelto un nome d'arte, ma quasi sempre a cambiare è il cognome oppure nome e cognome insieme. Molto più inusuale è che la variazione riguardi solo il nome di battesimo.

James Joseph McGuinn non era del tutto convinto dei suoi due nomi, ma nemmeno Jim, il modo con cui si era presentato all'alba dei Byrds, lo soddisfaceva.

Nel 1965 McGuinn cominciò ad appassionarsi al Subud, un movimento spirituale nato in Indonesia negli anni Venti che insegnava fondamentalmente la meditazione e il cui nome prende spunto da tre termini di origine sanscrita: *Usila* (vita in accordo con la Volontà di Dio), *Budhi* (il Potere Divino che agisce in ogni creatura) e *Dharma* (sottomissione alla Volontà Divina).

Nel 1967 l'adesione di McGuinn a queste teorie si fece sempre più stretta e così gli parve naturale chiedere al guru Bapak, fondatore del Subud, quale nome dovesse adottare.

Bapak gli rispose che il nome doveva iniziare con la lettera R, perché la R vibra meglio nell'universo, e gli chiese di sottoporgli dieci nomi che iniziassero con quella lettera.

McGuinn, da sempre affascinato da aerei e fantascienza, scrisse di getto Rocket (razzo), Ramjet (statoreattore), Retro (retrorazzo) e Roger (ricevuto, nel gergo dell'aviazione civile e militare).

Bapak trovò più vibrante il nome Roger e Roger fu.

McGuinn abbandonerà il movimento Subud nel 1977, quando incontrerà la sua futura moglie Camilla, il cui nome vibrava magari meno nel cosmo, ma con più buon senso.

♪♪♪

502 • RAMONES E STEPHEN KING

"Parlo con Dee Dee Ramone?"

"Puoi scommetterci anche il buco del culo."

Così è iniziata la telefonata tra il leader dei Ramones, il più grande gruppo punk americano, e Stephen King, il più grande scrittore horror americano.

Stephen King era un grande fan dei Ramones e uno dei suoi più grandi desideri, in quella prima metà degli anni Ottanta, era frequentare Dee Dee. Aveva chiamato così uno dei suoi personaggi e così si faceva chiamare quando si registrava negli hotel e non voleva usare il suo nome per non essere facilmente individuabile.

Non era un gran momento per lui. Aveva cominciato a bere in quantità industriale da quando sua madre si era ammalata di cancro. Era lei l'unico faro della famiglia dopo che suo padre era uscito di casa per una passeggiata e non aveva più fatto ritorno, quando Stephen aveva due anni. La dipendenza dall'alcol e dalle droghe era diventata così feroce che King aveva pronunciato il discorso in commemorazione della madre, al funerale, completamente ubriaco e fuori di testa.

Dee Dee Ramone queste cose non le sapeva e quindi non fece nulla per assecondare i desideri di King di trascorrere un po' di tempo insieme. Così Stephen King fece quello che doveva fare, per incontrarlo: organizzò un concerto dei Ramones. A casa sua, a Bangor, vicino a Portland, nel 1984. Siccome i Ramones non erano così popolari da quelle parti chiamò anche i Cheap Trick, più pop e di richiamo. Dopo il concerto, Stephen King organizzò una grande cena a casa sua dove invitò però solo i Ramones, perché a lui i Cheap Trick facevano cagare.

Questo è forse l'unico caso nella storia del rock di uno scrittore famoso che organizza un concerto per conoscere da vicino i suoi idoli.

♪♪♪

503 • ANTHONY KIEDIS E NINA HAGEN

Per Anthony Kiedis Nina Hagen era un mito. Non solo per le sue canzoni graffianti e follemente rock e per il suo passato scandaloso – come quando, ospite di un programma alla televisione austriaca, decise di spiegare al pubblico sbalordito e anche un po' scandalizzato, le varie tecniche di masturbazione.

Per Anthony Kiedis, Nina Hagen era un mito anche e soprattutto per i suoi consigli. Ne elargiva a piene mani, ogni volta che i due erano insieme. Per questo, Kiedis la cercava spesso.

Un giorno, Anthony sta guardando l'armadio di Nina, pieno di vestiti colorati ed eccentrici. Vede una giacca di stile esotico, molto preziosa.

Anthony impazzisce: "Questa giacca è fantastica!".

Nina dice: "Prendila. È tua".

Anthony è imbarazzato: "Non ci penso neanche. È la giacca più bella che abbia mai visto".

Nina: "È per questo che te la do. Fare regali è importante, crea un'energia positiva. Se hai un armadio pieno di vestiti e vuoi tenerli tutti, la tua vita sarà meschina. Ma se nel tuo armadio pieno, qualcuno vede qualcosa che gli piace e glielo dai, allora il mondo sarà migliore".

Anthony Kiedis tornò a casa con la giacca sulle spalle e con quelle parole in mente: *Give it away*. Bisogna dare via le cose.

Qualche giorno dopo, mentre provava con gli altri Peppers, gli tornò in mente la frase e la improvvisò su quella pazzesca linea di basso.

Stava nascendo *Give It Away*.

♪♪♪

504 • MANOLENTA VA VELOCE

Ehi, chi si crede di essere quello, Villeneuve dei tempi d'oro?

La polizia francese registra la velocità, prende la targa e parte all'inseguimento. Non ci vuole molto. Il guidatore della Porsche 911 Turbo, quando vede i lampeggianti nello specchietto retrovisore, rallenta e si ferma.

Documenti.

Il capo della *gendarmerie* di Merceuil, più o meno duecento chilometri a est di Parigi, sgrana gli occhi e sorride. Ha davanti un suo idolo. Più di Villeneuve dei tempi d'oro. È Eric Clapton. La fotografia immortala il contachilometri sui 225.

Un po' troppo.

Foto di rito con tutti i poliziotti, ma poi vai con le sanzioni, perché siamo in Francia, mica in Italia dove molto passa in cavalleria. Ritiro della patente, 750 euro di multa.

Clapton si accomoda al posto del viaggiatore, mentre alla guida va il suo segretario.

Il capo della polizia gli stringe la mano, poi, mentre torna a casa ci pensa ancora su e dice: "Ma il suo soprannome non era Slowhand, Manolenta?".

♪♪♪

505 • SIAMO STATI NOI

Succedevano cose strane attorno ai Clash, mentre registravano la loro opera prima, nel 1976. Di giorno incidevano, la sera andavano in giro per Soho e poi tornavano tardi in studio per ascoltare quello che avevano fatto. Non perdevano mai la rabbia punk. Una sera, nei bagni dello Speakeasy, un teddy boy amico di John Lydon prese a pugni Joe Strummer, spezzandogli anche un dente.

"Che cazzo ti prende?", gli chiese Joe.

"Ha ragione Lydon", rispose l'altro. "Siete solo dei finti proletari del cazzo."

Un giovedì, il 24 febbraio, andarono tutti a vedere i Jam al Roxy, ma furono bloccati da due auto della polizia. Ne uscirono quattro in divisa che li presero di peso per portarli alla stazione di Tottenham Court Road. Qualcuno aveva tirato un sasso contro la porta di un locale di spogliarelli e i poliziotti dicevano che erano stati loro. Li torchiarono a lungo, minacciandoli.

Uno che sembrava più cattivo degli altri disse: "Se non confessate vi spacchiamo le ossa".

Poi entrò uno che sembrava buono e fece uscire tutti i poliziotti.

Joe e Roadent, il roadie storico dei Clash, decisero di divertirsi un po'. Certo, in un modo strano. Avrebbero confessato. Avrebbero detto che erano stati loro. Forse erano convinti che prima o poi tutto si sarebbe chiarito, forse volevano giocare, forse avevano davvero paura di essere pestati a sangue.

Confessarono.

I poliziotti, una volta rientrati, non sembravano contenti.

Joe e Roadent non capivano. "Avanti, vi abbiamo detto che siamo stati noi. Cazzo, metteteci dentro."

Alla fine un poliziotto disse: "Li abbiamo presi".

Joe Strummer: "Sì, ci avete presi".

Il poliziotto: "No, abbiamo preso i veri colpevoli. Fuori di qui, coglioni".

♪♪♪

506 • QUATTRO BIRRE

Dave Grohl sta tornando in albergo. Si è fatto un bel giro in macchina nei dintorni di Gold Coast, la bellissima città australiana che si trova a 94 chilometri da Queensland. È l'anno 2000. I Foo Fighters hanno appena suonato al Big Day Out, un signor festival.

C'è una macchina della polizia ferma a bordo strada. Fa segno di accostare. Normale controllo, normale routine. Dave Grohl è tranquillo. Ha bevuto solo quattro birre. Peccato che con quattro birre il tasso alcolemico si alzi già di brutto: 095, il doppio del consentito nella terra dei canguri.

Ehi, dice Grohl, guardate che non sono per niente ubriaco, posso tranquillamente tornare in albergo a piedi.

I poliziotti gli dicono che in albergo non ci tornerà tanto presto. Lo portano in carcere. Al suo arrivo è salutato da ovazioni e applausi dei secondini e del personale del carcere. Scopre che molti di loro erano presenti al festival dove aveva suonato con i Foo Fighters. Tutti vanno da lui con un foglietto per farsi fare l'autografo o gli chiedono di farsi fotografare insieme. Poi lo portano dentro. Gli tolgono i vestiti e le stringhe delle scarpe, per evitare che si impicchi, anche se Dave Grohl non ha la minima intenzione di farlo. Lo mettono nel reparto dove tengono sotto custodia chi ha bevuto troppo. Anche lì saluti e complimenti. Molti di quelli che aspettavano di essere giudicati erano al Big Day Out, anche loro.

È allora che Dave Grohl capisce una cosa: anche se tutti sono dalla tua parte, carcerati e carcerieri, se guidi in stato di ebbrezza ti mettono dentro.

♪♪♪

507 • FUCK YOU, ST. LOUIS!

Non so voi, ma io sono uno di quelli che prima di ascoltarsi i dischi va a leggersi le note di copertina e i ringraziamenti. Così, a me come a molti altri, non è sfuggito quel "Fuck you, st. Louis!", che appare nelle note di *Use Your Illusion I and II*, intrufolato tra i ringraziamenti.

Quel "vaffanculo" si riferisce alla rissa del 2 luglio 1991 passata alla storia come The Riverport Riot, dal nome dell'anfiteatro di Maryland Height, vicino a St.Louis, dove tutto accadde, o anche Rocket Queen Riot, perché tutto accadde durante *Rocket Queen*.

A Axl Rose dà fastidio un ragazzo che continua a scattare foto su foto, anche oltre il tempo riservato ai fotografi per il diritto di cronaca. Chiede l'intervento della sicurezza, poi, visto che non arriva, decide di farsi giustizia da solo. Si tuffa sul pubblico, strappa al ragazzo la macchina fotografica, lo prende a pugni fino a quando la security interviene, questa volta sì, e riporta di peso lui, Axl, sul palco. Ancora più seccato da questo intervento, Axl afferra il microfono e dice: "Bene, grazie a questa security del cazzo, me ne torno a casa". Sbatte a terra il microfono, che produce un suono simile a un colpo di arma da fuoco. Slash si affretta a spiegare: "Ha solo buttato il microfono per terra", ma in pochi minuti si scatena una rissa gigantesca. Axl Rose sarà arrestato un anno dopo, di ritorno dal tour europeo. Il giudice stabilirà che Axl non aveva fatto nulla per incitare direttamente alla rissa. St. Louis aveva però fatto abbastanza per meritarsi quel vaffanculo sulle note del disco.

♪♪♪

508 • PICCHIARSI A SANGUE

Jim Morrison e Nico si amavano e amavano amarsi in modo strano. Prima si picchiavano selvaggiamente, lui le strappava i capelli e li spargeva ovunque per la stanza, poi facevano l'amore in modo dolce e lento.

Si erano conosciuti, secondo leggenda, in un hotel di Los Angeles dove avevano prima assunto quantità oceaniche di droghe, poi il Re Lucertola si era spogliato nudo e aveva camminato su un cornicione, con sotto il vuoto, per dimostrare quanto fosse inutile vivere o quanto fosse inutile vivere senza rischiare ogni minuto di morire.

Per amore, Nico si era persino tinta i capelli di rosso, rinunciando al look che aveva fatto innamorare il mondo, con in testa Andy Warhol, i Velvet Underground, Jimi Hendrix, Leonard Cohen, Bob Dylan, Jackson Browne e Iggy Pop.

In un'intervista, Nico descrive la storia con Jim Morrison un viaggio spirituale, fisico e psichico: "Ci picchiavamo a sangue perché eravamo ubriachi e ci sembrava una cosa bella".

Una volta, nel deserto, si scambiarono una promessa di sangue, si tagliarono con un coltello e celebrarono un passo ulteriore della loro unione. Si facevano di peyote e poi deliravano. Un'altra volta, completamente fatti e ubriachi, Nico disse a Jim se non gli sembrasse una cattiva idea chiederle di sposarla. Lui reagì con una risata, lei si offese e lo colpì con violenza, lui reagì con ancora maggiore violenza. Poi, fecero l'amore con dolcezza.

"Non c'erano regole", dirà Nico, "eravamo pronti e aperti a tutto e pensavamo che tutto ci fosse concesso. E che potevamo sfamarci con ogni cosa, ma la nostra fame era troppo grande."

♪♪♪

509 • SANGUE E INCHIOSTRO

Nessuno ricorda chi ebbe l'idea, ma tutti la sposarono immediatamente.

Nei primi giorni del 1977 la Marvel aveva deciso di pubblicare un *Super Special KISS Comic Book*, per celebrare degnamente una band il cui interesse nei fumetti dei supereroi era evidentissimo.

"Come possiamo fare per rendere unico e indimenticabile questa uscita?", si chiesero i KISS.

E qualcuno disse: "Be', potremmo mescolare il nostro sangue all'inchiostro rosso".

Forse era una battuta, ma nessuno rise. Anzi. L'idea era geniale.

Il 21 febbraio 1977, i KISS si sottoposero a un prelievo di sangue dopo un concerto al Nassau Coliseum di New York, poi volarono alla fabbrica della Marvel di Depew, sempre nello stato di New York, per seguire da vicino i lavori.

Inutile dire che il *Super Special KISS Comic Book* andò a ruba.

♪♪♪

510 • L'ULTIMA RISSA DEGLI STOOGES

È il 9 febbraio 1974, gli Stooges di Iggy Pop sono al capolinea. Quello che stanno tenendo al Michigan Palace di Detroit è il loro ultimo concerto prima dello scioglimento, che durerà fino al 2003. L'atmosfera è a dir poco surriscaldata. In un'intervista radiofonica Iggy Pop ha sfidato una gang di bikers di Detroit, gli Scorpions, chiamandoli conigli. Alla gang non è parso vero di avere l'alibi per una rissa e si sono mossi tutti in gruppo verso il Palace. Ognuno di loro si è portato dietro bottiglie di birra, bottiglie piene di urina, lattine, uova, blocchi di ghiaccio, gelatina e badili. Stanno bersagliando Iggy da mezz'ora, ma a lui pare non importare. Tra una canzone e l'altra, dice addirittura: "Care teste di cazzo, potete scagliarmi addosso qualsiasi oggetto del mondo, ma le vostre fidanzate continueranno ad amare me". Iggy stravolge le sue canzoni e improvvisa nuovi versi, dove prende di mira i nemici: "Potete anche succhiarmelo, bikers finocchi e donnicciole".

Alla fine del concerto, non contento di essere vivo per miracolo,

Iggy sfida uno dei motociclisti: "Testa di cazzo, se continui a rompermi le palle, scendo e ti faccio a pezzi".

Il motociclista lo invita a scendere: "Fottiti, stupido punk". Iggy, pazzo come nessuno al mondo, scende. In pochi secondi tutti i bikers sono su di lui e lo massacrano di botte. Iggy risale sul palco sanguinante, ma con il sorriso del vincitore. Ha sfidato da solo una gang intera di bikers. Lo portano in hotel dove viene curato da un medico.

Andate a sentirvi *Metallic K.O.*: è il resoconto di quel concerto, tra assoli di chitarra e vetri rotti.

♪♪♪

511 • NASO A PEZZI

Duff McKagan è al primo concerto della sua vita. Domani entrerà a far parte dei Guns N'Roses e dopodomani dei Velvet Revolver, sempre con l'amico Slash. Ma non è ancora il momento. Siamo ancora all'altro ieri, perché Duff è solo un fan, un ragazzino che vorrebbe diventare qualcuno, ma soprattutto che vorrebbe suonare qualcosa: il rock and roll vero, quello illegale, sporco, grezzo, quello che fa paura e non rispetta nessuno, perché l'unica cosa che conta è la musica.

Duff è andato a vedere i Clash, è corso a comprare il biglietto e adesso è lì, nelle prime file. È il 1979, sta per uscire *London Calling*, l'album della rivolta e della consacrazione. Paul Simonon si getta sulla folla come se lui fosse una molla e la gente un materasso. È planato su un ragazzo delle prime file e gli ha spaccato il naso. Ma non si è fermato. Lui ha continuato a suonare e il ragazzo a sanguinare ma a nessuno dispiaceva, nemmeno a quel tipo con il naso a pezzi, perché quella era la grande lezione del rock and roll: non facciamo prigionieri. Nessuno sconto, nessuna gentilezza. Questo è un gioco da duri. Se non ti va bene, là fuori c'è un mondo di pop che ti aspetta.

Questa era la più grande qualità dei Clash. Essere contro a tutto, anche al buonsenso. Una volta, dopo uno dei loro primi concerti americani, i Clash si fermarono a contare le poltrone divelte, rotte o seriamente danneggiate dalla furia dei fan. Strummer contava e contava: "15, 16, 17". Si fermò a 17. Poi trasse le sue conclusioni: "Diciassette ragazzi americani che capiscono cos'è il rock and roll".

♪♪♪

512 • I LIVIDI DEGLI STONES

L'idea era venuta a Andrew Loog Oldham, e a chi sennò? Il manager e produttore dei Rolling Stones che, astutamente, spingeva sull'acceleratore del gruppo pericoloso e violento. Perché era questo ciò che piaceva alle ragazze. Del resto, alle donne piace chi assalta il fortino, non chi lo difende.

La prima volta aveva funzionato alla grande. Manifesti giganti in tutta Londra con il viso dolce di Marianne Faithfull e vicino a lei quello poco raccomandabile delle Pietre. E sotto una scritta che non lasciava adito a dubbi: "Lascereste uscire vostra figlia con un Rolling Stones?". In un'altra versione, ancora più esplicita: "Dareste in moglie vostra figlia a un Rolling Stones?".

Se aveva funzionato la prima volta, perché non riprovarci? È il 1976, sta per uscire il nuovo album dei Rolling Stones, il 13° in studio in Inghilterra e 15° negli Stati Uniti, perché in America sono più svegli. *Black and Blue*. Nero e blu. Serve uno slogan che faccia discutere. Ci penso io, dice Oldham. Aspettate e vedrete.

Lo vedono tutti, il risultato. Un gigantesco billboard sul Sunset Boulevard che ritrae in primo piano la modella Anita Russell, le mani legate dietro la nuca, le gambe divaricate, il volto tumefatto. E sotto la scritta: "I Rolling Stones mi hanno ricoperta di lividi e mi piace da matti". Perché *black and blue* non vuol dire solo nero e blu, ma anche coperta di lividi. Le femministe insorgono, guidate dal movimento Women Against Violence Against Women. I giornalisti vanno da Jagger e lui, serafico, risponde: "A molte donne piace quel genere di cose". Viene giù l'inferno. Il cartellone viene rimosso, ma intanto ha già fatto il giro del mondo. In quel disco, tra l'altro, c'è anche quella *Hey Negrita* che darà poi il nome al gruppo di Pau e Drigo.

♪♪♪

513 • IL TENDINE DI BRANDON

Chi ha visto il dvd degli Incubus del 2004 *A Crow Left Of The Murder* si è anche goduto la ricostruzione del bizzarro incidente che è costato la rottura del tendine al cantante Brandon Boyd. Nel dvd si vede Brandon nel suo giardino, mentre raccoglie gli escrementi del suo cane. Con una mossa maldestra scivola sugli escrementi e cade fratturandosi il tallone, in un mare di sangue.

La ricostruzione è pura fantasia, ma l'incidente è vero. Solo che le dinamiche sono differenti.

È andata così. Brandon stava potando una pianta, quando è scivolato sull'erba, non sulla cacca di cane, e si è fracassato il tendine. Ha cominciato a urlare e chiedere aiuto alla fidanzata, che si trovava in casa, ma, sfortunatamente per lui, le sue grida venivano coperte dai rumori dei tagliaerba e delle falciatrici dei vicini, anche loro intenti a curare il loro giardino. Solo dopo qualche minuto Brandon è stato in grado di farsi sentire.

Boyd ha detto che l'unico vantaggio di quel doloroso incidente è stata la possibilità di evitare la coda negli aeroporti, per tutto l'anno a venire.

♪♪♪

514 • PUGNI A HOLLYWOOD

Fine anni Novanta. Jason Priestley è uno dei beniamini d'America nel ruolo di Brandon Walsh in *Beverly Hills*. Frequenta una palestra a Hollywood dove si diverte a tirare di boxe. Quel giorno non c'è nessuno che possa incrociare i guantoni con lui perché sono tutti di una categoria di peso molto superiore alla sua.

Tutti a parte uno, Bob Dylan.

Jason guarda il proprietario della palestra che fa segno di sì con la testa.

Prima che i due salgano sul ring, il proprietario si avvicina a Jason e dice: "Jason, Bob non è un grande pugile, fai attenzione. Non colpirlo, limitati a girargli un po' attorno e a tirare qualche job a vuoto. Non vorrai mica finire sui giornali come quello che ha mandato Bob Dylan all'ospedale".

Jason dice okay, sale sul ring e comincia guardingo. Dopo trenta secondi capisce che c'è qualcosa di strano. Dylan non cerca nemmeno di colpire Jason, si limita a girargli attorno tirando qualche job deliberatamente a vuoto.

Dopo il primo round, Jason si avvicina a Dylan: "Ehi Bob, ma il proprietario della palestra ti ha forse detto qualcosa?".

"Sì", risponde Dylan, "mi ha detto che non sei un grande pugile, di fare attenzione e non colpirti, limitandomi a girarti un po' attorno tirando qualche job a vuoto. Mi ha detto: non vorrai mica finire sui giornali come quello che ha spaccato il naso alla star di *Beverly Hills*".

Era davvero una palestra hollywoodiana.

♪♪♪

515 • WOODSTOCK E MUDSTOCK

Il 14 agosto 1994 pioveva come se Dio fosse furibondo con la terra. O forse era solo un modo originale per dire che anche lui era contento di festeggiare Woodstock venticinque anni dopo. I Green Day erano pronti da tempo per salire sul South Stage, ma l'esibizione degli sconosciuti artisti del Womad di Peter Gabriel sembrava non finire mai. Quando Peter Gabriel cercò di coinvolgere il pubblico nel canto, la gente, distrutta dall'attesa e dalla pioggia, cominciò a intonare il nome della band che volevano sul palco, Green Day.

Quando salirono fu subito festa. E fu festa alla maniera dei punk. La gente prendeva manciate di fango e le tirava sul palco, addosso ai Green Day. E i Green Day facevano la stessa cosa. Solo che in breve la situazione divenne incontrollabile. Quando Billie Joe si mise in bocca un grosso grumo di fango e si abbassò pantaloni e mutande, il pubblico letteralmente impazzì. Molti fan riuscirono a eludere il servizio di sicurezza e a salire sul palco. Erano così tanti che non era più possibile rimandarli indietro e rimasero lì per tutta la durata dello spettacolo. Un ragazzo corse ad abbracciare Billie Joe e poi tornò nelle retrovie, ma Billie Jo andò a riprenderlo e gli fece cantare alcuni versi al posto suo.

La security perse il controllo e anche la testa. Uno di loro scambiò Mike per uno del pubblico e, visto che si dimenava troppo, lo prese di peso e lo scagliò contro una spia del palco facendogli perdere alcuni denti. Mike finì il concerto con la bocca sanguinante e la rabbia in corpo.

Quell'esibizione fu leggendaria. Grazie anche alla battaglia di fango, quell'edizione di Woodstock passò alla storia come Mudstock.

♪♪♪

516 • PICCOLE BOMBE A MANO

Pete Townshend è nella stanza d'hotel di Keith Moon quando gli viene voglia di andare in bagno. Chiede il permesso a Keith e si sorprende della reazione dell'amico, perché il suo volto si è illuminato in un gran sorriso.

Townshend pensa che Keith è davvero strano, sembra felice che un altro veda il bagno della sua stanza, eppure i bagni delle camere d'albergo sono tutti uguali, almeno quelli delle suite. Pete va in bagno, ma non lo trova.

Nel senso che c'è la camera, il lavandino, la vasca, gli asciugamani e l'accappatoio, ma non c'è la tazza. Al posto del gabinetto c'è un enorme buco.

Townshend esce e chiede a Keith: "Gesù Cristo, cos'è successo qui?".

Moon risponde: "Oh, niente, volevo provare le mie piccole bombe a mano. Sono fantastiche".

"Fantastiche?", ripete Townshend.

"Sì, non distruggono tutto, ma solo quello che vuoi distruggere. Sono molto potenti. Mi sa che le userò tutte."

Townshend è terrorizzato: "Come tutte?", chiede. "Quante ne hai?"

Il sorriso di Keith Moon è ora una luna piena: "Cinquecento!".

♪♪♪

517 • PUF!

Subito dopo la separazione dai Black Sabbath, Ozzy Osbourne andò a vivere per qualche mese in un modestissimo, quasi squallido motel di Los Angeles. La sua idea era non uscire mai (per mangiare si faceva portare pizza a domicilio per pranzo e cena), non vedere mai la luce del giorno (teneva le tende sempre chiuse e la luce spenta), non lavarsi mai e non consentire mai al personale dell'albergo di fare le pulizie. Dopo settimane in quello stato, la stanza si era riempita di lattine di birra vuote, vetri di bottiglia e cartoni di pizza abbandonati. Ozzy si faceva pesantemente di coca e beveva come una spugna. La stanza non aveva un buon profumo e nemmeno un bell'aspetto. Una sera decise di chiamare due prostitute, per alleggerire la tensione.

Le due ragazze si fecero strada a fatica tra i rifiuti, non senza qualche timore. La stanza era praticamente sigillata, l'odore di chiuso fortissimo, l'aspetto di Ozzy poco rassicurante, lo sguardo allucinato.

Davanti al letto c'era un camino elettrico la cui fiamma si accendeva per due minuti ogni cinque minuti. Ozzy aveva trascorso ore e ore a contare i minuti e indovinare quando la fiamma si sarebbe accesa. Ora era seduto sul letto e guardava le ragazze che avrebbero voluto essere da un'altra parte. Quando pensò fosse giunto il momento giusto urlò: "Puf!!". La fiamma del camino si accese proprio in quel momento. Le ragazze si guardarono e poi scapparono via di corsa, gridando.

Avevano pensato fosse Satana e non immaginavano quanto ci erano andate vicine.

♪♪♪

518 • I PIEDI DI COURTNEY

"I suoi piedi stanno offendendo i passeggeri."

A Courtney Love era capitato di tutto, ma non ancora di sentire una frase così stupida.

Si è appena imbarcata su un volo 627 della Qantas da Brisbane a Melbourne, prima classe come si conviene a una star, o meglio alla vedova di una star. Siamo nel 1995.

Courtney è stanca e messa male. Dolori lombari, sciatica, febbre alta. Arriva al suo posto in prima fila (1F), si toglie le scarpe e appoggia i piedi contro la parete dell'aereo, più in alto che può, per trovare un po' di sollievo alla schiena.

Interviene immediatamente una hostess, Veronica Mahony.

"I suoi piedi stanno offendendo i passeggeri."

Courtney Love forse non aspettava altro per iniziare una bella rissa: "Che cazzo vuoi? Sei solo una fottuta hostess, la peggiore che abbia mai incontrato. Avresti bisogno di metterti in analisi. Forse hai qualche problema con le celebrità".

La hostess tace, l'aereo decolla. Tutto sembra risolto, ma al suo arrivo a Melbourne Courtney trova sei poliziotti ad attenderla. La scortano in un ufficio. La perquisiscono e la spogliano. Poi la lasciano andare con un'accusa di intimidazione al personale di volo e di aver minato la sicurezza dell'equipaggio e del volo, accusa che comporta una pena fino a quattordici anni di prigione.

Due giorni dopo, Courtney Love arriva con la sua limousine alla Corte Suprema di Broadmeadows, firma autografi, scherza con i poliziotti che l'hanno spogliata e, dietro consiglio del suo avvocato, si dichiara colpevole. La compagnia aerea ritira la denuncia. I piedi di Courtney Love non erano offensivi.

♪♪♪

519 • IL BAGAGLIO DI DAVID CROSBY

Dopo la morte della sua fidanzata Christine, David Crosby cercò rifugio nella musica, ma trovò conforto nella cocaina. Spendeva una fortuna ogni settimana, fino a quando rimase praticamente senza un dollaro. Allora fece un patto con uno spacciatore, al quale propose la sua Mercedes in cambio di un mare di cocaina e 4000 dollari in contanti. Lo spacciatore accettò, ma la sera stessa morì di overdose di eroina. Crosby rientrò in possesso della Mercedes e la vendette a un altro spacciatore più o meno alle stesse condizioni. Ma il secondo spacciatore venne arrestato dalla polizia e Crosby ne cercò un altro per vendere la sua Mercedes, che gli stava facendo guadagnare più soldi della musica.

La settimana successiva si imbarcò su un aereo diretto da St. Louis a Denver. Prima del decollo, Crosby provò un terribile bisogno di farsi. Per paura di tradirsi, perché tremava e cominciavano ad apparire tutti i sintomi dell'astinenza, chiese aiuto al suo roadie, che fermò una hostess e le domandò se fosse così gentile da recuperare la valigia di Crosby nella stiva, dove c'erano i medicinali che servivano a curare un'inesistente malattia di David. Poi indicò Crosby e disse: "Vede, sta male". La hostess, gentile, preoccupata e premurosa, andò a recuperare la valigia di Crosby e la consegnò al roadie, che stupidamente la aprì davanti a lei. La hostess vide che all'interno c'erano poche medicine, ma molta cocaina, hashish, marijuana, una .22 Magnum e persino un po' di eroina. L'aereo decollò senza Crosby.

E pensare che quando Neil Young si era unito a Crosby, Stills e Nash, il più avanti nel consumo di droghe era Neil e quello più parco il vecchio Crosby. In pochi anni si erano invertite le parti.

♪♪♪

520 • LO YOGURT DI PETER BUCK

Il volo della British Airways è quello da Seattle a Heathrow. Peter Buck è in compagnia del suo tecnico Bob Whittaker e di altri due membri della crew. Buck beve quindici bicchieri di rosso. Quando chiede il sedicesimo bicchiere, gli viene gentilmente suggerito di non assumere più alcol. Buck si infastidisce. Si alza per raggiungere il carrello delle bevande, barcolla, il suo equilibrio è precario per il troppo alcol. Offre soldi alla hostess per un altro bicchiere, si ferma davanti al pannello di controllo sulla parete che regola le luci della cabina e il segnale acustico per le hostess. Comincia a premere bottoni a caso. Gli viene consegnato un warning scritto, un ammonimento. Cerca di infilare un cd nel carrello convinto che sia un lettore di compact disc. Prende uno steward per il collo, malmena una hostess. Fa esplodere un vasetto di yogurt, rovescia il carrello delle bibite, cerca di aprire il portellone dell'aereo, poi torna finalmente a sedersi e dorme per le rimanenti tre ore di volo.

All'arrivo a Londra Peter Buck viene immediatamente arrestato. Non ricorda nulla, a parte di essersi svegliato con i vestiti sporchi di yogurt. Al processo, nel marzo del 2002, sfilano molte rockstar in difesa di Peter Buck, non tanto per giustificare il suo comportamento in quell'occasione, ma per ribadire quanto quel comportamento debba essere considerato incomprensibile e atipico, dunque eccezionale e probabilmente irripetibile. Dopo Bono, è la volta di Michael Stipe, che chiude il suo intervento in modo decisamente originale: "Peter è un uomo alto e ha il naso lungo. A volte può apparire altezzoso, come se guardasse tutti dall'alto del suo naso. In realtà è il contrario".

Alla fine Peter Buck è prosciolto da ogni accusa perché l'effetto combinato dell'assunzione di alcol e dei trentacinque grammi di Zolpidem, un potente sonnifero, lo rendeva incapace di comprendere la gravità dei suoi atti mentre li eseguiva.

Peter, sua moglie Stephanie e tutti i R.E.M. vanno a festeggiare con un buon bicchiere di vino. Uno solo.

♪♪♪

521 • LADRO

Era arrivato in autostop, e questa non è leggenda. Senza troppi dollari in tasca, lo stretto necessario per mettere qualcosa sotto i denti. Un albergo neanche a parlarne, troppo caro. Bob Dylan non era ancora Bob Dylan, e anche se i suoi sogni lo portavano lontano, la realtà era molto diversa. Per fortuna c'era un'amica, perché c'è sempre un'amica a salvare gli artisti squattrinati. Anche lei non aveva grandi possibilità economiche, però aveva una casa. Nel letto a una piazza ci dormiva lei, ma il pavimento era comodo abbastanza per Bob Dylan, se ci metteva sopra un paio di belle coperte spesse. Dylan pensava che presto sarebbe riuscito a guadagnare abbastanza da permettersi un motel decente. Si trattava solo di aspettare. In fondo, sapeva suonare la chitarra e cantare.

Cominciò a battere tutti i locali della zona, ma qui in Colorado non era come a New York. Non c'erano coffee houses, non c'erano locali che ti davano la possibilità di esibirti e poi passare con il cappello per ritirare un obolo dai clienti. Dylan è sempre più scoraggiato. Conosce una spogliarellista. Carina, piena di sogni come lui e con la stessa triste realtà davanti. È lei a portare Bob dal proprietario dello strip club dove lavora, a Central City, nella contea di Gilpin, popolazione inferiore ai 515 abitanti. Il proprietario guarda Dylan, sorride, forse ha pietà di lui e dice: "Va bene, puoi cantare una canzone tra uno strip e l'altro".

Meglio che niente, pensa Bob. Come brano sceglie *Mule Skinner Blues*, un pezzo molto country di Jimmie Rodgers. La prima volta è felice, la seconda meno, la terza gli viene da piangere. Dopo un mese, dice alla sua amica spogliarellista: "O stasera succede qualcosa o mi spoglio pure io, perché devo guadagnare qualcosa".

L'amica sorride. Non rivedrà più Dylan. Quella sera approfitterà di un attimo di disattenzione del cassiere per sottrarre venti dollari e fuggire dal Colorado. La sue canzoni non correvano ancora nel modo giusto. Lui sì, mentre scappava nella notte, nella sua unica esperienza da ladro, inseguito dal cassiere.

♪♪♪

522 • SE TI DO DUE STERLINE, MI SPOSI?

Prima di diventare Sid Vicious, Simon John Ritchie era ossessionato dalla moda. Spendeva fortune in abiti, completi, giacche, magliette. Cambiava pettinatura ogni due settimane: a volte era bionda, vaporosa e schizzata come un nipotino di Ziggy Stardust (d'altronde Bowie era il suo riferimento principale), altre volte era una permanente che lo faceva assomigliare a un altro eroe glam, Marc Bolan, altre volte ancora era nerissima e modellata dalla vaselina.

Prima di diventare il bassista dei Sex Pistols, Sid Vicious viveva per cambiare pelle, ma c'era un problema: aveva pochissimi soldi. Ad aiutarlo, in quel periodo, c'era Chrissie Hynde, che gli procurava lavoretti sottopagati ma comunque pagati: come modello all'istituto d'arte St.

Martin, come cameriere in un ristorante macrobiotico, come addetto alle pulizie. Gli regalò anche quello che diventerà il suo simbolo: il lucchetto al collo – non credete al film *Sid and Nancy* di Alex Cox dove si dice che fu Nancy a dargli il lucchetto: era stata, molto tempo prima, la futura cantante dei Pretenders.

Chrissie Hynde, per quanto può apparire incredibile, rischiò addirittura di diventare la moglie di Sid. Lei, americana, aveva necessità di rinnovare il visto per rimanere in Inghilterra e il modo più rapido era sposare un britannico, così offrì due sterline a Sid in cambio di un anello. Sì, due sterline. Chrissie aveva anche un altro problema: sposare Sid significava creare la concreta possibilità di andare a letto con lui e Sid era nel suo periodo *dirty*, in sintesi non si lavava da due settimane. Ma Chrissie aveva troppo bisogno del visto, così disse a se stessa che si sarebbe tappata il naso. Del resto, anche Nancy dirà che la prima volta che ha fatto l'amore con Sid gli puzzavano i piedi.

Il matrimonio, comunque, non si fece. Il giorno delle nozze, i due trovarono l'anagrafe chiusa per ferie.

Chissà come sarebbe andata la vita di Sid Vicious se avesse sposato Chrissie Hynde e non Nancy Spungen.

♪♪♪

523 • LA FIGA DEL CAMINO

Quando, nel 1990, dissero ai Red Hot Chili Peppers che ognuno di loro avrebbe avuto un anticipo di un milione di dollari per il passaggio dalla Emi alla Warner, la reazione fu identica per tutti: prima incredulità, poi grida di gioia, quindi abbracci e salti e casino e lacrime ricacciate indietro a stento perché finalmente non avrebbero più dovuto arrabattarsi per racimolare soldi. Dopo sette album con la Emi, infatti, i loro guadagni erano rimasti a livello di guardia.

Il passo successivo fu quello di comprarsi una casa. Nel giro di due settimane, ogni Pepper era proprietario di una residenza.

Quella di Anthony Kiedis era in cima a Beachwood Canyon.

Kiedis si divertì a trasformarla, almeno quanto io a raccontarla.

Fece togliere la moquette che sostituì con del tek di pregio proveniente dalla Thailandia.

Le pareti della camera da letto avevano ognuna un colore diverso.

Fece piazzare un buffo mosaico sulla scala per dare l'idea che un fiume stesse scendendo dai gradini.

La piscina nel parco aveva come vista la collina con su scritto *Hollywood.*

Ma il pezzo forte era il camino, modellato a forma di donna nuda, gigantesca. I capezzoli erano di vetro viola con un diametro di trenta centimetri. All'altezza della vagina c'era la cavità dove mettere i ceppi di legno.

Un po' pacchiano, forse, ma diciamolo: chi altri, a Los Angeles, poteva vantare un camino così?

Kiedis si divertiva molto, quando aveva ospiti, a invitarli a mettere un po' di legna nella figa del camino.

♪♪♪

524 • MOQUETTE DI MERDA

La dipendenza da droghe di Topper Headon è ormai fuori controllo. È arrivato a spendere cento sterline al giorno, una signora cifra nel 1981. I Clash arrivano all'aeroporto di Vienna. Una troupe li filma mentre si avvicinano allo studio televisivo dove sono attesi per un'intervista. Topper vomita in sala d'aspetto. Il suo aspetto è terribile.

L'intervistatore chiede se sia solo una trovata punk o una conseguenza dell'uso massiccio di droga.

Joe Strummer interviene in difesa dell'amico. E non è una difesa soft.

"Stai zitto, pezzo di stronzo."

"Grazie", risponde imbarazzato il conduttore.

Strummer riprende: "È quello che ti meriti con domande di questo tipo. Lascia che ti chieda una cosa io: pensi che siamo ancora nel 1976 o che stai parlando con i Sex Pistols? Porta via il tuo culo fuori di qui o ti caccio via io". Poi indica Topper: "Se a lui viene da vomitare è perché ha dei problemi di stomaco. Non ho nessuna voglia di mettermi a discutere con te delle tue cazzate. Se non hai niente di interessante da dire, levati dai coglioni".

L'intervistatore non sa come reagire. La sola cosa che riesce a dire è: "Dici sul serio?".

Strummer è deciso: "Tu cosa dici? Per noi è sempre questione di vita o di morte, ce ne sbattiamo di vomitare su una moquette di merda".

Perché, questo era il punk: contro tutto e contro tutti, ma all'interno era una famiglia. Tutti i Clash andavano giù pesanti con Topper Headon per cercare di farlo smettere, ma se qualcuno dall'esterno osava attaccarlo... non ci provate, amici, noi siamo i Clash. E voi chi cazzo siete?

♪♪♪

525 • BRUTTI FIGLI DI PUTTANA

James Hetfield aveva quindici anni e toccava il cielo con un dito perché era tra il pubblico al California World Music Festival. Due giorni di rock and roll duro come il metallo. La prima sera c'erano Ted Nugent e gli Aerosmith. James Hetfield ancora non sapeva che la sua vita sarebbe presto cambiata e salvata da una band chiamata Metallica.

Era lì e si godeva lo spettacolo. Aveva trascorso il pomeriggio a guardare stupito e forse anche un po' ammirato il suo amico, uno che per mantenersi spacciava droga, e che quella volta aveva superato se stesso. Aveva tagliuzzato il bordo del biglietto d'ingresso al festival, che aveva i colori vivi e lucidi dell'arcobaleno, e lo vendeva come acido. Leggendario, aveva pensato James Hetfield. Ne sa una più del diavolo. Con i soldi ricavati da quella vendita particolare, James e il suo amico si erano comprati un bel po' di birre.

E ora si avvicinava il momento degli Aerosmith.

James si avvicinò più che poteva, quasi fin sotto il palco.

Partì il concerto, partì la musica.

Tutto perfetto.

James Hetfield era quasi certo che quello era ciò che avrebbe voluto fare da grande e per tutta la vita.

La certezza assoluta arrivò da lì a poco, quando Steven Tyler cominciò a insultare il pubblico. Si rivolgeva ai ragazzi che avevano pagato il biglietto per vedere lui e gli Aerosmith chiamandoli "brutti figli di puttana".

Questo era davvero il massimo. Questo era davvero il rock: un mondo dove le regole erano diverse da quelle del mondo reale. Un universo dove tutto era possibile. Anche spacciare il bordo di un biglietto degli Aerosmith per acido con cui stonarsi. Anche insultare chi ti adorava, perché il rock non è solo un suono. È molto di più. È la vita che va controcorrente, come il più folle dei salmoni.

♪♪♪

526 • PATTI SMITH A FIRENZE

"Ne ho abbastanza, è finita."

Patti Smith sta tornando in albergo e nessuno le crede. È il 10 settembre 1979. Da meno di un'ora è terminato allo Stadio Comunale di Firenze il suo primo tour italiano. Nessuno può immaginare che possa essere anche l'ultimo per i prossimi sedici anni. L'avevano accolta in ottantamila, come si conviene a una star, alla sacerdotessa del rock. Non se l'aspettava, in fondo non aveva mai cantato in Italia. E allora perché vuole smettere? Patti Smith si è scontrata con un duplice problema: non vuole tutto quel successo, capisce che è finita in qualcosa più grande di lei. Ma soprattutto ha capito che il mondo è ancora più folle di quello che pensava. Quando era arrivata allo stadio, c'erano talmente tanti agenti della polizia in assetto da sommossa, timorosi di una guerra civile con chi contestava ogni cosa meno che se stesso, che Patti aveva avuto paura. Le avevano detto che quelli erano gli anni di piombo, del terrorismo e degli autoriduttori, quelli che pensavano fosse giusto entrare gratis a un concerto perché la musica appartiene a tutti e non si doveva pagare per averla. Era stata informata, ma non pensava che le cose fossero davvero sfuggite di mano così. Vince la paura facendo quello che nessuna rockstar aveva mai fatto prima: si avvicina alla marea di uomini in divisa e chiede loro di pregare con lei.

Poi si sposta verso il palco. È scortata da studenti con la pistola in mano. Le suggeriscono di non stendere la bandiera americana sul palco, com'era solita fare.

Patti si guarda attorno, è intimorita e non sa che fare. Si rivolge al suo chitarrista Ivan Kral, rifugiato politico esule da Praga. "Cosa facciamo, sembra un inferno", gli dice. E lui ha la risposta: "Patti, sai cosa? Scateniamo noi l'inferno. Ma con le nostre chitarre. E con il nostro rock and roll".

♪♪♪

527 • IL SEDERE DI JARVIS COCKER

Jarvis Cocker sentiva che doveva fare qualcosa. Michael Jackson non gli era mai stato molto simpatico, ma stavolta stava esagerando. Aveva appena ritirato il riconoscimento Artist of a Generation ai Brit Awards. È l'11 marzo 1996.

Jacko aveva deciso di festeggiare il premio interpretando *Earth Song* in un modo un po' teatrale. Lui nei panni di Cristo guaritore seguito da ragazzini adoranti. Un po' troppo, soprattutto per le accuse di pedofilia che portava sul capo.

È un attimo. Jarvis Cocker sale sul palco e, per esprimere il suo disappunto, mostra il sedere alle telecamere e al pubblico e poi corre su e giù per il palco come un hooligan invasore di campo.

Viene subito arrestato. A difenderlo, curiosamente, è Bob Mortimer, un comico inglese con un passato da avvocato, che ottiene il rilascio immediato del cantante dei Pulp. Jarvis sarà prosciolto. In fondo ha solo mostrato il culo alle telecamere, senza nemmeno togliersi i pantaloni.

♪♪♪

528 • IL SEDERE DI LOU REED

Alle rockstar può succedere di tutto, ma capita molto di rado che vengano azzannate senza ragione da un fan. A Lou Reed è successo, il 24 marzo 1973 al Memorial Auditorium di Buffalo, nello stato di New York.

Lou è in una fase importante e feconda della sua carriera: è appena uscito *Transformer* – guidato da brani che diverranno classici come *Walk On The Wild Side, Perfect Day* e *Satellite of Love* – e da lì a non molto vedrà la luce un altro gioiello, *Berlin.*

Lou è come al solito ieratico e perverso, misterioso e sfacciato. Esalta il bianco dell'eroina e canta il lato selvaggio della vita, canta di quelle drag queen che facevano pompini senza perdere la testa (ma il gioco di parole in inglese è intraducibile e geniale: *she never lost her head even when she was givin head*).

Ecco che un fan riesce a eludere il servizio d'ordine e sale sul palco. Prima urla *Leather!*, che significa semplicemente pelle, poi si getta su Lou e gli azzanna il culo. Sì, gli morde il sedere. Forse per lui era quello il lato selvaggio.

♪♪♪

529 • TRE PAGANTI

Quella sera pensarono seriamente che non sarebbero arrivati da nessuna parte. Erano nel Nord dell'Inghilterra, agli inizi di carriera. I Genesis salirono per suonare e scoprirono che c'erano più persone sul palco che sotto. Dopo il secondo brano, tra cui *In The Beginning*, il brano iniziale di *From Genesis To Revelation*, uno dei tre spettatori paganti disse: "Scendete e offriteci da bere. Fate una miglior figura".

Così fecero.

Il fine settimana successivo suonarono alla festa di Natale del dopolavoro di un'azienda che produceva minuteria metallica, la settimana dopo ancora nel Cheshire, a Bramhall. Pubblico pagante dieci persone, non sufficienti nemmeno a pagare una camera d'albergo. Uno di loro disse: "Se volete venire a dormire da me, ho una casa a Buxton, nel Derbyshire". Mike Rutherford obiettò: "Ma è a due ore e mezza da qui". Peter Gabriel disse: "Abbiamo un'alternativa?".

La casa non era esattamente di proprietà dello spettatore. Era una casa abbandonata, dalle finestre rotte e occupata dagli hippie, che per scaldarsi bruciavano la mobilia. L'indomani uno di loro disse: "Andiamo a fare colazione". I Genesis lo seguirono, convinti di andare verso un bar. Invece si trattava di seguire da lontano il furgone del lattaio. Ogni volta che depositava davanti alle porte di casa latte, uova, pane e burro, l'amico hippie attendeva che girasse l'angolo e poi si precipitava a rubare tutto.

Non esattamente un grande futuro all'orizzonte. Questo pensavano i Genesis.

Si sbagliavano.

♪♪♪

530 • SIETE SOLO DEI MAIALI

Il tour che deve promuovere *Long John Silver* è nato sotto una cattiva stella. Colpa delle turbolenze di Grace Slick, che si diverte a provocare le forze dell'ordine. A New York ha preso alla lettera l'invito di una ragazza del pubblico, convinta che per far smettere di piovere sarebbe stato sufficiente togliersi maglietta e reggiseno. Detto, fatto. Centinaia di ragazze hanno seguito il suo esempio, per la gioia del pubblico maschile e l'insofferenza della polizia del Bronx. A Hartford, nel Connecticut, ha apostrofato gli addetti alla sicurezza in tenuta da sommossa dicendo: "Ma dove credete di essere, ad Auschwitz?".

Ma è a Akron, nell'Ohio, che la situazione è scivolata oltre ogni controllo. È il 21 agosto 1972. Alcuni studenti inscenano una protesta fuori dal Rubber Bowl. Piovono sassi. La polizia risponde con i lacrimogeni. Chick Casady, fratello di Jack e responsabile tecnico dei Jefferson Airplane, viene accusato di aver fomentato la rivolta. Sono in otto a immobilizzarlo per condurlo negli spogliatoi, con una ventina di altri ragazzi fermati negli scontri.

La band si accorge di quello che sta accadendo. Paul Kantner urla ai poliziotti: “Siete solo dei maiali”. Grace Slick strappa il fischietto al capo della polizia, lo spintona violentemente e gli graffia il volto con le unghie. Il poliziotto reagisce prendendola a pugni in faccia, facendole venire un occhio nero, e poi la arresta.

Kantner si lancia sulla polizia e finisce anche lui in manette, insieme a Jack Casady. Tutto avviene sul palco, mentre tutti si aspettavano un'altra musica.

L'era di Woodstck è davvero finita.

♪♪♪

531 • LE BOMBE DI BRUCE

E adesso cosa facciamo? È il 4 novembre 1976. New York è pronta, come sempre del resto, per accogliere il suo eroe, l'uomo che è nato dall'altra parte del tunnel ma che ha ambientato i suoi racconti epici nella Grande Mela. Il Palladium è pieno come un uovo, non si riesce nemmeno a respirare, ma Bruce Springsteen è una furia. Si consulta con il suo entourage, poi prende una decisione e come spesso accade quando si ha a che fare con lui, i primi che la vengono a sapere sono i fan, il suo popolo, la sua gente.

Si avvicina al microfono, lascia spegnere l'ovazione e poi dice: “Ora vi spiego esattamente quello che sta succedendo. Qualche testa di cazzo ha telefonato per dire che ha sistemato una bella bomba qui, in questo locale. Io non so se c'è davvero, ma non so nemmeno se non c'è”.

Il pubblico ammutolisce, vede avvicinarsi con terrore l'ipotesi che il concerto finisca quasi prima di cominciare, pensa alla fatica che ha fatto per trovare i biglietti, alla voglia divorante di assistere a quella straordinaria messa cantata che è un concerto del Boss.

Bruce riprende a parlare: “Consiglio a ognuno di voi di controllare se c'è una bomba sotto alla vostra sedia”.

Applausi.

Poi: “Bene, qualcuno di voi è saltato in aria? No? Bene? Allora, se qualcuno di voi è saltato in aria alzi la mano...”.

E poi via con tre ore di bombe rock and roll.

♪♪♪

532 • EHI, TU, VAFFANCULO!

Los Angeles. Justin Hawkins sta cantando, felice e adrenalinico come ogni volta che canta su un palco con i suoi Darkness. Ora lo sguardo si fa buio. Qualcosa non lo convince. Qualcosa non gli piace. Qualcosa che vede non gli piace. Qualcuno che vede non gli piace. Tra il pubblico. È lei. È quella puttana del "New Musical Express" che due anni prima ha massacrato i Darkness, li ha insultati. Justin non dimentica, anche se sono passati due anni.

Justin Hawkins si ferma, interrompe la canzone, si spinge proprio ai bordi del palco, la indica con il dito: "Ehi tu, vaffanculo. Sì, dico proprio a te. Vaffanculo. Non ti voglio qui".

La ragazza scoppia a piangere, disperata.

Poco tempo dopo Justin Hawkins scopre che quella ragazza non è la giornalista del "New Musical Express" che aveva massacrato i Darkness due anni prima, ma Sarah Hartnett, una fan diciassettenne che aveva vinto un concorso per assistere a un concerto in prima fila.

Justin Hawkins è mortificato. Ordina di rintracciare subito la ragazza, si scusa con lei e le regala magliette e altro merchandising. E impara che prima di allontanare qualcuno e insultarlo pubblicamente bisogna essere sicuri, ma proprio sicuri.

♪♪♪

533 • CHRIS E NOEL

Ma quello lassù in balconata è Noel Gallagher. Sì, è proprio lui.

Siamo al Round Chapel, un locale di Hackney, nell'East London. L'anno è il 2005. I Coldplay sono a metà di un concerto a inviti che le telecamere di MTV stanno riprendendo per metterlo in onda tra qualche mese.

I Coldplay stanno eseguendo *In My Place* quando Chris Martin nota Noel Gallagher in una balconata a lato del palco. Senza pensarci nemmeno un attimo si arrampica sui monitor e poi salta sul bordo della balconata dove stringe Noel in un abbraccio che scatena l'entusiasmo del pubblico.

Ora, però, c'è un problema: come fa Chris Martin a tornare di sotto? È abbastanza facile arrampicarsi, aggrappandosi ai vari appigli, ma difficile è scendere.

Sul palco i Coldplay stanno cercando di finire la canzone senza di lui, ma dopo? Chris Martin non ha paura. Si butta. Si butta proprio. Da quattro metri e mezzo di altezza.

Atterra senza danni. Il pubblico, che ha tenuto il fiato sospeso, esplode in un applauso liberatorio.

Chris dice: "Noel Gallagher è un genio".

Ma molti pensano che lui, Chris Martin, è un pazzo.

♪♪♪

534 • FULMINATI

Nel girone infernale del rock and roll abitato da alcol, droghe e violenza, la morte più improbabile cui pensare è quella provocata dalle scariche elettriche di una chitarra. E invece la storia del rock è tristemente densa di tragedie di questo tipo.

Il 3 maggio 1972, mentre suonava sul palco dello Swansea Top Rank davanti a 1500 persone, Leslie Harvey, chitarrista degli Stone the Crows, toccò con le mani bagnate il suo strumento ricevendone in cambio una scossa elettrica mortale. Nella fretta di montare gli impianti, i *roadies* non si erano assicurati che chitarre e microfoni fossero collegati e isolati correttamente. La chitarra divenne conduttrice di alta tensione e Harvey morì in diretta, sul palco, davanti alla sua gente.

Stressa sorte toccò a Brian Locking degli Shadows, il 26 novembre 1973, stroncato dalla sua chitarra a Radlett, in Inghilterra.

Il 15 settembre 1974, Gary Thain degli Uriah Heep fu colpito da una violentissima scarica elettrica mentre suonava al Moody Coliseum di Dallas, nel Texas. Riuscì a sopravvivere, ma l'eccessivo consumo di droghe e i postumi dell'incidente lo resero sempre più instabile e inaffidabile; fu licenziato dalla band e sostituito da John Wetton dei King Crimson. L'8 dicembre 1975, alla consueta età di ventisette anni, fu ritrovato dalla sua compagna in bagno, morto per overdose.

Il 14 maggio 1976 morì nella sua casa londinese Keith Relf degli Yardbirds; voleva suonare la sua chitarra ma non si era accertato che tutto fosse perfetto e lo strumento diventò conduttore di alta tensione.

Meglio che agli altri andò a Bill Wyman. Il 27 marzo 1965 fu colpito da una forte scossa elettrica durante le prove di un concerto degli

Stones a Oclense, in Danimarca. Perse i sensi per alcuni minuti ma fortunatamente si riprese. Un caso davvero fortunato.

♪♪♪

535 • LA STORIA SEGRETA DI *BLOWIN' IN THE WIND*

Nel novembre del 1963 le risposte soffiavano nel vento dell'America che si era innamorata di un nuovo profeta, la nuova speranza bianca, così veniva chiamato Bob Dylan. *Blowin' in the Wind* aveva incendiato i cuori e suscitato commozione e meraviglia. In quello stesso mese, però, la rivista americana "Newsweek" pubblicò un articolo dove si metteva in dubbio la paternità della canzone. Anzi, si facevano nome e cognome del vero autore: Lorre Wyatt, uno studente di Millburn, del New Jersey. Non era solo lui a rivendicare la paternità. Erano i compagni di scuola di Lorre Wyatt a giurare di aver sentito *Blowin' in the Wind* cantata da lui nel novembre del 1962, a una festa scolastica, dunque molto tempo prima che Dylan la incidesse, nel marzo del 1963.

Si scatenarono mille illazioni. La ricostruzione dei fatti più accreditata era questa: Dylan aveva sentito parlare di questo ragazzo ed era andato a casa sua per farsi cedere la canzone, che avrebbe pagato mille dollari, una signora cifra nel 1963. Ma prima di uno scandalo, emerse chiara la verità: Bob Dylan aveva scritto *Blowin' in the Wind* nell'aprile del 1962, dunque mesi prima di quella festa scolastica. A maggio il testo e gli accordi erano stati pubblicati sul sesto numero della rivista folk "Broadside". Wyatt aveva comprato la rivista, letto quelle pagine, trovato la canzone interessante e cominciato a spacciarla come sua, con sempre maggiore insistenza vista la reazione dei suoi compagni di scuola, ma soprattutto dopo il suo successo planetario.

♪♪♪

536 • LASCIAMI PRIMA FINIRE DI CANTARE

Come ha scritto Anthony Kiedis nella sua fantastica autobiografia *Scar Tissue*, per i Red Hot Chili Peppers parte dell'esperienza sul palco era farsi male. Le contusioni erano segno di una performance riuscita. Se scendevi sanguinante dal palco voleva dire che avevi fatto bene il tuo lavoro, se non accadeva significava che forse avresti potuto dare di più. Così, a volte accadeva che i musicisti si scontrassero tra loro, cosa che non piaceva per nulla a Jack Sherman, che arrivò al punto di delimitare con del nastro adesivo la sua zona sul palco. Anche per questo fu presto scaricato dalla band.

A volte Anthony si gettava sul pubblico, sempre pronto ad accoglierlo con calore e amore. A volte persino eccessivo. Come a Chicago. Kiedis salì sul palco con il cappuccio da boia indossato nel video di *True Man*, poi se lo tolse e senza pensarci troppo si tuffò sulla sua gente, naturalmente senza smettere di cantare. Il pubblico lo accolse sulle sue braccia e poi lo depositò a terra. Kiedis, in piedi, in mezzo alle persone, continuava a cantare, ma a un certo punto si accorse che stava succedendo qualcosa di strano. Guardò verso il basso e vide una ragazza piccolina ma bellissima, che si era inginocchiata davanti a lui e stava cercando di tirargli giù i pantaloni elasticizzati per fargli un pompino.

Kiedis apprezzò molto il gesto, ma pensò che sarebbe stato meglio finire la canzone. Le spostò gentilmente la bocca e tornò sul palco. In fondo, si trattava solo di arrivare alla fine del concerto.

♪♪♪

537 • CI VEDIAMO NEI CAMERINI

Il colonnello Parker aveva spento la luce sul comodino e acceso due certezze: Elvis era pazzo, ma era anche la più straordinaria gallina dalle uova d'oro che avesse mai incontrato in questa e forse anche in un'altra vita. Perché quello che era successo quella sera, il 13 maggio 1955, sul palco del Gator Bowl di Jacksonville, in Florida, aveva dell'incredibile. Elvis aveva lasciato il palco alla fine del concerto scherzando con il suo pubblico, in larga parte femminile. E a quelle 14.000 ragazze aveva urlato: "Ci vediamo nei camerini". Subito dopo quell'invito scherzoso, tutte le fan delle prime file avevano travolto le sedie e conquistato il palco al centro del campo; altre avevano trovato una finestra lasciata maldestramente aperta e si erano infilate dentro. E in un amen avevano raggiunto Elvis, strappato la camicia e la giacca, sfilato la cintura, portato via le calze e le scarpe. Quando la polizia e il colonnello entrarono nei camerini, lo trovarono con lo sguardo terrorizzato, immobile. Parker lo consolò e poi gli disse che adesso non aveva più dubbi: lui, Elvis Presley sarebbe diventato il più grande di tutti, il Re. E lui, il colonnello, sarebbe stato per sempre la sua ombra.

Elvis tornerà a Jacksonville quindici mesi dopo, il 15 agosto 1956. E si guarderà bene dall'invitare le ragazze a raggiungerlo nei camerini.

♪♪♪

538 • JOE STRUMMER TRA PUNK E PISTOLE

Il punk bussa alla tua porta all'improvviso, quando meno te l'aspetti.

Joe Strummer nemmeno ci pensa, al punk. Anche perché non sa che cosa sia. Ha formato una band che si chiama i 101 e che prende il nome dal numero civico di Walterton Road, dove c'è un appartamento che ospita tutti i musicisti, ma anche dalla stanza delle torture di *1984* di George Orwell. La loro ambizione è proprio quella, torturare le coscienze della borghesia e prendere metaforicamente a calci e non troppo metaforicamente a sputi la placida e sonnolenta Londra, abituata ancora a sentirsi al centro del mondo anche se da molti anni è diventata periferia.

Suonano un gran bel rhythm and blues che sconfina nel lato selvaggio del rock and roll, ma hanno una cornice scenografica che non è affatto male: bandiere di tutte le rivoluzioni di sinistra e splendide gigantografie di Che Guevara e Salvador Allende.

Joe Strummer è teso e felice. Quella è la prima data in assoluto, al Telegraph Pub di Bixton. La sua carica dei 101 è per il momento solo il gruppo d'apertura dei Matumbi, un gruppo reggae di già discreta popolarità guidato dal produttore e chitarrista Dennis Bowell.

Non è ancora ora di salire sul palco. Prima di lui c'è un altro gruppo spalla. Ha un nome strano. Sex Pistols. Strummer esce dai camerini e lo va a sentire. È il momento in cui la sua vita cambia. Capisce che è *quella* la musica giusta per veicolare la sua rabbia. Sono immaturi e non sanno suonare, ma sono una forza della natura. Anche se acerbi, i Sex Pistols fotografano il presente e rappresentano il futuro molto meglio di loro. Strummer entra in crisi. La sua carica dei 101 gli sembra pallida come un sole londinese di marzo. Riesce comunque a impressionare Bernie Rhodes perché qualche tempo dopo, a un concerto al Golden Lion Pub, viene avvicinato da lui, che è alla ricerca di un cantante per i Clash. Strummer accetta ed entra così nella grande cantina del punk, che bussa alla tua porta all'improvviso, quando meno te l'aspetti.

♪♪♪

539 • IL DOPPIO COLLASSO DI KEITH MOON

Scott Halpin ha diciannove anni ed è arrivato tredici ore prima del concerto degli Who al Cow Palace di Daly City, nelle montagne di San Bruno, a sud di San Francisco. Non ha i biglietti, ma è sicuro di trovarli da qualche bagarino e farà qualsiasi cosa per non perdersi il concerto della sua band preferita e del suo mito, Keith Moon, il batterista più folle del rock, perché è vero che tutti i batteristi sono un po' strambi, ma Keith Moon è qualcosa di più. È lunatico come il suo cognome, è allergico alle stanze d'albergo e per questo le sfascia in continuazione. Beve in quantità disumane e non ha paura delle droghe. Una volta ha puntato la sua pistola, naturalmente carica, alla testa di sua moglie. Era stufo di litigare con lei.

È il 20 novembre 1973. Scott compra i biglietti di prima fila e si prepara a godersi lo show. Sono passati 70 minuti dall'inizio. Durante *Won't Get Fooled Again*, Moon si accascia sulla batteria. Lo portano fuori e lo mettono sotto la doccia per cercare di farlo riprendere. Subito dopo gli fanno un'iniezione di cortisone. Keith torna sul palco dopo mezz'ora, ma durante *Magic Bus* ha un secondo collasso. I *roadies* lo portano fuori una seconda volta. Si riprende di nuovo e non c'è timore per la sua salute, ma per precauzione si decide di non farlo tornare sul palco. Si viene a sapere che ha ingerito una forte dose di tranquillanti accompagnata da molto brandy.

Gli Who continuano a suonare anche senza Keith, ma tutti sanno che, senza batteria, un concerto degli Who non può andare avanti a lungo. La gente è entusiasta. Non vuole andare a casa. A quel punto Pete Townshend chiede se tra il pubblico c'è per caso un batterista che conosca le canzoni degli Who e che si offra volontario. Poi aggiunge: "Uno bravo, però!". È a quel punto che Mike Danese, l'amico di Scott Halpin, comincia a fare ampi cenni con le braccia, urlando: "Lui è bravo", indicando Scott. La folla ruggisce, Bill Graham, il manager, si avvicina a Scott: "Davvero sai suonare?". Scott risponde di sì, senza pensare. Sale sul palco e suona con gli Who gli ultimi tre brani di un concerto per molti versi irripetibile: *Smokestack Lightning, Spoonful* e *Naked Eye*. Alla fine Halpin riesce solo a balbettare qualche parola: "Dopo tre brani ero morto. Come diavolo fanno a resistere per un concerto intero?".

♪♪♪

540 • GLI U2 AL BAGGOT

Il primo singolo era andato alla grande. Uscito alla fine di settembre del 1979, *Out Of Control* aveva venduto le sue mille copie numerate in pochi giorni. Ora si trattava di trovare una major e un grosso contratto. Il manager degli U2 Paul McGuinness andò a Londra a far visita a Tom Nolan, direttore artistico della Emi, che convinse due suoi uomini a recarsi a Dublino per dare un'occhiata agli U2 dal vivo.

La vittoria era a un passo. Dublino significava giocare in casa, avvolti dal calore e dall'entusiasmo. Gli U2 scelsero come luogo il Baggot, capienza limitata a duecento persone e tetto basso, perfetto per trasmettere il senso di entusiasmo di un pubblico adorante.

Quella sera fu un trionfo. La gente impazzita. Alla fine del concerto, prima di uscire per firmare gli autografi, gli U2 chiesero cosa avessero detto i discografici della Emi. Solo allora seppero che erano andati via quasi subito, con una motivazione assurda: "Scusate, ma vogliamo andare a vedere gli Specials all'*Old Grey Whistle Test* in televisione".

Mi chiedo se abbiano cambiato lavoro.

Gli U2 la presero ovviamente malissimo. Erano sul punto di abbandonare tutto, musica, sogni e progetti. Il giorno dopo, in furgone, mentre tornavano a casa, si sintonizzarono su Radio 2, per lo show di Dave Fanning. Ospite in studio c'era Jake Burns, il cantante degli Stiff Little Fingers. Alla domanda su cosa di bello e nuovo avesse ascoltato, rispose: "C'è un gruppo che penso diventerà il più grande gruppo di tutti i tempi: gli U2".

Aveva visto giusto. E questo dimostra che i musicisti sono sempre meglio dei discografici.

♪♪♪

541 • IL SERPENTE DI JOHNNY ROTTEN

Siamo alla House of Blues, a Los Angeles, sul Viale del Tramonto. Alice Cooper è alle prese con il classico numero del serpente. Pubblico in estasi, come sempre. C'è anche Johnny Rotten, la voce dei Sex Pistols. A un certo punto accade l'impensabile. Il boa comincia a defecare. E, che ci crediate o no, quando i serpenti decidono di liberarsi lo fanno senza ritegno. La gente impazzisce. Alice Cooper capisce che quello è un momento di spettacolo irripetibile. Non fa nulla, si lascia sporcare, perché il serpente è avvolto attorno a lui. Se prima il pubblico era in estasi ora è in delirio quasi mistico. Il vestito di scena di Cooper è totalmente imbrattato. Finalmente il serpente smette, dopo un'eternità. Alice Cooper ha ancora dieci canzoni da eseguire, non cambia il costume, si fa forte dell'accaduto, prende in mano la sua gente e si fa portare metaforicamente in trionfo dopo l'ultimo brano.

Nei camerini, Johnny Rotten è fuori di sé dall'entusiasmo.

Si avvicina a Cooper: "Ma è così ogni sera?".

Cooper guarda i suoi musicisti, strizza loro l'occhio, poi si volta verso Johnny Rotten e dice: "Certo Johnny, è facile. Conosco il mio serpente. Basta che lo tocchi in un determinato punto e lui comincia a cagare".

♪♪♪

542 • L'ORSO DI NEIL YOUNG

Gli Squires erano nati nel 1963 a Winnipeg, attorno a Neil Young. Ebbero vita breve, molti sogni e un po' di strada in salita. Pubblicarono anche un singolo, *The Sultan*, che fu stampato in 300 copie. Sembra che 290 siano state distrutte e che dunque ne rimangano dieci, il che fa di questo singolo uno dei 45 giri più rari nella storia del rock.

Dall'8 al 14 agosto 1964 furono scritturati da un locale a Churchill, nella provincia di Manitoba. Per arrivarci, Neil Young e i suoi Squires impiegarono un giorno e mezzo, in treno. Arrivati a destinazione, scoprirono due cose: il freddo era polare e il club che li ospitava si popolava di personaggi pittoreschi.

La settimana passò tranquilla, con due piccoli inconvenienti.

Il primo più grave: dopo lo spettacolo, un indiano quasi completamente ubriaco si incamminò verso casa, ma, evidentemente stanco e disorientato, si aggrappò a un palo della luce, dove si addormentò e morì congelato. Lo trovarono così, la mattina dopo, stretto e abbracciato al palo. Ghiacciato.

Il secondo, più ameno, accadde durante lo spettacolo. Neil Young sentì un gran frastuono e poi il pavimento che si muoveva. Neil pensò al terremoto, invece no: era un orso polare che si era infilato nello spazio aperto sopra cui sorgeva il pub ristorante.

Faceva davvero freddo, a Churchill, Manitoba.

♪♪♪

543 • LA VESPA DI DAVE GROHL

Dave Grohl non poteva immaginare che sarebbe successo. Di tutte le disavventure, piccole o grandi, che possono capitare al cantante di una rock band, quella era davvero impossibile da prevedere. E tutto per colpa di una gomma da masticare.

Dave Grohl, il cantante dei Foo Fighters, ha l'abitudine di masticare continuamente chewingum mentre canta. Dice che gli mantiene la giusta dose di saliva, gli consente di urlare nel modo giusto senza rimanere strozzato e vomitare. E, in più, dà al suo microfono un gusto di menta buonissimo, così buono che ti fa venir voglia di leccarlo.

Lo so, è strano. Credo che non esista nella storia del rock un altro cantante che mastichi continuamente gomma durante un concerto. Ma Dave Grohl è strano, anche perché come avrebbe fatto altrimenti a rimanere nei Nirvana per così tanto tempo?

Però, quella volta, nel 1997, le cose non andarono nel modo previsto. Tutta quella saliva zuccherata sputata per un'ora sul microfono aveva attirato una vespa che, per tutta la seconda parte del concerto, continuò a girargli attorno mentre cantava, infastidendolo non poco. Volevano entrambi la stessa cosa: il microfono.

♪♪♪

544 • PATTI SMITH E ANDY WARHOL

Nella magica New York degli anni Settanta, quando si diceva che tutti si muovevano in un'unica direzione per avvicinare rock, sperimentazione, arte e poesia, non tutto andava proprio nel modo giusto. A volte, gli eroi non si sopportavano tra loro.

Andy Warhol, per esempio, aveva poca simpatia per Patti Smith.

Questo è un estratto del diario di Andy datato 29 maggio 1978, quando Patti era nel pieno del suo splendore e all'apice della popolarità:

"Stavo andando a pranzo al One Fifth [un ristorante situato al pianoterra dello stesso edificio dove abitava Patti, n.d.a.] e per strada ho incontrato Patti Smith con una bombetta in testa che comprava da mangiare per il suo gatto. L'ho invitata pensando che rifiutasse [non erano in buoni rapporti perché lui la considerava un'opportunista e lei non gli perdonava di aver snobbato all'inizio il suo amico Robert Mapplethorpe, n.d.a.], ma lei ha detto: 'Benissimo'. Patti non voleva mangiare troppo, così ha mangiato metà del mio pranzo. Ha detto che le piacciono solo i biondi e che vuole avere una storia con un biondo. Tutto quello a cui riuscivo a pensare era il suo odore. Non sarebbe brutta se si lavasse e se si sistemasse un po' meglio. Mi ricorda molto Ivy [Ivy Nicholson, una superstar di Andy Warhol negli anni Sessanta, n.d.a.], in cui tutto era finto".

Poi Andy dà la stoccata finale, con l'accusa infamante, quella che nel loro mondo era intollerabile: "Patti mi ha detto che negli anni Sessanta non prendeva droghe, ma che ha iniziato di recente, solo per lavoro".

Come a dire: finta in tutto e per tutto.

♪♪♪

545 • STEVEN TYLER E JOE PERRY

È il 4 luglio 1966, giorno dell'Indipendenza per gli Americani, giorno di un incontro dove si vede il futuro per una band hard rock. Steven Tyler ha appena terminato un concerto con la sua band, gli Strangeurs. Si spostano come sempre all'Anchorage, un ristorante con annessa sala flipper che si affaccia sul lago Sunapee, nella parte occidentale del New Hampshire dove Steven Tyler trascorre le vacanze. Tyler ordina una porzione di french fries. Le finisce in un amen. Pensa che quel posto è davvero fantastico e che quelle sono le patatine più buone che abbia mai mangiato. Decide di andare in cucina per complimentarsi con il cuoco. Il cuoco ha i capelli lunghissimi, si chiama Joe Perry. Joe reagisce ai complimenti nel suo inconfondibile modo: incazzandosi. È incazzato con Tyler e i suoi amici perché ogni sera giocano a food fighting, si lanciano contro il cibo che non hanno mangiato, obbligando lui e i camerieri a pulire dappertutto. Tyler si scusa, si allontana e pensa: "Però, forte quel tipo".

Quattro anni dopo, Joe Perry diventerà il braccio armato di Tyler negli Aerosmith, ma è bello pensare che Tyler e Perry abbiano cominciato a litigare fin dall'inizio, quando non avevano nemmeno gli strumenti in mano, attorno a un sacchetto di french fries.

♪♪♪

546 • DAVID BOWIE, MICK JAGGER E BETTE MIDLER

Mick Jagger era molto amico di David Bowie. Amavano la stessa musica, gli stessi vestiti e, secondo pettegolezzi e indiscrezioni, anche le stesse donne. Nessuno smentiva, perché negli anni Sessanta e Settanta solo un pazzo avrebbe smentito una notizia che, anche se falsa, soprattutto se falsa, ti faceva vendere più dischi e attirava grande attenzione.

I due non perdevano occasione di sostenersi a vicenda, così Mick Jagger prese volentieri un aereo da Londra a New York per stare vicino all'amico in occasione della prima data del *Diamond Dogs Tour* al Madison Square Garden.

L'aftershow era al Plaza Hotel, dove tutti gli invitati videro Mick Jagger, David Bowie e Bette Midler (la divina Bette Midler) scomparire nel guardaroba per un'ora. Nessuno vide nulla, ma i rumori di sottofondo – grugniti, mugolii, respiri affannosi, urla – lasciarono pensare a tutto fuorché a un convegno sui massimi sistemi.

I tre uscirono sorridenti e, come riportano le cronache, con i vestiti non così perfetti come quando erano entrati. Sempre secondo le cronache, Bette Midler aveva un sorriso stampato in faccia che andava da un'orecchia all'altra.

♪♪♪

547 • MICHAEL STIPE E PETER BUCK

Si chiama Wuxtry ed è qualcosa che assomiglia a una catena, ma che basa il suo successo sull'umanità e sulla preparazione dei commessi, tutti appassionati di musica rock. Ce ne sono parecchi. Uno su College Avenue, uno su Clayton Street, l'altro su Baxter Street.

Nel negozio di dischi di Baxter Street lavora un tipo alto e dallo sguardo disincantato, che passa tutto il tempo a dare consigli sui dischi giusti o a strimpellare la chitarra dietro al bancone. Si chiama Peter Buck.

Uno dei clienti più assidui ha i capelli biondi e ricci, tagliati corti dietro e che davanti gli finiscono sugli occhi, viso segnato dai brufoli, occhi che quando vincono la timidezza si accendono come un tramonto sulle colline della Georgia.

Arriva spesso in compagnia di due ragazze, molto carine. Quelli che lo conoscono poco lo invidiano per questo, quelli che lo conoscono bene non lo invidiano per nulla perché sanno che le due ragazze sono sue sorelle, Lynda e Cyndy. Lui lavora in una birreria della città, ma vorrebbe formare una band. Ha vagabondato parecchio per gli Stati Uniti d'America per assecondare la carriera militare del padre. È un tipo strano. Quando viveva in Texas, si portava sempre dietro il teschio di una mucca. Si chiama John Michael Stipe.

Il commesso del negozio comincia ad affezionarsi a lui, un po' perché sembra timido e indifeso, un po' perché compra dischi che nessun altro a Athens ha mai nemmeno preso in considerazione. Sono tre mesi che parlano della possibilità di formare un gruppo per cambiare le proprie vite. Nessuno di loro sa che il gruppo che formeranno e che chiameranno R.E.M. diventerà uno dei più popolari e influenti al mondo.

Peter Buck pensa che dopo tre mesi forse è ora di mettersi davvero insieme a quel ragazzo strano. E forse che è anche ora di dirgli che lui si chiama Peter, non Richard. Sono tre mesi che Michael Stipe lo chiama così. Peter Buck sorride. Davanti a sé ha il tipo giusto per far venire fuori la propria diversità.

♪♪♪

548 • DAVID BOWIE E LOU REED

La prima volta che David Bowie andò in America fece il giro di tutti i locali dove si suonava grande musica. Era come un bambino davanti alla cioccolata. Quando passò davanti all'Electric Circus, il nightclub più alla moda di quegli anni, sito al 19-25 di St. Marks Place, tra la Seconda e la Terza Avenue, nell'East Village, capì che era un uomo fortunato, perché quella sera si esibivano i Velvet Underground. Fu uno show memorabile, con una *Heroin* fantasmagorica, con una *Waiting For The Man* imbattibile.

Alla fine del concerto Bowie andò nei camerini a far visita alla band e si stupì nel vedere Lou Reed amabile e alla mano come non aveva mai immaginato potesse essere. Bowie passò più di un'ora con Lou e gli disse quanto era stato importante per lui, con la sua musica e le sue provocazioni.

Si salutarono affabilmente e ognuno tornò da dov'era venuto: Bowie nella sua stanza d'albergo e Lou a casa propria. Una settimana più tardi, mentre parlava con un amico americano, Bowie raccontò di quell'incontro. Il suo amico lo ascoltò corrugando la fronte, poi disse: "Che cosa vuoi dire quando dici che hai parlato con Lou Reed?".

"Sì, ti assicuro, ho parlato più di un'ora con lui dopo il concerto."

"David", gli disse l'amico, "Lou Reed ha lasciato i Velvet Underground da anni. Quello con cui hai parlato era Doug Yule."

Ecco perché era così affabile.

♪♪♪

549 • RED HOT CHILI PEPPERS E MALCOLM MCLAREN

"Sembrava il mago di Oz e le sue parole erano troppo ridicole per essere prese sul serio."

È difficile immaginare due persone più diverse. Anthony Kiedis e Malcolm McLaren. La voce dei Red Hot Chili Peppers e il folle ragazzotto che diede il via alla saga del punk inglese.

L'incontro accadde nel 1985, quando McLaren contattò i Red Hot Chili Peppers che erano ancora alla ricerca del successo. Dopo averli visti e sentiti suonare, McLaren ammise di non essere stato impressionato favorevolmente.

"Però qualcosa si può fare", disse. "Ascoltate il mio piano: mi aspetto da voi un radicale cambio di marcia, un punk rock più basico, vecchia scuola, mi capite? Tre accordi in stile rock and roll e via. E poi tutto deve essere proiettato sulla figura di Anthony Kiedis. Lui sarà al centro dell'attenzione e voi gli farete da contorno con un po' di punk surf, capite?"

I Peppers capirono fin troppo bene. Siccome si consideravano un gruppo a tutti gli effetti e non il gruppo di Kiedis, risposero picche. E fecero bene.

♪♪♪

550 • LENNON IN LUNA DI MIELE CON BRIAN EPSTEIN

È il 18 giugno 1963. Paul McCartney ha dato un party per celebrare il suo ventunesimo compleanno al 147 di Dinas Lane, a Liverpool, a casa di sua zia Jin. John Lennon ha bevuto troppo e mangiato troppo poco. Il suo vecchio amico e deejay del Cavern Bob Wooler scherza con lui, come fa sempre. "Ehi, sei andato in luna di miele con Brian?" Wooler fa riferimento a un recente viaggio a Barcellona di John Lennon e Brian Epstein e alle voci insistenti secondo le quali il manager dei Beatles era follemente innamorato di John. Lennon è ubriaco, per una volta non sta allo scherzo e prende a pugni l'amico con una furia terribile. L'occhio di Wooler è nero, la faccia piena di sangue.

"Cercate Epstein", urla. Cynthia Lennon accompagna John a casa, Epstein Wooler in ospedale. Il manager cerca di mantenere segreta la notizia, ma il 21 giugno il "Daily Mirror" esce con una pagina intera, l'ultima. L'articolo è a firma di Don Short ed è ovviamente duro nei confronti di Lennon. La reazione spropositata, tra l'altro, ottiene l'effetto di avvalorare le tesi dell'omosessualità di John.

Epstein ordina a Lennon di inviare all'amico un telegramma di scuse. Lennon accetta a malincuore.

Il testo dice: "Mi dispiace molto, Bob. Sono terribilmente affranto per quello che ho fatto. Cos'altro posso aggiungere?"

Wooler perdonerà Lennon. Lennon farà di tutto per farsi perdonare, anche perché era stato proprio Bob a presentare i Beatles a Epstein, decretando la loro fortuna.

♪♪♪

551 • MR. TAMBOURINE MAN

Noel Gallagher non ha molta pazienza. Se sei nato a Manchester è difficile averne. Se sei nato a Manchester e vuoi suonare il rock è impossibile averne. Troppe difficoltà, troppi indicatori di disagio, troppo grigiore in un mondo dove la musica è bianca o nera. Non puoi avere pazienza, devi mordere la vita con ferocia, a costo di spezzarti i denti.

Noel Gallagher ha realizzato il suo sogno. È una rockstar, fa parte del gruppo che da molti anni sta spaccando le ossa alla scena britannica. Sarebbe tutto perfetto non ci fosse suo fratello. Liam. Che personaggio impossibile. Non fosse per lui tutto andrebbe alla grande. Con lui anche suonare negli Oasis e conquistare il mondo è un peso.

Guardalo, pensa Noel mentre osserva suo fratello flippare sul palco di Los Angeles. Guardalo. Completamente fatto di speed. Non avrebbe potuto controllarsi un po', e che cazzo?

Noel gli dice di darsi una regolata. Noel la pensa come Keith Richards, che una volta ha detto che puoi diventare verde quando vuoi ma non nel cesso degli altri. In altre parole: se vuoi stonarti, fallo a casa tua, non sul palco davanti a tutti.

Ehi, Liam, datti una regolata.

Liam ascolta il fratello, finisce il brano, si avvicina a Noel. E lo colpisce sulla testa con il tamburino. Una botta forte, decisa.

Anche lui la pensa come Keith Richards, ma quando dice: fatti sempre i cazzi tuoi e vivrai felice.

♪♪♪

552 • INCIDENTE AGLI STUDIOS

Manca un lato B, ma questo è l'ultimo dei problemi.

Da quando è un problema trovare una canzone per la facciata che nessuno ascolta?

Debbie Harry, l'icona bionda dei Blondie, ha la risposta giusta: "È un problema da quando certi lati A non funzionano e la gente e le radio scoprono che sul lato B c'è una canzone migliore". E giù a elencare quei brani destinati all'oblio sul lato meno nobile e invece diventati di gran successo, da *I Will Survive* di Gloria Gaynor (lato B di *Substitute*) a *Ruby Tuesday* (flip side di *Let's Spend The Night Together*) per non parlare di *Maggie May* di Rod Stewart, che aveva preferito puntare su *Reason To Believe.*

"Quindi", conclude Debbie Harry, abbiamo bisogno di un buon lato B per *The Tide Is High*, che per me è una bomba, ma magari non funziona come dovrebbe."

In quel momento si sente un gran casino, qualcosa che sembra uno schianto.

È uno schianto.

Una macchina si è appena sfasciata contro i muri dei Western Recorder Studios, che oggi si chiamano Ocean Way, sul Sunset Boulevard a Hollywood. Tutti escono a vedere. In macchina ci sono due ragazzi, Jeff e Sue. Stavano litigando e lui aveva perso il controllo dell'auto.

I Blondie li fanno entrare, si fanno raccontare tutto. Poi Susie e Jeffrey tornano a casa.

Il giorno dopo Debbie Harry scriverà *Susie and Jeffrey*, il perfetto lato B di *The Tide Is High.*

♪♪♪

553 • JIM MORRISON BEVE SANGUE

Due volte, almeno due volte Jim Morrison ha preso parte a una cerimonia di magia nera bevendo sangue.

La prima fu il 24 giugno 1970, quando sposò con il rito celtico neo pagano dell'*handfasting* Patricia Kennealy, scrittrice e sacerdotessa dell'occulto. Si tratta di una forma di matrimonio molto antica che risale al primo periodo cristiano, una specie di matrimonio di prova che poi necessita di una conferma civile e ufficiale. Jim e Patricia si tagliarono i polsi, versarono il proprio sangue in un calice, lo unirono a un po' di vino e poi bevvero santificando la loro unione. Il matrimonio non sarà mai confermato legalmente, nonostante questo Patricia aggiungerà il cognome Morrison al suo in tutte le pubblicazioni future.

La seconda volta fu con Ingrid Thompson, apprendista strega scandinava con cui ebbe una fugace relazione. Ingrid fece scorrere il sangue dalle sue vene mentre Jim lo raccoglieva in un bicchiere da champagne. Poi bevvero l'amaro calice e fecero l'amore tutta la notte. Secondo alcuni circoli occulti, infatti, il versamento del sangue unito all'atto sessuale produce la forza necessaria a molti tipi di incantesimo.

♪♪♪

554 • DOV'È AXL?

Mtv Video Awards, 1992. Kurt Cobain è in forma spettacolare. Bello come un angelo devastato dal dolore. Attacca *Lithium,* brano in perfetto stile grunge nel suo alternare parti calme a momenti rabbiosi, la storia di un uomo che, dopo la morte della sua fidanzata, trova conforto in Dio e nella religione, unico rifugio e antidoto al suicidio. Verso la fine, Krist Novoselic lancia il basso in aria. Il pubblico esplode, ma a momenti esplode la testa del bassista. Perché calcola male il lancio e non riesce a riprendere lo strumento, che gli cade di lato sulla testa. Krist accusa il colpo, si prende il capo fra le mani, si accascia, poi si riprende in qualche modo. Il brano finisce, Kurt usa la chitarra come giavellotto per sfasciare le gigantesche casse dei monitor. Anche gli altri Nirvana si lanciano nella distruzione degli strumenti, secondo l'antico rito pagano del rock and roll.

Il pubblico è in delirio. I Nirvana hanno conquistato a mani basse l'MTV Music Awards. Dave Grohl si butta sul microfono e urla: "Ciao Axl! Ciao Axl! Dov'è Axl? Ciao Axl". La faida tra Nirvana e Guns N'Roses si arricchisce di un altro episodio.

Tutti a festeggiare meno Krist. Con la testa fra le mani per colpa del suo basso e di una presa goffa.

♪♪♪

555 • TI SPAREREI, SEMPLICE

Quando andava bene erano cento dollari, magari qualcuno in più se arrivava tanta gente, ma se andava male erano pizza e birra, a volte solo pizza perché di birra ne bevevano a fiumi e veniva a costare troppo per i gestori del locale.

Nel 1991, la carriera dei Green Day era ai nastri di partenza e le follie sempre in agguato. Il 31 ottobre, notte di Halloween, avevano suonato davanti a una folla di vichinghi danesi completamente ubriachi, che a un certo punto erano pure saliti sul palco a fare sesso collettivo. Poi ci fu la Spagna, quindi la Polonia e infine la Germania. Luoghi piccoli, centri sociali per l'esattezza. Prima quattro gruppi in stile Napalm Death e poi loro. Il pubblico gradiva, tanto che l'organizzatrice chiese loro, dopo cinquanta date consecutive, di prolungare il contratto. I Green Day, ormai allo stremo delle forze, dissero: "Non ci potrebbe venire in mente una cosa più idiota di questa perché siamo a pezzi, quindi accettiamo".

Una sera, mentre guardavano le heavy metal band incendiare di rock un centro sociale, si guardarono attorno. Videro passamontagna, sacchi pieni di pietre e mattoni, fionde e armi varie.

Si avvicinarono alla donna che regolava il flusso delle persone all'ingresso e chiesero il perché di quella roba. La donna rispose: "In caso di attacco della polizia o dei naziskin".

I Green Day sorrisero, molto rasserenati.

Un loro amico di nome Sean indicò la cassetta con dentro l'incasso della serata, poi disse, sorridendo: "Cosa faresti se ti portassi via la cassetta con dentro i soldi?".

La donna estrasse una pistola calibro .45, la puntò verso Sean e i Green Day e disse: "Ti sparerei, semplice".

Sean e i Green Day smisero di sorridere.

♪♪♪

556 • CON TUTTO QUELLO CHE GUADAGNA...

The Edge è appena tornato a casa sua, a Rathgar, il sobborgo di Dublino dove è nato James Joyce e dove per qualche tempo ha vissuto anche Bram Stoker, il papà di Dracula. Mentre gira la chiave nella porta, The Edge sente una voce dall'altra parte della strada: "Grande concerto! Vieni che stiamo facendo una festa!". Sono i suoi vicini di casa, ma The Edge è troppo stanco per unirsi a loro. Sua moglie Aislinn, che, esattamente come Ali, la moglie di Bono, cerca sempre di non far perdere al marito il contatto con la realtà, gli dice: "Dai, prendi una bottiglia e vai".

Lui fa come fanno quasi sempre i mariti, cioè ubbidisce. Prende una bottiglia di whiskey, attraversa la strada, suona il campanello e viene salutato dal boato dei teenager che sono alla festa. Lo prendono quasi d'assalto. Capisce di aver sbagliato ad andare, ma non sa come uscirne.

Sceglie la verità: "Ragazzi, sono venuto solo a fare gli auguri e a lasciare una bottiglia di whiskey. Sono stroppo stanco. Vado a casa".

I ragazzi acconsentono a malincuore, a patto che prima canti una canzone.

Gli passano una chitarra, canta *Maggie's Farm* di Bob Dylan.

Quando rientra a casa si rende conto che ha ancora la bottiglia di whiskey in mano.

Aislinn ride. Sa che questa cosa farà il giro dell'isolato e poi del quartiere e poi della città. Aveva ragione.

Il giorno dopo tutti parlavano di The Edge che era andato a una festa con una bottiglia e se l'era riportata a casa. Il finale della storia era sempre lo stesso; chi raccontava diceva: "Con tutto quello che guadagna".

♪♪♪

557 • AVETE DEI COLTELLI?

Il 20 maggio 1982 i Clash sbarcarono in Olanda, per esibirsi al festival di Lochem. Avevano un disperato bisogno di soldi per pagare le penali relative all'annullamento del tour britannico, dovuto alla sparizione di Strummer e alle tensioni sempre più forti all'interno del gruppo, con Topper Headon oramai perduto sulle vie della droga. Arrivarono in pullman, completamente fuori di testa, dopo aver raccolto una valanga di autostoppisti lungo la strada. C'era poca gente, perché la partecipazione dei Clash al festival era stata ufficializzata solo qualche giorno prima, nonostante ciò i Clash pretesero il pagamento anticipato dell'intero cachet: 75.000 sterline. L'organizzatore, Frank Zanhorn, rifiutò, provocando una prima rissa. Accettarono comunque di suonare, ma, non appena salirono sul palco, scoppiò un temporale di dimensioni bibliche. Dopo mezz'ora Strummer bloccò il concerto e chiese a gran voce l'intervento di "quel cazzo di organizzatore", perché i responsabili della sicurezza si stavano azzuffando con i fan della band. Zanhorn salì sul palco e fece notare che i fan erano quasi tutti armati di coltelli. Strummer disse: "Ah, sì? Avete dei coltelli? Allora raggiungeteci sul palco".

Cinquecento fan raggiunsero i Clash sul palco e altri cinquecento si ammassarono sotto le impalcature, per ripararsi dalla pioggia. Il palco cominciò a ondeggiare e poi a sprofondare lentamente. Tutti erano agitatissimi, meno Topper Headon, che sembrava non capire che cosa stesse succedendo. Fu quello il suo ultimo concerto con i Clash. Forse il peggior concerto nella storia della band.

♪♪♪

558 • FLASH POT

Ed Goodgold era un grande appassionato di quiz, al punto di scrivere il primo libro sull'argomento, *Trivia*, inaugurando di fatto un genere letterario. Ora però aveva un quiz che non riusciva a risolvere: come far sì che il tour dei Genesis, il primo in America, perché Ed era pur sempre un precursore, avesse successo. In quel periodo, siamo nel 1973, Goodgold era manager degli Sha Na Na e aveva accettato la scommessa di fare dei Genesis un gruppo di successo anche negli Stati Uniti.

Fino a quel momento, la scommessa non si poteva dire che l'avesse vinta. Le reazioni erano state tiepide, per non dire freddine. E ora c'era questo festival all'Amphitheatre di Chicago, uno stadio coperto dove l'attrazione era Richie Havens e tutti i musicisti ospiti non avevano niente a che fare con i Genesis.

Infatti, subito dopo che l'MC li presentò, metà del pubblico lasciò gli spalti: chi andava a comprarsi un hot dog, chi in bagno, chi a fumare. Del resto, chi poteva essere interessato a un gruppo inglese sconosciuto?

Ed Goodgold aveva le mani nei capelli, seduto accanto al tecnico del suono, quando accadde. Per ragioni oscure, gli aiuti di scena avevano messo troppo magnesio nel flash pot, ovvero quel contenitore da cui fuoriescono luci e fumo. Il flash pot esplose in un lampo pazzesco, i cui bagliori arrivarono ovunque, anche nei bagni, al bar, nei corridoi.

La gente rientrò di corsa per vedere cosa stesse succedendo, convinta che fosse un effetto voluto. Un effetto speciale, una figata nel 1973.

I Genesis, quella sera, fecero tre bis davanti a un pubblico plaudente e gaudente.

Ed Goodgold aveva risolto il suo quiz senza fatica.

♪♪♪

559 • IL TAGLIO DELL'UCCELLO

Nel 1989, durante il tour promozionale del quarto album *Mother's Milk*, i Red Hot Chili Peppers scoprirono la grandezza dei loro collaboratori anche lontano dal palco e in giochi particolari. Le due coriste, Vicky e Kristin, erano specializzate nel trangugiare velocemente cibo immangiabile, dietro pagamento di somme modiche. Una sera, prima di un concerto in Pennsylvania, i Peppers chiamarono Kristin nei camerini e le offrirono 180 dollari per ingollare una caraffa di vino che i ragazzi della band avevano riempito di condimenti per insalata. Kristin non solo accettò ma disse che per 50 dollari in più avrebbe bevuto qualsiasi cosa. E sottolineò qualsiasi cosa. I Peppers non si fecero pregare. Vicky, per non essere da meno e per la stessa cifra, accettò di mangiare un intero, enorme contenitore di riccioli di burro.

Ma il migliore, l'imbattibile era Robbie Allen, uno dei *roadies*. Aveva messo a punto una messinscena molto efficace con cui i Peppers aprivano i loro concerti. Era chiamata Il Taglio dell'Uccello. Robbie usciva sul palco con un gigantesco coltello da macellaio con la lama affilatissima, e per darne prova faceva ogni sera a fette un oggetto diverso. Poi tirava fuori l'uccello, avvicinava la lama e zac. In realtà, la lama era da una parte affilata e dall'altra smussata, per cui non succedeva niente di grave, però l'effetto era assicurato. I Peppers facevano rullare i tamburi e Robbie fingeva di tagliarselo, faceva cadere la lama e poi si accasciava a terra. Poi iniziava il concerto.

♪♪♪

560 • PERKINS. MI CHIAMO CARL PERKINS

June era la fidanzata di Elvis Presley, almeno una delle fidanzate. E stava aspettando che lui le mandasse un vaglia con i soldi per il biglietto aereo che le avrebbe consentito di raggiungerlo. Elvis aveva avvertito lei e la Western Union con due telegrammi, ma il vaglia non arrivava, così June, un po' avvilita e umiliata per la figuraccia, tornò a casa. Non sapeva che Elvis era rimasto coinvolto in una brutta disavventura.

A bordo della sua Lincoln si era fermato a fare rifornimento all'angolo tra la Second e Gayoso e poi aveva chiesto al gestore, il signor Hopper, di controllare se ci fosse una perdita nel serbatoio, perché sentiva puzza di benzina. Il signor Hopper aveva detto subito di sì, ma poi aveva visto arrivare una valanga di clienti e aveva chiesto a Elvis, senza riconoscerlo, di andarsene.

Elvis cercò disperatamente di far capire al signor Hopper che quelle persone non erano clienti che volevano far benzina, ma suoi fan. Avevano circondato la macchina e Elvis non voleva uscire e non poteva muoversi.

Il signor Hopper si avvicinò alla macchina, confuse l'isteria dei fan per rabbia e cominciò a inveire contro Elvis che abbassò di poco il finestrino, tanto quanto bastava a lui per spiegarsi e al signor Hopper per dargli una violenta sberla.

Elvis s'incazzò di brutto, scese dalla macchina e prese a pugni il signor Hopper, che per difendersi tirò fuori un coltello. Nacque una piccola rissa alla quale parteciparono anche due poliziotti e l'assistente del signor Hopper, Audrey Brown, un metro e novanta di altezza, che si prese un gran cazzotto da Elvis.

Elvis fu denunciato per aggressione e disturbo della quiete pubblica.

Una pubblicità che non sarebbe piaciuta al colonnello Parker.

Per questo, un po' per gioco e un po' seriamente, quando chiesero a Elvis le generalità, lui disse: "Perkins. Mi chiamo Carl Perkins".

♪♪♪

561 • A CALCI NEL CULO

Pete Townshend non aveva un bel carattere. Quasi tutte le rockstar hanno un pessimo carattere. Soprattutto sul palco. Devono essere i padroni assoluti, i sovrani dello spettacolo. Ogni intrusione è da evitare. Townshend detestava soprattutto i fan che riuscivano a eludere il servizio d'ordine e a salire sul palco per abbracciare qualcuno degli Who.

La stessa cosa sta accadendo ora. Siamo al Fillmore East di New York, è il 16 maggio 1969. Chissà come, quel tipo è arrivato sul palco da dietro le quinte! Townshend lo caccia giù a pedate, ma ecco che arrivano i poliziotti e arrestano Townshend. Be', questo è davvero il colmo, pensa Pete. Mi arrestano perché mi difendo da un fan che invade il palco, il mio territorio? Comunque sia, concerto finito. Mentre portano via Townshend, i poliziotti fanno sgomberare molto velocemente la sala.

Alla stazione di polizia si capisce tutto. Quel tizio non era un fan, ma un poliziotto in borghese che era salito sul palco per far sgomberare il Fillmore, perché era divampato un incendio nella sala a fianco. Essendo in abiti civili, Townshend non l'aveva riconosciuto. Townshend torna in hotel dopo aver pagato una multa di trenta dollari e firmato un po' di autografi.

♪♪♪

562 • PILLOLE PER IL MAL D'ARIA

Che gli Stones abbiano fatto massiccio uso di droghe è risaputo, ma a volte hanno pagato questa fama anche quando non avevano colpa. Come in quella famosa festa del 12 febbraio 1967, nella casa di Keith Richards, a Redlands Road. Subito dopo l'irruzione, la polizia setacciò ogni stanza, ma trovò solo a Mick quattro pillole per il mal d'aria e a Richards niente di niente, appena qualche bastoncino d'incenso che però, sempre secondo la polizia, serviva a mascherare l'odore della marijuana. Nonostante questo, il 10 maggio furono processati e condannati a un anno di detenzione.

Qualche giorno dopo, gli Who fecero pubblicare su tutti i giornali britannici un annuncio che diceva: "Gli Who ritengono che Mick Jagger e Keith Richards siano stati trattati da capri espiatori per il problema della droga e, come protesta contro le barbare sentenze comminate loro ieri a Chichester, pubblicano la prima di una serie di canzoni di Jagger/Richards per mantenere viva la loro opera finché non saranno nuovamente liberi di registrare loro stessi".

L'indignazione del mondo rock fu tale che il giudice Block fu quasi costretto a rilasciare Mick e Keith dietro a una cauzione di 7.000 sterline.

L'uomo che fu arrestato con loro, il gallerista d'arte Robert Fraser, rimase invece in carcere a scontare quattro mesi. Paradossi degli anni Sessanta. Se eri una rockstar ti arrestavano volentieri, ma poi erano costretti a rilasciarti dopo la sollevazione popolare. Se non eri una rockstar ti arrestavano perché eri con una rockstar e poi rimanevi dentro, proprio perché non eri una rockstar.

♪♪♪

563 • *SOUTH AMERICA BITES THE DUST*

South America Bites The Dust, così è stata soprannominata quella parte di tour dei Queen che, nel 1981, fa sosta per la prima volta in Sudamerica e che ricorda nel titolo il singolo che ha dominato le classifiche in Argentina e Brasile. In Argentina era andato tutto benissimo, con tanto di benedizione urbi et orbi di Diego Armando Maradona, ma una volta arrivati in Brasile, la situazione è peggiorata. Intanto perché le autorità avevano negato il permesso per lo stadio Maracanà e i Queen non sapevano dove ospitare una folla che si preannunciava oceanica. Dieci giorni prima della data, viene concesso il Morumbi, ma i 131.000 posti si volatilizzano in poche ore, costringendo i Queen ad aggiungere una seconda data.

Tutto a posto? No. Perché da quel momento succede di tutto. I camion con le 110 tonnellate di apparecchiature rimangono ferme al confine con l'Argentina fino a tre giorni prima del concerto e, per accelerare i tempi, il manager Gerry Stickells (già road manager di Jimi Hendrix) è costretto a smontare e trasportare in aereo gli impianti di amplificazione e illuminazione. Tra un incidente e l'altro si arriva al primo concerto. Un trionfo. A poche ore dal secondo, Stickells, stufo dell'ennesimo disservizio, scaraventa fuori dalla finestra un telefono rotto. Arriva la polizia e sequestra manager e band rilasciandoli solo pochi minuti prima del concerto. Come sempre, le autorità non amano il rock.

♪♪♪

564 • THE MAN IN BLACK

Era il 1953, Johnny Cash prestava servizio nell'esercito americano. Con i suoi commilitoni aveva appena finito di vedere *Inside The Walls Of Folsom Prison*, il film di Crane Wilbur, e gli era venuta voglia di scrivere un brano su quella prigione. L'aveva intitolato *Folsom Prison Blues*, perché c'è sempre malinconia dietro le sbarre e tutti hanno un blues da piangere. Dopo il successo di quel brano, pubblicato nel 1955, tutti i carcerati d'America avevano cominciato a scrivergli lettere per invitarlo a esibirsi nella prigione dov'erano detenuti. Lui aveva risposto di getto al primo invito ufficiale, quello del carcere di Huntsville, dove Cash si esibì nel 1957.

Ma certo, nella sua testa c'era sempre la prigione di Folsom, in California, a venti miglia da Sacramento. Johnny Cash voleva suonare lì. Cantare lì *Folsom Prison Blues*. E il momento finalmente arrivò, anche se solo nel 1968, quindici anni dopo aver scritto il brano.

È il 13 gennaio 1968. Il giorno precedente, nel suo rifugio a El Rancho Motel, Johnny Cash aveva ricevuto la visita di due persone importanti: Ronald Reagan, governatore della California, che voleva dare il suo incoraggiamento e plauso all'iniziativa, e il cappellano del carcere, il reverendo Gresset. Era stato lui a consegnargli una cassetta con sopra *Greystone Chapel*, una canzone scritta da Glen Sherley, detenuto nella prigione di Folsom dopo una rapina a mano armata. Il reverendo aveva detto che lui, il detenuto autore del brano, sarebbe impazzito di gioia se Cash l'indomani gli avesse detto che aveva ascoltato quel nastro.

Quella storia era piaciuta molto a Cash, tanto che aveva deciso di andare oltre. Aveva chiesto ai suoi musicisti di imparare la canzone. L'avrebbero eseguita alla fine del concerto. Così accadde. Sherley impazzì di gioia, Cash si commosse. Perché anche lui aveva conosciuto la prigione e la droga, le manette e l'umiliazione, il dolore e l'impotenza. Quel giorno si trovava dall'altra parte, ma era solo un caso. Johnny Cash non si limitava a cantare davanti ai carcerati. Era uno di loro.

♪♪♪

565 • NUREYEV SALVA GLI HIPPIE

No, non è vero quello che si diceva in giro in quegli anni. No, la polizia non è stupida. Sa perfettamente cosa non deve fare, anche quando non è esattamente etico. Ma il fine, dicono loro, giustifica i mezzi.

Prendete quello che è successo l'11 luglio 1967 a San Francisco. La polizia irrompe alle 3.30 del mattino in un appartamento al numero 42 di Belvedere Street. Sequestra dodici spinelli, due pastiglie definite sospette e due bobine di un film anch'esso definito sospetto, nel senso che probabilmente era pornografico. Con tutto il rispetto, praticamente nulla. Eppure la polizia arresta diciotto persone. Ma tra queste diciotto, e la polizia non lo sa, c'è anche la star del balletto russo Rudolph Nureyev e con lui Margot Fonteyn, tra le più grandi ballerine di tutti i tempi, che si era nascosta sul tetto nel suo bellissimo visone bianco. Quando la polizia si accorge dell'identità dei due arrestati fa immediatamente cadere tutte le accuse contro gli imputati. Troppa paura di uno scandalo internazionale. Quella sera stessa, duecento hippie balleranno un'improbabile danza del serpente davanti al Teatro dell'Opera, in ringraziamento a chi li aveva involontariamente liberati.

Oppure prendete quello che è successo il 12 febbraio 1967 a casa di Keith Richards, nella famigerata festa che condusse a molti arresti. Bene, prima di fare irruzione nella casa, la polizia attese che George Harrison e Patty Boyd uscissero. Sapevano che erano lì, ma non volevano arrestarli. Funzionava di più mettere dentro gli sporchi Stones che i pulitini Beatles.

♪♪♪

566 • BLOOD BROTHERS

C'erano plotoni di giornalisti e schiere di fotografi quando Pete Doherty uscì di prigione nell'ottobre del 2003. Lui riuscì a scansare tutti. Quasi tutti. Un giornalista del "New Musical Express" riuscì a ottenere qualche dichiarazione da Pete. Stranamente conciliante. Anzi. Grondante miele.

Pete parlava in toni stratosferici di Carl Barat, il co-frontman dei Libertines. Doherty diceva: "Io e lui lavoreremo sempre insieme. Lo vogliamo entrambi. Abbiamo costruito insieme questa cosa e non vogliamo mandarla in pezzi. Qualsiasi cosa accada tra di noi, noi siamo come due gemelli siamesi. Fratelli di sangue, soldati nella stessa battaglia".

Pete Doherty era stato arrestato per essersi introdotto proprio nell'appartamento londinese di Carl mentre i Libertines erano in tour in Giappone e per aver rubato una preziosa chitarra antica, un premio del "NME" e altri oggetti di valore. Perché? Perché Carl aveva vietato a Pete di imbarcarsi in quel tour in Giappone se prima non si fosse disintossicato dalla dipendenza da crack ed eroina. Doherty aveva detto che non se ne parlava neanche, Carl era allora partito con la band senza dirglielo. Pete non aveva gradito e si era improvvisato ladro. Sarà condannato a sei mesi, poi ridotti a due.

♪♪♪

567 • DEBBIE HARRY E PATTI SMITH

Erano due regine. E non c'è mai un trono per due. Patti Smith e Debbie Harry si sono sempre cordialmente detestate, pur essendo le due indiscusse protagoniste al femminile degli anni Settanta. Debbie era tutto quello che Patti odiava perché non poteva lei stessa essere: bella in modo prorompente, bionda come solo Marilyn, capace di attirare l'attenzione dei maschi con un sussurro o un semplice movimento del corpo. Alla cantante dei Blondie dava invece fastidio l'atteggiamento di Patti, quel suo proporsi come sacerdotessa del punk e sovrana del rock fisico, ma non per questo non intellettuale. Entrambe lavoravano sul punk, solo che Debbie lo plasmava con il pop e talvolta la dance, Patti lo amalgamava con la poesia di Rimbaud.

Si guardavano in cagnesco, ogni volta che si incontravano. Una volta Patti fu chiara e granitica: "Senti", disse a Debbie, "qui non c'è posto per due".

Debbie rispose tagliente: "A New York non c'è posto per due?".

Quando poteva, Patti veniva anche meno all'unica regola non scritta nel mondo del rock: mai rubare musicisti a un collega. Patti Smith non si fece scrupoli nel portarle via Ivan Kral e si presentò anche sfacciatamente alle audizioni che Debbie stava facendo per trovare un nuovo batterista. Quando concluse il suo provino Clem Burke, che poi sarebbe diventato il batterista di Blondie, Patti saltò su e gridò: "Ehi, sei piuttosto bravo. Come ti chiami?". Non era seriamente interessata a lui, la sua era solo una manovra di disturbo.

Debbie fu tentata di volare al collo di Patti, ma si limitò a dire: "Patti, sto lavorando". Ma Patti Smith continuava e la rissa era sempre più vicina. A risolvere tutto fu lo stesso Burke, che disse: "Patti, dovresti conoscermi. Ho fatto un provino per entrare nella tua band e non mi hai preso".

♪♪♪

568 • ALTAMONT

Ci sono posti che hanno la dannazione di essere ricordati solo al negativo. Altamont, nella California del Nord, aveva conosciuto qualche granello di fama durante la corsa all'oro, ma da quarant'anni nessuno ci fa più caso. Soprattutto se sei uno che vive di pane e rock, Altamont è il luogo dove, il 6 dicembre 1969, accade quel che non doveva accadere. Nell'autodromo detto Altamont Speedway, i Rolling Stones organizzano un concerto che prevede, tra i tanti, Santana, Jefferson Airplane, Flying Burrito Brothers, Crosby, Stills & Nash, Grateful Dead e, ovviamente, le Pietre. Il raduno è stato presentato come la Woodstock dell'Ovest, ma non si respira niente di quella tre giorni di pace, amore e musica.

Accorrono in trecentomila. In quelle ventiquattro ore nascono quattro persone, messe al mondo tra la folla, ma ne muoiono altrettante: due investite da una macchina, una annegata in un canale e la quarta uccisa dal servizio d'ordine, formato dagli Hell's Angels, arruolati per l'equivalente di 500 dollari di birra.

Il problema è che gli Hell's Angels cominciano a scolarsi i 500 dollari mentre lavorano e diventano aggressivi, si azzuffano con i membri dello staff e con il pubblico delle prime file. L'atmosfera diventa tesissima. Denise Jewkes degli Ace of Cups, incinta di sei mesi, riporta un trauma cranico per una bottigliata alla testa. Marty Balin dei Jefferson Airplane riceve un pugno in faccia dagli Angels mentre è sul palco e viene portato via in stato d'incoscienza. Dopo questa scena, i Grateful Dead, co-organizzatori del raduno, rifiutano di salire sul palco e di suonare.

Jagger è teso. Appena sceso dall'elicottero, è stato preso a pugni da un fan. Durante *Under My Thumb* la gente cerca di salire sul palco. Tra questi Meredith Hunter, diciotto anni. Gli Hell's Angels lo sbattono giù con violenza. Poco dopo, ubriaco e armato di un revolver, cerca di salire nuovamente. È allora che Alan Passaro degli Angels lo accoltella a morte. È il capolinea di un'epoca. Come ben sintetizzerà un lettore di "Rolling Stone" citando il titolo di un brano di Dylan, *it's all over now, Baby Blue.*

♪♪♪

569 • MAMA CASS ELLIOTT

Anche i miracoli si possono falsificare. Come quello che i Mamas and Papas inventarono per giustificare l'ingresso nella band di Ellen Naomi Cohen, che adottò come nome d'arte Mama Cass Elliott (Mama perché era parte integrante dei Mamas and Papas, Cass in onore dell'attrice Peggy Cass, Elliott in ricordo di un amico scomparso).

Il miracolo è questo: Isole Vergini. Stanno smantellando un club, Mama si trova all'interno quando agli operai cade una tubatura che la colpisce sul capo. Viene condotta in ospedale per accertamenti e presto dimessa. Dopo due settimane di mal di testa scopre che la sua voce è cambiata e può raggiungere tre note più alte. La storia è inventata, sebbene la stessa Mama l'abbia confermata in un'intervista alla rivista

"Rolling Stone". La realtà è che Mama Cass Elliott era grassa e molto meno attraente di Michelle Phillips e per questo fu all'inizio tenuta fuori dal gruppo. Perché in quegli anni chi si muoveva nel pop doveva corrispondere a determinati canoni. Be', anche adesso a dire la verità.

Fu Denny Doherty a convincere John Phillips che era un delitto non sfruttare la sua voce per le armonizzazioni, così escogitarono quella storiella per nascondere l'imbarazzante ritardo. Dei due papà e delle due mamme, fu l'unica ad avere una carriera solista di successo. Morì a trentadue anni, non soffocata da un tramezzino, come dice una delle tante leggende metropolitane del rock, ma d'infarto. A trarre in inganno fu un tramezzino a metà ritrovato ai bordi del letto, ma non c'era traccia di cibo nella sua trachea.

Morì a Londra, nell'appartamento numero 12 di Curzon Place 9, che aveva preso in affitto da Harry Nilsson, l'uomo che portò al successo *Everybody's Talking* dalla colonna sonora di *Un uomo da marciapiede*. Per una folle coincidenza, in quello stesso appartamento morirà Keith Moon, quattro anni dopo.

Chissà se sarà riuscito ad affittarlo ancora, il buon Nilsson?

♪♪♪

570 • HETFIELD IN FIAMME

Axl Rose voleva i Nirvana, ma Kurt Cobain aveva rifiutato. E allora il cantante dei Guns N'Roses si era dovuto accontentare dei Metallica, con Faith No More, Motorhead e Body Count come supporto.

Il Guns N'Roses/Metallica Stadium Tour partì il 17 luglio 1992 dall'RFK Stadium di Washington e terminò il 6 ottobre al Kingdome di Seattle, per un totale di venticinque concerti.

Fu un tour brutto e fallimentare, non in termini di pubblico, ma di qualità, per di più funestato da un brutto episodio le cui conseguenze sarebbero potute essere anche più tragiche. L'8 agosto, allo stadio olimpico di Montreal, durante *Fade To Black*, James Hetfield, muovendosi sul palco, mise un piede dove non doveva metterlo facendo esplodere uno degli effetti pirotecnici. James fu immediatamente avvolto dalle fiamme, riportando ustioni di secondo e terzo grado al braccio e alla mano sinistra. Come ricorderà "Newsted", la pelle friggeva e poi si staccava via.

Il concerto dei Metallica fu ovviamente interrotto a metà, a circa un'ora dall'inizio. I ragazzi della band promisero che sarebbero presto tornati a Montreal per ripagare l'affetto dei fan. Hetfield fu portato al pronto soccorso con una inspiegabile lentezza, nonostante i dolori atroci.

I Guns N'Roses salirono sul palco prima possibile, ma nella comprensibile e lodevole intenzione di fare in fretta, i tecnici non riuscirono a settare bene gli stage monitor. Risultato: i musicisti non si sentivano. Il tocco finale lo diede Axl Rose, che comunicò a tutti dopo pochi minuti che aveva mal di gola. Scese dal palco e salutò la folla incredula e inferocita che diede il via a una rissa gigantesca.

♪♪♪

571 • I CLASH E I PICCIONI

Il 1978 era stato un anno difficile per tutti. In febbraio, l'esplosione di una bomba in un ristorante vicino a Belfast aveva provocato 14 morti. Il 13 marzo i terroristi indonesiani avevano sequestrato 72 ostaggi in un edificio governativo in Olanda. Il 16 marzo era stato rapito Aldo Moro, che sarà poi ucciso il 9 maggio.

Insomma, in tutta Europa c'era paura e attenzione.

Giovedì 30 marzo, a Londra, Paul Simonon e Topper Headon dei Clash si arrampicano con alcuni amici su una balaustra che guarda la linea ferroviaria. Vedono alcuni piccioni. Non sanno che si tratta di costosissimi piccioni viaggiatori allevati da un meccanico che ha l'officina nel piazzale. Topper prende la mira e spara. Uno, due, tre. Il meccanico proprietario dei piccioni si avvicina velocemente accompagnato da un suo collega e colpisce Topper con una chiave inglese.

Ma il peggio deve ancora arrivare.

Un guardiano delle Ferrovie Britanniche ha chiamato la polizia non appena ha visto i ragazzi salire sulla balaustra, temendo un attacco terroristico. Pensava che volessero sparare ai passeggeri dei treni che transitavano sotto. Sul posto arrivano un elicottero, tre autopattuglie, otto furgoni della Polizia e molti agenti armati di fucile. Circondano l'edificio e arrestano tutti. Nemmeno quando si accorgono che Topper e Mick fanno parte dei Clash li lasciano andare, anzi, sapere che hanno finalmente per le mani un gruppo punk aumenta il loro buonumore.

Passano la notte in guardina e finiscono al carcere di Brixton.

Maledetti piccioni.

♪♪♪

572 • ANTHONY KIEDIS E KURT COBAIN

La prima cosa che Anthony Kiedis pensò quando lo vide è che sembrava uscito con le ossa rotte da una festa. Aveva i vestiti strappati, una brutta cera e l'aspetto di uno che non dormiva da giorni.

La seconda cosa che Anthony Kiedis pensò quando lo vide è che, nonostante tutto questo, sembrava bello. Innaturalmente bello, come se emanasse una radiazione luminosa, un'aura.

Siamo nei camerini della Sports Arena di Los Angeles. Anthony Kiedis e Kurt Cobain s'incontrano per la prima volta. Il cantante dei Red Hot Chili Peppers va a salutare il cantante dei Nirvana e a ringraziarlo per aver accettato di unirsi al loro tour, sostituendo i Pearl Jam, eccezionali ma di minor successo rispetto ai Peppers.

Kurt è gentile, anche se, e lo ricorderà Kiedis nella sua autobiografia, andare in tour era in quel momento la cosa più lontana dalla sua testa. Chiacchierano amabilmente, poi Courtney Love comincia a gridare: "Ehi, Anthony, non ti ricordi di me? Quando tu e Kim Jones eravate fatti e facevate l'autostop a Melrose, io vi davo uno strappo nel cuore della notte. Facevo la ballerina, a quei tempi". Poi aggiunge: "Ti ho anche imprestato venti dollari che non mi hai mai restituito". A Anthony Kiedis non è chiaro se glieli stia chiedendo indietro ora.

Il tempo vola ed è già il momento di salire sul palco. Ed è lì che accade la trasformazione. "Kurt, che sembrava un morto resuscitato, salì sul palco e soggiogò il pubblico, mettendo in scena uno show come si vorrebbe sempre vederne. La cruda energia dei Nirvana, la loro musicalità e la combinazione delle canzoni tagliavano la notte come una motosega."

♪♪♪

573 • LA LOTTERIA DEGLI OASIS

Alan McGee aveva fiuto. Aveva fondato la Creation e portato al successo Jesus and Mary Chain, My Bloody Valentine e Primal Scream. E adesso aveva per le mani gli Oasis, che seguiva in maniera mirabile. Perché Alan non era solo un discografico, era molto di più. Era un uomo che sapeva capire le band e portarle agli obiettivi prefissati esattamente nel modo che volevano loro. Per questo tutti i suoi musicisti lo adoravano.

Alan McGee aveva naturalmente soldi a palate, com'era giusto che fosse. Ancora non aveva venduto la Creation a cifre che avrebbero fatto impallidire Paperon de' Paperoni, ma poteva tranquillamente vivere di rendita per il resto dei suoi giorni, gettando ogni mattina soldi dalla finestra o nel laghetto più vicino a casa.

Però era inquieto, come spesso lo sono, inspiegabilmente, i ricchi.

Così un giorno decise di entrare in una tabaccheria a comprare decine di biglietti della lotteria. A dire la verità, li comprò tutti.

Noel Gallagher lo vide uscire con un pacco alto così di biglietti.

"Cazzo stai facendo?", chiese.

"Ho comprato un po' di biglietti della lotteria", rispose Alan.

"E perché?", domandò ancora Noel.

"Non si sa mai, potrei vincere."

Noel Gallagher lo guardò come si guarda un marziano.

"Alan", disse scandendo le parole, "perché hai bisogno della lotteria quando hai gli Oasis?"

♪♪♪

574 • PUGNI IN FACCIA E CHITARRE IN TESTA

Riverside di Newcastle. Gli Oasis stanno suonando *Bring It Down*. Un ragazzo delle prime file riesce a eludere il servizio di sicurezza e sferra un terribile pugno in faccia a Noel Gallagher. Noel non si scompone e gli fracassa la chitarra in testa. Ne nasce una rissa che l'intera Inghilterra ascolta in diretta su Radio One. Gli Oasis sono costretti ad abbandonare il palco.

Qualche giorno dopo Noel sta parlando con Andrew Perry, un giornalista di "Select". Rievoca l'accaduto e si dice dispiaciuto non per il pugno ricevuto o per la rissa che ne era nata, ma per la chitarra. Era una preziosissima Les Paul che gli era stata donata da Johnny Marr in persona. Era la chitarra che Marr aveva usato per registrare *The Queen Is Dead* e che prima era appartenuta a Pete Townshend.

Noel racconta al giornalista che ha anche telefonato a Johnny per scusarsi della fine che aveva fatto la sua chitarra.

Quella sera stessa, un taxi si ferma all'hotel di Leeds dove alloggiano gli Oasis. Il tassista scende e consegna a Noel Gallagher una Les Paul bellissima accompagnata da un biglietto: "Ti piacerà, questa è molto più robusta e riuscirai a spaccare la testa a chiunque con un solo colpo ben dato". Firmato Johnny Marr.

♪♪♪

575 • CHUCK BERRY SBATTE FUORI I ROLLING STONES

Il Palladium di Los Angeles è strapieno di gente e di entusiasmo. Ci sono i maestri del blues e del rock and roll. Chuck Berry è la stella più attesa, ma dietro le quinte si esalta nel veder passare T-Bone Walker, il suo chitarrista preferito ai tempi della scuola, e addirittura si commuove nello stringere la mano a Big Joe Turner, il leggendario *shouter* che per primo aveva interpretato *Shake, Rattle and Roll*.

Chuck Berry riconosce tutti. Be', quasi tutti. Non capisce chi sia quel tipo che è salito sul palco e ha preso il posto del suo chitarrista. Chuck pensa che non è affatto male, ma che il volume della sua chitarra sia troppo alto, così alto che lui stesso fatica a suonare. E lui è Chuck Berry, perdio. Dopo due canzoni, fa segno al musicista che è giunta l'ora di tornarsene tra il pubblico per richiamare il suo chitarrista. Si stupisce molto, Chuck Berry, quando la gente sembra non gradire quell'allontanamento. Terminato il concerto, va dalla sua manager a chiedere chi cazzo fosse quel maleducato che era salito sul palco senza chiedere. E lei dice: "Chuck, hai appena sbattuto fuori scena i Rolling Stones".

Le Pietre erano andate a omaggiare uno dei loro maestri, Keith Richards era salito sul palco, mentre Mick Jagger e gli altri attendevano un cenno da Chuck per raggiungerlo. Nessuno poteva neanche lontanamente sospettare che Chuck Berry non riconoscesse i Rolling Stones.

Finito di stampare nell'aprile 2017
Stampato in Italia presso Tipografia Maserati - Piacenza